COMPARAISON
DES ANCIENNES MESURES
AU
NOUVEAU SYSTÈME MÉTRIQUE.

TABLES

DE

COMPARAISON

ENTRE

LES ANCIENNES MESURES

DU DÉPARTEMENT DE LA DORDOGNE,

ET CELLES

DU NOUVEAU SYSTÈME MÉTRIQUE.

PAR M. DELAY,

Ingénieur-Vérificateur du Cadastre.

A PÉRIGUEUX,

CHEZ F. DUPONT, IMPRIMEUR DE LA PRÉFECTURE.

AN 1809.

A M. RIVET,

PRÉFET DU DÉPART.T DE LA DORDOGNE,

Membre de la Légion d'Honneur.

Monsieur le Préfet,

Permettez-moi de vous offrir ces nouvelles Tables de comparaison des anciennes Mesures du département avec les Mesures métriques. En me livrant à ce travail, sous vos auspices, je n'ai eu d'autre but que de seconder vos vues toujours dirigées vers l'avantage de vos administrés. Si mon Ouvrage peut contribuer à leur rendre plus commode l'application d'un Système aussi utile, si, en facilitant les comparaisons, je parviens à prévenir la fraude, je croirai avoir obtenu la plus digne récompense de mes peines, la seule que j'ambitionne.

Recevez, je vous prie, l'hommage de mes respects.

Delay.

EXPOSITION

DU

SYSTÈME MÉTRIQUE.

Il n'est pas de système plus incohérent que celui des anciens Poids et Mesures, si l'on peut donner le nom de système à un assemblage qui ne repose sur aucuns principes. Les anciennes Mesures du département de la Dordogne n'offrent que peu de rapports entre elles ; leur division varie d'une commune a l'autre, et celles qui ont la même dénomination n'ont souvent ni la même contenance, ni la même division.

Le nouveau Système Métrique est un des plus beaux présens que les sciences ayent fait au Commerce ; si son introduction a éprouvé quelques difficultés, il ne faut l'attribuer qu'à l'esprit aveugle de routine qui règne encore dans les relations commerciales ; à mesure que ce système sera plus connu, il s'établira comme de lui-même, et bientôt il sera seul en usage. C'est au temps et à la sage persévérance de l'Administration qu'il appartient de réformer entièrement les anciennes habitudes.

La base du nouveau Système Métrique repose sur le globe que nous habitons : elle a été déduite d'un des grands cercles de la terre, ou Méridien terrestre. C'est la dix millionième partie du quart de ce Méridien à laquelle on a donné le nom de Mètre, ou mesure qui a été choisie pour unité linéaire, et de cette unité génératrice on a déduit les Mesures de Superficie, de Capacité, de Solidité, de Poids et l'Unité monétaire.

Le Mètre carré a été choisi pour unité des Mesures de superficie ; mais comme cette unité serait trop petite pour l'évaluation des surfaces très-étendues, on a pris, pour unité des Mesures agraires, un carré de 10 Mètres de côté, et on lui a donné le nom d'Are.

Le Mètre cube a été choisi pour unité de solide ; on lui a donné le nom de Stère ou Solide.

Un vase de forme cubique, dont chaque côté est égal à la dixième partie du Mètre, a été choisi pour unité des Mesures de capacité pour les grains, les liquides, etc.; on lui a donné le nom de Litre.

Le poids de l'eau distillée, contenue dans un vase de forme cubique dont le côté est égal à la centième partie du Mètre, a été choisi pour unité des Poids; on lui a donné le nom de Gramme.

Une pièce d'argent, du poids de cinq Grammes, sera l'unité monétaire, et portera le nom de Franc.

Après avoir ainsi déterminé le rapport et le nom des six unités principales, il a fallu les soumettre à une échelle ascendante et descendante uniforme; celle de l'Arithmétique décimale a paru préférable. Chaque espèce de Mesure a donc été divisée en dix parties, chaque partie en dix plus petites, et les sous-divisions par dix, par cent, par mille, etc, ont été continuées aussi loin que les besoins usuels pouvaient l'exiger. On a également formé des unités dix fois, cent fois, mille fois, etc., plus grandes que les unités principales.

Ces multiples et sous-multiples sont désignés par une nomenclature méthodique qui se compose 1.° du rapport des parties à l'unité principale; 2.° du nom radical de la Mesure. La nomenclature entière est formée des annexes *deca*, dix; *hecto*, cent; *kilo*, mille; et *myria*, dix mille. Pour les multiples des unités et des annexes *deci*, dixième; *centi*, centième; *milli*, millième, pour les sous-multiples ou fractions de ces unités.

Ainsi pour exprimer la dixième partie de la Mesure linéaire, l'on écrit *déci-mètre*; pour exprimer cent fois la Mesure de capacité, l'on écrit *hecto-litre*; pour exprimer la centième partie de l'unité de poids, l'on écrit *centi-gramme*, etc. Chaque annexe placée avant le nom d'une des six unités, exprime donc une fraction ou un multiple déterminé de grandeur et d'espèce.

Les Monnaies font une légère exception relative au mot Franc qui n'a pas été changé; l'on n'écrira pas *deci-franc*, *centi-franc*. Les fractions de l'unité monétaire seront le *décime* et le *centime*; les autres multiples du Franc, ne se désigneront que par les nombres *cent*, *mille*, etc.

Tel est le fondement du Système Métrique selon la nomenclature méthodique; mais comme les noms tirés du grec sont d'une prononciation difficile, l'arrêté des Consuls, du 13 brumaire an 9, permet une nomenclature vulgaire qui peut être employée seule ou concurremment avec les noms méthodiques.

Voici le Tableau comparé des deux nomenclatures avec les valeurs relatives et la valeur approchée en Mesures anciennes de Périgueux, chef-lieu du département, de chaque espèce de Mesure Métrique.

MESURES.		NOMENCLATURE MÉTHODIQUE.	NOMENCLATURE VULGAIRE.	VALEUR relative des MESURES.	VALEUR rapprochée en Mesures anciennes de Périgueux.
LINÉAIRES	*Itinéraires*	Myria-mètre	Lieue	10,000 mètr.	Une lieue et 7 dixi.
		Kilo-mètre	Mille	1,000.	Demi-tiers de lieue.
		Hecto-mètre	.....	100.	Environ 51 toises.
	D'Arpentage	Déca-mètre	Perche linéaire.	10.	— 31 pieds.
		MÈTRE	MÈTRE	1.	— 3 pieds 1 pou.^{e}
	Générales	Déci-mètre	Palme	0,1.	— 3 pouc. 8 lig.^{s}
		Centi-mètre	Doigt	0,01.	— 4 lignes.
		Milli-mètre	Trait	0,001.	— $\frac{1}{2}$ ligne.
DE SUPERFICIE	*Agraires*	Hect-are	Arpent	100. ares	2 Journaux $\frac{1}{2}$.
		ARE	Perche carrée	1.	$\frac{3}{4}$ de Brasse.
		Centi-are	Mètre carré	1. m. c.	$\frac{1}{5}$ du Carreau.
	Générales	Déci-mèt. carr.	Palme carré	0,01.	13 Pouces $\frac{2}{3}$ carrés.
		Centi-mèt. carr.	Doigt carré	0,0001.	19 $\frac{2}{3}$ Lignes carrées.
		Milli-mèt. carr.	Trait carré	0,000001.	Envir. $\frac{1}{5}$ de lig. carr.
DE SOLIDITÉ	*Bois de chauffage*	Déca-stère	10 Stères	10 mè. cub.	4 Brasses $\frac{1}{2}$.
		STÈRE	Mètre cube	1.	$\frac{2}{5}$ de Brasse.
	Charpente	Déci-stère	Solive	0,1.	Trois pieds cubes.
	Générales	Mètre cube	Mètre cube	1.	29 Pieds cubes.
		Déci-mètre cub.	Palme cube	0,001.	50 Pouces cubes.
		Centi-mèt. cub.	Doigt cube	0,000001.	87 Lignes *idem*.
		Milli-mèt. cub.	Trait cube	0,000000001.	87 Milliè. de lig. *id.*
DE CAPACITÉ	*Liquides*	Hecto-litre	.....	100 litres.	87 Pintes 3 roquill.
		Déca-litre	Velte	10.	8 *idem* 3 *idem*.
		LITRE	Pinte	1.	$\frac{9}{13}$ de la Pinte.
		Déci-litre	Verre	0,1.	Un 10.e de la pinte.
	Matières sèches	Hecto-litre	Setier	100 litres.	3 Boiss. 2 $\frac{2}{5}$ picot.
		Déca-litre	Boisseau	10.	2 Picotins $\frac{3}{5}$.
		LITRE	Pinte	1.	$\frac{3}{10}$ de Picotin envir.
		Déci-litre	.....	0,1.	$\frac{1}{33}$ de Picotin.
DE POIDS		50 Myria-gram.	Millier	1,000 Kilog.	2,042 L. p.^{ds} de ma.^{e}
		5 Myria-gramm.	Quintal	100.	204 Livres.
		Myria-gramme	10 Livr. métriq.	10.	20 Liv. 7 onc.
		Kilo-gramme	Livre métrique.	1.	2 Liv. 5 gr. $\frac{1}{2}$.
		Hecto-gramme	Once	0,1.	3 Onc. 2 gr.
		Déca-gramme	Gros	0,01.	2 Gros 44 grains.
		GRAMME	Denier	0,001.	19 Grains.
		Déci-gramme	Grain	0,0001.	1 Grain $\frac{7}{11}$.
		Centi-gramme	10.e de grain	0,00001.	$\frac{1}{5}$ de Grain.
		Milli-gramme	100.e de grain	0,000001.	$\frac{1}{51}$ de Grain.

Il ne suffisait pas d'avoir établi un nouveau Système des Poids et Mesures; il fallait en faciliter l'introduction, par des Tables de comparaison qui présentassent les rapports des anciennes Mesures aux nouvelles, et réciproquement des Nouvelles aux anciennes. Celles qui furent calculées en l'an 7, par la Commission des Poids et Mesures, supposant dans les personnes qui doivent en faire usage, des connaissances assez étendues du Calcul décimal, j'ai pensé qu'elles ne pouvaient être à la portée de tous ceux à qui elles peuvent être utiles. C'est d'après cette persuasion que je me suis décidé à rédiger de nouvelles Tables; j'ai puisé les élémens de mon travail dans les Instructions ministérielles, dans les Tables précédemment imprimées, que j'avais calculées moi-même, comme adjoint de la Commission des Poids et Mesures, et dans les nouveaux renseignemens qui m'ont été fournis par MM. les Maires et les Notaires du département. Au lieu d'établir les rapports des anciennes Mesures en décimales, je les ai établis en fractions ordinaires de chaque espèce de Mesure, ce qui rendra les Tables beaucoup plus simples et d'un usage plus général.

Je ne donnerai point ici d'instruction sur le Calcul décimal et les opérations arithmétiques, je me bornerai, pour l'intelligence de ces Tables, à donner des exemples de réductions des Mesures anciennes et nouvelles.

Exemples de la Transformation ou Réduction des anciennes Mesures en nouvelles, et réciproquement des Nouvelles en anciennes.

MESURES LINÉAIRES.

I.er Exemple.

Quelle est en mètres et centimètres la valeur de 97 aunes $\frac{1}{4}$? Cherchez dans la Table N.° 1 le nombre correspondant à 97 toises, et dans la dernière colonne des fractions ou parties de l'aune, les centimètres correspondant à $\frac{1}{4}$; ajoutez ces deux nombres ainsi :

	Mèt.	Cent.
97 aunes équivalent à.....	115.	28
$\frac{1}{4}$ d'aune à................	0.	30
Valeur demandée....................	115.	58

Exemple inverse. — Tab. N.° 12.

Quelle est en aunes et fractions ordinaires de l'aune la valeur de 117 mètr. 45 cent. d'étoffe ?

	Aunes.	Centièm.
100 mètres équivalent à.....	84.	14
17 mètres à................	14.	30
0, 45 cent.................	0.	38
	98.	82

Les 117 mèt. 45 cent. équivalent donc à 98 aunes 82 centièmes d'aunes ; mais attendu que les 82 centièmes correspondent à $\frac{11}{16}$, la valeur cherchée en fractions ordinaires est de 98 aunes 11 seizièm. L'on observera que pour prendre en fractions d'aunes la valeur correspondant à 45 centimètres, j'ai pris la valeur de 45 mètres ; mais au lieu de placer la valeur 38 au rang des unités, je l'ai placée au rang des centièmes, parce que les centièmes de mètres sont aux centièmes d'aunes dans le même rapport que les mètres sont aux aunes.

II.ᵉ Exemple.

Quelle est en mètres et millimètres la valeur de 171 toises 4 pieds 2 pouces ? Cherchez dans la Tab. N.° 4 les nombres correspondant aux 171 toises, et dans la Tab. N.° 3, ceux correspondant aux pieds et pouces ; ainsi

	Mèt.	Millim.
100 toises équivalent à...	194.	904
71.........................	138.	38
0 4 p.^{ds} (T. N.° 23)	1.	299
2 p.^{ces} (*idem*)....	0.	054
Nombre demandé.................	334.	639

Exemple inverse. — Tab. N.° 5 et 6.

Quelle est en toises, pieds, pouces et lignes, la valeur correspondant à 2,174 mètres 47 centimètres?

	Toises.	Pieds.	Pouc.	Lign.
2000 mètres équivalent à....	1026.	0.	10.	8.
100........................	51.	1.	10.	2.
74........................	37.	5.	9.	8.
0, 47 c. (T. N.° 5) à....	0.	1.	5.	4.
Valeur demandée...............	1115.	3.	11.	10.

III.ᵉ Exemple.

Quelle est en myriamètres et hectomètres la valeur correspondant à 151 lieues $\frac{3}{4}$, en supposant la lieue de 25 au degré? Cherchez dans la 2.ᵉ partie de la Tab. N.° 6, page 7.

	Myriam.	Hectom.
100 lieues équivalent à.....	44.	44
51........................	22.	67
$\frac{3}{4}$ de lieue..................	0.	33
Valeur cherchée.....................	67.	44

Exemple inverse. — Tab. N.° 7, page 9.

Quelle est en lieues et fractions de lieues, de 25 au degré, la valeur correspondant à 315 myriamètres?

	Lieues.	Cent.
300 myriamètres équivalent à..	675.	00
15..............................	38.	48
	713.	48

La valeur demandée est 713 lieues 48 cent., ou 713 lieues $\frac{1}{2}$.

MESURES DE SUPERFICIE.

La comparaison des perches et arpens, mesure de Paris et des Eaux et Forêts, en hectares, ares et mètres carrés (Tab. N.°ˢ 8 et 9), et réciproquement la conversion des ares et hectares en arpens et perches, mesure de Paris et des Eaux et Forêts, (Tab. N.°ˢ 10 et 11), est trop facile pour avoir besoin de détail. Je vais donner quelques exemples de la réduction des toises, pieds, pouces et lignes carrés, en nouvelles mesures analogues.

Quelle est en mètres et fractions de mètre carré, la valeur de 18 toises carrées, 4 toise-pieds, 6 toise-pouces, 10 toise-lignes? Cherchez dans la Tab. N.° 13, page 20, la valeur des 18 toises carrées, et dans la Tab. N.° 12, page 19, celle des toise-pieds, toise-pouces, toise-lignes; ainsi (*)

	Mèt.	Déci.	Cent.
18 toises carrées équivalent à......	68.	37.	74
4 toise-pieds (Tab. N.° 12)......	2.	53.	25
6 toise-pouces (*idem*)............	0.	31.	66
10 toise-lignes (*idem*)............	0.	04.	40
Faites l'addition et vous aurez pour la valeur cherchée.	71.	27.	05

L'on remarquera qu'en écrivant les valeurs des 4 toise-pieds, etc., prises dans la Tab. N.° 12, j'ai supprimé les fractions décimales qui sont au-dessous des centimètres carrés; mais en opérant cette suppression j'ai ajouté une unité au dernier chiffre conservé, lorsque le premier retranché est 5 ou plus grand que 5; ainsi, au lieu d'écrire $2^{\text{mèt.}}\ 53^{\text{déc.}}\ 24^{\text{cent.}}$, j'ai écrit $2^{\text{mèt.}}\ 53^{\text{déc.}}\ 25^{\text{cent.}}$, parce que le cinquième chiffre qui est le premier retranché est 9. La raison de cette addition d'unité est simple : si je retranchais les chiffres 95 qui suivent $2^{\text{mèt.}}\ 53^{\text{déc.}}\ 24^{\text{cent.}}$, je supprimerais 95 centièmes d'unité du dernier chiffre conservé 4, tandis qu'en ajoutant une unité, je n'ajoute réellement que cinq centièmes d'unité de ce même chiffre; le nombre que j'écris approche donc beaucoup plus de la réalité. Ainsi donc dans toutes les réductions, lorsqu'on supprimera des décimales inutiles, il faut ajouter une unité au dernier chiffre conservé, toutes les fois que le premier supprimé est 5 ou plus grand que 5.

(*) La toise-pied est un parallélogramme d'une toise de longueur sur un pied de hauteur; elle équivaut à six pieds carrés. La toise-pouce est également d'une toise de longueur sur un pouce de hauteur; elle équivaut à un demi-pied carré, etc. Ces espèces de mesures de superficie ont les mêmes divisions que la toise linéaire; ainsi la toise carrée contient six toise-pieds, la toise-pied six toise-pouces, la toise-pouce six toise-lignes.

3 *

Exemple inverse. — Tab. N.° 14.

Quelle est en toises carrées, toise-pieds, toise-pouces, etc., la valeur de 115 mètres carrés 78 centièmes ?

	T. car.	T.-Pi.	T.-Po.	T.-lign.
100 mètres carrés équivalent à.	26.	1.	11.	4
15..................................	3.	5.	8.	4
7 déci. ou $\frac{7}{10}$ de mètr. carr..	0.	1.	11.	3
8 centi. ou $\frac{8}{100}$ *idem*.........	0.	0.	1.	6
Ajoutez comme des toises, pieds et pouces linéaires.	30.	3.	8.	5.

Les Tab. N.ºs 15 et 16 servent, comme les précédentes, à la comparaison des surfaces ; pour en faire usage il faut observer, dans celle N.° 15, que le centimètre carré n'est pas la centième partie du mètre carré, il n'en est que la dix millième partie ; de même le décimètre carré n'est que la centième partie du mètre carré. Dans la Tab. N.° 16, la toise carrée contient 36 pieds carrés, le pied carré contient 144 pouces carrés, et le pouce carré contient 144 lignes carrées.

MESURES DE SOLIDITÉ

Pour les Bois de charpente, la Maçonnerie, les Terrasses et le Bois de chauffage.

La Tab. N.° 17, pages 23 et 24, n'a pas besoin d'explication ; son usage est aussi simple que celui des mesures linéaires. La Tab. N.° 18, relative à la comparaison des toise-toise-pieds, toise-toise-pouces, etc., en mètres et fractions décimales du mètre cube, a besoin d'un exemple.

Quelle est en mètres et fractions décimales du mètre cube, la valeur de 4 T.-T.-pieds, 8 T.-T.-pouces, 10 T.-T.-lignes, 9 T.-T.-points (*) ? Cherchez dans la 5.e colonne de la Tab. N.° 18,

(*) La toise cube est divisée en six toise-toise-pieds, la toise-toise-pied en six toise-toise-pouces, etc., chacune de ces divisions de la toise cube est un parallélipipède d'une toise de surface sur un pied, ou un pouce, ou une ligne, ou un point de hauteur ; elles conservent entre elles le même rapport que les mesures linéaires.

vis-à-vis le nombre 4 de la première, la valeur correspondant à 4 T.-T.-pieds ; ensuite dans la 4.e, la 3.e et la 2.e colonne, vis-à-vis les nombres 8, 10 et 9, les valeurs des autres fractions de la toise cube ; ainsi

	Mèt. cub.	
4 T.-T.-pieds équivalent à...	4.	9359
8 T.-T.-pouces (4.e colonne) à...	0.	8227
10 T.-T.-lignes (3.e *idem*) à...	0.	0857
9 T.-T.-points (2.e *idem*) à...	0.	0064
	5.	8507

Le résultat de l'addition donnera, pour la valeur demandée, 5 mètres cubes 851 décimètres cubes, en supprimant une décimale inutile et observant que le mètre cube contient mille décimètres cubes, et le décimètre cube mille centimètres cubes.

Exemple inverse. — Tab. N.° 21.

Quelle est en toises cubes, T.-T.-pieds, T.-T.-pouces, etc., la valeur de 72 mètres cubes 87 centièmes ? Cherchez dans la Table N.° 21, les valeurs correspondant à chaque chiffre ; ainsi

	T. cub.	T. T.-pi.	T.-T.-po.	T.-T.-l.	T.-T.-pt.
70 mètres cubes équivalent à...	9.	2.	8.	8.	8
2 ——— *idem* à...	0.	1.	7.	5.	5
0, 8 ou $\frac{8}{10}$ de mètr. cub. à...	0.	0.	7.	9.	4
0,07 ou $\frac{7}{100}$ de mètr. cub. à...	0.	0.	0.	8.	2
Ajoutez comme des toises, p.ds et p.ces linéaires.	9.	5.	0.	7.	7

La Tab. N.° 19, pour la comparaison de la corde des Eeaux et Forêts, en stères, et les stères en cordes, n'a pas besoin d'explication : les fractions sont des décimales de chaque unité principale ; après avoir opéré des réductions l'on peut se borner aux centièmes, en supprimant les décimales inutiles.

POIDS.

Quelle est en poids nouveaux la valeur correspondant à 205 liv. 5 onces 2 gros, poids de marc ?

Cherchez dans la Tab. N.° 22, les valeurs de chaque poids, proposés ainsi :

		Kilog.	Hec.	Déca.	Gram.
200 livres	équivalent à...	97.	9.	0.	1
5 ——	*idem* à...	2.	4.	4.	8
5 onces	*idem* à...	0.	1.	5.	3
4 gros	*idem* à...	0.	0.	1.	5
		100.	5.	1.	7

La valeur cherchée est 100 kilogrammes, 5 hectogrammes, 1 décagramme ; 7 grammes ou plus simplement 100 kilogrammes, 517 grammes, et s'il s'agissait d'une matière commune, comme du fer, du blé, etc., l'on pourrait, sans inconvéniens, supprimer les 17 grammes, et se borner à 100 kilogrammes 5 hectogrammes.

Exemple inverse. — Tab. N.° 23.

Quelle est en poids de marc, la valeur correspondant à 127 kilogrammes 768 grammes ?

		Livr.	Onc.	Gros.	Grains.
100 kilogrammes	équivalent à.	204.	4.	4.	59
27 ————	*idem* à.	55.	2.	4.	13
7 hectog. ou 700 gramm.	à.	1.	6.	7.	03
6 décagr. ou 60 gramm.	à.	0.	1.	7.	50
8 grammes ————	à.	0.	0.	2.	07
		260.	14.	1.	60

Il faut observer, en faisant l'addition, que la livre contient 16 onces, l'once 8 gros, et le gros 72 grains.

MONNAIES.

L'unité monétaire étant une pièce d'argent du poids de cinq grammes, au titre de neuf dixièmes de fin sur un dixième d'alliage, sa valeur, à raison de son poids et de son titre, s'est trouvée excéder d'un quatre-vingtième celle de l'ancienne livre tournois ; il a donc fallu des Tables pour réduire les valeurs *livres* en francs, et les valeurs *francs* en livres. Les Tab. N.os 24 et 25 sont destinées à cet usage. Les conversions sont trop faciles pour avoir besoin de développement.

MESURES PARTICULIÈRES

DU

DÉPARTEMENT DE LA DORDOGNE.

MESURES AGRAIRES.

Les mesures agraires du département varient dans leurs divisions : le journal de Périgueux est divisé en trente grandes brasses, et chaque brasse en trente lattes ou carreaux de six pieds six pouces de côté ; quatre carreaux forment l'escat. Il y a donc 225 escats au journal, et la grande brasse contient sept escats et demi. Pour faciliter les conversions des nouvelles mesures en anciennes, la Tab. N.° 27 a été calculée sans avoir égard aux escats qui ne sont pas aussi usités que les brasses et les carreaux.

I.er Exemple.

Quelle est en hectares, ares et centiares, la valeur correspondant à 27 journaux 17 brasses, mesures de Périgueux ?

	Hect.	Ares.	Centia.
27 journaux équivalent à.	10.	83.	35
17 brasses équivalent à.	0.	22.	74
L'addition produit....................	11.	06.	09

Exemple inverse.

Quelle est en journaux, brasses et carreaux, mesures de Périgueux, la valeur correspondant à 78 hectares 25 ares ?

	Journ.	Boiss.	Carr.	Centiè.
78 hectares équivalent à..	194.	12.	13.	50
25 ares équivalent à..	0.	18.	20.	75
	195.	01.	04.	25

En faisant l'addition il faut considérer que la brasse contient 30 carreaux, et le journal trente brasses ; ainsi, après avoir ajouté les parties décimales des carreaux, je porte la retenue des dixaines sur le 3, unité des carreaux, ce qui produit 4 ; le produit des dixaines des carreaux donne 3 ou 30 carreaux ; au lieu d'écrire ce 3, il faut écrire zéro, porter une unité sur les brasses, et agir ainsi des brasses pour les journaux.

II.e Exemple inverse. — Tab. N.° 33.

Quelle est en journaux, picotins et escats, mesure de Grignols, la valeur correspondant à 122 hectares 67 ares ?

			Journ.	Picot.	Esc.	Centiè.
100 hectares	équivalent	à..	335.	12.	3.	20
22 ———	*idem*	à..	73.	13.	8.	26
60 ares	*idem*	à..	2.	00.	2.	10
7 ———	*idem*	à..	0.	03.	6.	85
			411.	14.	2.	41

En additionnant il faut considérer que le journal contient 16 picotins, et chaque picotin neuf escats.

La comparaison de l'hectare et de ses fractions à la cartonnée de Vergt, Tab. N.° 35, n'offre pas plus de difficulté ; en général, la note placée à la fin de chaque Table directe des mesures agraires, dans la dernière colonne, indiquera toujours les divisions de ces mesures, et guidera dans les diverses réductions.

III.e Exemple inverse. — Tab. N.° 99.

Quelle est en cartonnées et pognerées, mesures de Sarlat, la valeur correspondant à 127 hectares 89 ares ?

			Cartonn.	Pogn.	Centiè.
100 hectares	équivalent	à...	658.	1.	00
27 ———	*idem*	à...	177.	5.	55
80 ares	*idem*	à...	5.	2.	08
9 ———	*idem*	à...	0.	4.	73
			841.	5.	36

En faisant l'addition il faut observer, suivant la note placée à la fin de la Table directe N.° 98, que la cartonnée contient 8 pognerées.

Ces exemples suffisent pour tous les cas semblables.

TABLE ALPHABÉTIQUE

DES COMMUNES

Dont les Mesures ont été comparées aux Mesures métriques.

Nota. Comme on n'a pas refait dans chaque arrondissement les Tables de comparaison des Mesures qui ont la même contenance, les N.os indiquent, pour chaque commune et pour chaque espèce de Mesure, la Table à laquelle il faut avoir recours, quelle que soit la dénomination. Les N.os sont ceux des Tables directes; les Tables inverses ou des nouvelles Mesures en anciennes ont toujours les N.os immédiatement suivans, parce que ces Tables sont à la suite des premières.

Les guillemets indiquent les Tables manquantes par le défaut de données.

NOMS des COMMUNES.	N.os DES TABLES de chaque Commune. — MESURES agraires.	DE CAPACITÉ pour les grains.	DE CAPACITÉ pour les liquides.	de solidité.
ARRONDISSEMENT DE PÉRIGUEUX.				
ASTIER (St.)	28.	38.	70.	94.
Agonac	26.	50.	60.	86.
Antoine (St.)	26.	50.	72.	86.
Blis-et-Born	26.	50.	64.	86.
Boulazac	26.	36.	58.	86.
Brantôme	26.	50.	58.	86.
Cubjac	26.	44.	72.	86.
Cubas	26.	36.	60.	90.
Cherveix	26.	36.	60.	90.
Cendrieux	26.	42.	70.	92.
Chignac (S.-Pierre-de).	26.	50.	72.	96.
Chourgnac	26.	40.	72.	»
Cornille	26.	36.	78.	80.
Eyvirac	26.	50.	74.	86.
Excideuil	26.	36.	62.	84.
Eyliac	26.	51.	68.	80.
Grignols	32.	54.	70.	86.
Hautefort	26.	36.	60.	94.
Jaure	32.	54.	72.	86.
L'Isle	30.	40.	76.	86.
Ladouze	»	42.	»	86.
Ligueux	26.	50.	60.	86.
Lachapelle-Gounaguet.	26.	50.	71.	86.
Marsaneix	26.	42.	»	92.
Mayac	30.	44.	72.	86.
Manzac	32.	54.	72.	86.
Martial-d'Exideuil (S.)	26.	52.	62.	84.
Martin-Laroche (S.)	26.	52.	66.	94.
Milhac	30.	40.	72.	88.
Naillac	26.	36.	60.	94.
Négrondes	26.	40.	66.	86.
Orse (St.)	26.	56.	72.	86.
PÉRIGUEUX	26.	36.	58.	80.
Pierre-ès-Liens (St.)	26.	36.	58.	80.
Puy-de-Fourches	26.	50.	58.	86.
Savignac-les-Eglises	30.	44.	»	92.
Sarliac	26.	46.	58.	86.
Thenon	26.	48.	74.	192.
Vergt	34.	52.	78.	94.
Valheuil	26.	50.	58.	86.
ARRONDISSEMENT DE SARLAT.				
AURIAC	102.	116.	74.	134.
Belvès	104.	158.	132.	134.
Borrèze	106.	122.	128.	(*)
Beauregard	108.	124.	66.	134.
Besse	98.	42.	74.	94.
Berbiguière	»	50.	74.	134.
Carlux	»	116.	»	»
Condat	»	56.	66.	134.
Cyprien et Lussac	98.	50.	74.	134.
Cybranet (St.)	112.	50.	126.	134.
Champagnac-les-Querci	(**)	120.	»	134.
Daglan	98.	36.	130.	134.
Doissat	98.	50.	166.	134.
Fayrat	112.	50.	126.	134.
Grives	98.	50.	126.	134.
Germain (St.)	»	50.	132.	134.
Julien-de-Lampon (S.)	98.	116.	126.	»
Labachelerie	98.	118.	60.	92.
Laurent (St.)	112.	50.	126.	134.
Montignac	102.	44.	182.	134.
Nabirat	»	36.	70.	134.
Peyrignac	98.	118.	»	92.
Pompont (St.)	98.	36.	130.	134.
Plazac	100.	42.	66.	134.
Quentin (St.)	98.	116.	126.	134.

(*) Toise cube. *Voyez* la Table N.o 17, page 24.

(**) La cartonnée de 800 toises carrées est exactement double de celle de Grives et Saint-Cyprien.

I.er Exemple.

Quel est le prix du mètre linéaire d'étoffe, en supposant que l'aune coûte 36 francs 25 centimes? Cherchez dans la première partie de la Tab. pag. 201, au titre étoffes; dans la première colonne, au prix de l'aune :

		Francs.	Cent.
30 francs	correspondent, dans la 2.e colonne, à..	25.	24
6 25 c.	——— à..........................	5.	26
36. 25	L'addition donnera pour prix du mètre..	30.	50

Exemple inverse. — Même Table, 2.e partie.

Quel est le prix de l'aune, si le mètre de drap coûte 27 fr. 65 cent.?

		Francs.	Cent.
25 francs	correspondent, dans la 4.e colonne, à..	29.	71
2 50 c.	——— à..........................	2.	99
0 15	à..............................	0.	18
27 65	L'addition donnera pour prix de l'aune.	32.	88

II.e Exemple. Pag. 203.

Un marchand a reçu de l'étranger de la marchandise qui lui revient à 7 francs 70 centimes la livre, ancien poids; il veut savoir combien lui revient le kilogramme de cette marchandise pour la débiter au nouveau poids?

		Francs.	Cent.
7 fr. 50 cent.	correspondent, dans la 2.e colonne, à...	15.	32
20	——— à..........................	0.	41
7 70	Le prix correspondant du kilogramme est de.	15.	73

En transposant le point décimal l'on aurait le prix de l'hectogramme, du décagramme, du gramme, etc.

	Francs.	Cent
Le kilogramme étant à..............	15.	73
L'hectogramme serait à..............	1.	57
Le décagramme à....................	0.	16
Le gramme à........................	0.	02

La facilité d'obtenir ainsi sans calcul la valeur de chaque fraction des nouvelles Mesures, fera sentir la supériorité du nouveau Système sur l'ancien.

TABLES GÉNÉRALES

COMMUNES

AU DÉPARTEMENT DE LA DORDOGNE

ET

A LA FRANCE ENTIÈRE.

NOMS des COMMUNES.	N.os DES TABLES de chaque Commune. — MESURES agraires.	DE CAPACITÉ pour les grains.	DE CAPACITÉ pour les liquides.	de solidité.
SARLAT	98.	116.	126.	134.
Salignac	110.	120.	128.	134.
Siorac	114.	50.	70.	134.
Veyrignac	98.	116.	72.	134.
Villefranche	98.	42.	74.	94.
Veyrine	112.	50.	126.	134.
ARRONDISSEMENT DE BERGERAC.				
ALVÈRE (ST.)	138.	156.	170.	94.
BERGERAC	136.	154.	166.	94.
Beaumont	140.	162.	70.	94.
Bonneville	144.	156.	78.	94.
Bouniagues	»	154.	166.	94.
Cunèges	142.	154.	78.	94.
Cadouin	152.	160.	172.	94.
Canne-de-Labarde	»	154.	166.	»
Eymet	146.	156.	»	94.
Foy-de-Longa (Ste.)	138.	156.	170.	»
Faux	140.	162.	70.	94.
Limeuil	138.	156.	168.	94.
Laurent-du-Bâton (S.)	138.	156.	170.	»
Laforce	150.	52.	78.	»
Lalinde	148.	154.	»	94.
Monsac	140.	162.	70.	94.
Mouleydier	148.	154.	78.	94.
Monpazier	»	164.	172.	94.
Naussane	140.	162.	70.	94.
Paunat	138.	156.	170.	94.
Pezul	138.	156.	170.	94.
Tremolac	138.	156.	170.	94.
Velines	144.	156.	78.	94.
Verdon	140.	162.	70.	94.
ARRONDISSEMENT DE RIBÉRAC.				
AULAYE (ST.)	174.	36.	188.	194.
Aquilain (St.)	26.	».	188.	94.
Beauronne	178.	120.	78.	92.
Chapdeuil	26.	50.	190.	86.
Cumond	26.	36.	166.	»
Cercles	26.	50.	74.	86.
Coutures	26.	50.	70.	192.
Just (St.)	26.	50.	168.	86.
Laroche-Chalais	176.	50.	186.	(*)
Lachapelle-Montabourlet	26.	50.	184.	192.
Mussidan	178.	120.	78.	92.
Montagrier	26.	46.	76.	196.
Michel (St.)	178.	120.	78.	92.

(*) La brasse est la toise cube. *Voy.* la Tab. N.o 17, pag. 24.

NOMS des COMMUNES.	N.os DES TABLES de chaque Commune. — MESURES agraires.	DE CAPACITÉ pour les grains.	DE CAPACITÉ pour les liquides.	de solidité.
Martial-Dartinsec (St.)	26.	120.	78.	92.
Puymangou	174.	50.	78.	94.
Privat (St.)	26.	»	74.	134.
RIBÉRAC	26.	180.	182.	134.
Sourzac	178.	120.	78.	92.
Sulpice (St.)	26.	180.	76.	134.
Verteillac	26.	44.	182.	92.
Vincent-Jalmoutier (S.)	26.	160.	70.	134.
ARRONDISSEMENT DE NONTRON.				
ABJAC	198.	214.	60.	134.
Angoisse	200.	»	128.	»
Angel (St.)	26.	202.	70.	(*)
Bussière-Badil	198.	202.	72.	192.
Busserolle	198.	202.	72.	192.
Barthelemy (St.)	198.	202.	72.	192.
Corgnac	26.	212.	72.	86.
Clément (St.)	26.	212.	72.	86.
Condat	26.	50.	166.	86.
Eyzerat	26.	212.	72.	86.
Estephe (St.)	26.	214.	»	192.
Ethouars	198.	202.	72.	192.
Front-de-Champ.rs (S.)	26.	214.	60.	»
Jean-de-Côle (St.)	26.	206.	64.	196.
Jumillac-le-Grand	26.	»	66.	222.
Javerlhac	198.	214.	68.	»
Larochebeaucourt	26.	204.	220.	192.
Lempzours	26.	212.	64.	86.
Léguilhac-de-Mareuil	26.	50.	166.	192.
Lachapelle-Faucher	26.	50.	74.	86.
Lussas	26.	214.	70.	86.
Mialet	»	210.	»	»
Milhac-de-Nontron	26.	202.	60.	86.
NONTRON	198.	202.	216.	86.
Nanteuil	26.	212.	72.	86.
Payzac	200.	»	66.	222.
Pierre-de-Côle (St.)	26.	206.	64.	196.
Pardoux-Larivière (S.)	»	202.	218.	192.
Priest-les-Fougères	26.	206.	»	222.
Pluviers	198.	202.	72.	192.
Romain (St.)	26.	212.	72.	86.
Reilhac	198.	202.	72.	192.
Savignac-de-Nontron	198.	208.	130.	86.
Sarlande	200.	»	128.	»
Soudat	198.	202.	72.	192.
Thiviers	26.	212.	72.	86.
Vaunac	26.	212.	72.	86.
Varaigne	198.	202.	72.	192.
Villars	26.	50.	64.	86.

(*) La brasse est la moitié de celle de Brantôme. Tab. N.o 86.

TABLES GÉNÉRALES

COMMUNES

AU DÉPARTEMENT DE LA DORDOGNE

ET

A LA FRANCE ENTIÈRE.

BASE DU SYSTÈME MÉTRIQUE.

Quart du Méridien terrestre.....	30,784,440. pieds.
Mètre, unité génératrice..........	Pieds. 3. 0784440.
Gramme, unité des Poids..........	Grains. 18. 827.
Franc, unité monétaire...........	Grammes. 5. d'argent à neuf 10.e de fin.

MESURES
DE LONGUEUR.

N.° 1.

TABLE pour réduire les Aunes en Mètres et Centimètres.

Anciennes mesures.	Nouvelles mesures.	Anciennes mesures.	Nouvelles mesures.	Anciennes mesures.	Nouvelles mesures.	Anciennes mesures.	Nouvelles mesures.
Aunes.	Mètres. Centim.	Aunes.	Mètres. Centim.	Aunes.	Mètres. Centim.	Parties d'Aune.	Mèt. Centim.
1.	1. 19	47.	55. 86	93.	110. 53	1 demi	59
2.	2. 38	48.	57. 05	94.	111. 71	1 quart	30
3.	3. 57	49.	58. 23	95.	112. 90	3 *id.*	89
4.	4. 75	50.	59. 42	96.	114. 09	1 huit.me	15
5.	5. 94	51.	60. 61	97.	115. 28	3 *id.*	45
6.	7. 13	52.	61. 80	98.	116. 47	5 *id.*	74
7.	8. 32	53.	62. 99	99.	117. 66	7 *id.*	1. 04
8.	9. 51	54.	64. 18	100.	118. 84	1 seiz.me	07
9.	10. 70	55.	65. 36	200.	237. 69		
10.	11. 88	56.	66. 55	300.	356. 53	1 tiers	40
11.	13. 07	57.	67. 74	400.	475. 38	2 *id.*	79
12.	14. 26	58.	68. 93	500.	594. 22	1 six.me	20
13.	15. 45	59.	70. 12	600.	713. 07	5 *id.*	99
14.	16. 64	60.	71. 31	700.	831. 91	1 douz.me	10
15.	17. 83	61.	72. 50	800.	950. 76	5 *id.*	50
16.	19. 02	62.	73. 68	900.	1069. 60	7 *id.*	69
17.	20. 20	63.	74. 87	1000.	1188. 45	11 *id.*	1. 09
18.	21. 39	64.	76. 06	2000.	2376. 89		
19.	22. 58	65.	77. 25	3000.	3565. 34		
20.	23. 77	66.	78. 44	4000.	4753. 78		
21.	24. 96	67.	79. 63	5000.	5942. 23		
22.	26. 15	68.	80. 81	6000.	7130. 67		
23.	27. 33	69.	82. 00	7000.	8319. 12		
24.	28. 52	70.	83. 19	8000.	9507. 56		
25.	29. 71	71.	84. 38	9000.	10696. 01		
26.	30. 90	72.	85. 57	10000.	11884. 45		
27.	32. 09	73.	86. 76				
28.	33. 28	74.	87. 94				
29.	34. 46	75.	89. 13				
30.	35. 65	76.	90. 32				
31.	36. 84	77.	91. 51				
32.	38. 03	78.	92. 70				
33.	39. 22	79.	93. 89				
34.	40. 41	80.	95. 08				
35.	41. 60	81.	96. 26				
36.	42. 78	82.	97. 45				
37.	43. 97	83.	98. 64				
38.	45. 16	84.	99. 83				
39.	46. 35	85.	101. 02				
40.	47. 54	86.	102. 21				
41.	48. 73	87.	103. 39				
42.	49. 91	88.	104. 58				
43.	51. 10	89.	105. 77				
44.	52. 29	90.	106. 96				
45.	53. 48	91.	108. 15				
46.	54. 67	92.	109. 34				

MESURES DE LONGUEUR.

N.° 2.

TABLE pour réduire les Mètres en Aunes.

Nouvelles mesures.	Anciennes mesures.	Nouvelles mesures.	Anciennes mesures.	Nouvelles mesures.	Anciennes mesures.	Nouvelles mesures.	Anciennes mesures.
Mètres.	Aunes. Centièm	Mètres.	Aunes. Centièm	Mètres.	Aunes. Centièm.	Centimètres.	Parties d'Aune.
1.	0. 84	47.	39. 55	93.	78. 25	7.	$\frac{1}{16}$
2.	1. 68	48.	40. 39	94.	79. 09	10.	$\frac{1}{12}$
3.	2. 52	49.	41. 23	95.	79. 94	15.	$\frac{1}{8}$
4.	3. 37	50.	42. 07	96.	80. 78	20.	$\frac{1}{6}$
5.	4. 21	51.	42. 91	97.	81. 62	22.	$\frac{3}{16}$
6.	5. 05	52.	43. 75	98.	82. 46	30.	$\frac{1}{4}$
7.	5. 89	53.	44. 60	99.	83. 30	37.	$\frac{5}{16}$
8.	6. 73	54.	45. 44	100.	84. 14	40.	$\frac{1}{3}$
9.	7. 57	55.	46. 28	200.	168. 29	45.	$\frac{3}{8}$
10.	8. 41	56.	47. 12	300.	252. 43	50.	$\frac{5}{12}$
11.	9. 26	57.	47. 96	400.	336. 57	52.	$\frac{7}{16}$
12.	10. 10	58.	48. 80	500.	420. 72	59.	$\frac{1}{2}$
13.	10. 94	59.	49. 64	600.	504. 86	67.	$\frac{9}{16}$
14.	11. 78	60.	50. 49	700.	589. 00	69.	$\frac{7}{12}$
15.	12. 62	61.	51. 33	800.	673. 15	74.	$\frac{5}{8}$
16.	13. 46	62.	52. 17	900.	757. 29	79.	$\frac{2}{3}$
17.	14. 30	63.	53. 01	1000.	841. 44	82.	$\frac{11}{16}$
18.	15. 15	64.	53. 85	2000.	1682. 87	89.	$\frac{3}{4}$
19.	15. 99	65.	54. 69	3000.	2524. 31	97.	$\frac{13}{16}$
20.	16. 83	66.	55. 53	4000.	3365. 74	99.	$\frac{5}{6}$
21.	17. 67	67.	56. 38	5000.	4207. 18		
22.	18. 51	68.	57. 22	6000.	5048. 61		
23.	19. 35	69.	58. 06	7000.	5890. 05		
24.	20. 19	70.	58. 90	8000.	6731. 48		
25.	21. 04	71.	59. 74	9000.	7572. 92		
26.	21. 88	72.	60. 58	10000.	8414. 35		
27.	22. 72	73.	61. 42				
28.	23. 56	74.	62. 27				
29.	24. 40	75.	63. 11				
30.	25. 24	76.	63. 95				
31.	26. 08	77.	64. 79				
32.	26. 93	78.	65. 63				
33.	27. 77	79.	66. 47				
34.	28. 61	80.	67. 31				
35.	29. 45	81.	68. 16				
36.	30. 29	82.	69. 00				
37.	31. 13	83.	69. 84				
38.	31. 97	84.	70. 68				
39.	32. 82	85.	71. 52				
40.	33. 66	86.	72. 36				
41.	34. 50	87.	73. 20				
42.	35. 34	88.	74. 05				
43.	36. 18	89.	74. 89				
44.	37. 02	90.	75. 73				
45.	37. 86	91.	76. 57				
46.	38. 71	92.	77. 41				

MESURES
DE LONGUEUR.

N.° 3.

TABLE pour réduire les anciennes Mesures de longueur en Mètres et millièmes de Mètre.

Anciennes mesures.	Nouvelles mesures.
Lignes.	Mètres. Millim.
1.	0. 002
2.	0. 005
3.	0. 007
4.	0. 009
5.	0. 011
6.	0. 014
7.	0. 016
8.	0. 018
9.	0. 020
10.	0. 023
11.	0. 025
Pouces.	
1.	0. 027
2.	0. 054
3.	0. 081
4.	0. 108
5.	0. 135
6.	0. 162
7.	0. 189
8.	0. 217
9.	0. 244
10.	0. 271
11.	0. 298
Pieds.	
1.	0. 325
2.	0. 650
3.	0. 975
4.	1. 299
5.	1. 624
6.	1. 949
7.	2. 274
8.	2. 599
9.	2. 924
10.	3. 248
11.	3. 573
12.	3. 898
13.	4. 223
14.	4. 548
15.	4. 873
16.	5. 197
17.	5. 522
18.	5. 847
19.	6. 172
20.	6. 497
21.	6. 822

Anciennes mesures.	Nouvelles mesures.
Pieds.	Mètres. Millim.
22.	7. 146
23.	7. 471
24.	7. 796
25.	8. 121
26.	8. 446
27.	8. 771
28.	9. 096
29.	9. 420
30.	9. 745
31.	10. 070
32.	10. 395
33.	10. 720
34.	11. 045
35.	11. 369
36.	11. 694
37.	12. 019
38.	12. 344
39.	12. 669
40.	12. 994
41.	13. 318
42.	13. 643
43.	13. 968
44.	14. 293
45.	14. 618
46.	14. 943
47.	15. 267
48.	15. 592
49.	15. 917
50.	16. 242
51.	16. 567
52.	16. 892
53.	17. 216
54.	17. 541
55.	17. 866
56.	18. 191
57.	18. 516
58.	18. 841
59.	19. 166
60.	19. 490
61.	19. 815
62.	20. 140
63.	20. 465
64.	20. 790
65.	21. 115
66.	21. 439

Anciennes mesures.	Nouvelles mesures.
Pieds.	Mètres. Millim.
67.	21. 764
68.	22. 089
69.	22. 414
70.	22. 739
71.	23. 064
72.	23. 388
73.	23. 713
74.	24. 038
75.	24. 363
76.	24. 688
77.	25. 013
78.	25. 337
79.	25. 662
80.	25. 987
81.	26. 312
82.	26. 637
83.	26. 962
84.	27. 287
85.	27. 611
86.	27. 936
87.	28. 261
88.	28. 586
89.	28. 911
90.	29. 236
91.	29. 560
92.	29. 885
93.	30. 210
94.	30. 535
95.	30. 860
96.	31. 185
97.	31. 509
98.	31. 834
99.	32. 159
100.	32. 484
200.	64. 968
300.	97. 452
400.	129. 936
500.	162. 420
600.	194. 904
700.	227. 388
800.	259. 872
900.	292. 355
1000.	324. 839
2000.	649. 679
3000.	974. 518

Anciennes mesures.	Nouvelles mesures.
Pieds.	Mètres. Millim.
4000.	1299. 358
5000.	1624. 197
6000.	1949. 036
7000.	2273. 876
8000.	2598. 715
9000.	2923. 554
10000.	3248. 394

MESURES DE LONGUEUR.

N.° 4.

TABLE pour réduire les anciennes Mesures de longueur en Mètres et millièmes de Mètre.

Anciennes mesures.	Nouvelles mesures.	Anciennes mesures.	Nouvelles mesures.	Anciennes mesures.	Nouvelles mesures.
Toises.	Mètres. Millim.	Toises.	Mètres. Millim.	Toises.	Mètres. Millim.
1.	1. 949	46.	89. 656	91.	177. 362
2.	3. 898	47.	91. 605	92.	179. 311
3.	5. 847	48.	93. 554	93.	181. 260
4.	7. 796	49.	95. 503	94.	183. 209
5.	9. 745	50.	97. 452	95.	185. 158
6.	11. 694	51.	99. 401	96.	187. 107
7.	13. 643	52.	101. 350	97.	189. 057
8.	15. 592	53.	103. 299	98.	191. 006
9.	17. 541	54.	105. 248	99.	192. 955
10.	19. 490	55.	107. 197	100.	19[illegible]. 904
11.	21. 439	56.	109. 146	200.	389. 807
12.	23. 388	57.	111. 095	300.	584. 711
13.	25. 337	58.	113. 044	400.	779. 615
14.	27. 287	59.	114. 993	500.	974. 518
15.	29. 236	60.	116. 942	600.	1169. 422
16.	31. 185	61.	118. 891	700.	1364. 325
17.	33. 134	62.	120. 840	800.	1559. 229
18.	35. 083	63.	122. 789	900.	1754. 133
19.	37. 032	64.	124. 738	1000.	1949. 036
20.	38. 981	65.	126. 687	2000.	3898. 073
21.	40. 930	66.	128. 636	3000.	5847. 109
22.	42. 879	67.	130. 585	4000.	7796. 145
23.	44. 828	68.	132. 534	5000.	9745. 182
24.	46. 777	69.	134. 484	6000.	11694. 218
25.	48. 726	70.	136. 433	7000.	13643. 254
26.	50. 675	71.	138. 382	8000.	15592. 290
27.	52. 624	72.	140. 331	9000.	17541. 327
28.	54. 573	73.	142. 280	10000.	19490. 363
29.	56. 522	74.	144. 229	20000.	38980. 726
30.	58. 471	75.	146. 178	30000.	58471. 089
31.	60. 420	76.	148. 127	40000.	77961. 452
32.	62. 369	77.	150. 076	50000.	97451. 816
33.	64. 318	78.	152. 025	60000.	116942. 179
34.	66. 267	79.	153. 974	70000.	136432. 542
35.	68. 216	80.	155. 923	80000.	155922. 905
36.	70. 165	81.	157. 872	90000.	175413. 268
37.	72. 114	82.	159. 821	100000.	194903. 631
38.	74. 063	83.	161. 770		
39.	76. 012	84.	163. 719		
40.	77. 961	85.	165. 668		
41.	79. 910	86.	167. 617		
42.	81. 860	87.	169. 566		
43.	83. 809	88.	171. 515		
44.	85. 758	89.	173. 464		
45.	87. 707	90.	175. 413		

MESURES
DE LONGUEUR.

N.° 5.

TABLE pour réduire les Mètres et Centimètres en Toises, Pieds, Pouces et Lignes.

NOUVELLES mesures.	ANCIENNES MESURES.			NOUVELLES mesures.	ANCIENNES MESURES.			NOUVELLES mesures.	ANCIENNES MESURES.		
Centimèt.	Pieds.	Pouces.	Lignes.	Centimèt.	Pieds.	Pouces.	Lignes.	Centimèt.	Pieds.	Pouces.	Lignes.
1.	0....	0....	4	46.	1....	5....	0	91.	2....	9....	7
2.	0....	0....	9	47.	1....	5....	4	92.	2....	10....	0
3.	0....	1....	1	48.	1....	5....	9	93.	2....	10....	4
4.	0....	1....	6	49.	1....	6....	1	94.	2....	10....	9
5.	0....	1....	10	50.	1....	6....	6	95.	2....	11....	1
6.	0....	2....	3	51.	1....	6....	10	96.	2....	11....	6
7.	0....	2....	7	52.	1....	7....	3	97.	2....	11....	10
8.	0....	2....	11	53.	1....	7....	7	98.	3....	0....	2
9.	0....	3....	4	54.	1....	7....	11	99.	3....	0....	7
10.	0....	3....	8	55.	1....	8....	4	100.	3....	0....	11
11.	0....	4....	1	56.	1....	8....	8				
12.	0....	4....	5	57.	1....	9....	1				
13.	0....	4....	10	58.	1....	9....	5				
14.	0....	5....	2	59.	1....	9....	10				
15.	0....	5....	6	60.	1....	10....	2				
16.	0....	5....	11	61.	1....	10....	6				
17.	0....	6....	3	62.	1....	10....	11				
18.	0....	6....	8	63.	1....	11....	3				
19.	0....	7....	0	64.	1....	11....	8				
20.	0....	7....	5	65.	2....	0....	0				
21.	0....	7....	9	66.	2....	0....	5				
22.	0....	8....	2	67.	2....	0....	9				
23.	0....	8....	6	68.	2....	1....	1				
24.	0....	8....	10	69.	2....	1....	6				
25.	0....	9....	3	70.	2....	1....	10				
26.	0....	9....	7	71.	2....	2....	3				
27.	0....	10....	0	72.	2....	2....	7				
28.	0....	10....	4	73.	2....	3....	0				
29.	0....	10....	9	74.	2....	3....	4				
30.	0....	11....	1	75.	2....	3....	8				
31.	0....	11....	5	76.	2....	4....	1				
32.	0....	11....	10	77.	2....	4....	5				
33.	1....	0....	2	78.	2....	4....	10				
34.	1....	0....	7	79.	2....	5....	2				
35.	1....	0....	11	80.	2....	5....	7				
36.	1....	1....	4	81.	2....	5....	11				
37.	1....	1....	8	82.	2....	6....	3				
38.	1....	2....	0	83.	2....	6....	8				
39.	1....	2....	5	84.	2....	7....	0				
40.	1....	2....	9	85.	2....	7....	5				
41.	1....	3....	2	86.	2....	7....	9				
42.	1....	3....	6	87.	2....	8....	2				
43.	1....	3....	11	88.	2....	8....	6				
44.	1....	4....	3	89.	2....	8....	11				
45.	1....	4....	7	90.	2....	9....	3				

Suite de la *TABLE pour réduire les Mètres et Centimètres en Toises, Pieds, Pouces et Lignes.*

Nouvelles mesures.	Anciennes mesures.				Nouvelles mesures.	Anciennes mesures.				Nouvelles mesures.	Anciennes mesures.			
Mètres.	Toises.	Pieds.	Pouc.	Lign.	Mètres.	Toises.	Pieds.	Pouc.	Lign.	Mètres.	Toises.	Pieds.	Pouc.	Lign.
1.	0..	3..	0..	11	46.	23..	3..	7..	4	91.	46..	4..	1..	8
2.	1..	0..	1..	11	47.	24..	0..	8..	3	92.	47..	1..	2..	7
3.	1..	3..	2..	10	48.	24..	3..	9..	2	93.	47..	4..	3..	7
4.	2..	0..	3..	9	49.	25..	0..	10..	1	94.	48..	1..	4..	6
5.	2..	3..	4..	8	50.	25..	3..	11..	1	95.	48..	4..	5..	5
6.	3..	0..	5..	8	51.	26..	1..	0..	0	96.	49..	1..	6..	5
7.	3..	3..	6..	7	52.	26..	4..	0..	11	97.	49..	4..	7..	4
8.	4..	0..	7..	6	53.	27..	1..	1..	11	98.	50..	1..	8..	3
9.	4..	3..	8..	6	54.	27..	4..	2..	10	99.	50..	4..	9..	2
10.	5..	0..	9..	5	55.	28..	1..	3..	9	100.	51..	1..	10..	2
11.	5..	3..	10..	4	56.	28..	4..	4..	9	200.	102..	3..	8..	3
12.	6..	0..	11..	4	57.	29..	1..	3..	8	300.	153..	5..	6..	5
13.	6..	4..	0..	3	58.	29..	4..	6..	7	400.	205..	1..	4..	6
14.	7..	1..	1..	2	59.	30..	1..	7..	6	500.	256..	3..	2..	8
15.	7..	4..	2..	1	60.	30..	4..	8..	6	600.	307..	5..	0..	10
16.	8..	1..	3..	1	61.	31..	1..	9..	5	700.	359..	0..	10..	11
17.	8..	4..	4..	0	62.	31..	4..	10..	4	800.	410..	2..	9..	1
18.	9..	1..	4..	11	63.	32..	1..	11..	4	900.	461..	4..	7..	2
19.	9..	4..	5..	11	64.	32..	5..	0..	3	1000.	513..	0..	5..	4
20.	10..	1..	6..	10	65.	33..	2..	1..	2	2000.	1026..	0..	10..	8
21.	10..	4..	7..	9	66.	33..	5..	2..	2	3000.	1539..	1..	4..	0
22.	11..	1..	8..	9	67.	34..	2..	3..	1	4000.	2052..	1..	9..	4
23.	11..	4..	9..	8	68.	34..	5..	4..	0	5000.	2565..	2..	2..	8
24.	12..	1..	10..	7	69.	35..	2..	5..	0	6000.	3078..	2..	8..	0
25.	12..	4..	11..	6	70.	35..	5..	5..	11	7000.	3591..	3..	1..	4
26.	13..	2..	0..	6	71.	36..	2..	6..	10	8000.	4104..	3..	6..	8
27.	13..	5..	1..	5	72.	36..	5..	7..	9	9000.	4617..	4..	0..	0
28.	14..	2..	2..	4	73.	37..	2..	8..	9	10000.	5130..	4..	5..	4
29.	14..	5..	3..	4	74.	37..	5..	9..	8	20000.	10261..	2..	10..	8
30.	15..	2..	4..	3	75.	38..	2..	10..	7	30000.	15392..	1..	4..	0
31.	15..	5..	5..	2	76.	38..	5..	11..	6	40000.	20522..	5..	9..	4
32.	16..	2..	6..	2	77.	39..	3..	0..	6	50000.	25653..	4..	2..	8
33.	16..	5..	7..	1	78.	40..	0..	1..	5	60000.	30784..	2..	8..	0
34.	17..	2..	8..	0	79.	40..	3..	2..	4	70000.	35915..	1..	1..	4
35.	17..	5..	9..	0	80.	41..	0..	3..	4	80000.	41045..	5..	6..	8
36.	18..	2..	9..	11	81.	41..	3..	4..	3	90000.	46176..	4..	0..	0
37.	18..	5..	10..	10	82.	42..	0..	5..	2	100000.	51307..	2..	5..	4
38.	19..	2..	11..	9	83.	42..	3..	6..	2	200000.	102614..	4..	10..	8
39.	20..	0..	0..	9	84.	43..	0..	7..	1					
40.	20..	3..	1..	8	85.	43..	3..	8..	0					
41.	21..	0..	2..	7	86.	44..	0..	9..	0					
42.	21..	3..	3..	6	87.	44..	3..	9..	11					
43.	22..	0..	4..	6	88.	45..	0..	10..	10					
44.	22..	3..	5..	5	89.	45..	3..	11..	9					
45.	23..	0..	6..	4	90.	46..	1..	0..	9					

MESURES ITINÉRAIRES.

N.° 6.

TABLE pour réduire les Lieues anciennes en Myriamètres ou Lieues métriques.

ANCIENNES mesures.	NOUVELLES mesures.	ANCIENNES mesures.	NOUVELLES mesures.	ANCIENNES mesures.	NOUVELLES mesures.	ANCIENNES mesures.	NOUVELLES mesures.	ANCIENNES mesures.	NOUVELLES mesures.	ANCIENNES mesures.	NOUVELLES mesures.
Lieues de 2000 tois.	Myriamèt.	Lieues de 2000 tois.	Myriamèt.	Lieues de 2000 tois.	Myriamèt.	Lieues de 25 au degré.	Myriamèt.	Lieues de 25 au degré.	Myriamèt.	Lieues de 25 au degré.	Myriamèt.
1.	0.39	46.	17.93	91.	35.47	1.	0.44	46.	20.44	91.	40.44
2.	0.78	47.	18.32	92.	35.86	2.	0.89	47.	20.89	92.	40.89
3.	1.17	48.	18.71	93.	36.25	3.	1.33	48.	21.33	93.	41.33
4.	1.56	49.	19.10	94.	36.64	4.	1.78	49.	21.78	94.	41.77
5.	1.95	50.	19.49	95.	37.03	5.	2.22	50.	22.22	95.	42.22
6.	2.34	51.	19.88	96.	37.42	6.	2.67	51.	22.67	96.	42.67
7.	2.73	52.	20.27	97.	37.81	7.	3.11	52.	23.11	97.	43.11
8.	3.12	53.	20.66	98.	38.20	8.	3.56	53.	23.56	98.	43.56
9.	3.51	54.	21.05	99.	38.59	9.	4.00	54.	24.00	99.	44.00
10.	3.90	55.	21.44	100.	38.98	10.	4.44	55.	24.44	100.	44.44
11.	4.29	56.	21.83	200.	77.96	11.	4.89	56.	24.89	200.	88.89
12.	4.68	57.	22.22	300.	116.94	12.	5.33	57.	25.33	300.	133.33
13.	5.07	58.	22.61	400.	155.92	13.	5.78	58.	25.78	400.	177.78
14.	5.46	59.	23.00	500.	194.90	14.	6.22	59.	26.22	500.	222.22
15.	5.85	60.	23.39	600.	233.88	15.	6.67	60.	26.67	600.	266.67
16.	6.24	61.	23.78	700.	272.86	16.	7.11	61.	27.11	700.	311.11
17.	6.63	62.	24.17	800.	311.84	17.	7.56	62.	27.56	800.	355.56
18.	7.02	63.	24.56	900.	350.82	18.	8.00	63.	28.00	900.	400.00
19.	7.41	64.	24.95	1000.	389.80	19.	8.44	64.	28.44	1000.	444.44
20.	7.80	65.	25.34	PARTIES de Lieue.		20.	8.89	65.	28.89	PARTIES de Lieue.	
21.	8.19	66.	25.73	$\frac{1}{4}$	0.10	21.	9.33	66.	29.33	$\frac{1}{4}$	0.11
22.	8.58	67.	26.12	$\frac{1}{2}$	0.19	22.	9.78	67.	29.78	$\frac{1}{2}$	0.22
23.	8.97	68.	26.51	$\frac{3}{4}$	0.29	23.	10.22	68.	30.22	$\frac{3}{4}$	0.33
24.	9.36	69.	26.90			24.	10.67	69.	30.67		
25.	9.75	70.	27.29			25.	11.11	70.	31.11		
26.	10.13	71.	27.68			26.	11.56	71.	31.56		
27.	10.52	72.	28.07			27.	12.00	72.	32.00		
28.	10.91	73.	28.46			28.	12.44	73.	32.44		
29.	11.30	74.	28.85			29.	12.89	74.	32.89		
30.	11.69	75.	29.24			30.	13.33	75.	33.33		
31.	12.08	76.	29.62			31.	13.78	76.	33.78		
32.	12.47	77.	30.01			32.	14.22	77.	34.22		
33.	12.86	78.	30.40			33.	14.67	78.	34.67		
34.	13.25	79.	30.79			34.	15.11	79.	35.11		
35.	13.64	80.	31.18			35.	15.56	80.	35.56		
36.	14.03	81.	31.57			36.	16.00	81.	36.00		
37.	14.42	82.	31.96			37.	16.44	82.	36.44		
38.	14.81	83.	32.35			38.	16.89	83.	36.89		
39.	15.20	84.	32.74			39.	17.33	84.	37.33		
40.	15.59	85.	33.13			40.	17.78	85.	37.78		
41.	15.98	86.	33.52			41.	18.22	86.	38.22		
42.	16.37	87.	33.91			42.	18.67	87.	38.67		
43.	16.76	88.	34.30			43.	19.11	88.	39.11		
44.	17.15	89.	34.69			44.	19.56	89.	39.56		
45.	17.54	90.	35.08			45.	20.00	90.	40.00		

Suite de la *TABLE pour réduire les Lieues anciennes en Myriamètres ou Lieues métriques.*

ANCIENNES mesures.	NOUVELLES mesures.	ANCIENNES mesures.	NOUVELLES mesures.	ANCIENNES mesures.	NOUVELLES mesures.	ANCIENNES mesures.	NOUVELLES mesures.	ANCIENNES mesures.	NOUVELLES mesures.	ANCIENNES mesures.	NOUVELLES mesures.
Lieues de 20 au degré.	Myriamèt.	Lieues de 20 au degré.	Myriamèt.	Lieues de 20 au degré.	Myriamèt.	Lieues de 3000 tois.	Myriamèt.	Lieues de 3000 tois.	Myriamèt.	Lieues de 3000 tois.	Myriamèt.
1.	0.56	46.	25.56	91.	50.56	1.	0.58	46.	26.90	91.	53.21
2.	1.11	47.	26.11	92.	51.11	2.	1.17	47.	27.48	92.	53.79
3.	1.67	48.	26.67	93.	51.67	3.	1.75	48.	28.07	93.	54.38
4.	2.22	49.	27.22	94.	52.22	4.	2.34	49.	28.65	94.	54.96
5.	2.78	50.	27.78	95.	52.78	5.	2.92	50.	29.24	95.	55.55
6.	3.33	51.	28.33	96.	53.33	6.	3.51	51.	29.82	96.	56.13
7.	3.89	52.	28.89	97.	53.89	7.	4.09	52.	30.40	97.	56.72
8.	4.44	53.	29.44	98.	54.44	8.	4.68	53.	30.99	98.	57.30
9.	5.00	54.	30.00	99.	55.00	9.	5.26	54.	31.57	99.	57.88
10.	5.56	55.	30.56	100.	55.56	10.	5.85	55.	32.16	100.	58.47
11.	6.11	56.	31.11	200.	111.11	11.	6.43	56.	32.74	200.	116.94
12.	6.67	57.	31.67	300.	166.67	12.	7.02	57.	33.33	300.	175.41
13.	7.22	58.	32.22	400.	222.22	13.	7.60	58.	33.91	400.	233.88
14.	7.78	59.	32.78	500.	277.78	14.	8.19	59.	34.50	500.	292.36
15.	8.33	60.	33.33	600.	333.33	15.	8.77	60.	35.08	600.	350.83
16.	8.89	61.	33.89	700.	388.89	16.	9.36	61.	35.67	700.	409.30
17.	9.44	62.	34.44	800.	444.44	17.	9.94	62.	36.24	800.	467.77
18.	10.00	63.	35.00	900.	500.00	18.	10.52	63.	36.83	900.	526.24
19.	10.56	64.	35.56	1000.	555.56	19.	11.11	64.	37.41	1000.	584.71
20.	11.11	65.	36.11			20.	11.69	65.	38.00		
21.	11.67	66.	36.67	PARTIES de Lieue.		21.	12.28	66.	38.58	PARTIES de Lieue.	
22.	12.22	67.	37.22			22.	12.86	67.	39.16		
23.	12.78	68.	37.78			23.	13.45	68.	39.75		
24.	13.33	69.	38.33	$\frac{1}{4}$	0.14	24.	14.03	69.	40.33	$\frac{1}{4}$	0.14
25.	13.89	70.	38.89	$\frac{1}{2}$	0.28	25.	14.62	70.	40.93	$\frac{1}{2}$	0.29
26.	14.44	71.	39.44	$\frac{3}{4}$	0.42	26.	15.20	71.	41.51	$\frac{3}{4}$	0.43
27.	15.00	72.	40.00			27.	15.79	72.	42.20		
28.	15.56	73.	40.56			28.	16.37	73.	42.68		
29.	16.11	74.	41.11			29.	16.96	74.	43.27		
30.	16.67	75.	41.67			30.	17.54	75.	43.85		
31.	17.22	76.	42.22			31.	18.13	76.	44.44		
32.	17.78	77.	42.78			32.	18.71	77.	45.02		
33.	18.33	78.	43.33			33.	19.29	78.	45.61		
34.	18.89	79.	43.89			34.	19.88	79.	46.19		
35.	19.44	80.	44.44			35.	20.46	80.	46.78		
36.	20.00	81.	45.00			36.	21.05	81.	47.36		
37.	20.56	82.	45.56			37.	21.63	82.	47.95		
38.	21.11	83.	46.11			38.	22.22	83.	48.53		
39.	21.67	84.	46.67			39.	22.80	84.	49.12		
40.	22.22	85.	47.22			40.	23.39	85.	49.70		
41.	22.78	86.	47.78			41.	23.97	86.	50.28		
42.	23.33	87.	48.33			42.	24.56	87.	50.87		
43.	23.89	88.	48.89			43.	25.14	88.	51.45		
44.	24.44	89.	49.44			44.	25.73	89.	52.04		
45.	25.00	90.	50.00			45.	26.31	90.	52.62		

MESURES ITINÉRAIRES.

N.° 7.

TABLE pour réduire les Myriamètres en Lieues anciennes.

Nouvelles mesures.	Anciennes mesures.	Nouvelles mesures.	Anciennes mesures.	Nouvelles mesures.	Anciennes mesures.	Nouvelles mesures.	Anciennes mesures.	Nouvelles mesures.	Anciennes mesures.	Nouvelles mesures.	Anciennes mesures.
Myriamèt.	Lieues de 2000 toises	Myriamèt.	Lieues de 2000 toises	Myriamèt.	Lieues de 2000 toises	Myriamèt.	Lieues de 25 au deg.	Myriamèt.	Lieues de 25 au deg.	Myriamèt.	Lieues de 25 au deg.
1.	2.57	46.	118.01	91.	233.45	1.	2.25	46.	103.50	91.	204.75
2.	5.13	47.	120.57	92.	236.02	2.	4.50	47.	105.75	92.	207.00
3.	7.70	48.	123.14	93.	238.58	3.	6.75	48.	108.00	93.	209.25
4.	10.26	49.	125.71	94.	241.15	4.	9.00	49.	110.25	94.	211.50
5.	12.83	50.	128.27	95.	243.71	5.	11.25	50.	112.50	95.	213.75
6.	15.39	51.	130.84	96.	246.28	6.	13.50	51.	114.75	96.	216.00
7.	17.96	52.	133.40	97.	248.85	7.	15.75	52.	117.00	97.	218.25
8.	20.52	53.	135.97	98.	251.41	8.	18.00	53.	119.25	98.	220.50
9.	23.09	54.	138.53	99.	253.97	9.	20.25	54.	121.50	99.	222.75
10.	25.65	55.	141.10	100.	256.54	10.	22.50	55.	123.75	100.	225.
11.	28.22	56.	143.66	200.	513.07	11.	24.75	56.	126.00	200.	450.
12.	30.79	57.	146.23	300.	769.62	12.	27.00	57.	128.25	300.	675.
13.	33.35	58.	148.79	400.	1026.15	13.	29.25	58.	130.50	400.	900.
14.	35.92	59.	151.36	500.	1282.69	14.	31.50	59.	132.75	500.	1125.
15.	38.48	60.	153.93	600.	1539.22	15.	33.75	60.	135.00	600.	1350.
16.	41.05	61.	156.49	700.	1795.76	16.	36.00	61.	137.25	700.	1575.
17.	43.61	62.	159.06	800.	2052.30	17.	38.25	62.	139.50	800.	1800.
18.	46.18	63.	161.62	900.	2308.83	18.	40.50	63.	141.75	900.	2025.
19.	48.74	64.	164.19	1000.	2565.37	19.	42.75	64.	144.00	1000.	2250.
20.	51.31	65.	166.75			20.	45.00	65.	146.25		
21.	53.87	66.	169.32			21.	47.25	66.	148.50		
22.	56.44	67.	171.88			22.	49.50	67.	150.75		
23.	59.00	68.	174.45			23.	51.75	68.	153.00		
24.	61.57	69.	177.01			24.	54.00	69.	155.25		
25.	64.14	70.	179.58			25.	56.25	70.	157.50		
26.	66.70	71.	182.14			26.	58.50	71.	159.75		
27.	69.27	72.	184.71			27.	60.75	72.	162.00		
28.	71.83	73.	187.28			28.	63.00	73.	164.25		
29.	74.40	74.	189.84			29.	65.25	74.	166.50		
30.	76.96	75.	192.41			30.	67.50	75.	168.75		
31.	79.53	76.	194.97			31.	69.75	76.	171.00		
32.	82.09	77.	197.54			32.	72.00	77.	173.25		
33.	84.66	78.	200.10			33.	74.25	78.	175.50		
34.	87.22	79.	202.67			34.	76.50	79.	177.75		
35.	89.79	80.	205.23			35.	78.75	80.	180.00		
36.	92.36	81.	207.80			36.	81.00	81.	182.25		
37.	94.92	82.	210.36			37.	83.25	82.	184.50		
38.	97.49	83.	212.93			38.	85.50	83.	186.75		
39.	100.05	84.	215.50			39.	87.75	84.	189.00		
40.	102.62	85.	218.06			40.	90.00	85.	191.25		
41.	105.18	86.	220.63			41.	92.25	86.	193.50		
42.	107.75	87.	223.19			42.	94.50	87.	195.75		
43.	110.31	88.	225.76			43.	96.75	88.	198.00		
44.	112.88	89.	228.32			44.	99.00	89.	200.25		
45.	115.44	90.	230.89			45.	101.25	90.	202.50		

Suite de la *TABLE pour réduire les Myriamètres en Lieues anciennes.*

Nouvelles mesures.	Anciennes mesures.	Nouvelles mesures.	Anciennes mesures.	Nouvelles mesures.	Anciennes mesures.	Nouvelles mesures.	Anciennes mesures.	Nouvelles mesures.	Anciennes mesures.	Nouvelles mesures.	Anciennes mesures.
Myriamèt.	Lieues de 20 au deg.	Myriamèt.	Lieues de 20 au deg.	Myriamèt.	Lieues de 20 au deg.	Myriamèt.	Lieues de 3000 toises	Myriamèt.	Lieues de 3000 toises	Myriamèt.	Lieues de 3000 toises
1.	1.8	46.	82.8	91.	163.8	1.	1.71	46.	78.66	91.	155.61
2.	3.6	47.	84.6	92.	165.6	2.	3.42	47.	80.37	92.	157.32
3.	5.4	48.	86.4	93.	167.4	3.	5.13	48.	82.08	93.	159.03
4.	7.2	49.	88.2	94.	169.2	4.	6.84	49.	83.79	94.	160.74
5.	9.0	50.	90.0	95.	171.0	5.	8.55	50.	85.50	95.	162.45
6.	10.8	51.	91.8	96.	172.8	6.	10.26	51.	87.21	96.	164.16
7.	12.6	52.	93.6	97.	174.6	7.	11.97	52.	88.92	97.	165.87
8.	14.4	53.	95.4	98.	176.4	8.	13.68	53.	90.63	98.	167.58
9.	16.2	54.	97.2	99.	178.2	9.	15.39	54.	92.34	99.	169.29
10.	18.0	55.	99.0	100.	180.	10.	17.10	55.	94.05	100.	171.00
11.	19.8	56.	100.8	200.	360.	11.	18.81	56.	95.76	200.	342.00
12.	21.6	57.	102.6	300.	540.	12.	20.52	57.	97.47	300.	513.00
13.	23.4	58.	104.4	400.	720.	13.	22.23	58.	99.18	400.	684.00
14.	25.2	59.	106.2	500.	900.	14.	23.94	59.	100.89	500.	855.00
15.	27.0	60.	108.0	600.	1080.	15.	25.65	60.	102.60	600.	1026.00
16.	28.8	61.	109.8	700.	1260.	16.	27.36	61.	104.31	700.	1197.00
17.	30.6	62.	111.6	800.	1440.	17.	29.07	62.	106.02	800.	1368.00
18.	32.4	63.	113.4	900.	1620.	18.	30.78	63.	107.73	900.	1539.00
19.	34.2	64.	115.2	1000.	1800.	19.	32.49	64.	109.44	1000.	1710.00
20.	36.0	65.	117.0			20.	34.20	65.	111.15		
21.	37.8	66.	118.8			21.	35.91	66.	112.86		
22.	39.6	67.	120.6			22.	37.62	67.	114.57		
23.	41.4	68.	122.4			23.	39.33	68.	116.28		
24.	43.2	69.	124.2			24.	41.04	69.	117.99		
25.	45.0	70.	126.0			25.	42.75	70.	119.70		
26.	46.8	71.	127.8			26.	44.46	71.	121.41		
27.	48.6	72.	129.6			27.	46.17	72.	123.12		
28.	50.4	73.	131.4			28.	47.88	73.	124.83		
29.	52.2	74.	133.2			29.	49.59	74.	126.54		
30.	54.0	75.	135.0			30.	51.30	75.	128.25		
31.	55.8	76.	136.8			31.	53.01	76.	129.96		
32.	57.6	77.	138.6			32.	54.72	77.	131.67		
33.	59.4	78.	140.4			33.	56.43	78.	133.38		
34.	61.2	79.	142.2			34.	58.14	79.	135.09		
35.	63.0	80.	144.0			35.	59.85	80.	136.80		
36.	64.8	81.	145.8			36.	61.56	81.	138.51		
37.	66.6	82.	147.6			37.	63.27	82.	140.22		
38.	68.4	83.	149.4			38.	64.98	83.	141.93		
39.	70.2	84.	151.2			39.	66.69	84.	143.64		
40.	72.0	85.	153.0			40.	68.40	85.	145.35		
41.	73.8	86.	154.8			41.	70.11	86.	147.06		
42.	75.6	87.	156.6			42.	71.82	87.	148.77		
43.	77.4	88.	158.4			43.	73.53	88.	150.48		
44.	79.2	89.	160.2			44.	75.24	89.	152.19		
45.	81.0	90.	162.0			45.	76.95	90.	153.90		

MESURES AGRAIRES.

N.° 8.

TABLE pour réduire les Perches et Arpens de Paris en nouvelles Mesures.

Anciennes mesures.	Nouvelles mesures.	Anciennes mesures.	Nouvelles mesures.	Anciennes mesures.	Nouvelles mesures.
Perches.	Ares. Centiares.	Perches.	Ares. Centiares.	Perches.	Ares. Centiares.
1.	0. 34	46.	15. 73	91.	31. 11
2.	0. 68	47.	16. 07	92.	31. 45
3.	1. 03	48.	16. 41	93.	31. 80
4.	1. 37	49.	16. 75	94.	32. 14
5.	1. 71	50.	17. 09	95.	32. 48
6.	2. 05	51.	17. 44	96.	32. 82
7.	2. 39	52.	17. 78	97.	33. 16
8.	2. 74	53.	18. 12	98.	33. 51
9.	3. 08	54.	18. 46	99.	33. 85
10.	3. 42	55.	18. 80		
11.	3. 76	56.	19. 15		
12.	4. 10	57.	19. 49		
13.	4. 44	58.	19. 83		
14.	4. 79	59.	20. 17		
15.	5. 13	60.	20. 51		
16.	5. 47	61.	20. 86		
17.	5. 81	62.	21. 20		
18.	6. 15	63.	21. 54		
19.	6. 50	64.	21. 88		
20.	6. 84	65.	22. 22		
21.	7. 18	66.	22. 56		
22.	7. 52	67.	22. 91		
23.	7. 86	68.	23. 25		
24.	8. 21	69.	23. 59		
25.	8. 55	70.	23. 93		
26.	8. 89	71.	24. 27		
27.	9. 23	72.	24. 62		
28.	9. 57	73.	24. 96		
29.	9. 91	74.	25. 30		
30.	10. 26	75.	25. 64		
31.	10. 60	76.	25. 98		
32.	10. 94	77.	26. 33		
33.	11. 28	78.	26. 67		
34.	11. 62	79.	27. 01		
35.	11. 97	80.	27. 35		
36.	12. 31	81.	27. 69		
37.	12. 65	82.	28. 03		
38.	12. 99	83.	28. 38		
39.	13. 33	84.	28. 72		
40.	13. 68	85.	29. 06		
41.	14. 02	86.	29. 40		
42.	14. 36	87.	29. 74		
43.	14. 70	88.	30. 09		
44.	15. 04	89.	30. 43		
45.	15. 39	90.	30. 77		

Suite de la *TABLE pour réduire les Perches et Arpens de Paris en nouvelles Mesures.*

Anciennes mesures.	Nouvelles mesures.	Anciennes mesures.	Nouvelles mesures.	Anciennes mesures.	Nouvelles mesures.
Arpens.	Hectar. Ares. Centi.	Arpens.	Hectar. Ares. Centi.	Arpens.	Hectar. Ares. Centi.
1.	0. 34. 19	46.	15. 72. 69	91.	31. 11. 20
2.	0. 68. 38	47.	16. 06. 88	92.	31. 45. 39
3.	1. 02. 57	48.	16. 41. 07	93.	31. 79. 58
4.	1. 36. 76	49.	16. 75. 26	94.	32. 13. 77
5.	1. 70. 95	50.	17. 09. 45	95.	32. 47. 96
6.	2. 05. 13	51.	17. 43. 64	96.	32. 82. 14
7.	2. 39. 32	52.	17. 77. 83	97.	33. 16. 33
8.	2. 73. 51	53.	18. 12. 02	98.	33. 50. 52
9.	3. 07. 70	54.	18. 46. 21	99.	33. 84. 71
10.	3. 41. 89	55.	18. 80. 40	100.	34. 18. 90
11.	3. 76. 08	56.	19. 14. 58	200.	68. 37. 80
12.	4. 10. 27	57.	19. 48. 77	300.	102. 56. 70
13.	4. 44. 46	58.	19. 82. 96	400.	136. 75. 60
14.	4. 78. 65	59.	20. 17. 15	500.	170. 94. 50
15.	5. 12. 84	60.	20. 51. 34	600.	205. 13. 40
16.	5. 47. 02	61.	20. 85. 53	700.	239. 32. 30
17.	5. 81. 21	62.	21. 19. 72	800.	273. 51. 20
18.	6. 15. 40	63.	21. 53. 91	900.	307. 70. 10
19.	6. 49. 59	64.	21. 88. 10	1000.	341. 89. 00
20.	6. 83. 78	65.	22. 22. 29		
21.	7. 17. 97	66.	22. 56. 47		
22.	7. 52. 16	67.	22. 90. 66		
23.	7. 86. 35	68.	23. 24. 85		
24.	8. 20. 54	69.	23. 59. 04		
25.	8. 54. 73	70.	23. 93. 23		
26.	8. 88. 91	71.	24. 27. 42		
27.	9. 23. 10	72.	24. 61. 61		
28.	9. 57. 29	73.	24. 95. 80		
29.	9. 91. 18	74.	25. 29. 99		
30.	10. 25. 67	75.	25. 64. 18		
31.	10. 59. 86	76.	25. 98. 36		
32.	10. 94. 05	77.	26. 32. 55		
33.	11. 28. 24	78.	26. 66. 74		
34.	11. 62. 43	79.	27. 00. 93		
35.	11. 96. 62	80.	27. 35. 12		
36.	12. 30. 80	81.	27. 69. 31		
37.	12. 64. 99	82.	28. 03. 50		
38.	12. 99. 18	83.	28. 37. 69		
39.	13. 33. 37	84.	28. 71. 88		
40.	13. 67. 56	85.	29. 06. 07		
41.	14. 01. 75	86.	29. 40. 25		
42.	14. 35. 94	87.	29. 74. 44		
43.	14. 70. 13	88.	30. 08. 63		
44.	15. 04. 32	89.	30. 42. 82		
45.	15. 38. 51	90.	30. 77. 01		

MESURES AGRAIRES.

N.° 9.

TABLE pour réduire les Ares et les Hectares en Perches et Arpens de Paris (*).

Nouvelles mesures.	Anciennes mesures.	Nouvelles mesures.	Anciennes mesures.	Nouvelles mesures.	Anciennes mesures.
Ares.	Arp. Perch. Cent.	Ares.	Arp. Perch. Cent.	Ares.	Arp. Perch. Cent.
1.	0. 02. 92	46.	1. 34. 55	91.	2. 66. 17
2.	0. 05. 85	47.	1. 37. 47	92.	2. 69. 09
3.	0. 08. 77	48.	1. 40. 40	93.	2. 72. 02
4.	0. 11. 70	49.	1. 43. 32	94.	2. 74. 94
5.	0. 14. 62	50.	1. 46. 25	95.	2. 77. 87
6.	0. 17. 55	51.	1. 49. 17	96.	2. 80. 79
7.	0. 20. 47	52.	1. 52. 09	97.	2. 83. 72
8.	0. 23. 40	53.	1. 55. 02	98.	2. 86. 64
9.	0. 26. 32	54.	1. 57. 94	99.	2. 89. 57
10.	0. 29. 25	55.	1. 60. 87		
11.	0. 32. 17	56.	1. 63. 79		
12.	0. 35. 10	57.	1. 66. 72		
13.	0. 38. 02	58.	1. 69. 64		
14.	0. 40. 95	59.	1. 72. 57		
15.	0. 43. 87	60.	1. 75. 49		
16.	0. 46. 80	61.	1. 78. 42		
17.	0. 49. 72	62.	1. 81. 34		
18.	0. 52. 65	63.	1. 84. 27		
19.	0. 55. 57	64.	1. 87. 19		
20.	0. 58. 50	65.	1. 90. 12		
21.	0. 61. 42	66.	1. 93. 04		
22.	0. 64. 35	67.	1. 95. 97		
23.	0. 67. 27	68.	1. 98. 89		
24.	0. 70. 20	69.	2. 01. 82		
25.	0. 73. 12	70.	2. 04. 74		
26.	0. 76. 05	71.	2. 07. 67		
27.	0. 78. 97	72.	2. 10. 59		
28.	0. 81. 90	73.	2. 13. 52		
29.	0. 84. 82	74.	2. 16. 44		
30.	0. 87. 75	75.	2. 19. 37		
31.	0. 90. 67	76.	2. 22. 29		
32.	0. 93. 60	77.	2. 25. 22		
33.	0. 96. 52	78.	2. 28. 14		
34.	0. 99. 45	79.	2. 31. 07		
35.	1. 02. 37	80.	2. 33. 99		
36.	1. 05. 28	81.	2. 36. 92		
37.	1. 08. 22	82.	2. 39. 84		
38.	1. 11. 15	83.	2. 42. 77		
39.	1. 14. 07	84.	2. 45. 69		
40.	1. 17. 00	85.	2. 48. 62		
41.	1. 19. 92	86.	2. 51. 54		
42.	1. 22. 85	87.	2. 54. 47		
43.	1. 25. 77	88.	2. 57. 39		
44.	1. 28. 70	89.	2. 60. 32		
45.	1. 31. 62	90.	2. 63. 24		

(*) L'arpent de Paris contient 100 perches carrées de 18 pieds linéaires.

Suite de la *TABLE pour réduire les Ares et les Hectares en Perches et Arpens de Paris.*

Nouvelles mesures.	Anciennes mesures.		
Hectares.	Arp.	Perch.	Centi.
1.	2.	92.	49
2.	5.	84.	98
3.	8.	77.	47
4.	11.	69.	96
5.	14.	62.	45
6.	17.	54.	94
7.	20.	47.	43
8.	23.	39.	92
9.	26.	32.	41
10.	29.	24.	90
11.	32.	17.	39
12.	35.	09.	88
13.	38.	02.	37
14.	40.	94.	86
15.	43.	87.	35
16.	46.	79.	84
17.	49.	72.	33
18.	52.	64.	82
19.	55.	57.	31
20.	58.	49.	80
21.	61.	42.	29
22.	64.	34.	78
23.	67.	27.	27
24.	70.	19.	76
25.	73.	12.	25
26.	76.	04.	74
27.	78.	97.	23
28.	81.	89.	72
29.	84.	82.	21
30.	87.	74.	70
31.	90.	67.	19
32.	93.	59.	68
33.	96.	52.	17
34.	99.	44.	66
35.	102.	37.	15
36.	105.	29.	64
37.	108.	22.	13
38.	111.	14.	62
39.	114.	07.	11
40.	116.	99.	60
41.	119.	92.	09
42.	122.	84.	58
43.	125.	77.	07
44.	128.	69.	56
45.	131.	62.	05

Nouvelles mesures.	Anciennes mesures.		
Hectares.	Arp.	Perch.	Centi.
46.	134.	54.	54
47.	137.	47.	03
48.	140.	39.	52
49.	143.	32.	01
50.	146.	24.	50
51.	149.	16.	99
52.	152.	09.	48
53.	155.	01.	97
54.	157.	94.	46
55.	160.	86.	95
56.	163.	79.	44
57.	166.	71.	93
58.	169.	64.	42
59.	172.	56.	91
60.	175.	49.	40
61.	178.	41.	89
62.	181.	34.	38
63.	184.	26.	87
64.	187.	19.	36
65.	190.	11.	85
66.	193.	04.	34
67.	195.	96.	83
68.	198.	89.	32
69.	201.	81.	81
70.	204.	74.	30
71.	207.	66.	79
72.	210.	59.	28
73.	213.	51.	77
74.	216.	44.	26
75.	219.	36.	75
76.	222.	29.	24
77.	225.	21.	73
78.	228.	14.	22
79.	231.	06.	71
80.	233.	99.	20
81.	236.	91.	69
82.	239.	84.	18
83.	242.	76.	67
84.	245.	69.	16
85.	248.	61.	65
86.	251.	54.	14
87.	254.	46.	63
88.	257.	39.	12
89.	260.	31.	61
90.	263.	24.	10

Nouvelles mesures.	Anciennes mesures.		
Hectares.	Arp.	Perch.	Centi.
91.	266.	16.	59
92.	269.	09.	0[illegible]
93.	272.	01.	5[illegible]
94.	274.	94.	06
95.	277.	86.	55
96.	280.	79.	04
97.	283.	71.	53
98.	286.	64.	02
99.	289.	56.	51
100.	292.	49.	
200.	584.	98.	
300.	877.	47.	
400.	1169.	96.	
500.	1462.	45.	
600.	1754.	94.	
700.	2047.	43.	
800.	2339.	92.	
900.	2632.	41.	
1000.	2924.	90.	

MESURES AGRAIRES.

N.° 10.

TABLE pour réduire les Perches et Arpens, mesure ancienne des Eaux et Forêts, en nouvelles Mesures.

Anciennes mesures.	Nouvelles mesures.	Anciennes mesures.	Nouvelles mesures.	Anciennes mesures.	Nouvelles mesures.
Perches.	Ares. Centiares.	Perches.	Ares. Centiares.	Perches.	Ares. Centiares.
1.	0. 51	46.	23. 49	91.	46. 48
2.	1. 02	47.	24. 00	92.	46. 99
3.	1. 53	48.	24. 51	93.	47. 50
4.	2. 04	49.	25. 03	94.	48. 01
5.	2. 55	50.	25. 54	95.	48. 52
6.	3. 06	51.	26. 05	96.	49. 03
7.	3. 58	52.	26. 56	97.	49. 54
8.	4. 09	53.	27. 07	98.	50. 05
9.	4. 60	54.	27. 58	99.	50. 56
10.	5. 11	55.	28. 09		
11.	5. 62	56.	28. 60		
12.	6. 13	57.	29. 11		
13.	6. 64	58.	29. 62		
14.	7. 15	59.	30. 13		
15.	7. 66	60.	30. 64		
16.	8. 17	61.	31. 15		
17.	8. 68	62.	31. 66		
18.	9. 19	63.	32. 18		
19.	9. 70	64.	32. 69		
20.	10. 21	65.	33. 20		
21.	10. 73	66.	33. 71		
22.	11. 24	67.	34. 22		
23.	11. 75	68.	34. 73		
24.	12. 26	69.	35. 24		
25.	12. 77	70.	35. 75		
26.	13. 28	71.	36. 26		
27.	13. 79	72.	36. 77		
28.	14. 30	73.	37. 28		
29.	14. 81	74.	37. 79		
30.	15. 32	75.	38. 30		
31.	15. 83	76.	38. 81		
32.	16. 34	77.	39. 33		
33.	16. 85	78.	39. 84		
34.	17. 36	79.	40. 35		
35.	17. 88	80.	40. 86		
36.	18. 39	81.	41. 37		
37.	18. 90	82.	41. 88		
38.	19. 41	83.	42. 39		
39.	19. 92	84.	42. 90		
40.	20. 43	85.	43. 41		
41.	20. 94	86.	43. 92		
42.	21. 45	87.	44. 43		
43.	21. 96	88.	44. 94		
44.	22. 47	89.	45. 45		
45.	22. 98	90.	45. 96		

Suite de la *TABLE pour réduire les Perches et Arpens, mesure ancienne des Eaux et Forêts, en nouvelles Mesures.*

Anciennes mesures.	Nouvelles mesures.
Arpens.	Hectar. Ares. Centi.
1.	0. 51. 07
2.	1. 02. 14
3.	1. 53. 22
4.	2. 04. 29
5.	2. 55. 36
6.	3. 06. 43
7.	3. 57. 50
8.	4. 08. 58
9.	4. 59. 65
10.	5. 10. 72
11.	5. 61. 79
12.	6. 12. 86
13.	6. 63. 94
14.	7. 15. 01
15.	7. 66. 08
16.	8. 17. 15
17.	8. 68. 22
18.	9. 19. 30
19.	9. 70. 37
20.	10. 21. 44
21.	10. 72. 51
22.	11. 23. 58
23.	11. 74. 66
24.	12. 25. 73
25.	12. 76. 80
26.	13. 27. 87
27.	13. 78. 94
28.	14. 30. 02
29.	14. 81. 09
30.	15. 32. 16
31.	15. 83. 23
32.	16. 34. 30
33.	16. 85. 38
34.	17. 36. 45
35.	17. 87. 52
36.	18. 38. 59
37.	18. 89. 66
38.	19. 40. 74
39.	19. 91. 81
40.	20. 42. 88
41.	20. 93. 95
42.	21. 45. 02
43.	21. 96. 10
44.	22. 47. 17
45.	22. 98. 24
46.	23. 49. 31
47.	24. 00. 38
48.	24. 51. 46
49.	25. 02. 53
50.	25. 53. 60
51.	26. 04. 67
52.	26. 55. 74
53.	27. 06. 82
54.	27. 57. 89
55.	28. 08. 96
56.	28. 60. 03
57.	29. 11. 10
58.	29. 62. 18
59.	30. 13. 25
60.	30. 64. 32
61.	31. 15. 39
62.	31. 66. 46
63.	32. 17. 54
64.	32. 68. 61
65.	33. 19. 68
66.	33. 70. 75
67.	34. 21. 82
68.	34. 72. 90
69.	35. 23. 97
70.	35. 75. 04
71.	36. 26. 11
72.	36. 77. 18
73.	37. 28. 26
74.	37. 79. 33
75.	38. 30. 40
76.	38. 81. 47
77.	39. 32. 54
78.	39. 83. 62
79.	40. 34. 69
80.	40. 85. 76
81.	41. 36. 83
82.	41. 87. 90
83.	42. 38. 98
84.	42. 90. 05
85.	43. 41. 12
86.	43. 92. 19
87.	44. 43. 26
88.	44. 94. 34
89.	45. 45. 41
90.	45. 96. 48
91.	46. 47. 55
92.	46. 98. 62
93.	47. 49. 70
94.	48. 00. 77
95.	48. 51. 84
96.	49. 02. 91
97.	49. 53. 98
98.	50. 05. 06
99.	50. 56. 13
100.	51. 07. 20
200.	102. 14. 40
300.	153. 21. 60
400.	204. 28. 80
500.	255. 36. 00
600.	306. 43. 20
700.	357. 50. 40
800.	408. 57. 60
900.	459. 64. 80
1000.	510. 72. 00
2000.	1021. 44. 00
3000.	1532. 16. 00
4000.	2042. 88. 00
5000.	2553. 60. 00
6000.	3064. 32. 00
7000.	3575. 04. 00
8000.	4085. 76. 00
9000.	4596. 48. 00
10000.	5107. 20. 00

MESURES AGRAIRES.

N.° II.

TABLE pour réduire les nouvelles Mesures agraires en Arpens et Perches, mesure des Eaux et Forêts.

Nouvelles mesures.	Anciennes mesures.	Nouvelles mesures.	Anciennes mesures.	Nouvelles mesures.	Anciennes mesures.
Ares.	Perch. Centi.	Ares.	Perch. Centi.	Ares.	Perch. Centi.
1.	1. 96	46.	90. 07	91.	178. 18
2.	3. 92	47.	92. 03	92.	180. 14
3.	5. 87	48.	93. 98	93.	182. 10
4.	7. 83	49.	95. 94	94.	184. 05
5.	9. 79	50.	97. 90	95.	186. 01
6.	11. 75	51.	99. 86	96.	187. 97
7.	13. 71	52.	101. 82	97.	189. 93
8.	15. 66	53.	103. 78	98.	191. 89
9.	17. 62	54.	105. 73	99.	193. 84
10.	19. 58	55.	107. 69		
11.	21. 54	56.	109. 65		
12.	23. 50	57.	111. 61		
13.	25. 45	58.	113. 57		
14.	27. 41	59.	115. 52		
15.	29. 37	60.	117. 48		
16.	31. 33	61.	119. 44		
17.	33. 29	62.	121. 40		
18.	35. 24	63.	123. 36		
19.	37. 20	64.	125. 31		
20.	39. 16	65.	127. 27		
21.	41. 12	66.	129. 23		
22.	43. 08	67.	131. 19		
23.	45. 03	68.	133. 15		
24.	46. 99	69.	135. 10		
25.	48. 95	70.	137. 06		
26.	50. 91	71.	139. 02		
27.	52. 87	72.	140. 98		
28.	54. 82	73.	142. 94		
29.	56. 78	74.	144. 89		
30.	58. 74	75.	146. 85		
31.	60. 70	76.	148. 81		
32.	62. 66	77.	150. 77		
33.	64. 61	78.	152. 73		
34.	66. 57	79.	154. 68		
35.	68. 53	80.	156. 64		
36.	70. 49	81.	158. 60		
37.	72. 45	82.	160. 56		
38.	74. 40	83.	162. 52		
39.	76. 36	84.	164. 47		
40.	78. 32	85.	166. 43		
41.	80. 28	86.	168. 39		
42.	82. 24	87.	170. 35		
43.	84. 19	88.	172. 31		
44.	86. 15	89.	174. 26		
45.	88. 11	90.	176. 22		

Suite de la *TABLE pour réduire les nouvelles Mesures agraires en Arpens et Perches, mesure des Eaux et Forêts.*

Nouvelles mesures.	Anciennes mesures.	Nouvelles mesures.	Anciennes mesures.	Nouvelles mesures.	Anciennes mesures.
Hectares.	Arp. Perch. Centi.	Hectares.	Arp. Perch. Centi.	Hectares.	Arp. Perch. Centi.
1.	1. 95. 80	46.	90. 06. 89	91.	178. 17. 98
2.	3. 91. 60	47.	92. 02. 69	92.	180. 13. 78
3.	5. 87. 41	48.	93. 98. 50	93.	182. 09. 59
4.	7. 83. 21	49.	95. 94. 30	94.	184. 05. 39
5.	9. 79. 01	50.	97. 90. 10	95.	186. 01. 19
6.	11. 74. 81	51.	99. 85. 90	96.	187. 96. 99
7.	13. 70. 61	52.	101. 81. 70	97.	189. 92. 79
8.	15. 66. 42	53.	103. 77. 51	98.	191. 88. 60
9.	17. 62. 22	54.	105. 73. 31	99.	193. 84. 40
10.	19. 58. 02	55.	107. 69. 11	100.	195. 80. 20
11.	21. 53. 82	56.	109. 64. 91	200.	391. 60. 40
12.	23. 49. 62	57.	111. 60. 71	300.	587. 40. 60
13.	25. 45. 43	58.	113. 56. 52	400.	783. 20. 80
14.	27. 41. 23	59.	115. 52. 32	500.	979. 01. 00
15.	29. 37. 03	60.	117. 48. 12	600.	1174. 81. 20
16.	31. 32. 83	61.	119. 43. 92	700.	1370. 61. 40
17.	33. 28. 63	62.	121. 39. 72	800.	1566. 41. 60
18.	35. 24. 44	63.	123. 35. 53	900.	1762. 21. 80
19.	37. 20. 24	64.	125. 31. 33	1000.	1958. 02. 00
20.	39. 16. 04	65.	127. 27. 13	2000.	3916. 04. 01
21.	41. 11. 84	66.	129. 22. 93	3000.	5874. 06. 00
22.	43. 07. 64	67.	131. 18. 73	4000.	7832. 08. 01
23.	45. 03. 45	68.	133. 14. 54	5000.	9790. 10. 01
24.	46. 99. 25	69.	135. 10. 34	6000.	11748. 12. 02
25.	48. 95. 05	70.	137. 06. 14	7000.	13706. 14. 02
26.	50. 90. 85	71.	139. 01. 94	8000.	15664. 16. 03
27.	52. 86. 65	72.	140. 97. 74	9000.	17622. 18. 03
28.	54. 82. 46	73.	142. 93. 55	10000.	19580. 20. 04
29.	56. 78. 26	74.	144. 89. 35		
30.	58. 74. 06	75.	146. 85. 15		
31.	60. 69. 86	76.	148. 80. 95		
32.	62. 65. 66	77.	150. 76. 75		
33.	64. 61. 47	78.	152. 72. 56		
34.	66. 57. 27	79.	154. 68. 36		
35.	68. 53. 07	80.	156. 64. 16		
36.	70. 48. 87	81.	158. 59. 96		
37.	72. 44. 67	82.	160. 55. 76		
38.	74. 40. 48	83.	162. 51. 57		
39.	76. 36. 28	84.	164. 47. 37		
40.	78. 32. 08	85.	166. 43. 17		
41.	80. 27. 88	86.	168. 38. 97		
42.	82. 23. 68	87.	170. 34. 77		
43.	84. 19. 49	88.	172. 30. 58		
44.	86. 15. 29	89.	174. 26. 38		
45.	88. 11. 09	90.	176. 22. 18		

MESURES DE SUPERFICIE.

N.° 12.

TABLES pour réduire les anciennes Mesures de superficie en Mètres carrés et Parties décimales de Mètre carré.

Anciennes mesures.	Nouvelles mesures.	Anciennes mesures.	Nouvelles mesures.	Anciennes mesures.	Nouvelles mesures.	Anciennes mesures.	Nouvelles mesures.	Anciennes mesures.	Nouvelles mesures.
Pouc. carrés.	Mètres carrés.	Toise-points.	Mètres carrés.	Toise-lignes.	Mètres carrés.	Toise-pouces	Mètres carrés.	Toise-pieds.	Mètres carrés.
1.	0. 000733	1.	0. 000366	1.	0. 004397	1.	0. 052760	1.	0. 633124
2.	0. 001466	2.	0. 000733	2.	0. 008793	2.	0. 105521	2.	1. 266248
3.	0. 002198	3.	0. 001099	3.	0. 013190	3.	0. 158281	3.	1. 899371
4.	0. 002931	4.	0. 001466	4.	0. 017587	4.	0. 211041	4.	2. 532495
5.	0. 003664	5.	0. 001832	5.	0. 021983	5.	0. 263801	5.	3. 165619
6.	0. 004397	6.	0. 002198	6.	0. 026380	6.	0. 316562		
7.	0. 005129	7.	0. 002565	7.	0. 030777	7.	0. 369322		
8.	0. 005862	8.	0. 002931	8.	0. 035174	8.	0. 422082		
9.	0. 006595	9.	0. 003298	9.	0. 039570	9.	0. 474843		
10.	0. 007328	10.	0. 003664	10.	0. 043967	10.	0. 527603		
11.	....	11.	0. 004030	11.	0. 048364	11.	0. 580363		

N.° 13.

Anciennes mesures.	Nouvelles mesures.	Anciennes mesures.	Nouvelles mesures.	Anciennes mesures.	Nouvelles mesures.	Anciennes mesures.	Nouvelles mesures.
Pieds carrés.	Mètres carrés.	Pieds carrés.	Mètres carrés.	Pieds carrés.	Mètres carrés.	Pieds carrés.	Mètres carrés.
1.	0.1055	29.	3.0601	57.	6.0147	85.	8.9693
2.	0.2110	30.	3.1656	58.	6.1202	86.	9.0748
3.	0.3166	31.	3.2711	59.	6.2257	87.	9.1803
4.	0.4221	32.	3.3767	60.	6.3312	88.	9.2858
5.	0.5276	33.	3.4822	61.	6.4368	89.	9.3913
6.	0.6331	34.	3.5877	62.	6.5423	90.	9.4969
7.	0.7386	35.	3.6932	63.	6.6478	91.	9.6024
8.	0.8442	36.	3.7987	64.	6.7533	92.	9.7079
9.	0.9497	37.	3.9043	65.	6.8588	93.	9.8134
10.	1.0552	38.	4.0098	66.	6.9644	94.	9.9189
11.	1.1607	39.	4.1153	67.	7.0699	95.	10.0245
12.	1.2662	40.	4.2208	68.	7.1754	96.	10.1300
13.	1.3718	41.	4.3226	69.	7.2809	97.	10.2355
14.	1.4773	42.	4.4319	70.	7.3864	98.	10.3410
15.	1.5828	43.	4.5374	71.	7.4920	99.	10.4465
16.	1.6883	44.	4.6429	72.	7.5975	100.	10.5521
17.	1.7939	45.	4.7484	73.	7.7030	200.	21.1041
18.	1.8994	46.	4.8539	74.	7.8085	300.	31.6562
19.	2.0049	47.	4.9595	75.	7.9140	400.	42.2082
20.	2.1104	48.	5.0650	76.	8.0196	500.	52.7603
21.	2.2159	49.	5.1705	77.	8.1251	600.	63.3124
22.	2.3215	50.	5.2760	78.	8.2306	700.	73.8644
23.	2.4270	51.	5.3816	79.	8.3361	800.	84.4165
24.	2.5325	52.	5.4871	80.	8.4416	900.	94.9686
25.	2.6380	53.	5.5926	81.	8.5472	1000.	105.5206
26.	2.7435	54.	5.6981	82.	8.6527		
27.	2.8491	55.	5.8036	83.	8.7582		
28.	2.9546	56.	5.9092	84.	8.8637		

Suite des *TABLES pour réduire les anciennes Mesures de superficie en Mètres carrés et Parties décimales de Mètre carré.*

Anciennes mesures.	Nouvelles mesures.	Anciennes mesures.	Nouvelles mesures.	Anciennes mesures.	Nouvelles mesures.	Anciennes mesures.	Nouvelles mesures.
Toises carr.	Mètres carrés.	Toises carr.	Mètres carrés	Toises carr.	Mètres carrés.	Toises carr.	Mètres carrés.
1.	3.7987	31.	117.7610	61.	231.7233	91.	345.6856
2.	7.5975	32.	121.5598	62.	235.5220	92.	349.4843
3.	11.3962	33.	125.3585	63.	239.3208	93.	353.2831
4.	15.1950	34.	129.1572	64.	243.1195	94.	357.0818
5.	18.9937	35.	132.9560	65.	246.9183	95.	360.8805
6.	22.7925	36.	136.7547	66.	250.7170	96.	364.6793
7.	26.5912	37.	140.5535	67.	254.5157	97.	368.4780
8.	30.3899	38.	144.3522	68.	258.3145	98.	372.2768
9.	34.1887	39.	148.1510	69.	262.1132	99.	376.0755
10.	37.9874	40.	151.9497	70.	265.9120	100.	379.8743
11.	41.7862	41.	155.7484	71.	269.7107	200.	759.7485
12.	45.5849	42.	159.5472	72.	273.5095	300.	1139.6228
13.	49.3837	43.	163.3459	73.	277.3082	400.	1519.4970
14.	53.1824	44.	167.1447	74.	281.1069	500.	1899.3713
15.	56.9811	45.	170.9434	75.	284.9057	600.	2279.2455
16.	60.7799	46.	174.7422	76.	288.7044	700.	2659.1198
17.	64.5786	47.	178.5409	77.	292.5032	800.	3038.9940
18.	68.3774	48.	182.3396	78.	296.3019	900.	3418.8683
19.	72.1761	49.	186.1384	79.	300.1007	1000.	3798.7425
20.	75.9749	50.	189.9371	80.	303.8994	2000.	7597.4851
21.	79.7736	51.	193.7359	81.	307.6981	3000.	11396.2276
22.	83.5723	52.	197.5346	82.	311.4969	4000.	15194.9702
23.	87.3711	53.	201.3334	83.	315.2956	5000.	18993.7127
24.	91.1698	54.	205.1321	84.	319.0944	6000.	22792.4552
25.	94.9686	55.	208.9308	85.	322.8931	7000.	26591.1978
26.	98.7673	56.	212.7296	86.	326.6919	8000.	30389.9403
27.	102.5660	57.	216.5283	87.	330.4906	9000.	34188.6828
28.	106.3648	58.	220.3271	88.	334.2893	10000.	37987.4254
29.	110.1635	59.	224.1258	89.	338.0881		
30.	113.9623	60.	227.9246	90.	341.8868		

MESURES DE SUPERFICIE.

N.° 14.

TABLE pour convertir les Mètres carrés et fractions décimales de Mètre carré en Toises carrées, Toise-pieds, Toise-pouces, etc.

NOUVELLES mesures.	ANCIENNES MESURES.				NOUVELLES mesures.	ANCIENNES MESURES.				NOUVELLES mesures.	ANCIENNES MESURES.			
Mètres carr.	Toises car.	T.-pieds.	T.-pouc.	T.-lig.	Mètres carr.	Toises carr.	T.-pieds.	T.-pouc.	T.-lig.	Mètres carr.	Toises carr.	T.-pieds.	T.-pouc.	T.-lig.
0. 01	0....	0....	0....	2	26.	6....	5....	0....	9	71.	18....	4....	1....	8
0. 02	0....	0....	0....	5	27.	7....	0....	7....	9	72.	18....	5....	8....	8
0. 03	0....	0....	0....	7	28.	7....	2....	2....	8	73.	19....	1....	3....	7
0. 04	0....	0....	0....	9	29.	7....	3....	9....	7	74.	19....	2....	10....	7
0. 05	0....	0....	0....	11	30.	7....	5....	4....	7	75.	19....	4....	5....	6
0. 06	0....	0....	1....	2	31.	8....	0....	11....	6	76.	20....	0....	0....	5
0. 07	0....	0....	1....	4	32.	8....	2....	6....	6	77.	20....	1....	7....	5
0. 08	0....	0....	1....	6	33.	8....	4....	1....	5	78.	20....	3....	2....	4
0. 09	0....	0....	1....	8	34.	8....	5....	8....	5	79.	20....	4....	9....	4
					35.	9....	1....	3....	4	80.	21....	0....	4....	3
0. 1	0....	0....	1....	11	36.	9....	2....	10....	3	81.	21....	1....	11....	3
0. 2	0....	0....	3....	9	37.	9....	4....	5....	3	82.	21....	3....	6....	2
0. 3	0....	0....	5....	8	38.	10....	0....	0....	2	83.	21....	5....	1....	1
0. 4	0....	0....	7....	7	39.	10....	1....	7....	2	84.	22....	0....	8....	1
0. 5	0....	0....	9....	6	40.	10....	3....	2....	1	85.	22....	2....	3....	0
0. 6	0....	0....	11....	4	41.	10....	4....	9....	0	86.	22....	3....	10....	0
0. 7	0....	1....	1....	3	42.	11....	0....	4....	0	87.	22....	5....	4....	11
0. 8	0....	1....	3....	2	43.	11....	1....	10....	11	88.	23....	0....	11....	11
0. 9	0....	1....	5....	1	44.	11....	3....	5....	11	89.	23....	2....	6....	10
					45.	11....	5....	0....	10	90.	23....	4....	1....	10
1.	0....	1....	6....	11	46.	12....	0....	7....	10	91.	23....	5....	8....	9
2.	0....	3....	1....	11	47.	12....	2....	2....	9	92.	24....	1....	3....	8
3.	0....	4....	8....	10	48.	12....	3....	9....	9	93.	24....	2....	10....	8
4.	1....	0....	3....	10	49.	12....	5....	4....	8	94.	24....	4....	5....	7
5.	1....	1....	10....	9	50.	13....	0....	11....	8	95.	25....	0....	0....	6
6.	1....	3....	5....	9	51.	13....	2....	6....	7	96.	25....	1....	7....	6
7.	1....	5....	0....	8	52.	13....	4....	1....	7	97.	25....	3....	2....	5
8.	2....	0....	7....	8	53.	13....	5....	8....	6	98.	25....	4....	9....	5
9.	2....	2....	2....	7	54.	14....	1....	3....	6	99.	26....	0....	4....	4
10.	2....	3....	9....	6	55.	14....	2....	10....	5	100.	26....	1....	11....	4
11.	2....	5....	4....	6	56.	14....	4....	5....	5	200.	52....	3....	10....	9
12.	3....	0....	11....	5	57.	15....	0....	0....	4	300.	78....	5....	10....	1
13.	3....	2....	6....	5	58.	15....	1....	7....	3	400.	105....	1....	9....	5
14.	3....	4....	1....	4	59.	15....	3....	2....	3	500.	131....	3....	8....	10
15.	3....	5....	8....	4	60.	15....	4....	9....	2	600.	157....	5....	8....	2
16.	4....	1....	3....	3	61.	16....	0....	4....	2	700.	184....	1....	7....	7
17.	4....	2....	10....	2	62.	16....	1....	11....	1	800.	210....	3....	6....	11
18.	4....	4....	5....	2	63.	16....	3....	6....	1	900.	236....	5....	6....	3
19.	5....	0....	0....	1	64.	16....	5....	1....	0	1000.	263....	1....	5....	8
20.	5....	1....	7....	1	65.	17....	0....	8....	0					
21.	5....	3....	2....	0	66.	17....	2....	2....	11					
22.	5....	4....	8....	11	67.	17....	3....	9....	10					
23.	6....	0....	3....	11	68.	17....	5....	4....	10					
24.	6....	1....	10....	10	69.	18....	0....	11....	0					
25.	6....	3....	5....	10	70.	18....	2....	6....	9					

MESURES DE SUPERFICIE.

N.° 15.

TABLE pour convertir les Centimètres, Décimètres et Mètres carrés en anciennes Mesures analogues avec leurs parties décimales.

NOUVELLES mesures.	ANCIENNES MESURES.		NOUVELLES mesures.	ANCIENNES MESURES.		NOUVELLES mesures.	ANCIENNES MESURES.	
Centim. car.	Lignes carrées.	Pouces carrés.	Décimè. car.	Pouces carrés.	Pieds carrés.	Mètres carr.	Pieds carrés.	Toises carrées.
1.	19. 65	0. 1365	1.	13. 6466	0. 0948	1.	9. 4768	0. 26324
2.	39. 30	0. 2729	2.	27. 2932	0. 1895	2.	18. 9536	0. 52649
3.	58. 95	0. 4094	3.	40. 9399	0. 2843	3.	28. 4305	0. 78973
4.	78. 60	0. 5459	4.	54. 5865	0. 3791	4.	37. 9073	1. 05298
5.	98. 26	0. 6823	5.	68. 2331	0. 4738	5.	47. 3841	1. 31622
6.	117. 91	0. 8188	6.	81. 8797	0. 5687	6.	56. 8669	1. 57947
7.	137. 56	0. 9553	7.	95. 5263	0. 6634	7.	66. 3377	1. 84271
8.	157. 21	1. 0917	8.	109. 1730	0. 7581	8.	75. 8146	2. 10596
9.	176. 86	1. 2282	9.	122. 8196	0. 8529	9.	85. 2914	2. 36920
10.	196. 51	1. 3647	10.	136. 4662	0. 9477	10.	94. 7682	2. 63245
100.	1965. 11	13. 6466	100.	1364. 6621	9. 4768	100.	947. 6820	26. 32450
1000.	19651. 13	136. 4662	1000.	13646. 6211	94. 7682	1000.	9476. 8202	263. 24500

N.° 16.

TABLE pour convertir les Mètres carrés et Fractions décimales de Mètre carré en Toises carrées, Pieds carrés, etc.

NOUVELLES mesures.	ANCIENNES MESURES.				NOUVELLES mesures.	ANCIENNES MESURES.				NOUVELLES mesures.	ANCIENNES MESURES.			
Mètres carr.	Tois. car.	Pieds c.	Pouc. c.	Lig. car.	Mètres carr.	Tois. car.	Pieds c.	Pouc. c.	Lig. car.	Mètres carr.	Tois. car.	Pieds car.	Pouc. car.	Lig. car.
0. 01	0....	0....	13....	93	1.	0...	9...	68...	95	100.	26...	11...	98...	30
0. 02	0....	0....	27....	42	2.	0...	18...	137...	47	200.	52...	23...	52...	61
0. 03	0....	0....	40....	135	3.	0...	28...	61...	142	300.	78...	35...	6...	91
0. 04	0....	0....	54....	84	4.	1...	1...	130...	93	400.	105...	10...	104...	121
0. 05	0....	0....	68....	34	5.	1...	11...	55...	45	500.	131...	22...	59...	8
0. 06	0....	0....	81....	127	6.	1...	20...	123...	140	600.	157...	34...	13...	38
0. 07	0....	0....	95....	76	7.	1...	30...	47...	91	700.	184...	9...	111...	68
0. 08	0....	0....	109....	25	8.	2...	3...	117...	43	800.	210...	21...	65...	99
0. 09	0....	0....	122....	118	9.	2...	13...	41...	138	900.	236...	33...	19...	129
0. 1	0....	0....	136....	67	10.	2...	22...	110...	89	1000.	263...	8...	118...	16
0. 2	0....	1....	128....	134	20.	5...	9...	77...	25	2000.	526...	17...	92...	31
0. 3	0....	2....	121....	57	30.	7...	32...	43...	124	3000.	789...	26...	66...	47
0. 4	0....	3....	113....	125	40.	10...	19...	10...	70	4000.	1052...	35...	40...	62
0. 5	0....	4....	106....	48	50.	13...	5...	121...	15	5000.	1316...	8...	14...	78
0. 6	0....	5....	98....	115	60.	15...	28...	87...	104	6000.	1579...	16...	132...	94
0. 7	0....	6....	91....	38	70.	18...	15...	54...	50	7000.	1842...	25...	106...	109
0. 8	0....	7....	83....	105	80.	21...	2...	20...	140	8000.	2105...	34...	80...	125
0. 9	0....	8....	76....	28	90.	23...	24...	131...	85	9000.	2369...	7...	54...	140

MESURES DE SOLIDITÉ.

N.° 17.

TABLE pour convertir les Pieds cubes et les Toises cubes en Mètres cubes et Parties décimales de Mètre cube.

Anciennes mesures. Pieds cubes.	Nouvelles mesures. Mètres cubes.	Anciennes mesures. Pieds cubes.	Nouvelles mesures. Mètres cubes.	Anciennes mesures. Pieds cubes.	Nouvelles mesures. Mètres cubes.
1.	0. 0343	46.	1. 5768	91.	3. 1192
2.	0. 0686	47.	1. 6110	92.	3. 1535
3.	0. 1028	48.	1. 6453	93.	3. 1878
4.	0. 1371	49.	1. 6796	94.	3. 2221
5.	0. 1714	50.	1. 7139	95.	3. 2563
6.	0. 2057	51.	1. 7481	96.	3. 2906
7.	0. 2399	52.	1. 7824	97.	3. 3249
8.	0. 2742	53.	1. 8167	98.	3. 3592
9.	0. 3085	54.	1. 8510	99.	3. 3934
10.	0. 3428	55.	1. 8852	100.	3. 4277
11.	0. 3770	56.	1. 9195	200.	6. 8554
12.	0. 4113	57.	1. 9538	300.	10. 2832
13.	0. 4456	58.	1. 9881	400.	13. 7109
14.	0. 4799	59.	2. 0223	500.	17. 1386
15.	0. 5142	60.	2. 0566	600.	20. 5664
16.	0. 5484	61.	2. 0909	700.	23. 9941
17.	0. 5827	62.	2. 1252	800.	27. 4218
18.	0. 6170	63.	2. 1595	900.	30. 8695
19.	0. 6513	64.	2. 1937	1000.	34. 2772
20.	0. 6855	65.	2. 2280		
21.	0. 7198	66.	2. 2623		
22.	0. 7541	67.	2. 2966		
23.	0. 7884	68.	2. 3308		
24.	0. 8227	69.	2. 3651		
25.	0. 8569	70.	2. 3994		
26.	0. 8912	71.	2. 4337		
27.	0. 9255	72.	2. 4680		
28.	0. 9598	73.	2. 5022		
29.	0. 9940	74.	2. 5365		
30.	1. 0283	75.	2. 5708		
31.	1. 0626	76.	2. 6051		
32.	1. 0969	77.	2. 6393		
33.	1. 1311	78.	2. 6736		
34.	1. 1654	79.	2. 7079		
35.	1. 1997	80.	2. 7422		
36.	1. 2340	81.	2. 7765		
37.	1. 2683	82.	2. 8107		
38.	1. 3025	83.	2. 8450		
39.	1. 3368	84.	2. 8793		
40.	1. 3711	85.	2. 9136		
41.	1. 4054	86.	2. 9478		
42.	1. 4396	87.	2. 9821		
43.	1. 4739	88.	3. 0164		
44.	1. 5082	89.	3. 0507		
45.	1. 5425	90.	3. 0849		

Suite de la *TABLE pour convertir les Pieds cubes et les Toises cubes en Mètres cubes et Parties décimales de Mètre cube.*

Anciennes mesures.	Nouvelles mesures.	Anciennes mesures.	Nouvelles mesures.	Anciennes mesures.	Nouvelles mesures.
Toises cubes.	Mètres cubes.	Toises cubes.	Mètres cubes.	Toises cubes.	Mètres cubes.
1.	7. 4039	46.	340. 5788	91.	673. 7537
2.	14. 8078	47.	347. 9827	92.	681. 1576
3.	22. 2117	48.	355. 3866	93.	688. 5615
4.	29. 6155	49.	362. 7905	94.	695. 9654
5.	37. 0194	50.	370. 1944	95.	703. 3693
6.	44. 4233	51.	377. 5982	96.	710. 7732
7.	51. 8272	52.	385. 0021	97.	718. 1770
8.	59. 2311	53.	392. 4060	98.	725. 5809
9.	66. 6350	54.	399. 8099	99.	732. 9848
10.	74. 0389	55.	407. 2138	100.	740. 3887
11.	81. 4428	56.	414. 6177	200.	1480. 7774
12.	88. 8467	57.	422. 0216	300.	2221. 1661
13.	96. 2505	58.	429. 4254	400.	2961. 5549
14.	103. 6544	59.	436. 8293	500.	3701. 9436
15.	111. 0585	60.	444. 2332	600.	4442. 3323
16.	118. 4622	61.	451. 6371	700.	5182. 7210
17.	125. 8661	62.	459. 0410	800.	5923. 1097
18.	133. 2700	63.	466. 4449	900.	6663. 4984
19.	140. 6739	64.	473. 8488	1000.	7403. 8871
20.	148. 0777	65.	481. 2527		
21.	155. 4816	66.	488. 6565		
22.	162. 8855	67.	496. 0604		
23.	170. 2894	68.	503. 4643		
24.	177. 6933	69.	510. 8682		
25.	185. 0972	70.	518. 2721		
26.	192. 5011	71.	525. 6760		
27.	199. 9050	72.	533. 0799		
28.	207. 3088	73.	540. 4838		
29.	214. 7127	74.	547. 8877		
30.	222. 1166	75.	555. 2915		
31.	229. 5205	76.	562. 6954		
32.	236. 9244	77.	570. 0993		
33.	244. 3283	78.	577. 5032		
34.	251. 7322	79.	584. 9071		
35.	259. 1360	80.	592. 3110		
36.	266. 5399	81.	599. 7148		
37.	273. 9438	82.	607. 1187		
38.	281. 3477	83.	614. 5226		
39.	288. 7516	84.	621. 9265		
40.	296. 1555	85.	629. 3304		
41.	303. 5594	86.	636. 7343		
42.	310. 9633	87.	644. 1382		
43.	318. 3672	88.	651. 5421		
44.	325. 7710	89.	658. 9460		
45.	333. 1749	90.	666. 3498		

MESURES DE SOLIDITÉ.

N.° 18.

TABLE pour convertir les Fractions de Toise cube en Mètres cubes et Parties décimales de Mètre cube.

	T. T. POINTS.	T. T. LIGNES.	T. T. POUCES.	T. T. PIEDS.		POUCES CUBES.	PIEDS CUBES.
	Mètres cubes.	Mètres cubes.	Mètres cubes.	Mètres cubes.		Mètres cubes.	Mètres cubes.
1.	0. 0007	0. 0086	0. 1028	1. 2340	1.	0. 000020	0. 034277
2.	0. 0014	0. 0171	0. 2057	2. 4680	2.	0. 000040	0. 068554
3.	0. 0021	0. 0257	0. 3085	3. 7019	3.	0. 000060	0. 102832
4.	0. 0029	0. 0343	0. 4113	4. 9359	4.	0. 000079	0. 137109
5.	0. 0036	0. 0428	0. 5142	6. 1699	5.	0. 000099	0. 171386
6.	0. 0043	0. 0514	0. 6170		6.	0. 000119	0. 205663
7.	0. 0050	0. 0600	0. 7198		7.	0. 000139	0. 239941
8.	0. 0057	0. 0686	0. 8227		8.	0. 000159	0. 274218
9.	0. 0064	0. 0771	0. 9255		9.	0. 000178	0. 308495
10.	0. 0071	0. 0857	1. 0283				
11.	0. 0079	0. 0943	1. 1311				

N.° 19.

TABLE pour convertir les Cordes de bois, mesure des Eaux et Forêts, en Stères, et réciproquement les Stères en Cordes.

ANCIENNES mesures.	NOUVELLES mesures.	ANCIENNES mesures.	NOUVELLES mesures.	NOUVELLES mesures.	ANCIENNES mesures.	NOUVELLES mesures.	ANCIENNES mesures.
Cordes.	Stères.	Cordes.	Stères.	Stères.	Cordes.	Stères.	Cordes.
1.	3. 839	24.	92. 137	1.	0. 2605	24.	6. 2515
2.	7. 678	25.	95. 976	2.	0. 5210	25.	6. 5120
3.	11. 517	26.	99. 815	3.	0. 7814	26.	6. 7725
4.	15. 356	27.	103. 654	4.	1. 0419	27.	7. 0330
5.	19. 195	28.	107. 493	5.	1. 3024	28.	7. 2934
6.	23. 034	29.	111. 332	6.	1. 5629	29.	7. 5539
7.	26. 873	30.	115. 172	7.	1. 8234	30.	7. 8144
8.	30. 712	31.	119. 011	8.	2. 0839	31.	8. 0749
9.	34. 551	32.	122. 850	9.	2. 3443	32.	8. 3354
10.	38. 391	33.	126. 689	10.	2. 6048	33.	8. 5959
11.	42. 230	34.	130. 528	11.	2. 8653	34.	8. 8563
12.	46. 069	35.	134. 367	12.	3. 1258	35.	9. 1168
13.	49. 908	36.	138. 206	13.	3. 3862	36.	9. 3773
14.	53. 747	37.	142. 045	14.	3. 6467	37.	9. 6378
15.	57. 586	38.	145. 884	15.	3. 9072	38.	9. 8983
16.	61. 425	39.	149. 723	16.	4. 1677	39.	10. 1587
17.	65. 264	40.	153. 562	17.	4. 4282	40.	10. 4192
18.	69. 103	50.	191. 953	18.	4. 6886	50.	13. 0240
19.	72. 942	60.	230. 343	19.	4. 9491	60.	15. 6289
20.	76. 781	70.	268. 734	20.	5. 2096	70.	18. 2337
21.	80. 620	80.	307. 124	21.	5. 4701	80.	20. 8385
22.	84. 459	90.	345. 515	22.	5. 7306	90.	23. 4433
23.	88. 298	100.	383. 904	23.	5. 9910	100.	26. 0481

MESURES DE SOLIDITÉ.

N.° 20.

TABLE pour convertir les Décimètres et Mètres cubes en anciennes Mesures avec leurs Parties décimales.

Nouvelles mesures.	Anciennes mesures.	Nouvelles mesures.	Anciennes mesures.	Nouvelles mesures.	Anciennes mesures.	Nouvelles mesures.	Anciennes mesures.
Décim. cub.	Pouces cubes.	Mètr. cubes.	Solives.	Mètr. cubes.	Toises cubes.	Mètr. cubes.	Pieds cubes.
1.	50. 412	1.	9. 7246	1.	0. 13506	1.	29. 1739
2.	100. 825	2.	19. 4492	2.	0. 27013	2.	58. 3477
3.	151. 237	3.	29. 1739	3.	0. 40519	3.	87. 5216
4.	201. 650	4.	38. 8985	4.	0. 54026	4.	116. 6955
5.	252. 062	5.	48. 6231	5.	0. 67532	5.	145. 8693
6.	302. 475	6.	58. 3477	6.	0. 81039	6.	175. 0432
7.	352. 887	7.	68. 0723	7.	0. 94545	7.	204. 2170
8.	403. 299	8.	77. 7970	8.	1. 08051	8.	233. 3909
9.	453. 712	9.	87. 5216	9.	1. 21558	9.	262. 5648
10.	504. 124	10.	97. 2462	10.	1. 35004	10.	291. 7386
100.	5041. 244	100.	972. 4621	100.	13. 50642	100.	2917. 3864
1000.	50412. 438	1000.	9724. 6215	1000.	135. 06419	1000.	29173. 8645

N.° 21.

TABLE pour convertir les Mètres et Parties décimales de Mètre cube en Toises cubes, Toises toise-pieds, Toises toise-pouces, etc.

Nouvelles mesures.	Anciennes mesures.				
Mètr. cubes.	Toises cub.	T. T. pieds.	T. T. pouc.	T. T. lign.	T. T. points.
0. 01	0......	0......	0......	1......	2
0. 02	0......	0......	0......	2......	4
0. 03	0......	0......	0......	3......	6
0. 04	0......	0......	0......	4......	8
0. 05	0......	0......	0......	5......	10
0. 06	0......	0......	0......	7......	0
0. 07	0......	0......	0......	8......	2
0. 08	0......	0......	0......	9......	4
0. 09	0......	0......	0......	10......	6
0. 1	0......	0......	0......	11......	8
0. 2	0......	0......	1......	11......	4
0. 3	0......	0......	2......	11......	0
0. 4	0......	0......	3......	10......	8
0. 5	0......	0......	4......	10......	4
0. 6	0......	0......	5......	10......	0
0. 7	0......	0......	6......	9......	8
0. 8	0......	0......	7......	9......	4
0. 9	0......	0......	8......	9......	0
1.	0......	0......	9......	8......	8
2.	0......	1......	7......	5......	5
3.	0......	2......	5......	2......	1
4.	0......	3......	2......	10......	9
5.	0......	4......	0......	7......	6
6.	0......	4......	10......	4......	2

Nouvelles mesures.	Anciennes mesures.				
Mètr. cubes.	Toises cub.	T. T. pieds.	T. T. pouc.	T. T. lign.	T. T. points.
7.	0......	5......	8......	0......	10
8.	1......	0......	5......	9......	7
9.	1......	1......	3......	6......	3
10.	1......	2......	1......	2......	11
20.	2......	4......	2......	5......	11
30.	4......	0......	3......	8......	10
40.	5......	2......	4......	11......	10
50.	6......	4......	6......	2......	9
60.	8......	0......	7......	5......	9
70.	9......	2......	8......	8......	8
80.	10......	4......	9......	11......	8
90.	12......	0......	11......	2......	7
100.	13......	3......	0......	5......	7
200.	27......	0......	0......	11......	1
300.	40......	3......	1......	4......	8
400.	54......	0......	1......	10......	2
500.	67......	3......	2......	3......	9
600.	81......	0......	2......	9......	3
700.	94......	3......	3......	2......	10
800.	108......	0......	3......	8......	4
900.	121......	3......	4......	1......	11
1000.	135......	0......	4......	7......	6
10000.	1350......	3......	10......	2......	8

POIDS.

N.° 22.

TABLE pour convertir les anciens Poids en nouveaux.

Anciennes mesures.	Nouvelles mesures.
Grains.	Gr. Déc. Cent.
1.	0. 0. 5
2.	0. 1. 1
3.	0. 1. 6
4.	0. 2. 1
5.	0. 2. 6
6.	0. 3. 2
7.	0. 3. 7
8.	0. 4. 2
9.	0. 4. 8
10.	0. 5. 3
11.	0. 5. 8
12.	0. 6. 3
18.	0. 9. 5
20.	1. 0. 6
24.	1. 2. 7
30.	1. 5. 9
36.	1. 9. 0
40.	2. 1. 2
48.	2. 5. 4
50.	2. 6. 5
60.	3. 1. 9
70.	3. 7. 2
72.	3. 8. 2
Gros.	Gr. Déc. Cent.
1.	3. 8. 2
2.	7. 6. 5
3.	11. 4. 7
4.	15. 3. 0
5.	19. 1. 2
6.	22. 9. 4
7.	26. 7. 7
Onces.	Hect. Déca. Gr. Déci.
1.	0. 3. 0. 6
2.	0. 6. 1. 2
3.	0. 9. 1. 8
4.	1. 2. 2. 4
5.	1. 5. 3. 0
6.	1. 8. 3. 6
7.	2. 1. 4. 2
8.	2. 4. 4. 8
9.	2. 7. 5. 4
10.	3. 0. 5. 9
11.	3. 3. 6. 5
12.	3. 6. 7. 1

Anciennes mesures.	Nouvelles mesures.
Onces.	Hect. Déca. Gr. Déci.
13.	3. 9. 7. 7
14.	4. 2. 8. 3
15.	4. 5. 8. 9
Livres.	Kil. Hect. Déc. Gr.
1.	0. 4. 8. 9
2.	0. 9. 7. 9
3.	1. 4. 6. 9
4.	1. 9. 5. 8
5.	2. 4. 4. 8
6.	2. 9. 3. 7
7.	3. 4. 2. 7
8.	3. 9. 1. 6
9.	4. 4. 0. 6
10.	4. 8. 9. 5
11.	5. 3. 8. 5
12.	5. 8. 7. 4
13.	6. 3. 6. 4
14.	6. 8. 5. 3
15.	7. 3. 4. 3
16.	7. 8. 3. 2
17.	8. 3. 2. 2
18.	8. 8. 1. 1
19.	9. 3. 0. 1
20.	9. 7. 9. 0
21.	10. 2. 8. 0
22.	10. 7. 6. 9
23.	11. 2. 5. 9
24.	11. 7. 4. 8
25.	12. 2. 3. 8
26.	12. 7. 2. 7
27.	13. 2. 1. 7
28.	13. 7. 0. 6
29.	14. 1. 9. 6
30.	14. 6. 8. 5
31.	15. 1. 7. 5
32.	15. 6. 6. 4
33.	16. 1. 5. 4
34.	16. 6. 4. 3
35.	17. 1. 3. 3
36.	17. 6. 2. 2
37.	18. 1. 1. 2
38.	18. 6. 0. 1
39.	19. 0. 9. 1
40.	19. 5. 8. 0

Anciennes mesures.	Nouvelles mesures.
Livres.	Kil. Hect. Déc. Gr.
41.	20. 0. 7. 0
42.	20. 5. 5. 9
43.	21. 0. 4. 9
44.	21. 5. 3. 8
45.	22. 0. 2. 8
46.	22. 5. 1. 7
47.	23. 0. 0. 7
48.	23. 4. 9. 6
49.	23. 9. 8. 6
50.	24. 4. 7. 5
51.	24. 9. 6. 5
52.	25. 4. 5. 4
53.	25. 9. 4. 4
54.	26. 4. 3. 3
55.	26. 9. 2. 3
56.	27. 4. 1. 2
57.	27. 9. 0. 2
58.	28. 3. 9. 1
59.	28. 8. 8. 1
60.	29. 3. 7. 0
61.	29. 8. 6. 0
62.	30. 3. 4. 9
63.	30. 8. 3. 9
64.	31. 3. 2. 8
65.	31. 8. 1. 8
66.	32. 3. 0. 7
67.	32. 7. 9. 7
68.	33. 2. 8. 6
69.	33. 7. 7. 6
70.	34. 2. 6. 5
71.	34. 7. 5. 5
72.	35. 2. 4. 4
73.	35. 7. 3. 4
74.	36. 2. 2. 3
75.	36. 7. 1. 3
76.	37. 2. 0. 2
77.	37. 6. 9. 2
78.	38. 1. 8. 1
79.	38. 6. 7. 1
80.	39. 1. 6. 0
81.	39. 6. 5. 0
82.	40. 1. 3. 9
83.	40. 6. 2. 9
84.	41. 1. 1. 9
85.	41. 6. 0. 8

Anciennes mesures.	Nouvelles mesures.
Livres.	Kil. Hect. Déc. Gr.
86.	42. 0. 9. 8
87.	42. 5. 8. 7
88.	43. 0. 7. 7
89.	43. 5. 6. 6
90.	44. 0. 5. 6
91.	44. 5. 4. 5
92.	45. 0. 3. 5
93.	45. 5. 2. 4
94.	46. 0. 1. 4
95.	46. 5. 0. 3
96.	46. 9. 9. 3
97.	47. 4. 8. 2
98.	47. 9. 7. 2
99.	48. 4. 6. 1
100.	48. 9. 5. 1
200.	97. 9. 0. 1
300.	146. 8. 5. 2
400.	195. 8. 0. 2
500.	244. 7. 5. 3
600.	293. 7. 0. 4
700.	342. 6. 5. 4
800.	391. 6. 0. 5
900.	440. 5. 5. 5
1000.	489. 5. 0. 6

POIDS.

N.° 23.

TABLE pour réduire les Poids nouveaux en Poids anciens.

NOUVELLES mesures.	ANCIENNES MESURES.			
Grammes.		Gros.	Grains.	Cent.
1.		0..	18..	83
2.		0..	37..	65
3.		0..	56..	48
4.		1..	03..	31
5.		1..	22..	14
6.		1..	40..	96
7.		1..	59..	79
8.		2..	06..	62
9.		2..	25..	44
Décagram.	Livres.	Onc.	Gros.	Grains.
1.	0..	0..	2..	44
2.	0..	0..	5..	17
3.	0..	0..	7..	61
4.	0..	1..	2..	33
5.	0..	1..	5..	05
6.	0..	1..	7..	50
7.	0..	2..	2..	22
8.	0..	2..	4..	66
9.	0..	2..	7..	38
Hectogr.	Livres.	Onc.	Gros.	Grains.
1.	0..	3..	2..	11
2.	0..	6..	4..	21
3.	0..	9..	6..	32
4.	0..	13..	0..	42
5.	1..	0..	2..	54
6.	1..	3..	4..	64
7.	1..	6..	7..	03
8.	1..	10..	1..	14
9.	1..	13..	3..	24
Kilogram.	Livres.	Onc.	Gros.	Grains.
1.	2..	0..	5..	35
2.	4..	1..	2..	70
3.	6..	2..	0..	33
4.	8..	2..	5..	69
5.	10..	3..	3..	32
6.	12..	4..	0..	67
7.	14..	4..	6..	30
8.	16..	5..	3..	65
9.	18..	6..	1..	28
10.	20..	6..	6..	64
11.	22..	7..	4..	27
12.	24..	8..	1..	62
13.	26..	8..	7..	25
14.	28..	9..	4..	60
15.	30..	10..	2..	23

NOUVELLES mesures.	ANCIENNES MESURES.			
Kilogram.	Livres.	Onc.	Gros.	Grains.
16.	32..	10..	7..	58
17.	34..	11..	5..	22
18.	36..	12..	2..	57
19.	38..	13..	0..	20
20.	40..	13..	5..	55
21.	42..	14..	3..	18
22.	44..	15..	0..	53
23.	46..	15..	6..	16
24.	49..	0..	3..	52
25.	51..	1..	1..	15
26.	53..	1..	6..	50
27.	55..	2..	4..	13
28.	57..	3..	1..	48
29.	59..	3..	7..	11
30.	61..	4..	4..	47
31.	63..	5..	2..	10
32.	65..	5..	7..	45
33.	67..	6..	5..	8
34.	69..	7..	2..	43
35.	71..	8..	0..	6
36.	73..	8..	5..	41
37.	75..	9..	3..	5
38.	77..	10..	0..	40
39.	79..	10..	6..	3
40.	81..	11..	3..	38
41.	83..	12..	1..	1
42.	85..	12..	6..	36
43.	87..	13..	3..	71
44.	89..	14..	1..	35
45.	91..	14..	6..	70
46.	93..	15..	4..	33
47.	96..	0..	1..	68
48.	98..	0..	7..	31
49.	100..	1..	4..	66
50.	102..	2..	2..	30
51.	104..	2..	7..	65
52.	106..	3..	5..	28
53.	108..	4..	2..	63
54.	110..	5..	0..	26
55.	112..	5..	5..	61
56.	114..	6..	3..	24
57.	116..	7..	0..	60
58.	118..	7..	6..	23
59.	120..	8..	3..	58
60.	122..	9..	1..	21
61.	124..	9..	6..	56

NOUVELLES mesures.	ANCIENNES MESURES.			
Kilogram.	Livres.	Onc.	Gros.	Grains.
62.	126..	10..	4..	19
63.	128..	11..	1..	54
64.	130..	11..	7..	18
65.	132..	12..	4..	53
66.	134..	13..	2..	16
67.	136..	13..	7..	51
68.	138..	14..	5..	14
69.	140..	15..	2..	49
70.	143..	0..	0..	13
71.	145..	0..	5..	48
72.	147..	1..	3..	11
73.	149..	2..	0..	46
74.	151..	2..	6..	9
75.	153..	3..	3..	44
76.	155..	4..	1..	7
77.	157..	4..	6..	43
78.	159..	5..	4..	6
79.	161..	6..	1..	41
80.	163..	6..	7..	4
81.	165..	7..	4..	39
82.	167..	8..	2..	2
83.	169..	8..	7..	37
84.	171..	9..	5..	1
85.	173..	10..	2..	36
86.	175..	10..	7..	71
87.	177..	11..	5..	34
88.	179..	12..	2..	69
89.	181..	13..	0..	32
90.	183..	13..	5..	68
91.	185..	14..	3..	31
92.	187..	15..	0..	66
93.	189..	15..	6..	29
94.	192..	0..	3..	64
95.	194..	1..	1..	27
96.	196..	1..	6..	62
97.	198..	2..	4..	26
98.	200..	3..	1..	61
99.	202..	3..	7..	24
100.	204..	4..	4..	59
200.	408..	9..	1..	46
300.	612..	13..	6..	33
400.	817..	2..	3..	20
500.	1021..	7..	0..	7
1000.	2042..	14..	0..	14

TABLE pour convertir les Livres tournois et ses Fractions, en Francs et Centimes.

LIVRES.	FRANCS.	LIVRES.	FRANCS.	LIVRES.	FRANCS.	LIVRES.	FRANCS.
Deniers.	Centim. Centiè.	Liv.	Fr. Cent.	Liv.	Fr. Cent.	Liv.	Fr. Cent.
1.	00. 41	14.	13. 83	59.	58. 27	500.	493. 83
2.	00. 82	15.	14. 82	60.	59. 26	600.	592. 59
3.	01. 23	16.	15. 80	61.	60. 25	700.	691. 36
4.	01. 65	17.	16. 79	62.	61. 24	800.	790. 12
5.	02. 06	18.	17. 78	63.	62. 23	900.	888. 89
6.	02. 47	19.	18. 77	64.	63. 21	1000.	987. 65
7.	02. 88	20.	19. 95	65.	64. 20	2000.	1975. 31
8.	03. 29	21.	20. 74	66.	65. 19	3000.	2962. 96
9.	03. 70	22.	21. 73	67.	66. 18	4000.	3950. 62
10.	04. 12	23.	22. 72	68.	67. 16	5000.	4938. 27
11.	04. 53	24.	23. 70	69.	68. 15	6000.	5925. 93
Sous.	Centimes.	25.	24. 69	70.	69. 14	7000.	6913. 58
1.	05.	26.	25. 68	71.	70. 13	8000.	7901. 23
2.	10.	27.	26. 67	72.	71. 11	9000.	8888. 89
3.	15.	28.	27. 66	73.	72. 10	10000.	9876. 54
4.	20.	29.	28. 64	74.	73. 09	20000.	19753. 09
5.	25.	30.	29. 63	75.	74. 08	30000.	29629. 63
6.	30.	31.	30. 62	76.	75. 07	40000.	39506. 17
7.	35.	32.	31. 61	77.	76. 05	50000.	49382. 72
8.	40.	33.	32. 59	78.	77. 04	60000.	59259. 26
9.	44.	34.	33. 58	79.	78. 03	70000.	69135. 80
10.	49.	35.	34. 57	80.	79. 02	80000.	79012. 35
11.	54.	36.	35. 56	81.	80. 00	90000.	88888. 89
12.	59.	37.	36. 54	82.	80. 99	100000.	98765. 43
13.	64.	38.	37. 53	83.	81. 98		
14.	69.	39.	38. 52	84.	82. 97		
15.	74.	40.	39. 51	85.	83. 95		
16.	79.	41.	40. 50	86.	84. 94		
17.	84.	42.	41. 48	87.	85. 93		
18.	89.	43.	42. 47	88.	86. 92		
19.	94.	44.	43. 46	89.	87. 91		
Livres.	Fr. Cent.	45.	44. 45	90.	88. 89		
1.	0. 99	46.	45. 43	91.	89. 88		
2.	1. 98	47.	46. 42	92.	90. 87		
3.	2. 96	48.	47. 41	93.	91. 86		
4.	3. 95	49.	48. 40	94.	92. 84		
5.	4. 94	50.	49. 39	95.	93. 83		
6.	5. 93	51.	50. 37	96.	94. 82		
7.	6. 91	52.	51. 36	97.	95. 81		
8.	7. 90	53.	52. 35	98.	96. 79		
9.	8. 89	54.	53. 34	99.	97. 78		
10.	9. 88	55.	54. 32	100.	98. 77		
11.	10. 86	56.	55. 31	200.	197. 53		
12.	11. 85	57.	56. 30	300.	296. 30		
13.	12. 84	58.	57. 29	400.	395. 06		

MONNOIES.

N.° 25.

TABLE pour convertir les Francs en Livres, Sous et Deniers tournois.

FRANCS. Fr.	LIVRES. Liv.	Sous.	Den.	FRANCS. Fr.	LIVRES. Liv.	Sous.	Den.	FRANCS. Fr.	LIVRES. Liv.	Sous.	Den.
1.	1.	0.	3	46.	46.	11.	6	91.	92.	2.	9
2.	2.	0.	6	47.	47.	11.	9	92.	93.	3.	0
3.	3.	0.	9	48.	48.	12.	0	93.	94.	3.	3
4.	4.	1.	0	49.	49.	12.	3	94.	95.	3.	6
5.	5.	1.	3	50.	50.	12.	6	95.	96.	3.	9
6.	6.	1.	6	51.	51.	12.	9	96.	97.	4.	0
7.	7.	1.	9	52.	52.	13.	0	97.	98.	4.	3
8.	8.	2.	0	53.	53.	13.	3	98.	99.	4.	6
9.	9.	2.	3	54.	54.	13.	6	99.	100.	4.	9
10.	10.	2.	6	55.	55.	13.	9	100.	101.	5.	0
11.	11.	2.	9	56.	56.	14.	0	200.	202.	10.	0
12.	12.	3.	0	57.	57.	14.	3	300.	303.	15.	0
13.	13.	3.	3	58.	58.	14.	6	400.	405.	0.	0
14.	14.	3.	6	59.	59.	14.	9	500.	506.	5.	0
15.	15.	3.	9	60.	60.	15.	0	600.	607.	10.	0
16.	16.	4.	0	61.	61.	15.	3	700.	708.	15.	0
17.	17.	4.	3	62.	62.	15.	6	800.	810.	0.	0
18.	18.	4.	6	63.	63.	15.	9	900.	911.	5.	0
19.	19.	4.	9	64.	64.	16.	0	1000.	1012.	10.	0
20.	20.	5.	0	65.	65.	16.	3	2000.	2025.	0.	0
21.	21.	5.	3	66.	66.	16.	6	3000.	3037.	10.	0
22.	22.	5.	6	67.	67.	16.	9	4000.	4050.	0.	0
23.	23.	5.	9	68.	68.	17.	0	5000.	5062.	10.	0
24.	24.	6.	0	69.	69.	17.	3	6000.	6075.	0.	0
25.	25.	6.	3	70.	70.	17.	6	7000.	7087.	10.	0
26.	26.	6.	6	71.	71.	17.	9	8000.	8100.	0.	0
27.	27.	6.	9	72.	72.	18.	0	9000.	9112.	10.	0
28.	28.	7.	0	73.	73.	18.	3	10000.	10125.	0.	0
29.	29.	7.	3	74.	74.	18.	6	20000.	20250.	0.	0
30.	30.	7.	6	75.	75.	18.	9	30000.	30375.	0.	0
31.	31.	7.	9	76.	76.	19.	0	40000.	40500.	0.	0
32.	32.	8.	0	77.	77.	19.	3	50000.	50625.	0.	0
33.	33.	8.	3	78.	78.	19.	6	60000.	60750.	0.	0
34.	34.	8.	6	79.	79.	19.	9	70000.	70875.	0.	0
35.	35.	8.	9	80.	81.	0.	0	80000.	81000.	0.	0
36.	36.	9.	0	81.	82.	0.	3	90000.	91125.	0.	0
37.	37.	9.	3	82.	83.	0.	6	100000.	101250.	0.	0
38.	38.	9.	6	83.	84.	0.	9				
39.	39.	9.	9	84.	85.	1.	0				
40.	40.	10.	0	85.	86.	1.	3				
41.	41.	10.	3	86.	87.	1.	6				
42.	42.	10.	6	87.	88.	1.	9				
43.	43.	10.	9	88.	89.	2.	0				
44.	44.	11.	0	89.	90.	2.	3				
45.	45.	11.	3	90.	91.	2.	6				

TABLES PARTICULIÈRES

AU

DÉPARTEMENT DE LA DORDOGNE.

MESURES AGRAIRES.

N.° 26.

ARRONDISSEMENT DE PÉRIGUEUX.

TABLE pour convertir les Escats, Brasses et Journaux de Périgueux, en Hectares, Ares et Mètres carrés (*).

Anciennes mesures. Escats.	Nouvelles mesures. Ares. Mèt. c.
1.	00. 18
2.	00. 36
3.	00. 54
4.	00. 71
5.	00. 89
6.	01. 07
7.	01. 25
8.	01. 43
9.	01. 60
10.	01. 78
15.	02. 67
20.	03. 57
25.	04. 46
30.	05. 35
40.	07. 13
50.	08. 92
60.	10. 70
70.	12. 48
80.	14. 27
90.	16. 05
100.	17. 83
200.	35. 67
220.	39. 23

Brasses.	Ares. Mèt. c.
1.	01. 34
2.	02. 67
3.	04. 01
4.	05. 35
5.	06. 69
6.	08. 02
7.	09. 36
8.	10. 70
9.	12. 04
10.	13. 37
11.	14. 71
12.	16. 05
13.	17. 39
14.	18. 72
15.	20. 06
16.	21. 40
17.	22. 74
18.	24. 07
19.	25. 41
20.	26. 75

Anciennes mesures. Brasses.	Nouvelles mesures. Ares. Mèt. car.
21.	28. 09
22.	29. 42
23.	30. 76
24.	32. 10
25.	33. 44
26.	34. 77
27.	36. 11
28.	37. 45
29.	38. 79
30.	40. 12

Journaux.	Hect. Ares. Mèt. c.
1.	0. 40. 12
2.	0. 80. 25
3.	1. 20. 37
4.	1. 60. 50
5.	2. 00. 62
6.	2. 40. 75
7.	2. 80. 87
8.	3. 20. 99
9.	3. 61. 12
10.	4. 01. 24
11.	4. 41. 37
12.	4. 81. 49
13.	5. 21. 62
14.	5. 61. 74
15.	6. 01. 86
16.	6. 41. 99
17.	6. 82. 11
18.	7. 22. 24
19.	7. 62. 36
20.	8. 02. 49
21.	8. 42. 61
22.	8. 82. 73
23.	9. 22. 86
24.	9. 62. 98
25.	10. 03. 11
26.	10. 43. 23
27.	10. 83. 35
28.	11. 23. 48
29.	11. 63. 60
30.	12. 03. 73
31.	12. 43. 85
32.	12. 83. 98
33.	13. 24. 10

Anciennes mesures. Journaux.	Nouvelles mesures. Hectar. Ares. Mèt. c.
34.	13. 64. 22
35.	14. 04. 35
36.	14. 44. 47
37.	14. 84. 60
38.	15. 24. 71
39.	15. 24. 83
40.	16. 04. 97
41.	16. 45. 09
42.	16. 85. 22
43.	17. 25. 34
44.	17. 65. 47
45.	18. 05. 59
46.	18. 45. 71
47.	18. 85. 84
48.	19. 25. 96
49.	19. 66. 09
50.	20. 06. 21
51.	20. 46. 34
52.	20. 86. 46
53.	21. 26. 58
54.	21. 66. 71
55.	22. 06. 83
56.	22. 46. 96
57.	22. 87. 08
58.	23. 27. 20
59.	23. 67. 33
60.	24. 07. 45
61.	24. 47. 58
62.	24. 87. 70
63.	25. 27. 83
64.	25. 67. 95
65.	26. 08. 07
66.	26. 48. 20
67.	26. 88. 32
68.	27. 28. 45
69.	27. 68. 57
70.	28. 08. 70
71.	28. 48. 82
72.	28. 88. 94
73.	29. 29. 07
74.	29. 69. 19
75.	30. 09. 32
76.	30. 49. 44
77.	30. 89. 57

Anciennes mesures. Journaux.	Nouvelles mesures. Hectar. Ares. Mèt. c.
78.	31. 29. 69
79.	31. 69. 81
80.	32. 09. 94
81.	32. 50. 06
82.	32. 90. 19
83.	33. 30. 31
84.	33. 70. 43
85.	34. 10. 56
86.	34. 50. 68
87.	34. 90. 81
88.	35. 30. 93
89.	35. 71. 06
90.	36. 11. 18
91.	36. 51. 30
92.	36. 91. 43
93.	37. 31. 55
94.	37. 71. 68
95.	38. 11. 80
96.	38. 51. 93
97.	38. 92. 05
98.	39. 32. 17
99.	39. 72. 30
100.	40. 12. 42
200.	80. 24. 84
300.	120. 37. 27
400.	160. 49. 69
500.	200. 62. 11
600.	240. 74. 52
700.	280. 86. 95
800.	320. 99. 38
900.	361. 11. 80
1000.	401. 24. 22

(*) Le Mètre carré équivaut au Centiare.

MESURES AGRAIRES.

N.° 27.

TABLE pour convertir les Ares et les Hectares en Journaux, Brasses et Carreaux, mesure de Périgueux.

NOUVELLES mesures.	ANCIENNES MESURES.			
Ares.	Journ.	Brass.	Carr.	Centiè.
1.	0.	00.	22.	43
2.	0.	01.	14.	86
3.	0.	02.	07.	29
4.	0.	02.	29.	72
5.	0.	03.	22.	15
6.	0.	04.	14.	58
7.	0.	05.	07.	01
8.	0.	05.	29.	44
9.	0.	06.	21.	87
10.	0.	07.	14.	30
11.	0.	08.	06.	73
12.	0.	08.	29.	16
13.	0.	09.	21.	59
14.	0.	10.	14.	02
15.	0.	11.	06.	45
16.	0.	11.	28.	88
17.	0.	12.	21.	31
18.	0.	13.	13.	74
19.	0.	14.	06.	17
20.	0.	14.	28.	60
25.	0.	18.	20.	75
30.	0.	22.	12.	90
40.	0.	29.	27.	20
50.	1.	07.	11.	50
60.	1.	14.	25.	80
70.	1.	22.	10.	10
80.	1.	29.	24.	40
90.	2.	07.	08.	70
100.	2.	14.	23.	00
Hectares.	Journ.	Brass.	Carr.	Centiè.
1.	2.	14.	23.	25
2.	4.	29.	16.	50
3.	7.	14.	09.	75
4.	9.	29.	03.	00
5.	12.	13.	26.	25
6.	14.	28.	19.	50
7.	17.	13.	12.	75
8.	19.	28.	06.	00
9.	22.	12.	29.	25
10.	24.	27.	22.	50
11.	27.	12.	15.	75
12.	29.	27.	09.	00
13.	32.	12.	02.	25
14.	34.	26.	25.	50
15.	37.	11.	18.	75
16.	39.	26.	12.	00
17.	42.	11.	05.	25

NOUVELLES mesures.	ANCIENNES MESURES.			
Hectares.	Journ.	Brass.	Carr.	Centiè.
18.	44.	25.	28.	50
19.	47.	10.	21.	75
20.	49.	25.	15.	00
21.	52.	10.	08.	25
22.	54.	25.	01.	50
23.	57.	09.	24.	75
24.	59.	24.	18.	00
25.	62.	09.	11.	25
26.	64.	24.	04.	50
27.	67.	08.	27.	75
28.	69.	23.	21.	00
29.	72.	08.	14.	25
30.	74.	23.	07.	50
31.	77.	08.	00.	75
32.	79.	22.	24.	00
33.	82.	07.	17.	25
34.	84.	22.	10.	50
35.	87.	07.	03.	75
36.	89.	21.	27.	00
37.	92.	06.	20.	25
38.	94.	21.	13.	50
39.	97.	06.	06.	75
40.	99.	21.	00.	00
41.	102.	05.	23.	25
42.	104.	20.	16.	50
43.	107.	05.	09.	75
44.	109.	20.	03.	00
45.	112.	04.	26.	25
46.	114.	19.	19.	50
47.	117.	04.	12.	75
48.	119.	19.	06.	00
49.	122.	03.	29.	25
50.	124.	18.	22.	50
51.	127.	03.	15.	75
52.	129.	18.	09.	00
53.	132.	03.	02.	25
54.	134.	17.	25.	50
55.	137.	02.	18.	75
56.	139.	17.	12.	00
57.	142.	02.	05.	25
58.	144.	16.	28.	50
59.	147.	01.	21.	75
60.	149.	16.	15.	00
61.	152.	01.	08.	25
62.	154.	16.	01.	50
63.	157.	00.	24.	75
64.	159.	15.	18.	00

NOUVELLES mesures.	ANCIENNES MESURES.			
Hectares.	Journ.	Brass.	Carr.	Centiè.
65.	162.	00.	11.	25
66.	164.	15.	04.	50
67.	166.	29.	27.	75
68.	169.	14.	21.	00
69.	171.	29.	14.	25
70.	174.	14.	07.	50
71.	176.	29.	10.	75
72.	179.	14.	04.	00
73.	181.	28.	27.	25
74.	184.	13.	10.	50
75.	186.	28.	03.	75
76.	189.	12.	27.	00
77.	191.	27.	20.	25
78.	194.	12.	13.	50
79.	196.	27.	06.	75
80.	199.	12.	00.	00
81.	201.	26.	23.	25
82.	204.	11.	16.	50
83.	206.	26.	09.	75
84.	209.	11.	03.	00
85.	211.	25.	26.	25
86.	214.	10.	19.	50
87.	216.	25.	12.	75
88.	219.	10.	06.	00
89.	221.	24.	29.	25
90.	224.	09.	22.	50
91.	226.	24.	15.	75
92.	229.	09.	09.	00
93.	231.	24.	02.	25
94.	234.	08.	25.	50
95.	236.	23.	18.	75
96.	239.	08.	12.	00
97.	241.	23.	05.	25
98.	244.	07.	28.	50
99.	246.	22.	21.	75
100.	249.	07.	15.	00
200.	498.	15.	00.	00
300.	747.	22.	15.	00
400.	997.	00.	00.	00
500.	1246.	07.	15.	00
600.	1495.	15.	00.	00
700.	1744.	22.	15.	00
800.	1994.	00.	00.	00
900.	2243.	07.	15.	00
1000.	2492.	15.	00.	00

MESURES AGRAIRES.

N.° 28.

TABLE pour convertir le Journal, mesure de St.-Astier, et ses divisions, en Hectares, Ares et Mètres carrés.

Anciennes mesures.	Nouvelles mesures.
Lattes.	Ares. Mèt. c.
1.	0. 21
2.	0. 41
3.	0. 62
4.	0. 83
5.	1. 03
6.	1. 24
7.	1. 45
8.	1. 65
Brasses.	Ares. Mèt. c.
1.	01. 55
2.	03. 10
3.	04. 65
4.	06. 20
5.	07. 76
6.	09. 31
7.	10. 86
8.	12. 41
9.	13. 96
10.	15. 51
11.	17. 06
12.	18. 61
13.	20. 17
14.	21. 72
15.	23. 27
16.	24. 82
17.	26. 37
18.	27. 92
19.	29. 47
20.	31. 02
21.	32. 57
22.	34. 13
23.	35. 68
24.	37. 23
25.	38. 78
26.	40. 33
27.	41. 88
28.	43. 43
29.	44. 98
30.	46. 53
Journaux.	Hect. Ares. Mèt. c.
1.	0. 31. 02
2.	0. 62. 05
3.	0. 93. 07
4.	1. 24. 09
5.	1. 55. 12

Anciennes mesures.	Nouvelles mesures.
Journaux.	Hectar. Ares. Mèt. c.
6.	1. 86. 14
7.	2. 17. 16
8.	2. 48. 18
9.	2. 79. 21
10.	3. 10. 23
11.	3. 41. 25
12.	3. 72. 28
13.	4. 03. 30
14.	4. 34. 32
15.	4. 65. 35
16.	4. 96. 37
17.	5. 27. 39
18.	5. 58. 42
19.	5. 89. 44
20.	6. 20. 46
21.	6. 51. 48
22.	6. 82. 51
23.	7. 13. 53
24.	7. 44. 55
25.	7. 75. 58
26.	8. 06. 60
27.	8. 37. 62
28.	8. 68. 65
29.	8. 99. 67
30.	9. 30. 69
31.	9. 61. 72
32.	9. 92. 74
33.	10. 23. 76
34.	10. 54. 78
35.	10. 85. 81
36.	11. 16. 83
37.	11. 47. 85
38.	11. 78. 88
39.	12. 09. 90
40.	12. 40. 92
41.	12. 71. 95
42.	13. 02. 97
43.	13. 33. 99
44.	13. 65. 02
45.	13. 96. 04
46.	14. 27. 06
47.	14. 58. 08
48.	14. 89. 11
49.	15. 20. 13
50.	15. 51. 15

Anciennes mesures.	Nouvelles mesures.
Journaux.	Hectar. Ares. Mèt. c.
51.	15. 82. 18
52.	16. 13. 20
53.	16. 44. 22
54.	16. 75. 25
55.	17. 06. 27
56.	17. 37. 29
57.	17. 68. 31
58.	17. 99. 34
59.	18. 30. 36
60.	18. 61. 38
61.	18. 92. 41
62.	19. 23. 43
63.	19. 54. 45
64.	19. 85. 48
65.	20. 16. 50
66.	20. 47. 52
67.	20. 78. 55
68.	21. 09. 57
69.	21. 40. 59
70.	21. 71. 61
71.	22. 02. 64
72.	22. 33. 66
73.	22. 64. 68
74.	22. 95. 71
75.	23. 26. 73
76.	23. 57. 75
77.	23. 88. 78
78.	24. 19. 80
79.	24. 50. 82
80.	24. 81. 85
81.	25. 12. 87
82.	25. 43. 89
83.	25. 74. 91
84.	26. 05. 94
85.	26. 36. 96
86.	26. 67. 98
87.	26. 99. 01
88.	27. 30. 03
89.	27. 61. 05
90.	27. 92. 08
91.	28. 23. 10
92.	28. 54. 12
93.	28. 85. 15
94.	29. 16. 17
95.	29. 47. 19

Anciennes mesures.	Nouvelles mesures.
Journaux.	Hectar. Ares. Mèt. c.
96.	29. 78. 21
97.	30. 09. 24
98.	30. 40. 26
99.	30. 71. 28
100.	31. 02. 31
200.	62. 04. 61
300.	93. 06. 92
400.	124. 09. 23
500.	155. 11. 54
600.	186. 13. 84
700.	217. 16. 15
800.	248. 18. 46
900.	279. 20. 76
1000.	310. 23. 07

MESURES AGRAIRES.

N.° 29.

TABLE pour convertir l'Hectare et ses Fractions, en Journal, Brasses et Carreaux, mesure de St.-Astier.

Nouvelles mesures.	Anciennes mesures.	Nouvelles mesures.	Anciennes mesures.	Nouvelles mesures.	Anciennes mesures.
Ares.	Journ. Brass. Carr. Centièm.	Hectares.	Journ. Brass. Carr. Centiè.	Hectares.	Journ. Brass. Carr. Centièm.
1.	0. 00. 64. 47	18.	58. 00. 42. 76	65.	219. 10. 43. 30
2.	0. 01. 28. 94	19.	61. 04. 89. 58	66.	212. 14. 90. 12
3.	0. 01. 93. 40	20.	64. 09. 36. 40	67.	215. 19. 36. 94
4.	0. 02. 57. 87	21.	67. 13. 83. 22	68.	229. 03. 83. 76
5.	0. 03. 22. 34	22.	70. 18. 30. 04	69.	222. 08. 30. 58
6.	0. 03. 86. 81	23.	74. 02. 76. 86	70.	225. 12. 77. 40
7.	0. 04. 51. 28	24.	77. 07. 23. 68	71.	228. 17. 24. 22
8.	0. 05. 15. 74	25.	80. 11. 70. 50	72.	232. 01. 71. 04
9.	0. 05. 80. 21	26.	83. 16. 17. 32	73.	235. 06. 17. 86
10.	0. 06. 44. 68	27.	87. 00. 64. 14	74.	238. 10. 64. 68
11.	0. 07. 09. 15	28.	90. 05. 10. 96	75.	241. 15. 11. 50
12.	0. 07. 73. 62	29.	93. 09. 57. 78	76.	244. 19. 58. 32
13.	0. 08. 38. 08	30.	96. 14. 04. 60	77.	248. 04. 05. 14
14.	0. 09. 02. 55	31.	99. 18. 51. 42	78.	251. 08. 51. 96
15.	0. 09. 67. 02	32.	103. 02. 98. 24	79.	254. 12. 98. 78
16.	0. 10. 31. 49	33.	106. 07. 45. 06	80.	257. 17. 45. 60
17.	0. 10. 95. 96	34.	109. 11. 91. 88	81.	261. 01. 92. 42
18.	0. 11. 60. 42	35.	112. 16. 38. 70	82.	264. 06. 39. 24
19.	0. 12. 24. 89	36.	116. 00. 85. 52	83.	267. 10. 86. 06
20.	0. 12. 89. 36	37.	119. 05. 32. 34	84.	270. 15. 32. 88
25.	0. 16. 11. 70	38.	122. 09. 79. 16	85.	273. 19. 79. 70
30.	0. 19. 34. 04	39.	125. 14. 25. 98	86.	277. 04. 26. 52
40.	1. 05. 78. 72	40.	128. 18. 72. 80	87.	280. 08. 73. 34
50.	1. 12. 23. 40	41.	132. 03. 19. 62	88.	283. 13. 20. 16
60.	1. 18. 68. 08	42.	135. 07. 66. 44	89.	286. 17. 66. 98
70.	2. 05. 12. 76	43.	138. 12. 13. 26	90.	290. 02. 13. 80
80.	2. 11. 57. 44	44.	141. 16. 60. 08	91.	293. 06. 60. 62
90.	2. 18. 02. 12	45.	145. 01. 06. 90	92.	296. 11. 07. 44
100.	3. 04. 46. 80	46.	148. 05. 53. 72	93.	299. 15. 54. 26
Hectares.	Journ. Brass. Carr. Centièm.	47.	151. 10. 00. 54	94.	303. 00. 01. 08
1.	3. 04. 46. 82	48.	154. 14. 47. 36	95.	306. 04. 47. 90
2.	6. 08. 93. 64	49.	157. 18. 94. 18	96.	309. 08. 94. 72
3.	9. 13. 40. 46	50.	161. 03. 41. 00	97.	312. 13. 41. 54
4.	12. 17. 87. 28	51.	164. 07. 87. 82	98.	315. 17. 88. 36
5.	16. 02. 34. 10	52.	167. 12. 34. 64	99.	319. 02. 35. 18
6.	19. 06. 80. 92	53.	170. 16. 81. 46	100.	322. 06. 82. 00
7.	22. 11. 27. 74	54.	174. 01. 28. 28	200.	644. 13. 64. 00
8.	25. 15. 74. 56	55.	177. 05. 75. 10	300.	967. 00. 46. 00
9.	29. 00. 21. 38	56.	180. 10. 21. 92	400.	1289. 07. 28. 00
10.	32. 04. 68. 20	57.	183. 14. 68. 74	500.	1611. 14. 10. 00
11.	35. 09. 15. 02	58.	186. 19. 15. 56	600.	1934. 00. 92. 00
12.	38. 13. 61. 84	59.	190. 03. 62. 38	700.	2256. 07. 74. 00
13.	41. 18. 08. 66	60.	193. 08. 09. 20	800.	2578. 14. 56. 00
14.	45. 02. 55. 48	61.	196. 12. 56. 02	900.	2901. 01. 38. 00
15.	48. 07. 02. 30	62.	199. 17. 02. 84	1000.	3223. 08. 20. 00
16.	51. 11. 49. 12	63.	203. 01. 49. 66		
17.	54. 15. 95. 94	64.	206. 05. 96. 48		

MESURES AGRAIRES.

N.° 30.

TABLE pour convertir le Journal de Lisle, en Hectares, Ares et Mètres carrés.

ANCIENNES mesures.	NOUVELLES mesures.
Brasses.	Ares. Mèt. c. Centie.
1.	01. 13. 96
2.	02. 27. 92
3.	03. 41. 89
4.	04. 55. 85
5.	05. 69. 81
6.	06. 83. 77
7.	07. 97. 73
8.	09. 11. 70
9.	10. 25. 66
10.	11. 39. 62
11.	12. 53. 58
12.	13. 67. 54
13.	14. 81. 51
14.	15. 95. 47
15.	17. 09. 43
16.	18. 23. 39
17.	19. 37. 35
18.	20. 51. 32
19.	21. 65. 28
20.	22. 79. 24
21.	23. 93. 20
22.	25. 07. 16
23.	26. 21. 13
24.	27. 35. 09
25.	28. 49. 05
26.	29. 63. 01
27.	30. 76. 97
28.	31. 90. 94
29.	33. 04. 90
30.	34. 18. 86
Journaux.	Hectar. Ares. Mèt. c.
1.	0. 34. 18
2.	0. 68. 37
3.	1. 02. 56
4.	1. 36. 75
5.	1. 70. 94
6.	2. 06. 13
7.	2. 39. 32
8.	2. 73. 50
9.	3. 07. 69
10.	3. 41. 88
11.	3. 76. 07
12.	4. 10. 26
13.	4. 44. 45
14.	4. 78. 64

ANCIENNES mesures.	NOUVELLES mesures.
Journaux.	Hectar. Ares. Mèt. c.
15.	5. 12. 83
16.	5. 47. 01
17.	5. 81. 20
18.	6. 15. 39
19.	6. 49. 58*
20.	6. 83. 77
21.	7. 17. 96
22.	7. 52. 15
23.	7. 86. 33
24.	8. 20. 52
25.	8. 54. 71
26.	8. 88. 90
27.	9. 23. 09
28.	9. 57. 28
29.	9. 91. 47
30.	10. 25. 66
31.	10. 59. 84
32.	10. 94. 03
33.	11. 28. 22
34.	11. 62. 41
35.	11. 96. 60
36.	12. 30. 79
37.	12. 64. 98
38.	12. 99. 16
39.	13. 33. 35
40.	13. 67. 54
41.	14. 01. 73
42.	14. 35. 92
43.	14. 70. 11
44.	15. 04. 30
45.	15. 38. 49
46.	15. 72. 67
47.	16. 06. 86
48.	16. 41. 05
49.	16. 75. 24
50.	17. 09. 43
51.	17. 43. 62
52.	17. 77. 81
53.	18. 12. 00
54.	18. 46. 18
55.	18. 80. 37
56.	19. 14. 56
57.	19. 48. 75
58.	19. 82. 94
59.	20. 17. 13

ANCIENNES mesures.	NOUVELLES mesures.
Journaux.	Hectar. Ares. Mèt. c.
60.	20. 51. 32
61.	20. 85. 50
62.	21. 19. 69
63.	21. 53. 88
64.	21. 88. 07
65.	22. 22. 26
66.	22. 56. 45
67.	22. 90. 64
68.	23. 24. 83
69.	23. 59. 01
70.	23. 93. 20
71.	24. 27. 39
72.	24. 61. 58
73.	24. 95. 77
74.	25. 29. 96
75.	25. 64. 15
76.	25. 98. 33
77.	26. 32. 52
78.	26. 66. 71
79.	27. 00. 90
80.	27. 35. 09
81.	27. 69. 28
82.	28. 03. 47
83.	28. 37. 66
84.	28. 71. 84
85.	29. 06. 03
86.	29. 40. 22
87.	29. 74. 41
88.	30. 08. 60
89.	30. 42. 79
90.	30. 76. 98
91.	31. 11. 16
92.	31. 45. 35
93.	31. 79. 54
94.	32. 13. 73
95.	32. 47. 92
96.	32. 82. 11
97.	33. 16. 30
98.	33. 50. 49
99.	33. 84. 67
100.	34. 18. 86
200.	68. 37. 73
300.	102. 56. 60
400.	136. 75. 47
500.	170. 94. 34

ANCIENNES mesures.	NOUVELLES mesures.
Journaux.	Hectar. Ares. Mèt. c.
600.	205. 13. 20
700.	239. 32. 07
800.	273. 50. 94
900.	307. 69. 81
1000.	341. 88. 68

MESURES AGRAIRES.

N.° 31.

TABLE pour convertir l'Hectare et ses Fractions en Journal, Brasses et Carreaux, mesure de Lisle.

Nouvelles mesures.	Anciennes mesures.			
Ares.	Journ.	Brass.	Carr.	Centièm.
1.	0.	00.	26.	33
2.	0.	01.	22.	65
3.	0.	02.	18.	98
4.	0.	03.	15.	30
5.	0.	04.	11.	63
6.	0.	05.	07.	96
7.	0.	06.	04.	28
8.	0.	07.	00.	61
9.	0.	07.	26.	93
10.	0.	08.	23.	26
11.	0.	09.	19.	59
12.	0.	10.	15.	91
13.	0.	11.	12.	24
14.	0.	12.	08.	56
15.	0.	13.	04.	89
16.	0.	14.	01.	22
17.	0.	14.	27.	54
18.	0.	15.	23.	87
19.	0.	16.	20.	19
20.	0.	17.	16.	52
25.	0.	21.	28.	15
30.	0.	26.	09.	78
40.	1.	05.	03.	04
50.	1.	13.	26.	30
60.	1.	22.	19.	56
70.	2.	01.	12.	82
80.	2.	10.	06.	08
90.	2.	18.	29.	34
100.	2.	27.	22.	64
Hectares.	Journ.	Brass.	Carr.	Centièm.
1.	2.	27.	22.	64
2.	5.	25.	15.	27
3.	8.	23.	07.	91
4.	11.	21.	00.	54
5.	14.	18.	23.	18
6.	17.	16.	15.	82
7.	20.	14.	08.	45
8.	23.	12.	01.	09
9.	26.	09.	23.	72
10.	29.	07.	16.	36
11.	32.	05.	09.	00
12.	35.	03.	01.	63
13.	38.	00.	24.	27
14.	40.	28.	16.	90
15.	43.	26.	09.	54
16.	46.	24.	02.	18
17.	49.	21.	24.	81

Nouvelles mesures.	Anciennes mesures.			
Hectares.	Journ.	Brass.	Carr.	Centièm.
18.	52.	19.	17.	45
19.	55.	17.	10.	08
20.	58.	15.	02.	72
21.	61.	12.	25.	36
22.	64.	10.	17.	99
23.	67.	08.	10.	63
24.	70.	06.	03.	26
25.	73.	03.	25.	90
26.	76.	01.	18.	54
27.	78.	29.	11.	17
28.	81.	27.	03.	81
29.	84.	24.	26.	44
30.	87.	22.	19.	08
31.	90.	20.	11.	72
32.	93.	18.	04.	35
33.	96.	15.	26.	99
34.	99.	13.	19.	62
35.	102.	11.	12.	26
36.	105.	09.	04.	90
37.	108.	06.	27.	53
38.	111.	04.	20.	17
39.	114.	02.	12.	80
40.	117.	00.	05.	44
41.	119.	27.	28.	08
42.	122.	25.	20.	71
43.	125.	23.	13.	35
44.	128.	21.	05.	98
45.	131.	18.	28.	62
46.	134.	16.	21.	26
47.	137.	14.	13.	89
48.	140.	12.	06.	53
49.	143.	09.	29.	16
50.	146.	07.	21.	80
51.	149.	05.	14.	44
52.	152.	03.	07.	07
53.	155.	00.	29.	71
54.	157.	28.	22.	34
55.	160.	26.	14.	98
56.	163.	24.	07.	62
57.	166.	22.	00.	25
58.	169.	19.	22.	89
59.	172.	17.	15.	52
60.	175.	15.	08.	16
61.	178.	13.	00.	80
62.	181.	10.	23.	43
63.	184.	08.	16.	07
64.	187.	06.	08.	70

Nouvelles mesures.	Anciennes mesures.			
Hectares.	Journ.	Brass.	Carr.	Centièm.
65.	190.	04.	01.	34
66.	193.	01.	23.	98
67.	195.	29.	16.	61
68.	198.	27.	09.	25
69.	201.	25.	01.	88
70.	204.	22.	24.	52
71.	207.	20.	17.	16
72.	210.	18.	09.	79
73.	213.	16.	02.	43
74.	216.	13.	25.	06
75.	219.	11.	17.	70
76.	222.	09.	10.	34
77.	225.	07.	02.	97
78.	228.	04.	25.	61
79.	231.	02.	18.	24
80.	234.	00.	10.	88
81.	236.	28.	03.	52
82.	239.	25.	26.	15
83.	242.	23.	18.	79
84.	245.	21.	11.	42
85.	248.	19.	04.	06
86.	251.	16.	26.	70
87.	254.	14.	19.	33
88.	257.	12.	11.	97
89.	260.	10.	04.	60
90.	263.	07.	27.	24
91.	266.	05.	19.	88
92.	269.	03.	12.	51
93.	272.	01.	05.	15
94.	274.	28.	27.	78
95.	277.	26.	20.	42
96.	280.	24.	13.	06
97.	283.	22.	05.	69
98.	286.	19.	28.	33
99.	289.	17.	20.	96
100.	292.	15.	13.	60
200.	585.	00.	27.	20
300.	877.	16.	10.	80
400.	1170.	01.	24.	40
500.	1462.	17.	08.	00
600.	1755.	02.	21.	60
700.	2047.	18.	05.	20
800.	2340.	03.	18.	80
900.	2632.	19.	02.	40
1000.	2925.	04.	16.	00

MESURES AGRAIRES.

N.° 32.

TABLE pour convertir les Escats, Picotins et Journaux de Grignols, en Hectares, Ares et Mètres carrés.

Anciennes mesures.	Nouvelles mesures.
Escats.	Ares. Mèt. c. Centiè.
1.	0. 20. 68
2.	0. 41. 36
3.	0. 62. 05
4.	0. 82. 73
5.	1. 03. 41
6.	1. 24. 09
7.	1. 44. 77
8.	1. 65. 46
9.	1. 86. 14
Picotins.	Ares. Mèt. c. Centiè.
1.	1. 86. 14
2.	3. 72. 28
3.	5. 58. 41
4.	7. 44. 55
5.	9. 30. 69
6.	11. 16. 83
7.	13. 02. 97
8.	14. 89. 10
9.	16. 75. 24
10.	18. 61. 38
11.	20. 47. 52
12.	22. 33. 66
13.	24. 19. 79
14.	26. 05. 93
15.	27. 92. 07
16.	29. 78. 21
Journaux.	Hectar. Ares. Mèt. c.
1.	0. 29. 78
2.	0. 59. 56
3.	0. 89. 35
4.	1. 19. 13
5.	1. 48. 91
6.	1. 78. 69
7.	2. 08. 47
8.	2. 38. 26
9.	2. 68. 04
10.	2. 97. 82
11.	3. 27. 60
12.	3. 57. 39
13.	3. 87. 17
14.	4. 16. 95
15.	4. 46. 73
16.	4. 76. 51
17.	5. 06. 30
18.	5. 36. 08
19.	5. 65. 86

Anciennes mesures.	Nouvelles mesures.
Journaux.	Hectar. Ares. Mèt. c.
20.	5. 95. 64
21.	6. 25. 42
22.	6. 55. 21
23.	6. 84. 99
24.	7. 14. 77
25.	7. 44. 55
26.	7. 74. 34
27.	8. 04. 12
28.	8. 33. 90
29.	8. 63. 68
30.	8. 93. 46
31.	9. 23. 25
32.	9. 55. 03
33.	9. 82. 81
34.	10. 12. 59
35.	10. 42. 37
36.	10. 72. 16
37.	11. 01. 94
38.	11. 31. 72
39.	11. 61. 50
40.	11. 91. 29
41.	12. 21. 07
42.	12. 50. 85
43.	12. 80. 63
44.	13. 10. 41
45.	13. 40. 20
46.	13. 69. 98
47.	13. 99. 76
48.	14. 29. 54
49.	14. 59. 32
50.	14. 89. 11
51.	15. 18. 89
52.	15. 48. 67
53.	15. 78. 45
54.	16. 08. 24
55.	16. 38. 02
56.	16. 67. 80
57.	16. 97. 58
58.	17. 27. 36
59.	17. 57. 15
60.	17. 86. 93
61.	18. 16. 71
62.	18. 46. 49
63.	18. 76. 27
64.	19. 06. 06
65.	19. 35. 84

Anciennes mesures.	Nouvelles mesures.
Journaux.	Hectar. Ares. Mèt. c.
66.	19. 65. 62
67.	19. 95. 40
68.	20. 25. 19
69.	20. 54. 97
70.	20. 84. 75
71.	21. 14. 53
72.	21. 44. 31
73.	21. 74. 10
74.	22. 03. 88
75.	22. 33. 66
76.	22. 63. 44
77.	22. 93. 22
78.	23. 23. 01
79.	23. 52. 79
80.	23. 82. 57
81.	24. 12. 35
82.	24. 42. 14
83.	24. 71. 92
84.	25. 01. 70
85.	25. 31. 48
86.	25. 61. 26
87.	25. 91. 05
88.	26. 20. 83
89.	26. 50. 61
90.	26. 80. 39
91.	27. 10. 17
92.	27. 39. 96
93.	27. 69. 74
94.	27. 99. 52
95.	28. 29. 30
96.	28. 59. 09
97.	28. 88. 87
98.	29. 18. 65
99.	29. 48. 43
100.	29. 78. 21
200.	59. 56. 43
300.	89. 34. 64
400.	119. 12. 86
500.	148. 91. 07
600.	178. 69. 28
700.	208. 47. 50
800.	238. 25. 71
900.	268. 03. 93
1000.	297. 82. 14

MESURES AGRAIRES.

N.° 33.

TABLE pour convertir les Ares et les Hectares en Journaux, Picotins et Escats, mesure de Grignols (*).

Nouvelles mesures.	Anciennes mesures.			
Ares.	Journ.	Picot.	Esc.	Cent.
1.	0.	00.	4.	84
2.	0.	01.	0.	67
3.	0.	01.	5.	51
4.	0.	02.	1.	34
5.	0.	02.	6.	18
6.	0.	03.	2.	01
7.	0.	03.	6.	85
8.	0.	04.	2.	68
9.	0.	04.	7.	52
10.	0.	05.	3.	35
15.	0.	08.	0.	53
20.	0.	10.	6.	70
25.	0.	13.	3.	88
30.	1.	00.	1.	05
40.	1.	05.	4.	40
50.	1.	10.	7.	75
60.	2.	00.	2.	10
70.	2.	05.	5.	45
80.	2.	10.	8.	80
90.	3.	00.	3.	15
95.	3.	03.	0.	33
Hectares.	Journ.	Picot.	Esc.	Cent.
1.	03.	05.	6.	51
2.	06.	11.	4.	02
3.	10.	01.	1.	54
4.	13.	06.	8.	05
5.	16.	12.	5.	56
6.	20.	02.	3.	07
7.	23.	08.	0.	58
8.	26.	13.	7.	10
9.	30.	03.	4.	61
10.	33.	09.	2.	12
11.	36.	14.	8.	63
12.	40.	04.	6.	14
13.	43.	10.	3.	66
14.	47.	00.	1.	17
15.	50.	05.	7.	68
16.	53.	11.	5.	19
17.	57.	01.	2.	70
18.	60.	07.	0.	22
19.	63.	12.	6.	73
20.	67.	02.	4.	24
21.	70.	08.	1.	75
22.	73.	13.	8.	26
23.	77.	03.	5.	78
24.	80.	09.	3.	29

Nouvelles mesures.	Anciennes mesures.			
Hectares.	Journ.	Picot.	Esc.	Cent.
25.	83.	15.	0.	80
26.	87.	04.	7.	31
27.	90.	10.	4.	82
28.	94.	00.	2.	34
29.	97.	05.	8.	85
30.	100.	11.	6.	36
31.	104.	01.	3.	87
32.	107.	07.	1.	38
33.	110.	12.	7.	90
34.	114.	02.	5.	41
35.	117.	08.	2.	92
36.	120.	14.	0.	43
37.	124.	03.	6.	94
38.	127.	09.	4.	46
39.	130.	15.	1.	97
40.	134.	04.	8.	48
41.	137.	10.	5.	99
42.	141.	00.	3.	50
43.	144.	06.	1.	02
44.	147.	11.	7.	53
45.	151.	01.	5.	04
46.	154.	07.	2.	55
47.	157.	13.	0.	06
48.	161.	02.	6.	58
49.	164.	08.	4.	09
50.	167.	14.	1.	60
51.	171.	03.	8.	11
52.	174.	09.	5.	62
53.	177.	15.	3.	14
54.	181.	05.	0.	65
55.	184.	10.	7.	16
56.	188.	00.	4.	67
57.	191.	06.	2.	18
58.	194.	11.	8.	70
59.	198.	01.	6.	21
60.	201.	07.	3.	72
61.	204.	13.	1.	23
62.	208.	02.	7.	74
63.	211.	08.	5.	26
64.	214.	14.	2.	77
65.	218.	04.	0.	28
66.	221.	09.	6.	79
67.	224.	15.	4.	30
68.	228.	05.	1.	82
69.	231.	10.	8.	33
70.	235.	00.	5.	84

Nouvelles mesures.	Anciennes mesures.			
Hectares.	Journ.	Picot.	Esc.	Cent.
71.	238.	06.	3.	35
72.	241.	12.	0.	86
73.	245.	01.	7.	38
74.	248.	07.	4.	89
75.	251.	13.	2.	40
76.	255.	02.	8.	91
77.	258.	08.	6.	42
78.	261.	14.	3.	94
79.	265.	04.	1.	45
80.	268.	09.	7.	96
81.	271.	15.	5.	47
82.	275.	05.	2.	98
83.	278.	11.	0.	50
84.	282.	00.	7.	01
85.	285.	06.	4.	52
86.	288.	12.	2.	03
87.	292.	01.	8.	54
88.	295.	07.	6.	06
89.	298.	13.	3.	57
90.	302.	03.	1.	08
91.	305.	08.	7.	59
92.	308.	14.	5.	10
93.	312.	04.	2.	62
94.	315.	10.	0.	13
95.	318.	15.	6.	64
96.	322.	05.	4.	15
97.	325.	11.	1.	66
98.	329.	00.	8.	18
99.	332.	06.	5.	69
100.	335.	12.	3.	20
200.	671.	08.	6.	40
300.	1007.	05.	0.	60
400.	1343.	01.	3.	80
500.	1678.	13.	7.	00
600.	2014.	10.	1.	20
700.	2350.	06.	4.	40
800.	2686.	02.	7.	60
900.	3021.	15.	1.	80
1000.	3357.	11.	5.	00

(*) Le journal de Grignols est composé de 16 picotins, chaque picotin de 9 escats.

MESURES AGRAIRES.

N.° 34.

TABLE pour convertir la Cartonnée de Vergt, en Hectares, Ares et Mètres carrés (*).

Anciennes mesures.	Nouvelles mesures.
Escats.	Ares. Mètres.
1.	00. 18
2.	00. 36
3.	00. 54
4.	00. 71
5.	00. 89
6.	01. 07
7.	01. 25
8.	01. 43
9.	01. 60
10.	01. 78
11.	01. 96
12.	02. 14
Picotinées.	Ares. Mètres.
1.	02. 14
2.	04. 28
3.	06. 42
4.	08. 56
5.	10. 70
6.	12. 84
Cartonnées.	Hect. Ares. Mèt. car.
1.	0. 12. 84
2.	0. 25. 68
3.	0. 38. 52
4.	0. 51. 36
5.	0. 64. 20
6.	0. 77. 04
7.	0. 89. 88
8.	1. 02. 72
9.	1. 15. 56
10.	1. 28. 40
11.	1. 41. 24
12.	1. 54. 08
13.	1. 66. 92
14.	1. 79. 76
15.	1. 92. 60
16.	2. 05. 44
17.	2. 18. 27
18.	2. 31. 11
19.	2. 43. 95
20.	2. 56. 79
21.	2. 69. 63
22.	2. 82. 47
23.	2. 95. 31
24.	3. 08. 15
25.	3. 20. 99

Anciennes mesures.	Nouvelles mesures.
Cartonnées.	Hect. Ares. Mèt. car.
26.	3. 33. 83
27.	3. 46. 67
28.	3. 59. 51
29.	3. 72. 35
30.	3. 85. 19
31.	3. 98. 03
32.	4. 10. 87
33.	4. 23. 71
34.	4. 36. 55
35.	4. 49. 39
36.	4. 62. 23
37.	4. 75. 07
38.	4. 87. 91
39.	5. 00. 75
40.	5. 13. 59
41.	5. 26. 43
42.	5. 39. 27
43.	5. 52. 11
44.	5. 64. 95
45.	5. 77. 79
46.	5. 90. 63
47.	6. 03. 47
48.	6. 16. 31
49.	6. 29. 15
50.	6. 41. 99
51.	6. 54. 82
52.	6. 67. 66
53.	6. 80. 50
54.	6. 93. 34
55.	7. 06. 18
56.	7. 19. 02
57.	7. 31. 86
58.	7. 44. 70
59.	7. 57. 54
60.	7. 70. 38
61.	7. 83. 22
62.	7. 96. 06
63.	8. 08. 90
64.	8. 21. 74
65.	8. 34. 58
66.	8. 47. 42
67.	8. 60. 26
68.	8. 73. 10
69.	8. 85. 94
70.	8. 98. 78

Anciennes mesures.	Nouvelles mesures.
Cartonnées.	Hect. Ares. Mètr. car.
71.	9. 11. 62
72.	9. 24. 46
73.	9. 37. 30
74.	9. 50. 14
75.	9. 62. 98
76.	9. 75. 82
77.	9. 88. 66
78.	10. 01. 50
79.	10. 14. 34
80.	10. 27. 18
81.	10. 40. 02
82.	10. 52. 86
83.	10. 65. 70
84.	10. 78. 53
85.	10. 91 37
86.	11. 04. 21
87.	11. 17. 05
88.	11. 29. 89
89.	11. 42. 73
90.	11. 55. 57
91.	11. 68. 41
92.	11. 81. 25
93.	11. 94. 09
94.	12. 06. 93
95.	12. 19. 77
96.	12. 32. 61
97.	12. 45. 45
98.	12. 58. 29
99.	12. 71. 13
100.	12. 83. 97
200.	25. 67. 94
300.	38. 51. 91
400.	51. 35. 88
500.	64. 19. 85
600.	77. 03. 82
700.	89. 87. 79
800.	102. 71. 76
900.	115. 55. 73
1000.	128. 39. 70

(*) *Nota.* La cartonnée de Vergt est composée de 6 picotinées, et chaque picotinée de 12 escats.

L'escat a 13 pieds de côté.

MESURES
AGRAIRES.

N.° 35.

TABLE pour convertir l'Hectare et ses Fractions en Cartonnées, Picotinées et Escats, mesure de Vergt.

Nouvelles mesures.	Anciennes mesures.	Nouvelles mesures.	Anciennes mesures.	Nouvelles mesures.	Anciennes mesures.
Ares.	Cartonn. Picot. Esc. Cent.	Hectares.	Cartonn. Picot. Esc. Cent.	Hectares.	Cartonn. Picot. Esc. Cent.
1.	0. 0. 05. 61	22.	171. 2. 00. 48	67.	521. 4. 10. 18
2.	0. 0. 11. 21	23.	179. 0. 09. 23	68.	529. 3. 06. 93
3.	0. 1. 04. 82	24.	186. 5. 05. 98	69.	537. 2. 03. 68
4.	0. 1. 10. 43	25.	194. 4. 02. 73	70.	545. 1. 00. 43
5.	0. 2. 04. 04	26.	202. 2. 11. 47	71.	552. 5. 09. 18
6.	0. 2. 09. 64	27.	210. 1. 08. 22	72.	560. 4. 05. 93
7.	0. 3. 03. 25	28.	218. 0. 04. 97	73.	568. 3. 02. 68
8.	0. 3. 08. 86	29.	225. 5. 01. 72	74.	576. 1. 11. 43
9.	0. 4. 02. 46	30.	233. 3. 10. 47	75.	584. 0. 08. 18
10.	0. 4. 08. 07	31.	241. 2. 07. 22	76.	591. 5. 04. 92
11.	0. 5. 01. 68	32.	249. 1. 03. 97	77.	599. 4. 01. 67
12.	0. 5. 07. 28	33.	257. 0. 00. 72	78.	607. 2. 10. 42
15.	1. 1. 00. 11	34.	264. 4. 09. 47	79.	615. 1. 07. 17
20.	1. 3. 04. 14	35.	272. 3. 06. 22	80.	623. 0. 03. 92
25.	1. 5. 08. 18	36.	280. 2. 02. 96	81.	630. 5. 00. 67
30.	2. 2. 00. 21	37.	288. 0. 11. 71	82.	638. 3. 09. 42
40.	3. 0. 08. 28	38.	295. 5. 08. 46	83.	646. 2. 06. 17
50.	3. 5. 04. 35	39.	303. 4. 05. 21	84.	654. 1. 02. 92
60.	4. 4. 00. 42	40.	311. 3. 01. 96	85.	662. 5. 11. 67
70.	5. 2. 08. 49	41.	319. 1. 10. 71	86.	669. 4. 08. 41
80.	6. 1. 04. 56	42.	327. 0. 07. 46	87.	677. 3. 05. 16
90.	7. 0. 00. 63	43.	334. 5. 04. 21	88.	685. 2. 01. 91
100.	7. 4. 08. 75	44.	342. 4. 00. 96	89.	693. 0. 10. 66
Hectares.	Cartonn. Picot. Esc. Cent.	45.	350. 2. 09. 71	90.	700. 5. 07. 41
1.	7. 4. 08. 75	46.	358. 1. 06. 45	91.	708. 4. 04. 16
2.	15. 3. 05. 50	47.	365. 6. 03. 20	92.	716. 3. 00. 91
3.	23. 2. 02. 25	48.	373. 4. 11. 95	93.	724. 1. 09. 66
4.	31. 0. 11. 00	49.	381. 3. 08. 70	94.	732. 0. 06. 41
5.	38. 5. 07. 75	50.	389. 2. 05. 45	95.	739. 5. 03. 16
6.	46. 4. 04. 49	51.	397. 1. 02. 20	96.	747. 3. 11. 90
7.	54. 3. 01. 24	52.	404. 5. 10. 95	97.	755. 2. 08. 65
8.	62. 1. 09. 99	53.	412. 4. 07. 70	98.	763. 1. 05. 40
9.	70. 0. 06. 74	54.	420. 3. 04. 45	99.	771. 0. 02. 15
10.	77. 5. 03. 49	55.	428. 2. 01. 20	100.	778. 4. 10. 90
11.	85. 4. 00. 24	56.	436. 0. 09. 94	200.	1557. 3. 09. 80
12.	93. 2. 08. 99	57.	443. 5. 06. 69	300.	2336. 2. 08. 70
13.	101. 1. 05. 74	58.	451. 4. 03. 44	400.	3115. 1. 07. 60
14.	109. 0. 02. 49	59.	459. 3. 00. 19	500.	3894. 0. 06. 50
15.	116. 4. 11. 24	60.	467. 1. 08. 94	600.	4672. 5. 05. 40
16.	124. 3. 07. 98	61.	475. 0. 05. 69	700.	5451. 4. 04. 30
17.	132. 2. 04. 73	62.	482. 5. 02. 44	800.	6230. 3. 03. 20
18.	140. 1. 01. 48	63.	490. 3. 11. 19	900.	7009. 2. 02. 10
19.	147. 5. 10. 23	64.	498. 2. 07. 94	1000.	7788. 1. 01. 00
20.	155. 4. 06. 98	65.	506. 1. 04. 69		
21.	163. 3. 03. 73	66.	514. 0. 01. 43		

MESURES DE CAPACITÉ pour les grains et matières sèches.

N.° 36.

TABLE pour convertir le Boisseau, mesure de Périgueux, en Décalitres, Litres et Décilitres (*).

Anciennes mesures.	Nouvelles mesures.
Picotins.	Décal. Litr. Décil.
1.	0. 3. 8
2.	0. 7. 6
3.	1. 1. 3
4.	1. 5. 2
Quartes.	Décal. Litr. Décil.
1.	1. 5. 2
2.	3. 0. 3
Boisseaux.	Décal. Litr. Décil.
1.	3. 0. 3
2.	6. 0. 6
3.	9. 0. 9
4.	12. 1. 2
5.	15. 1. 5
6.	18. 1. 8
7.	21. 2. 1
8.	24. 2. 4
9.	27. 2. 7
10.	30. 3. 0
11.	33. 3. 3
12.	36. 3. 6
13.	39. 3. 9
14.	42. 4. 2
15.	45. 4. 5
16.	48. 4. 8
17.	51. 5. 1
18.	54. 5. 4
19.	57. 5. 7
20.	60. 6. 0
21.	63. 6. 3
22.	66. 6. 6
23.	69. 6. 9
24.	72. 7. 2
25.	75. 7. 5
26.	78. 7. 8
27.	81. 8. 1
28.	84. 8. 4
29.	87. 8. 7
30.	90. 9. 0
31.	93. 9. 3
32.	96. 9. 6
33.	99. 9. 9
34.	103. 0. 2
35.	106. 0. 5
36.	109. 0. 8
37.	112. 1. 1

Anciennes mesures.	Nouvelles mesures.
Boisseaux.	Décalit. Litr. Décil.
38.	115. 1. 4
39.	118. 1. 7
40.	121. 2. 0
41.	124. 2. 3
42.	127. 2. 6
43.	130. 2. 9
44.	133. 3. 2
45.	136. 3. 5
46.	139. 3. 8
47.	142. 4. 1
48.	145. 4. 4
49.	148. 4. 7
50.	151. 5. 0
51.	154. 5. 3
52.	157. 5. 6
53.	160. 5. 9
54.	163. 6. 2
55.	166. 6. 5
56.	169. 6. 8
57.	172. 7. 1
58.	175. 7. 4
59.	178. 7. 7
60.	181. 8. 0
61.	184. 8. 3
62.	187. 8. 6
63.	190. 8. 9
64.	193. 9. 2
65.	196. 9. 5
66.	199. 9. 8
67.	203. 0. 1
68.	206. 0. 4
69.	209. 0. 7
70.	212. 1. 0
71.	215. 1. 3
72.	218. 1. 6
73.	221. 1. 9
74.	224. 2. 2
75.	227. 2. 5
76.	230. 2. 8
77.	233. 3. 1
78.	236. 3. 4
79.	239. 3. 7
80.	242. 4. 0
81.	245. 4. 3
82.	248. 4. 6

Anciennes mesures.	Nouvelles mesures.
Boisseaux.	Décalit. Litr. Décil.
83.	251. 4. 9
84.	254. 5. 2
85.	257. 5. 5
86.	260. 5. 8
87.	263. 6. 1
88.	266. 6. 4
89.	269. 6. 7
90.	272. 7. 0
91.	275. 7. 3
92.	278. 7. 6
93.	281. 7. 9
94.	284. 8. 2
95.	287. 8. 5
96.	290. 8. 8
97.	293. 9. 1
98.	296. 9. 4
99.	299. 9. 7
100.	303. 0. 0
200.	606. 0. 0
300.	909. 0. 0
400.	1212. 0. 0
500.	1515. 0. 0
600.	1818. 0. 0
700.	2121. 0. 0
800.	2424. 0. 0
900.	2727. 0. 0
1000.	3030. 0. 0

(*) *Nota.* Le Boisseau de Périgueux contient environ 48 liv. de blé froment. Le rapport de cette mesure au Décalitre a été déterminé par une comparaison rigoureuse faite sur l'étalon même du Boisseau.

MESURES
DE CAPACITÉ
pour les grains
et matières sèches.

N.° 37.

TABLE pour convertir les Litres, Décalitres et Hectolitres, en Boisseaux et Picotins, mesure de Périgueux.

Nouvelles mesures.	Anciennes mesures.		
Litres.	Boiss.	Picot.	Dixièm.
1.	0.	0.	3
2.	0.	0.	5
3.	0.	0.	8
4.	0.	1.	0
5.	0.	1.	3
6.	0.	1.	6
7.	0.	1.	8
8.	0.	2.	1
9.	0.	2.	4
Décalitres.	Boiss.	Picot.	Dixièm.
1.	0.	2.	6
2.	0.	5.	3
3.	1.	0.	0
4.	1.	2.	6
5.	1.	5.	2
6.	1.	7.	8
7.	2.	2.	5
8.	2.	5.	1
9.	2.	7.	8
10.	3.	2.	4
11.	3.	5.	0
12.	3.	7.	7
13.	4.	2.	3
14.	4.	5.	0
15.	4.	7.	6
16.	5.	2.	2
17.	5.	4.	9
18.	5.	7.	5
19.	6.	2.	2
20.	6.	4.	8
21.	6.	7.	4
22.	7.	2.	1
23.	7.	4.	7
24.	7.	7.	4
25.	8.	2.	0
26.	8.	4.	6
27.	8.	7.	3
28.	9.	1.	9
29.	9.	4.	6
30.	9.	7.	2
31.	10.	1.	8
32.	10.	4.	5
33.	10.	7.	1
34.	11.	1.	8
35.	11.	4.	2

Nouvelles mesures.	Anciennes mesures.		
Décalitres.	Boiss.	Picot.	Dixièm.
36.	11.	7.	0
37.	12.	1.	7
38.	12.	4.	3
39.	12.	7.	0
40.	13.	1.	6
41.	13.	4.	2
42.	13.	6.	9
43.	14.	1.	5
44.	14.	4.	2
45.	14.	6.	8
46.	15.	1.	4
47.	15.	4.	1
48.	15.	6.	7
49.	16.	1.	4
50.	16.	4.	0
51.	16.	6.	7
52.	17.	1.	3
53.	17.	4.	0
54.	17.	6.	6
55.	18.	1.	2
56.	18.	3.	8
57.	18.	6.	5
58.	19.	1.	1
59.	19.	3.	8
60.	19.	6.	4
61.	20.	1.	0
62.	20.	3.	7
63.	20.	6.	3
64.	21.	1.	0
65.	21.	3.	6
66.	21.	6.	3
67.	22.	0.	9
68.	22.	3.	5
69.	22.	6.	2
70.	23.	0.	8
71.	23.	3.	4
72.	23.	6.	1
73.	24.	0.	7
74.	24.	3.	4
75.	24.	6.	0
76.	25.	0.	6
77.	25.	3.	3
78.	25.	6.	0
79.	26.	0.	6
80.	26.	3.	2

Nouvelles mesures.	Anciennes mesures.		
Décalitres.	Boiss.	Picot.	Dixièm.
81.	26.	5.	8
82.	27.	0.	5
83.	27.	3.	1
84.	27.	5.	8
85.	28.	0.	4
86.	28.	3.	0
87.	28.	5.	7
88.	29.	0.	3
89.	29.	3.	0
90.	29.	5.	6
91.	30.	0.	3
92.	30.	2.	9
93.	30.	5.	5
94.	31.	0.	2
95.	31.	2.	8
96.	31.	5.	5
97.	32.	0.	1
98.	32.	2.	7
99.	32.	5.	4
100.	33.	0.	0
Hectolitres.	Boiss.	Picot.	Dixièm.
10.	33.	0.	0
11.	36.	2.	4
12.	39.	4.	8
13.	42.	7.	2
14.	46.	1.	6
15.	49.	4.	0
16.	52.	6.	4
17.	56.	0.	8
18.	59.	3.	2
19.	62.	5.	6
20.	66.	0.	0
30.	99.	0.	0
40.	132.	0.	0
50.	165.	0.	0
60.	198.	0.	1
70.	231.	0.	1
80.	264.	0.	1
90.	297.	0.	2
100.	330.	0.	2

MESURES DE CAPACITÉ pour les grains et matières sèches.

N.° 38.

TABLE pour convertir les Picotins et Boisseaux, mesure de St.-Astier, en Décalitres, Litres et Décilitres (*).

Anciennes mesures.	Nouvelles mesures.		
Picotins.	Décal.	Litres.	Décil.
1.	0.	4.	6
2.	0.	9.	3
3.	1.	3.	9
4.	1.	8.	5
5.	2.	3.	2
6.	2.	7.	8
7.	3.	2.	4
8.	3.	7.	1
Boisseaux.	Décal.	Litres	Décil.
1.	3.	7.	1
2.	7.	4.	1
3.	11.	1.	2
4.	14.	8.	3
5.	18.	5.	4
6.	22.	2.	4
7.	25.	9.	5
8.	29.	6.	6
9.	33.	3.	7
10.	37.	0.	7
11.	40.	7.	8
12.	44.	4.	9
13.	48.	2.	0
14.	51.	9.	0
15.	55.	6.	1
16.	59.	3.	1
17.	63.	0.	2
18.	66.	7.	3
19.	70.	4.	4
20.	74.	1.	5
21.	77.	8.	6
22.	81.	5.	6
23.	85.	2.	7
24.	88.	9.	8
25.	92.	6.	9
26.	96.	3.	9
27.	100.	1.	1
28.	103.	8.	1
29.	107.	5.	1
30.	111.	2.	2
31.	114.	9.	3
32.	118.	6.	4
33.	122.	3.	4
34.	126.	0.	5
35.	129.	7.	6
36.	133.	4.	7

Anciennes mesures.	Nouvelles mesures.		
Boisseaux.	Décalit.	Litres.	Décil.
37.	137.	1.	7
38.	140.	8.	8
39.	144.	5.	9
40.	148.	2.	9
41.	152.	0.	0
42.	155.	7.	1
43.	159.	4.	2
44.	163.	1.	3
45.	166.	8.	3
46.	170.	5.	4
47.	174.	2.	5
48.	177.	9.	6
49.	181.	6.	6
50.	185.	3.	7
51.	189.	0.	8
52.	192.	7.	8
53.	196.	4.	9
54.	200.	1.	9
55.	203.	9.	1
56.	207.	6.	1
57.	211.	3.	2
58.	215.	0.	3
59.	218.	7.	4
60.	222.	4.	4
61.	226.	1.	5
62.	229.	8.	6
63.	233.	5.	7
64.	237.	2.	7
65.	240.	9.	8
66.	244.	6.	9
67.	248.	3.	9
68.	252.	1.	0
69.	255.	8.	1
70.	259.	5.	2
71.	263.	2.	3
72.	266.	9.	3
73.	270.	6.	4
74.	274.	3.	5
75.	278.	0.	6
76.	281.	7.	6
77.	285.	4.	7
78.	289.	1.	8
79.	292.	8.	8
80.	296.	5.	9
81.	300.	3.	0

Anciennes mesures.	Nouvelles mesures.		
Boisseaux.	Décalit.	Litres.	Décil.
82.	304.	0.	1
83.	307.	7.	1
84.	311.	4.	2
85.	315.	1.	3
86.	318.	8.	4
87.	322.	5.	4
88.	326.	2.	5
89.	329.	9.	6
90.	333.	6.	7
91.	337.	3.	7
92.	341.	0.	8
93.	344.	7.	9
94.	348.	5.	0
95.	352.	2.	0
96.	355.	9.	1
97.	359.	6.	2
98.	363.	3.	3
99.	367.	0.	3
100.	370.	7.	4
200.	741.	4.	8
300.	1112.	2.	2
400.	1482.	9.	6
500.	1853.	7.	0
600.	2224.	4.	4
700.	2595.	1.	8
800.	2965.	9.	2
900.	3336.	6.	6
1000.	3707.	4.	0

(*) Le Boisseau de St.-Astier contient communément 57 livres de blé froment ; il se divise en 8 picotins.

MESURES
DE CAPACITÉ
pour les grains
et matières sèches.

N.° 39.

TABLE pour convertir les Litres et Décalitres en Picotins et Boisseaux, mesure de St.-Astier.

Nouvelles mesures.	Anciennes mesures.		
Litres.	Boiss.	Picot.	Dixièm.
1.	0.	0.	2
2.	0.	0.	4
3.	0.	0.	6
4.	0.	0.	9
5.	0.	1.	1
6.	0.	1.	3
7.	0.	1.	5
8.	0.	1.	7
9.	0.	1.	9
Décalitres.	Boiss.	Picot.	Dixièm.
1.	0.	2.	2
2.	0.	4.	3
3.	0.	6.	5
4.	1.	0.	6
5.	1.	2.	8
6.	1.	5.	0
7.	1.	7.	1
8.	2.	1.	3
9.	2.	3.	4
10.	2.	5.	6
11.	2.	7.	7
12.	3.	1.	9
13.	3.	4.	2
14.	3.	6.	0
15.	4.	0.	4
16.	4.	2.	5
17.	4.	4.	7
18.	4.	6.	8
19.	5.	6.	0
20.	5.	3.	2
21.	5.	5.	3
22.	5.	7.	5
23.	6.	1.	6
24.	6.	3.	8
25.	6.	6.	0
26.	7.	0.	1
27.	7.	2.	3
28.	7.	4.	4
29.	7.	6.	6
30.	8.	0.	7
31.	8.	2.	9
32.	8.	5.	0
33.	8.	7.	2
34.	9.	1.	4
35.	9.	3.	5

Nouvelles mesures.	Anciennes mesures.		
Décalitres.	Boiss.	Picot.	Dixièm.
36.	9.	5.	7
37.	9.	7.	8
38.	10.	2.	0
39.	10.	4.	2
40.	10.	6.	3
41.	11.	0.	5
42.	11.	2.	6
43.	11.	4.	8
44.	11.	6.	9
45.	12.	1.	1
46.	12.	3.	3
47.	12.	5.	4
48.	12.	7.	6
49.	13.	1.	7
50.	13.	3.	9
51.	13.	6.	0
52.	14.	0.	2
53.	14.	2.	4
54.	14.	4.	5
55.	14.	6.	7
56.	15.	0.	8
57.	15.	3.	0
58.	15.	5.	2
59.	15.	7.	3
60.	16.	1.	5
61.	16.	3.	6
62.	16.	5.	8
63.	16.	7.	9
64.	17.	2.	1
65.	17.	4.	3
66.	17.	6.	4
67.	18.	0.	6
68.	18.	2.	7
69.	18.	4.	9
70.	18.	7.	0
71.	19.	1.	2
72.	19.	3.	4
73.	19.	5.	5
74.	19.	7.	7
75.	20.	1.	8
76.	20.	4.	0
77.	20.	6.	2
78.	21.	0.	3
79.	21.	2.	5
80.	21.	4.	6

Nouvelles mesures.	Anciennes mesures.		
Décalitres.	Boiss.	Picot.	Dixièm.
81.	21.	6.	8
82.	22.	0.	9
83.	22.	3.	1
84.	22.	5.	3
85.	22.	7.	4
86.	23.	1.	6
87.	23.	3.	7
88.	23.	5.	9
89.	24.	0.	0
90.	24.	2.	2
91.	24.	4.	4
92.	24.	6.	5
93.	25.	0.	7
94.	25.	2.	8
95.	25.	5.	0
96.	25.	7.	1
97.	26.	1.	3
98.	26.	3.	5
99.	26.	5.	6
100.	26.	7.	8
200.	53.	7.	6
300.	80.	7.	3
400.	107.	7.	1
500.	134.	6.	9
600.	161.	6.	7
700.	188.	6.	5
800.	215.	6.	2
900.	242.	6.	0
1000.	269.	5.	8

MESURES DE CAPACITÉ pour les grains et matières sèches.

N.° 40.

TABLE pour convertir les Picotins et Boisseaux, mesure de Lisle, en Décalitres, Litres et Décilitres (*).

Anciennes mesures.	Nouvelles mesures.		
Picotins.	Décalit.	Litres.	Décil.
1.	0.	4.	2
2.	0.	8.	5
3.	1.	2.	7
4.	1.	6.	9
5.	2.	1.	1
6.	2.	5.	4
7.	2.	9.	6
8.	3.	3.	8
Boisseaux.	Décal.	Litres.	Décil.
1.	3.	3.	8
2.	6.	7.	6
3.	10.	1.	5
4.	13.	5.	3
5.	16.	9.	1
6.	20.	2.	9
7.	23.	6.	8
8.	27.	0.	6
9.	30.	4.	4
10.	33.	8.	2
11.	37.	2.	0
12.	40.	5.	9
13.	43.	9.	7
14.	47.	3.	5
15.	50.	7.	3
16.	54.	1.	2
17.	57.	5.	0
18.	60.	8.	8
19.	64.	2.	6
20.	67.	6.	4
21.	71.	0.	3
22.	74.	4.	1
23.	77.	7.	9
24.	81.	1.	7
25.	84.	5.	5
26.	87.	9.	4
27.	91.	3.	2
28.	94.	7.	0
29.	98.	0.	8
30.	101.	4.	7
31.	104.	8.	5
32.	108.	2.	3
33.	111.	6.	1
34.	114.	9.	9
35.	118.	3.	8
36.	121.	7.	6

Anciennes mesures.	Nouvelles mesures.		
Boisseaux.	Décalit.	Litres.	Décil.
37.	125.	1.	4
38.	128.	5.	2
39.	131.	9.	1
40.	135.	2.	9
41.	138.	6.	7
42.	142.	0.	5
43.	145.	4.	3
44.	148.	8.	2
45.	152.	2.	0
46.	155.	5.	8
47.	158.	9.	6
48.	162.	3.	5
49.	165.	7.	3
50.	169.	1.	1
51.	172.	4.	9
52.	175.	8.	7
53.	179.	2.	6
54.	182.	6.	4
55.	186.	0.	2
56.	189.	4.	0
57.	192.	7.	9
58.	196.	1.	7
59.	199.	5.	5
60.	202.	9.	3
61.	206.	3.	1
62.	209.	7.	0
63.	213.	0.	8
64.	216.	4.	6
65.	219.	8.	4
66.	223.	2.	3
67.	226.	6.	1
68.	229.	9.	9
69.	233.	3.	7
70.	236.	7.	5
71.	240.	1.	4
72.	243.	5.	2
73.	246.	9.	0
74.	250.	2.	8
75.	253.	6.	7
76.	257.	0.	5
77.	260.	4.	3
78.	263.	8.	1
79.	267.	1.	9
80.	270.	5.	8
81.	273.	9.	6

Anciennes mesures.	Nouvelles mesures.		
Boisseaux.	Décalit.	Litres.	Décil.
82.	277.	3.	4
83.	280.	7.	2
84.	284.	1.	0
85.	287.	4.	9
86.	290.	8.	7
87.	294.	2.	5
88.	297.	6.	3
89.	301.	0.	2
90.	304.	4.	0
91.	307.	7.	8
92.	311.	1.	6
93.	314.	5.	4
94.	317.	9.	3
95.	321.	3.	1
96.	324.	6.	9
97.	328.	0.	7
98.	331.	4.	6
99.	334.	8.	4
100.	338.	2.	2
200.	676.	4.	4
300.	1014.	6.	6
400.	1352.	8.	8
500.	1691.	1.	0
600.	2029.	3.	2
700.	2367.	5.	4
800.	2705.	7.	6
900.	3043.	9.	8
1000.	3382.	2.	0

(*) Le Boisseau de Lisle contient communément 52 liv. pesant de blé froment ; il se divise en 8 picotins.

MESURES
DE CAPACITÉ
pour les grains
et matières sèches.

N.° 41.

TABLE pour convertir les Litres et Décalitres en Picotins et Boisseaux, mesure de Lisle.

Nouvelles mesures.	Anciennes mesures.		
Litres.	Boiss.	Picot.	Dixièm.
1.	0.	0.	2
2.	0.	0.	5
3.	0.	0.	7
4.	0.	0.	9
5.	0.	1.	2
6.	0.	1.	4
7.	0.	1.	6
8.	0.	1.	9
9.	0.	2.	1
10.	0.	2.	4
Décalitres.	Boiss.	Picot.	Dixièm.
1.	0.	2.	4
2.	0.	4.	7
3.	0.	7.	1
4.	1.	1.	5
5.	1.	3.	8
6.	1.	6.	2
7.	2.	0.	5
8.	2.	2.	9
9.	2.	5.	3
10.	2.	7.	7
11.	2.	2.	0
12.	3.	4.	4
13.	3.	6.	7
14.	4.	1.	1
15.	4.	3.	5
16.	4.	5.	8
17.	5.	0.	2
18.	5.	2.	6
19.	5.	4.	9
20.	5.	7.	3
21.	6.	1.	7
22.	6.	4.	0
23.	6.	6.	4
24.	7.	0.	8
25.	7.	3.	1
26.	7.	5.	5
27.	7.	7.	9
28.	8.	2.	2
29.	8.	4.	6
30.	8.	7.	0
31.	9.	1.	3
32.	9.	3.	7
33.	9.	6.	0
34.	10.	0.	4

Nouvelles mesures.	Anciennes mesures.		
Décalitres.	Boiss.	Picot.	Dixièm.
35.	10.	2.	8
36.	10.	5.	1
37.	10.	7.	5
38.	11.	1.	9
39.	11.	4.	2
40.	11.	6.	6
41.	12.	1.	0
42.	12.	3.	3
43.	12.	5.	7
44.	13.	0.	1
45.	13.	2.	4
46.	13.	4.	8
47.	13.	7.	2
48.	14.	1.	5
49.	14.	3.	9
50.	14.	6.	2
51.	15.	0.	6
52.	15.	3.	0
53.	15.	5.	3
54.	15.	7.	7
55.	16.	2.	1
56.	16.	4.	4
57.	16.	6.	8
58.	17.	1.	2
59.	17.	3.	5
60.	17.	5.	9
61.	18.	0.	3
62.	18.	2.	6
63.	18.	5.	0
64.	18.	7.	4
65.	19.	1.	7
66.	19.	4.	1
67.	19.	6.	5
68.	20.	0.	8
69.	20.	3.	2
70.	20.	5.	5
71.	20.	7.	9
72.	21.	2.	3
73.	21.	4.	6
74.	21.	7.	0
75.	22.	1.	4
76.	22.	3.	7
77.	22.	6.	1
78.	23.	0.	5
79.	23.	2.	8

Nouvelles mesures.	Anciennes mesures.		
Décalitres.	Boiss.	Picot.	Dixièm.
80.	23.	5.	2
81.	23.	7.	6
82.	24.	1.	9
83.	24.	4.	3
84.	24.	6.	7
85.	25.	1.	0
86.	25.	3.	4
87.	25.	5.	7
88.	26.	0.	1
89.	26.	2.	5
90.	26.	4.	8
91.	26.	7.	2
92.	27.	1.	6
93.	27.	4.	0
94.	27.	6.	3
95.	28.	0.	7
96.	28.	3.	0
97.	28.	5.	4
98.	28.	7.	8
99.	29.	2.	1
100.	29.	4.	5
200.	59.	1.	0
300.	88.	5.	5
400.	118.	2.	0
500.	147.	6.	5
600.	117.	3.	0
700.	206.	7.	5
800.	236.	4.	0
900.	266.	0.	5
1000.	295.	5.	0

MESURES de capacité pour les grains et matières sèches.

N.° 42.

TABLE pour convertir les Picotins et Boisseaux, mesure de Ladouze, Marsaneix, etc., en Décalitres, Litres et Décilitres (*).

Anciennes mesures.	Nouvelles mesures.		
Picotins.	Décal.	Litres.	Décil.
1.	0.	4.	9
2.	0.	9.	8
3.	1.	4.	6
4.	1.	9.	5
5.	2.	4.	4
6.	2.	9.	3
7.	3.	4.	1
8.	3.	9.	0
Boisseaux.	Décal.	Litres.	Décil.
1.	3.	9.	0
2.	7.	8.	1
3.	11.	7.	1
4.	15.	6.	1
5.	19.	5.	1
6.	23.	4.	2
7.	27.	3.	2
8.	31.	2.	2
9.	35.	1.	2
10.	39.	0.	3
11.	42.	9.	3
12.	46.	8.	3
13.	50.	7.	3
14.	54.	6.	4
15.	58.	5.	4
16.	62.	4.	4
17.	66.	3.	4
18.	70.	2.	5
19.	74.	1.	5
20.	78.	0.	5
21.	81.	9.	5
22.	85.	8.	6
23.	89.	7.	6
24.	93.	6.	6
25.	97.	5.	6
26.	101.	4.	7
27.	105.	3.	7
28.	109.	2.	7
29.	113.	1.	7
30.	117.	0.	8
31.	120.	9.	8
32.	124.	8.	8
33.	128.	7.	8
34.	132.	6.	9
35.	136.	5.	9
36.	140.	4.	9

Anciennes mesures.	Nouvelles mesures.		
Boisseaux.	Décalit.	Litres.	Décil.
37.	144.	3.	9
38.	148.	3.	0
39.	152.	2.	0
40.	156.	1.	0
41.	160.	0.	0
42.	163.	9.	1
43.	167.	8.	1
44.	171.	7.	1
45.	175.	6.	1
46.	179.	5.	2
47.	183.	4.	2
48.	187.	3.	2
49.	191.	2.	2
50.	195.	1.	3
51.	199.	0.	3
52.	202.	9.	3
53.	206.	8.	3
54.	210.	7.	4
55.	214.	6.	4
56.	218.	5.	4
57.	222.	4.	4
58.	226.	3.	5
59.	230.	2.	5
60.	234.	1.	5
61.	238.	0.	5
62.	241.	9.	6
63.	245.	8.	6
64.	249.	7.	6
65.	253.	6.	6
66.	257.	5.	7
67.	261.	4.	7
68.	265.	3.	7
69.	269.	2.	7
70.	273.	1.	8
71.	277.	0.	8
72.	280.	9.	8
73.	284.	8.	8
74.	288.	7.	9
75.	292.	6.	9
76.	296.	5.	9
77.	300.	4.	9
78.	304.	4.	0
79.	308.	3.	0
80.	312.	2.	0
81.	316.	1.	0

Anciennes mesures.	Nouvelles mesures.		
Boisseaux.	Décalit.	Litres.	Décil.
82.	320.	0.	1
83.	323.	9.	1
84.	327.	8.	1
85.	331.	7.	1
86.	335.	6.	2
87.	339.	5.	2
88.	343.	4.	2
89.	347.	3.	2
90.	351.	2.	3
91.	355.	1.	3
92.	359.	0.	3
93.	362.	9.	3
94.	366.	8.	4
95.	370.	7.	4
96.	374.	6.	4
97.	378.	5.	4
98.	382.	4.	5
99.	386.	3.	5
100.	390.	2.	5
200.	780.	5.	0
300.	1170.	7.	5
400.	1561.	0.	0
500.	1951.	2.	5
600.	2341.	5.	0
700.	2731.	7.	5
800.	3122.	0.	0
900.	3512.	2.	5
1000.	3902.	5.	0

(*) Le Boisseau, mesure de Ladouze, contient communément 60 livres de blé froment ; il se divise en 8 picotins.

MESURES
DE CAPACITÉ
pour les grains
et matières sèches.

N.° 43.

TABLE pour convertir les Litres et Décalitres en Picotins et Boisseaux, mesure de Ladouze.

Nouvelles mesures.	Anciennes mesures.		
Litres.	Boiss.	Picot.	Dixièm.
1.	0.	0.	2
2.	0.	0.	4
3.	0.	0.	6
4.	0.	0.	8
5.	0.	1.	0
6.	0.	1.	2
7.	0.	1.	4
8.	0.	1.	6
9.	0.	1.	8
10.	0.	2.	0
Décalitres.	Boiss.	Picot.	Dixièm.
1.	0.	2.	1
2.	0.	4.	1
3.	0.	6.	2
4.	1.	0.	2
5.	1.	2.	3
6.	1.	4.	3
7.	1.	6.	4
8.	2.	0.	4
9.	2.	2.	5
10.	2.	4.	5
11.	2.	6.	6
12.	3.	0.	6
13.	3.	2.	7
14.	3.	4.	7
15.	3.	6.	8
16.	4.	0.	8
17.	4.	2.	9
18.	4.	4.	9
19.	4.	7.	0
20.	5.	1.	0
21.	5.	3.	1
22.	5.	5.	1
23.	5.	7.	2
24.	6.	1.	2
25.	6.	3.	3
26.	6.	5.	4
27.	6.	7.	4
28.	7.	1.	5
29.	7.	3.	5
30.	7.	5.	6
31.	7.	7.	6
32.	8.	1.	7
33.	8.	3.	7
34.	8.	5.	8

Nouvelles mesures.	Anciennes mesures.		
Décalitres.	Boiss.	Picot.	Dixièm.
35.	8.	7.	8
36.	9.	1.	9
37.	9.	3.	9
38.	9.	6.	0
39.	10.	0.	0
40.	10.	2.	1
41.	10.	4.	1
42.	10.	6.	2
43.	11.	0.	2
44.	11.	2.	3
45.	11.	4.	3
46.	11.	6.	4
47.	12.	0.	4
48.	12.	2.	5
49.	12.	4.	5
50.	12.	6.	6
51.	13.	0.	7
52.	13.	2.	7
53.	13.	4.	8
54.	13.	6.	8
55.	14.	0.	9
56.	14.	2.	9
57.	14.	5.	0
58.	14.	7.	0
59.	15.	1.	1
60.	15.	3.	1
61.	15.	5.	2
62.	15.	7.	2
63.	16.	1.	3
64.	16.	3.	3
65.	16.	5.	4
66.	16.	7.	4
67.	17.	1.	5
68.	17.	3.	5
69.	17.	5.	6
70.	17.	7.	6
71.	18.	1.	7
72.	18.	3.	7
73.	18.	5.	8
74.	18.	7.	8
75.	19.	1.	9
76.	19.	4.	0
77.	19.	6.	0
78.	20.	0.	1
79.	20.	2.	1

Nouvelles mesures.	Anciennes mesures.		
Décalitres.	Boiss.	Picot.	Dixièm.
80.	20.	4.	2
81.	20.	6.	2
82.	21.	0.	3
83.	21.	2.	3
84.	21.	4.	4
85.	21.	6.	4
86.	22.	0.	5
87.	22.	2.	5
88.	22.	4.	6
89.	22.	6.	6
90.	23.	0.	7
91.	23.	2.	7
92.	23.	4.	8
93.	23.	6.	8
94.	24.	0.	9
95.	24.	2.	9
96.	24.	5.	0
97.	24.	7.	0
98.	25.	1.	1
99.	25.	3.	1
100.	25.	5.	2
200.	51.	2.	4
300.	76.	7.	6
400.	102.	4.	8
500.	138.	2.	0
600.	163.	7.	2
700.	189.	4.	4
800.	215.	1.	6
900.	240.	6.	8
1000.	266.	4.	0

MESURES
DE CAPACITÉ
pour les grains
et matières sèches.
N.° 44.

TABLE pour convertir les Picotins et Boisseaux, mesure de Savignac-les-Églises, Cubjac, Mayac, etc., en Décalitres, Litres et Décilitres (*).

Anciennes mesures.	Nouvelles mesures.		
Picotins.	Décalit.	Litres.	Décil.
1.	0.	4.	4
2.	0.	8.	8
3.	1.	3.	2
Maudurière 1.	1.	7.	6
Picotins 5.	2.	2.	0
6.	2.	6.	3
7.	3.	0.	7
8.	3.	5.	1
Boisseaux.	Décal.	Litres.	Décil.
1.	3.	5.	1
2.	7.	0.	2
3.	10.	5.	4
4.	14.	0.	5
5.	17.	5.	6
6.	21.	0.	7
7.	24.	5.	9
8.	28.	1.	0
9.	31.	6.	1
10.	35.	1.	2
11.	38.	6.	3
12.	42.	1.	5
13.	45.	6.	7
14.	49.	1.	7
15.	52.	6.	8
16.	56.	2.	0
17.	59.	7.	0
18.	63.	2.	2
19.	66.	7.	3
20.	70.	2.	4
21.	73.	7.	6
22.	77.	2.	7
23.	80.	7.	8
24.	84.	2.	9
25.	87.	8.	1
26.	91.	3.	2
27.	94.	8.	3
28.	98.	3.	4
29.	101.	8.	5
30.	105.	3.	7
31.	108.	8.	8
32.	112.	3.	9
33.	115.	9.	0
34.	119.	4.	1
35.	122.	9.	3

Anciennes mesures.	Nouvelles mesures.		
Boisseaux.	Décalit.	Litres.	Décil.
36.	126.	4.	4
37.	129.	9.	5
38.	133.	4.	6
39.	136.	9.	8
40.	140.	4.	9
41.	144.	0.	0
42.	147.	5.	1
43.	151.	0.	2
44.	154.	5.	4
45.	158.	0.	5
46.	161.	5.	6
47.	165.	0.	7
48.	168.	5.	9
49.	172.	1.	0
50.	175.	6.	1
51.	179.	1.	2
52.	182.	6.	3
53.	186.	1.	5
54.	189.	6.	6
55.	193.	1.	7
56.	196.	6.	8
57.	200.	2.	0
58.	203.	7.	1
59.	207.	2.	2
60.	210.	7.	3
61.	214.	2.	4
62.	217.	7.	5
63.	221.	2.	7
64.	224.	7.	8
65.	228.	2.	9
66.	231.	8.	1
67.	235.	3.	2
68.	238.	8.	3
69.	242.	2.	4
70.	245.	8.	5
71.	249.	3.	7
72.	252.	3.	8
73.	256.	4.	0
74.	259.	9.	0
75.	263.	4.	2
76.	266.	9.	3
77.	270.	4.	4
78.	273.	9.	5
79.	277.	4.	6
80.	280.	9.	8

Anciennes mesures.	Nouvelles mesures.		
Boisseaux.	Décalit.	Litres.	Décil.
81.	284.	4.	9
82.	288.	0.	0
83.	291.	5.	1
84.	295.	0.	2
85.	298.	5.	4
86.	302.	0.	5
87.	305.	5.	6
88.	309.	0.	7
89.	312.	5.	9
90.	316.	1.	0
91.	319.	6.	1
92.	323.	1.	2
93.	326.	6.	3
94.	330.	1.	5
95.	333.	6.	6
96.	337.	1.	7
97.	340.	6.	8
98.	344.	2.	0
99.	347.	7.	1
100.	351.	2.	2
200.	702.	4.	4
300.	1053.	6.	6
400.	1404.	8.	8
500.	1756.	1.	0
600.	2107.	3.	2
700.	2458.	5.	4
800.	2809.	7.	6
900.	3160.	9.	8
1000.	3512.	2.	0

(*) Le Boisseau de Savignac, Cubjac, Mayac, etc., contient communément 54 liv. de blé froment ; il se divise en 2 Maudurières, et chaque Maudurière en 4 Picotins.

MESURES
DE CAPACITÉ
pour les grains
et matières sèches.

N.° 45.

TABLE pour convertir les Litres et Décalitres en Picotins et Boisseaux, mesure de Savignac, Cubjac, Mayac, etc.

Nouvelles mesures.	Anciennes mesures.		
Litres.	Boiss.	Picot.	Dixièm.
1.	0.	0.	2
2.	0.	0.	5
3.	0.	0.	7
4.	0.	0.	9
5.	0.	1.	1
6.	0.	1.	4
7.	0.	1.	6
8.	0.	1.	8
9.	0.	2.	1
10.	0.	2.	3
Décalitres.	Boiss.	Picot.	Dixièm.
1.	0.	2.	3
2.	0.	4.	6
3.	0.	6.	8
4.	1.	1.	1
5.	1.	3.	4
6.	1.	5.	7
7.	1.	7.	9
8.	2.	2.	2
9.	2.	4.	5
10.	2.	6.	8
11.	3.	1.	1
12.	3.	3.	3
13.	3.	5.	6
14.	3.	7.	9
15.	4.	2.	2
16.	4.	4.	4
17.	4.	6.	7
18.	5.	1.	0
19.	5.	3.	3
20.	5.	5.	6
21.	5.	7.	8
22.	6.	2.	1
23.	6.	4.	4
24.	6.	6.	7
25.	7.	0.	9
26.	7.	3.	2
27.	7.	5.	5
28.	7.	7.	8
29.	8.	2.	1
30.	8.	4.	3
31.	8.	6.	6
32.	9.	0.	9
33.	9.	3.	2
34.	9.	5.	5

Nouvelles mesures.	Anciennes mesures.		
Décalitres.	Boiss.	Picot.	Dixièm.
35.	9.	7.	7
36.	10.	2.	0
37.	10.	4.	3
38.	10.	6.	6
39.	11.	0.	8
40.	11.	3.	1
41.	11.	5.	4
42.	11.	7.	7
43.	12.	2.	0
44.	12.	4.	2
45.	12.	6.	5
46.	13.	0.	8
47.	13.	3.	1
48.	13.	5.	3
49.	13.	7.	6
50.	14.	1.	9
51.	14.	4.	2
52.	14.	6.	5
53.	15.	0.	7
54.	15.	3.	0
55.	15.	5.	3
56.	15.	7.	6
57.	16.	1.	8
58.	16.	4.	1
59.	16.	6.	4
60.	17.	0.	7
61.	17.	3.	0
62.	17.	5.	2
63.	17.	7.	5
64.	18.	1.	8
65.	18.	4.	1
66.	18.	6.	3
67.	19.	0.	6
68.	19.	2.	9
69.	19.	5.	2
70.	19.	7.	5
71.	20.	1.	7
72.	20.	4.	0
73.	20.	6.	3
74.	21.	0.	6
75.	21.	2.	8
76.	21.	5.	1
77.	21.	7.	4
78.	22.	1.	7
79.	22.	4.	0

Nouvelles mesures.	Anciennes mesures.		
Décalitres.	Boiss.	Picot.	Dixièm.
80.	22.	6.	2
81.	23.	0.	5
82.	23.	2.	8
83.	23.	5.	1
84.	23.	7.	3
85.	24.	1.	6
86.	24.	3.	9
87.	24.	6.	2
88.	25.	0.	5
89.	25.	2.	7
90.	25.	5.	0
91.	25.	7.	3
92.	26.	1.	6
93.	26.	3.	9
94.	26.	6.	1
95.	27.	0.	4
96.	27.	2.	7
97.	27.	4.	9
98.	27.	7.	2
99.	28.	1.	5
100.	28.	3.	8
200.	56.	7.	6
300.	85.	3.	4
400.	113.	7.	2
500.	142.	3.	0
600.	170.	6.	8
700.	199.	2.	6
800.	227.	6.	4
900.	256.	2.	2
1000.	284.	6.	0

MESURES DE CAPACITÉ pour les grains et matières sèches.

N.° 46.

TABLE pour convertir les Picotins et Boisseaux, mesure de Sarliac, en Décalitres, Litres et Décilitres (*).

Anciennes mesures.	Nouvelles mesures.		
Picotins.	Décalit.	Litres.	Décil.
1.	0.	4.	1
2.	0.	8.	3
3.	1.	2.	4
4.	1.	6.	6
5.	2.	0.	7
6.	2.	4.	9
7.	2.	9.	0
8.	3.	3.	2
Boisseaux.	Décalit.	Litres.	Décil.
1.	3.	3.	2
2.	6.	6.	3
3.	9.	9.	5
4.	13.	2.	7
5.	16.	5.	9
6.	19.	9.	0
7.	23.	2.	2
8.	26.	5.	4
9.	29.	8.	5
10.	33.	1.	7
11.	36.	4.	9
12.	39.	8.	1
13.	43.	1.	2
14.	46.	4.	4
15.	49.	7.	6
16.	53.	0.	7
17.	56.	3.	9
18.	59.	7.	1
19.	63.	0.	2
20.	66.	3.	4
21.	69.	6.	6
22.	72.	9.	8
23.	76.	2.	9
24.	79.	6.	1
25.	82.	9.	3
26.	86.	2.	4
27.	89.	5.	6
28.	92.	8.	8
29.	96.	2.	0
30.	99.	5.	1
31.	102.	8.	3
32.	106.	1.	5
33.	109.	4.	6
34.	112.	7.	8
35.	116.	1.	0
36.	119.	4.	2

Anciennes mesures.	Nouvelles mesures.		
Boisseaux.	Décalit.	Litres.	Décil.
37.	122.	7.	3
38.	126.	0.	5
39.	129.	3.	7
40.	132.	6.	8
41.	136.	0.	0
42.	139.	3.	1
43.	142.	6.	4
44.	145.	9.	5
45.	149.	2.	7
46.	152.	5.	9
47.	155.	9.	0
48.	159.	2.	2
49.	162.	5.	4
50.	165.	8.	5
51.	169.	1.	7
52.	172.	4.	9
53.	175.	8.	1
54.	179.	1.	2
55.	182.	4.	4
56.	185.	7.	6
57.	189.	0.	7
58.	192.	3.	9
59.	195.	7.	1
60.	199.	0.	3
61.	202.	3.	4
62.	205.	6.	6
63.	208.	9.	8
64.	212.	2.	9
65.	215.	6.	1
66.	218.	9.	3
67.	222.	2.	5
68.	225.	5.	6
69.	228.	8.	8
70.	232.	2.	0
71.	235.	5.	1
72.	238.	8.	3
73.	242.	1.	5
74.	245.	4.	7
75.	248.	7.	9
76.	252.	1.	0
77.	255.	4.	2
78.	258.	7.	3
79.	262.	0.	5
80.	265.	3.	7
81.	268.	6.	8

Anciennes mesures.	Nouvelles mesures.		
Boisseaux.	Décalit.	Litres.	Décil.
82.	272.	0.	0
83.	275.	3.	2
84.	278.	6.	4
85.	281.	9.	5
86.	285.	2.	7
87.	288.	5.	9
88.	291.	9.	0
89.	295.	2.	2
90.	298.	5.	4
91.	301.	8.	6
92.	305.	1.	7
93.	308.	4.	9
94.	311.	8.	1
95.	315.	1.	2
96.	318.	4.	4
97.	321.	7.	6
98.	325.	0.	8
99.	328.	3.	9
100.	331.	7.	1
200.	663.	4.	2
300.	995.	1.	3
400.	1326.	8.	4
500.	1658.	5.	5
600.	1990.	2.	6
700.	2321.	9.	7
800.	2653.	6.	8
900.	2985.	3.	9
1000.	3317.	1.	0

(*) Le Boisseau de Sarliac contient communément 51 livres de blé froment ; il se divise en 8 Picotins.

MESURES
DE CAPACITÉ
pour les grains
et matières sèches.

N.° 47.

TABLE pour convertir les Litres et Décalitres en Picotins, Boisseaux, mesure de Sarliac.

Nouvelles mesures.	Anciennes mesures.		
Litres.	Boiss.	Picot.	Dixièm.
1.	0.	0.	2
2.	0.	0.	5
3.	0.	0.	7
4.	0.	1.	0
5.	0.	1.	2
6.	0.	1.	4
7.	0.	1.	7
8.	0.	1.	9
9.	0.	2.	2
10.	0.	2.	4
Décalitres.	Boiss.	Picot.	Dixièm.
1.	0.	2.	4
2.	0.	4.	8
3.	0.	7.	2
4.	1.	1.	6
5.	1.	4.	1
6.	1.	6.	5
7.	2.	0.	9
8.	2.	3.	3
9.	2.	5.	7
10.	3.	0.	1
11.	3.	2.	5
12.	3.	4.	9
13.	3.	7.	4
14.	4.	1.	8
15.	4.	4.	2
16.	4.	6.	6
17.	5.	1.	0
18.	5.	3.	4
19.	5.	5.	8
20.	6.	0.	2
21.	6.	2.	7
22.	6.	5.	1
23.	6.	7.	5
24.	7.	1.	9
25.	7.	4.	3
26.	7.	6.	7
27.	8.	1.	1
28.	8.	3.	5
29.	8.	5.	9
30.	9.	0.	4
31.	9.	2.	8
32.	9.	5.	2
33.	9.	7.	6
34.	10.	2.	0

Nouvelles mesures.	Anciennes mesures.		
Décalitres.	Boiss.	Picot.	Dixièm.
35.	10.	4.	4
36.	10.	6.	8
37.	11.	1.	2
38.	11.	3.	7
39.	11.	6.	1
40.	12.	0.	5
41.	12.	2.	9
42.	12.	5.	3
43.	12.	7.	7
44.	13.	2.	1
45.	13.	4.	5
46.	13.	7.	0
47.	14.	1.	4
48.	14.	3.	8
49.	14.	6.	2
50.	15.	0.	6
51.	15.	3.	0
52.	15.	5.	4
53.	15.	7.	8
54.	16.	2.	3
55.	16.	4.	7
56.	16.	7.	1
57.	17.	1.	5
58.	17.	3.	9
59.	17.	6.	3
60.	18.	0.	7
61.	18.	3.	1
62.	18.	5.	5
63.	19.	0.	0
64.	19.	2.	4
65.	19.	4.	8
66.	19.	7.	2
67.	20.	1.	6
68.	20.	4.	0
69.	20.	6.	4
70.	21.	0.	8
71.	21.	3.	3
72.	21.	5.	7
73.	22.	0.	1
74.	22.	2.	5
75.	22.	4.	9
76.	22.	7.	3
77.	23.	1.	7
78.	23.	4.	1
79.	23.	6.	5

Nouvelles mesures.	Anciennes mesures.		
Décalitres.	Boiss.	Picot.	Dixièm.
80.	24.	1.	[illegible]
81.	24.	3.	[illegible]
82.	24.	5.	[illegible]
83.	25.	0.	2
84.	25.	2.	6
85.	25.	5.	0
86.	25.	7.	4
87.	26.	1.	8
88.	26.	4.	3
89.	26.	6.	7
90.	27.	1.	1
91.	27.	3.	5
92.	27.	5.	9
93.	28.	0.	3
94.	28.	2.	8
95.	28.	5.	[illegible]
96.	28.	7.	6
97.	29.	2.	0
98.	29.	4.	4
99.	29.	6.	8
100.	30.	1.	[illegible]
200.	60.	2.	4
300.	90.	3.	[illegible]
400.	120.	4.	[illegible]
500.	150.	6.	0
600.	180.	7.	[illegible]
700.	211.	0.	4
800.	241.	1.	[illegible]
900.	271.	2.	[illegible]
1000.	301.	4.	[illegible]

MESURES DE CAPACITÉ pour les grains et matières sèches.

N.° 48.

TABLE pour convertir les Picotins et Quartons, mesure de Thenon, en Décalitres, Litres et Décilitres (*).

Anciennes mesures.	Nouvelles mesures.		
Picotins.	Décal.	Litr.	Décil.
1.	0.	3.	6
2.	0.	7.	2
3.	1.	0.	7
4.	1.	4.	3
5.	1.	7.	9
6.	2.	1.	5
7.	2.	5.	0
8.	2.	8.	6
Boisseaux.	Décal.	Litr.	Décil.
1.	2.	8.	6
2.	5.	7.	2
3.	8.	5.	9
4.	11.	4.	5
5.	14.	3.	1
6.	17.	1.	7
7.	20.	0.	3
8.	22.	8.	9
9.	25.	7.	6
10.	28.	6.	2
11.	31.	4.	8
12.	34.	3.	4
13.	37.	2.	0
14.	40.	0.	7
15.	42.	9.	3
16.	45.	7.	9
17.	48.	6.	5
18.	51.	5.	1
19.	54.	3.	7
20.	57.	2.	4
21.	50.	1.	0
22.	62.	9.	6
23.	65.	8.	2
24.	78.	6.	8
25.	71.	5.	5
26.	74.	4.	1
27.	77.	2.	7
28.	80.	1.	3
29.	82.	9.	9
30.	85.	8.	5
31.	88.	7.	2
32.	91.	5.	8
33.	94.	4.	4
34.	97.	3.	0
35.	100.	1.	6
36.	103.	0.	2

Anciennes mesures.	Nouvelles mesures.		
Boisseaux.	Décal.	Litr.	Décil.
37.	105.	8.	9
38.	108.	7.	5
39.	111.	6.	1
40.	114.	4.	7
41.	117.	3.	3
42.	120.	2.	0
43.	122.	0.	6
44.	125.	9.	2
45.	128.	7.	8
46.	131.	6.	4
47.	134.	5.	0
48.	137.	3.	7
49.	140.	2.	3
50.	143.	0.	9
51.	145.	9.	5
52.	148.	8.	1
53.	151.	6.	8
54.	154.	5.	4
55.	157.	4.	0
56.	160.	2.	6
57.	163.	1.	2
58.	165.	9.	8
59.	168.	8.	5
60.	171.	7.	1
61.	174.	5.	7
62.	177.	4.	3
63.	180.	2.	9
64.	183.	1.	6
65.	186.	0.	2
66.	188.	8.	8
67.	191.	7.	4
68.	194.	6.	0
69.	197.	4.	6
70.	200.	3.	3
71.	203.	1.	9
72.	206.	0.	5
73.	208.	9.	1
74.	211.	7.	7
75.	214.	6.	4
76.	217.	5.	0
77.	220.	3.	6
78.	223.	2.	2
79.	226.	0.	8
80.	228.	9.	4
81.	231.	8.	1

Anciennes mesures.	Nouvelles mesures.		
Boisseaux.	Décalit.	Litr.	Decil.
82.	234.	6.	7
83.	237.	5.	3
84.	240.	3.	9
85.	243.	2.	5
86.	246.	1.	1
87.	248.	9.	8
88.	251.	8.	4
89.	254.	7.	0
90.	257.	5.	6
91.	260.	4.	2
92.	263.	2.	9
93.	266.	1.	5
94.	269.	0.	1
95.	271.	8.	7
96.	274.	7.	3
97.	277.	5.	9
98.	280.	4.	5
99.	283.	3.	1
100.	286.	1.	8
200.	572.	3.	6
300.	858.	5.	4
400.	1144.	7.	2
500.	1430.	9.	0
600.	1717.	0.	8
700.	2003.	2.	6
800.	2289.	4.	4
900.	2575.	6.	2
1000.	2861.	8.	0

(*) Le Quarton de Thenon contient communément 44 liv. de blé froment ; il se divise en 8 Picotins.

MESURES
DE CAPACITÉ
pour les grains
et matières sèches.

N.° 49.

TABLE pour convertir les Litres et Décalitres en Picotins et Quartons, mesure de Thenon.

Nouvelles mesures.	Anciennes mesures.		
Litres.	Quart.	Picot.	Dixièm.
1.	0.	0.	3
2.	0.	0.	6
3.	0.	0.	8
4.	0.	1.	1
5.	0.	1.	4
6.	0.	1.	7
7.	0.	2.	0
8.	0.	2.	2
9.	0.	2.	5
10.	0.	2.	8
Décalitres.	Quart.	Picot.	Dixièm.
1.	0.	2.	8
2.	0.	5.	6
3.	1.	0.	4
4.	1.	3.	2
5.	1.	6.	0
6.	2.	0.	8
7.	2.	3.	6
8.	2.	6.	4
9.	3.	1.	2
10.	3.	3.	9
11.	3.	6.	7
12.	4.	1.	5
13.	4.	4.	3
14.	4.	7.	1
15.	5.	1.	9
16.	5.	4.	7
17.	5.	7.	5
18.	6.	2.	3
19.	6.	5.	1
20.	6.	7.	9
21.	7.	2.	7
22.	7.	5.	5
23.	8.	0.	3
24.	8.	3.	1
25.	8.	5.	9
26.	9.	0.	7
27.	9.	3.	5
28.	9.	6.	3
29.	10.	1.	1
30.	10.	3.	8
31.	10.	6.	6
32.	11.	1.	4
33.	11.	4.	2
34.	11.	7.	0

Nouvelles mesures.	Anciennes mesures.		
Décalitres.	Quart.	Picot.	Dixièm.
35.	12.	1.	8
36.	12.	4.	6
37.	12.	7.	4
38.	13.	2.	2
39.	13.	5.	0
40.	13.	7.	8
41.	14.	2.	6
42.	14.	5.	4
43.	15.	0.	2
44.	15.	3.	0
45.	15.	5.	8
46.	16.	0.	6
47.	16.	3.	4
48.	16.	6.	2
49.	17.	1.	0
50.	17.	3.	8
51.	17.	6.	5
52.	18.	1.	3
53.	18.	4.	1
54.	18.	6.	9
55.	19.	1.	7
56.	19.	4.	5
57.	19.	7.	3
58.	20.	2.	1
59.	20.	4.	9
60.	20.	7.	7
61.	21.	2.	5
62.	21.	5.	3
63.	22.	0.	1
64.	22.	2.	9
65.	22.	5.	7
66.	23.	0.	5
67.	23.	3.	3
68.	23.	6.	1
69.	24.	0.	9
70.	24.	3.	6
71.	24.	6.	4
72.	25.	1.	2
73.	25.	4.	0
74.	25.	6.	8
75.	26.	1.	6
76.	26.	4.	4
77.	26.	7.	2
78.	27.	2.	0
79.	27.	4.	8

Nouvelles mesures.	Anciennes mesures.		
Décalitres.	Quart.	Picot.	Dixièm.
80.	27.	7.	6
81.	28.	2.	4
82.	28.	5.	2
83.	28.	8.	0
84.	29.	2.	8
85.	29.	5.	6
86.	30.	0.	4
87.	30.	3.	2
88.	30.	6.	0
89.	31.	0.	8
90.	31.	3.	5
91.	31.	6.	3
92.	32.	1.	1
93.	32.	3.	9
94.	32.	6.	7
95.	33.	1.	5
96.	33.	4.	3
97.	33.	7.	1
98.	34.	1.	9
99.	34.	4.	7
100.	34.	7.	5
200.	69.	7.	0
300.	104.	6.	5
400.	139.	6.	0
500.	174.	5.	5
600.	209.	5.	0
700.	244.	4.	5
800.	279.	4.	0
900.	314.	3.	5
1000.	349.	3.	0

MESURES
DE CAPACITÉ
pour les grains
et matières sèches.

N.° 50.

TABLE pour convertir les Picotins et Boisseaux, mesure de Ligueux, Agonac, Eyvirac, etc., en Décalitres, Litres et Décilitres (*).

Anciennes mesures.	Nouvelles mesures.		
Picotins.	Décal.	Litres.	Décil.
1.	0.	4.	1
2.	0.	8.	1
3.	1.	2.	2
4.	1.	6.	3
5.	2.	0.	3
6.	2.	4.	4
7.	2.	8.	5
8.	3.	2.	5
Boisseaux.	Décal.	Litres	Décil.
1.	3.	2.	5
2.	6.	5.	0
3.	9.	9.	6
4.	13.	0.	0
5.	16.	2.	6
6.	19.	5.	1
7.	22.	7.	6
8.	26.	0.	2
9.	29.	2.	7
10.	32.	5.	3
11.	35.	7.	7
12.	39.	0.	3
13.	42.	2.	8
14.	45.	5.	3
15.	48.	7.	8
16.	52.	0.	3
17.	55.	2.	9
18.	58.	5.	4
19.	61.	7.	9
20.	65.	0.	4
21.	68.	2.	9
22.	71.	5.	5
23.	74.	8.	0
24.	78.	0.	5
25.	81.	3.	0
26.	84.	5.	5
27.	87.	8.	1
28.	91.	0.	6
29.	94.	3.	1
30.	97.	5.	6
31.	100.	8.	2
32.	104.	0.	7
33.	107.	3.	2
34.	110.	5.	7
35.	113.	8.	2
36.	117.	0.	8

Anciennes mesures.	Nouvelles mesures.		
Boisseaux.	Décalit.	Litres.	Décil.
37.	120.	3.	3
38.	123.	5.	8
39.	126.	8.	3
40.	130.	0.	8
41.	133.	3.	4
42.	136.	5.	9
43.	139.	8.	4
44.	143.	0.	9
45.	146.	3.	4
46.	149.	6.	0
47.	152.	8.	5
48.	156.	1.	0
49.	159.	3.	5
50.	162.	6.	1
51.	165.	8.	6
52.	169.	1.	1
53.	172.	3.	6
54.	175.	6.	1
55.	178.	8.	7
56.	182.	1.	2
57.	185.	3.	7
58.	188.	6.	2
59.	191.	8.	7
60.	195.	1.	3
61.	198.	3.	8
62.	201.	6.	3
63.	204.	8.	8
64.	208.	1.	3
65.	211.	3.	9
66.	214.	6.	4
67.	217.	8.	9
68.	221.	1.	4
69.	224.	3.	9
70.	227.	6.	5
71.	230.	9.	0
72.	234.	1.	5
73.	237.	4.	0
74.	240.	6.	6
75.	243.	9.	1
76.	247.	1.	6
77.	250.	4.	1
78.	253.	6.	6
79.	256.	9.	2
80.	260.	1.	7
81.	264.	4.	2

Anciennes mesures.	Nouvelles mesures.		
Boisseaux.	Décalit.	Litres.	Décil.
82.	266.	6.	7
83.	269.	9.	2
84.	273.	1.	8
85.	276.	4.	3
86.	279.	6.	8
87.	282.	9.	3
88.	286.	1.	8
89.	289.	4.	4
90.	292.	6.	9
91.	295.	9.	4
92.	299.	1.	9
93.	302.	4.	5
94.	305.	7.	0
95.	308.	9.	5
96.	312.	2.	0
97.	315.	4.	5
98.	318.	7.	1
99.	321.	9.	6
100.	325.	2.	1
200.	650.	4.	2
300.	975.	6.	3
400.	1300.	8.	4
500.	1626.	0.	5
600.	1951.	2.	6
700.	2276.	4.	7
800.	2601.	6.	8
900.	2926.	8.	9
1000.	3252.	1.	0

(*) Le Boisseau de Ligueux, Agonac, Eyvirac, etc., contient 50 livres de blé froment; il se divise en 8 picotins.

MESURES
DE CAPACITÉ
pour les grains
et matières sèches.

N.° 51.

TABLE pour convertir les Litres et Décalitres en Picotins et Boisseaux, mesure de Ligueux, Agonac, Eyvirac, etc.

Nouvelles mesures.	Anciennes mesures.		
Litres.	Boiss.	Picot.	Dixièm.
1.	0.	0.	2
2.	0.	0.	5
3.	0.	0.	7
4.	0.	1.	0
5.	0.	1.	2
6.	0.	1.	5
7.	0.	1	7
8.	0.	2.	0
9.	0.	2.	2
10.	0.	2.	5
Décalitres.	Boiss.	Picot.	Dixièm.
1.	0.	2.	5
2.	0.	4.	9
3.	0.	7.	4
4.	1.	1.	8
5.	1.	4.	3
6.	1.	6.	8
7.	2.	1.	2
8.	2.	3.	7
9.	2.	6.	1
10.	3.	0.	6
11.	3.	3.	0
12.	3.	5.	5
13.	4.	0.	0
14.	4.	2.	4
15.	4.	4.	9
16.	4.	7.	3
17.	5.	1.	8
18.	5.	4.	3
19.	5.	6.	7
20.	6.	1.	2
21.	6.	3.	6
22.	6.	6.	1
23.	7.	0.	6
24.	7.	3.	0
25.	7.	5.	5
26.	7.	7.	9
27.	8.	2.	4
28.	8.	4.	9
29.	8.	7.	3
30.	9.	1.	8
31.	9.	4.	2
32.	9.	6.	7
33.	10.	1.	1
34.	10.	3.	6

Nouvelles mesures.	Anciennes mesures.		
Décalitres.	Boiss.	Picot.	Dixièm.
35.	10.	6.	1
36.	11.	0.	5
37.	11.	3.	0
38.	11.	5.	4
39.	11.	7.	9
40.	12.	2.	4
41.	12.	4.	8
42.	12.	7.	3
43.	13.	1.	7
44.	13.	4.	2
45.	13.	6.	7
46.	14.	1.	1
47.	14.	3.	6
48.	14.	6.	0
49.	15.	0.	5
50.	15.	2.	9
51.	15.	5.	4
52.	15.	7.	9
53.	16.	2.	3
54.	16.	4.	8
55.	16.	7.	2
56.	17.	1.	7
57.	17.	4.	2
58.	17.	6.	6
59.	18.	1.	1
60.	18.	3.	5
61.	18.	6.	0
62.	19.	0.	5
63.	19.	2.	9
64.	19.	5.	4
65.	19.	7.	8
66.	20.	2.	3
67.	20.	4.	8
68.	20.	7.	2
69.	21.	1.	7
70.	21.	4.	1
71.	21.	6.	6
72.	22.	1.	0
73.	22.	3.	5
74.	22.	6.	0
75.	23.	0.	4
76.	23.	2.	9
77.	23.	5.	3
78.	23.	7.	8
79.	24.	2.	3

Nouvelles mesures.	Anciennes mesures.		
Décalitres.	Boiss.	Picot.	Dixièm.
80.	24.	4.	7
81.	24.	7.	1
82.	25.	1.	6
83.	25.	4.	1
84.	25.	6.	6
85.	26.	1.	0
86.	26.	3.	5
87.	26.	5.	9
88.	27.	0.	4
89.	27.	2.	8
90.	27.	5.	3
91.	27.	7.	8
92.	28.	2.	2
93.	28.	4.	7
94.	28.	7.	1
95.	29.	1.	6
96.	29.	4.	1
97.	29.	6.	5
98.	30.	1.	0
99.	30.	3.	4
100.	30.	5.	9
200.	61.	3.	8
300.	92.	1.	7
400.	122.	7.	6
500.	153.	5.	5
600.	184.	3.	4
700.	215.	1.	3
800.	245.	7.	2
900.	276.	5.	1
1000.	307.	3.	0

MESURES DE CAPACITÉ pour les grains et matières sèches.

N.° 52.

TABLE pour convertir les Picotins et Pognères, mesure de Vergt, en Décalitres, Litres et Décilitres (*).

Anciennes mesures.	Nouvelles mesures.		
Picotins.	Décal.	Litr.	Décil.
1.	0.	3.	1
2.	0.	6.	2
3.	0.	9.	3
4.	1.	2.	4
5.	1.	5.	4
6.	1.	8.	5
7.	2.	1.	6
8.	2.	4.	7
Pognères.	Décal.	Litr.	Décil.
1.	2.	4.	7
2.	4.	9.	4
3.	7.	4.	1
4.	9.	8.	9
5.	12.	3.	6
6.	14.	8.	3
7.	17.	3.	0
8.	19.	7.	7
9.	22.	2.	4
10.	24.	7.	2
11.	27.	1.	7
12.	29.	6.	6
13.	32.	1.	3
14.	34.	6.	0
15.	37.	0.	7
16.	39.	5.	4
17.	42.	0.	2
18.	44.	4.	9
19.	46.	9.	6
20.	49.	4.	3
21.	51.	9.	0
22.	54.	3.	7
23.	56.	8.	4
24.	59.	3.	2
25.	61.	7.	9
26.	64.	2.	6
27.	66.	7.	3
28.	69.	2.	0
29.	71.	6.	7
30.	74.	1.	5
31.	76.	6.	2
32.	79.	0.	9
33.	81.	5.	6
34.	84.	0.	3
35.	86.	5.	0
36.	88.	9.	7

Anciennes mesures.	Nouvelles mesures.		
Pognères.	Décal.	Litr.	Décil.
37.	91.	4.	5
38.	93.	9.	2
39.	96.	3.	9
40.	98.	8.	6
41.	101.	3.	3
42.	103.	8.	0
43.	106.	2.	7
44.	108.	7.	5
45.	111.	2.	2
46.	113.	6.	9
47.	116.	1.	6
48.	118.	6.	3
49.	121.	1.	0
50.	123.	5.	7
51.	126.	0.	5
52.	128.	5.	2
53.	130.	9.	9
54.	133.	4.	6
55.	135.	9.	4
56.	138.	4.	1
57.	140.	8.	8
58.	143.	3.	5
59.	145.	8.	2
60.	148.	2.	9
61.	150.	7.	6
62.	153.	2.	3
63.	155.	7.	0
64.	158.	1.	8
65.	160.	6.	5
66.	163.	1.	2
67.	165.	5.	9
68.	167.	0.	6
69.	170.	5.	3
70.	173.	0.	1
71.	175.	4.	8
72.	177.	9.	5
73.	180.	4.	2
74.	182.	8.	9
75.	185.	3.	6
76.	187.	8.	3
77.	190.	3.	1
78.	192.	7.	8
79.	195.	2.	5
80.	197.	7.	2
81.	200.	1.	9

Anciennes mesures.	Nouvelles mesures.		
Pognères.	Décalit.	Litr.	Décil.
82.	202.	6.	6
83.	205.	1.	3
84.	209.	6.	1
85.	210.	0.	8
86.	212.	5.	5
87.	215.	0.	2
88.	217.	4.	9
89.	219.	9.	6
90.	222.	4.	4
91.	224.	9.	1
92.	227.	3.	8
93.	229.	8.	5
94.	232.	3.	2
95.	234.	7.	9
96.	237.	2.	6
97.	239.	7.	4
98.	242.	2.	1
99.	244.	6.	8
100.	247.	1.	5
200.	494.	3.	0
300.	741.	4.	5
400.	988.	6.	0
500.	1235.	7.	5
600.	1482.	9.	0
700.	1730.	0.	5
800.	1977.	2.	0
900.	2224.	3.	5
1000.	2471.	5.	0

(*) La Pognère de Vergt contient 38 livres de blé froment ; elle se divise en 8 picotins.

La Quarte, mesure d'Excideuil, St.-Martin, St. Médard, St.-Martial-d'Excideuil, etc., étant exactement de même contenance, cette Table et la suivante pourront servir à l'usage de ces Communes.

MESURES
DE CAPACITÉ
pour les grains
et matières sèches.

N.° 53.

TABLE pour convertir les Litres et Décalitres en Picotins et Pognères, mesure de Vergt.

Nouvelles mesures.	Anciennes mesures.		
Litres.	Pognèr.	Picot.	Dixièm.
1.	0.	0.	3
2.	0.	0.	6
3.	0.	1.	0
4.	0.	1.	3
5.	0.	1.	6
6.	0.	1.	9
7.	0.	2.	3
8.	0.	2.	6
9.	0.	2.	9
10.	0.	3.	2
Décalitres.	Pognèr.	Picot.	Dixièm.
1.	0.	3.	2
2.	0.	6.	5
3.	1.	1.	7
4.	1.	4.	9
5.	2.	0.	2
6.	2.	3.	4
7.	2.	6.	7
8.	3.	1.	9
9.	3.	5.	1
10.	4.	0.	4
11.	4.	3.	6
12.	4.	6.	8
13.	5.	2.	1
14.	5.	5.	3
15.	6.	0.	6
16.	6.	3.	8
17.	6.	7.	0
18.	7.	2.	3
19.	7.	5.	6
20.	8.	0.	8
21.	8.	4.	0
22.	8.	7.	2
23.	9.	2.	5
24.	9.	5.	7
25.	10.	0.	9
26.	10.	4.	2
27.	10.	7.	4
28.	11.	2.	6
29.	11.	5.	9
30.	12.	1.	1
31.	12.	4.	3
32.	12.	7.	6
33.	13.	2.	8
34.	13.	6.	1

Nouvelles mesures.	Anciennes mesures.		
Décalitres.	Pognèr.	Picot.	Dixièm.
35.	14.	1.	3
36.	14.	4.	5
37.	14.	7.	8
38.	15.	3.	0
39.	15.	6.	2
40.	16.	1.	5
41.	16.	4.	7
42.	16.	8.	0
43.	17.	3.	2
44.	17.	6.	4
45.	18.	1.	7
46.	18.	4.	9
47.	19.	0.	1
48.	19.	3.	4
49.	19.	6.	6
50.	20.	1.	9
51.	20.	5.	1
52.	20.	8.	3
53.	21.	3.	6
54.	21.	6.	8
55.	22.	2.	0
56.	22.	5.	3
57.	23.	0.	5
58.	23.	3.	7
59.	23.	7.	0
60.	24.	2.	2
61.	24.	5.	5
62.	25.	0.	7
63.	25.	3.	9
64.	25.	7.	2
65.	26.	2.	4
66.	26.	5.	6
67.	27.	0.	9
68.	27.	4.	1
69.	27.	7.	4
70.	28.	2.	6
71.	28.	5.	8
72.	29.	1.	1
73.	29.	4.	3
74.	29.	7.	5
75.	30.	2.	8
76.	30.	6.	0
77.	31.	1.	2
78.	31.	4.	5
79.	31.	7.	7

Nouvelles mesures.	Anciennes mesures.		
Décalitres.	Pognèr.	Picot.	Dixièm.
80.	32.	3.	0
81.	32.	6.	[illegible]
82.	33.	1.	4
83.	33.	4.	7
84.	33.	7.	9
85.	34.	3.	1
86.	34.	6.	4
87.	35.	1.	6
88.	35.	4.	9
89.	36.	0.	1
90.	36.	3.	3
91.	36.	6.	6
92.	37.	1.	8
93.	37.	5.	0
94.	38.	0.	3
95.	38.	3.	5
96.	38.	6.	8
97.	39.	0.	0
98.	39.	5.	2
99.	40.	0.	5
100.	40.	3.	7
200.	80.	7.	4
300.	121.	3.	1
400.	161.	6.	8
500.	202.	2.	5
600.	242.	6.	2
700.	283.	1.	9
800.	323.	5.	6
900.	364.	1.	3
1000.	404.	5.	0

MESURES de capacité pour les grains et matières sèches. N.° 54.

TABLE pour convertir les Quartonnes de Grignols, Manzac et Jaure, en Décalitres, Litres et Décilitres (*).

Anciennes mesures.	Nouvelles mesures.		
Picotins.	Décalit.	Litres.	Décil.
1.	0.	2.	7
2.	0.	5.	4
3.	0.	8.	1
4.	1.	0.	8
5.	1.	3.	5
6.	1.	6.	2
7.	1.	9.	0
8.	2.	1.	7
Quartonnes.	Décal.	Litres.	Décil.
1.	2.	1.	7
2.	4.	3.	3
3.	6.	5.	0
4.	8.	6.	7
5.	10.	8.	4
6.	13.	0.	0
7.	15.	1.	7
8.	17.	3.	3
9.	19.	5.	0
10.	21.	6.	7
11.	23.	8.	4
12.	26.	0.	0
13.	28.	1.	7
14.	30.	3.	4
15.	32.	5.	1
16.	34.	6.	7
17.	36.	8.	4
18.	39.	0.	1
19.	41.	1.	7
20.	43.	3.	4
21.	45.	5.	1
22.	47.	6.	7
23.	49.	8.	4
24.	52.	0.	1
25.	54.	1.	8
26.	56.	3.	4
27.	58.	5.	1
28.	60.	6.	8
29.	62.	8.	4
30.	65.	0.	1
31.	67.	1.	8
32.	69.	3.	4
33.	71.	5.	1
34.	73.	6.	8
35.	75.	8.	5
36.	78.	0.	1

Anciennes mesures.	Nouvelles mesures.		
Quartonnes.	Décalit.	Litres.	Décil.
37.	80.	1.	8
38.	82.	3.	5
39.	84.	5.	1
40.	86.	6.	8
41.	88.	8.	5
42.	91.	0.	1
43.	93.	1.	8
44.	95.	3.	5
45.	97.	5.	1
46.	99.	6.	8
47.	101.	8.	5
48.	104.	0.	2
49.	106.	1.	8
50.	108.	3.	5
51.	110.	5.	2
52.	112.	6.	8
53.	114.	8.	5
54.	117.	0.	2
55.	119.	1.	8
56.	121.	3.	5
57.	123.	5.	2
58.	125.	6.	9
59.	127.	8.	5
60.	130.	0.	2
61.	132.	1.	9
62.	133.	3.	5
63.	135.	5.	2
64.	137.	6.	9
65.	139.	8.	6
66.	142.	0.	2
67.	144.	1.	9
68.	146.	3.	6
69.	148.	5.	2
70.	150.	6.	9
71.	152.	8.	6
72.	155.	0.	2
73.	157.	1.	9
74.	159.	3.	6
75.	161.	5.	3
76.	163.	6.	9
77.	165.	8.	6
78.	168.	0.	3
79.	170.	1.	9
80.	173.	3.	6
81.	175.	5.	3

Anciennes mesures.	Nouvelles mesures.		
Quartonnes.	Décalit.	Litres.	Décil.
82.	177.	6.	9
83.	179.	8.	6
84.	182.	0.	3
85.	184.	2.	0
86.	186.	3.	6
87.	188.	5.	3
88.	190.	6.	9
89.	192.	8.	6
90.	195.	0.	3
91.	197.	2.	0
92.	199.	3.	6
93.	201.	5.	3
94.	203.	7.	0
95.	205.	8.	7
96.	208.	0.	3
97.	210.	2.	0
98.	212.	3.	7
99.	214.	5.	3
100.	216.	7.	0
200.	433.	4.	0
300.	650.	1.	0
400.	866.	8.	0
500.	1083.	5.	0
600.	1300.	2.	0
700.	1516.	9.	0
800.	1733.	6.	0
900.	1950.	3.	0
1000.	2167.	0.	0

(*) La Quartonne de Grignols, etc., contient communément 33 liv. 1/3 de blé froment ; elle se divise en 8 Picotins.

MESURES
DE CAPACITÉ
pour les grains
et matières sèches.

N.° 55.

TABLE pour convertir les Litres et Décalitres en Picotins et Quartonnes, mesure de Grignols.

Nouvelles mesures.	Anciennes mesures.		
Litres.	Quart.	Picot.	Dixièm.
1.	0.	0.	4
2.	0.	0.	7
3.	0.	1.	1
4.	0.	1.	5
5.	0.	1.	9
6.	0.	2.	2
7.	0.	2.	6
8.	0.	3.	0
9.	0.	3.	3
10.	0.	3.	7
Décalitres.	Quart.	Picot.	Dixièm.
1.	0.	3.	7
2.	0.	7.	4
3.	1.	3.	1
4.	1.	6.	8
5.	2.	2.	5
6.	2.	6.	1
7.	3.	1.	8
8.	3.	5.	5
9.	4.	1.	2
10.	4.	4.	9
11.	5.	0.	6
12.	5.	4.	3
13.	6.	0.	0
14.	6.	3.	7
15.	6.	7.	3
16.	7.	3.	0
17.	7.	6.	7
18.	8.	2.	4
19.	8.	6.	1
20.	9.	1.	8
21.	9.	5.	5
22.	10.	1.	2
23.	10.	4.	9
24.	11.	0.	6
25.	11.	4.	3
26.	11.	7.	9
27.	12.	3.	6
28.	12.	7.	3
29.	13.	3.	0
30.	13.	6.	7
31.	14.	2.	4
32.	14.	6.	1
33.	15.	1.	8
34.	15.	5.	5

Nouvelles mesures.	Anciennes mesures.		
Décalitres.	Quart.	Picot.	Dixièm.
35.	16.	1.	1
36.	16.	4.	8
37.	17.	0.	5
38.	17.	4.	2
39.	17.	7.	9
40.	18.	3.	6
41.	18.	7.	3
42.	19.	3.	0
43.	19.	6.	7
44.	20.	2.	4
45.	20.	6.	0
46.	21.	1.	7
47.	21.	5.	4
48.	22.	1.	1
49.	22.	4.	8
50.	23.	0.	5
51.	23.	4.	2
52.	23.	7.	9
53.	24.	3.	6
54.	24.	7.	3
55.	25.	2.	9
56.	25.	6.	6
57.	26.	2.	3
58.	26.	6.	0
59.	27.	1.	7
60.	27.	5.	4
61.	28.	1.	1
62.	28.	4.	8
63.	29.	0.	5
64.	29.	4.	1
65.	29.	7.	8
66.	30.	3.	5
67.	30.	7.	2
68.	31.	2.	9
69.	31.	6.	6
70.	32.	2.	3
71.	32.	6.	0
72.	33.	1.	9
73.	33.	5.	4
74.	34.	1.	1
75.	34.	4.	7
76.	35.	0.	4
77.	35.	4.	1
78.	35.	7.	8
79.	36.	3.	5

Nouvelles mesures.	Anciennes mesures.		
Décalitres.	Quart.	Picot.	Dixièm.
80.	36.	7.	2
81.	37.	2.	9
82.	37.	6.	6
83.	38.	2.	3
84.	38.	6.	0
85.	39.	1.	7
86.	39.	5.	3
87.	40.	1.	0
88.	40.	4.	8
89.	41.	0.	4
90.	41.	4.	1
91.	41.	7.	8
92.	42.	3.	5
93.	42.	7.	2
94.	43.	2.	9
95.	43.	6.	5
96.	44.	2.	2
97.	44.	5.	9
98.	45.	1.	6
99.	45.	5.	3
100.	46.	1.	0
200.	92.	2.	0
300.	138.	3.	0
400.	184.	4.	0
500.	230.	5.	0
600.	276.	6.	0
700.	322.	7.	0
800.	369.	0.	0
900.	415.	1.	0
1000.	461.	2.	0

MESURES DE CAPACITÉ pour les grains et matières sèches.

N.° 56.

TABLE pour convertir les Quarts et Quartons, mesure de St.-Orse, en Décalitres, Litres et Décilitres (*).

Anciennes mesures.	Nouvelles mesures.		
Quarts.	Décalit.	Litres.	Décil.
1.	0.	5.	2
2.	1.	0.	4
3.	1.	5.	6
4.	2.	0.	8
Quartons.	Décalit.	Litres.	Décil.
1.	2.	0.	8
2.	4.	1.	6
3.	6.	2.	4
4.	8.	3.	2
5.	10.	4.	1
6.	12.	4.	9
7.	14.	5.	7
8.	16.	6.	5
9.	18.	7.	3
10.	20.	8.	1
11.	22.	8.	9
12.	24.	9.	7
13.	27.	0.	6
14.	29.	1.	4
15.	31.	2.	2
16.	33.	3.	0
17.	35.	3.	8
18.	37.	4.	6
19.	39.	5.	4
20.	41.	6.	2
21.	43.	7.	1
22.	45.	7.	9
23.	47.	8.	7
24.	49.	9.	5
25.	52.	0.	3
26.	54.	1.	1
27.	56.	1.	9
28.	58.	2.	7
29.	60.	3.	5
30.	62.	4.	4
31.	64.	5.	2
32.	66.	6.	0
33.	68.	6.	8
34.	70.	7.	6
35.	72.	8.	4
36.	74.	9.	2
37.	77.	0.	0
38.	79.	0.	9
39.	81.	1.	7
40.	83.	2.	5

Anciennes mesures.	Nouvelles mesures.		
Quartons.	Décalit.	Litres.	Décil.
41.	85.	3.	3
42.	87.	4.	1
43.	89.	4.	9
44.	91.	5.	7
45.	93.	6.	5
46.	95.	7.	4
47.	97.	8.	2
48.	99.	9.	0
49.	101.	9.	8
50.	104.	0.	6
51.	106.	1.	4
52.	108.	2.	2
53.	110.	3.	0
54.	112.	3.	8
55.	114.	4.	7
56.	116.	5.	5
57.	118.	6.	3
58.	120.	7.	1
59.	122.	7.	9
60.	124.	8.	7
61.	126.	9.	5
62.	129.	0.	3
63.	131.	1.	2
64.	133.	2.	0
65.	135.	2.	8
66.	137.	3.	6
67.	139.	4.	4
68.	141.	5.	2
69.	143.	6.	0
70.	145.	6.	8
71.	147.	7.	7
72.	149.	8.	5
73.	151.	9.	3
74.	154.	0.	1
75.	156.	0.	9
76.	158.	1.	7
77.	160.	2.	5
78.	162.	3.	3
79.	164.	4.	1
80.	166.	5.	0
81.	168.	5.	8
82.	170.	6.	6
83.	172.	7.	4
84.	174.	8.	2
85.	176.	9.	0

Anciennes mesures.	Nouvelles mesures.		
Quartons.	Décalit.	Litres.	Décil.
86.	178.	9.	8
87.	181.	0.	6
88.	183.	1.	5
89.	185.	2.	3
90.	187.	3.	1
91.	189.	3.	9
92.	191.	4.	7
93.	193.	5.	5
94.	195.	6.	3
95.	197.	7.	1
96.	199.	8.	0
97.	201.	8.	8
98.	203.	9.	6
99.	206.	0.	4
100.	208.	1.	2
200.	416.	2.	4
300.	624.	3.	6
400.	832.	4.	8
500.	1040.	6.	0
600.	1248.	7.	2
700.	1456.	8.	4
800.	1664.	9.	6
900.	1873.	0.	8
1000.	2081.	2.	0

(*) Le Quarton de St. Orse contient communément 32 livres de blé froment ; il se divise en 2 Quartes, chaque Quarte en 2 Quarts.

MESURES
DE CAPACITÉ
pour les grains
et matières sèches.

N.° 57.

TABLE pour convertir les Litres et Décalitres en Quartons et Quarts, mesure de St.-Orse.

Nouvelles mesures.	Anciennes mesures.		
Litres.	Quartons.	Quarts.	Dixiè.
1.	0.	0.	1
2.	0.	0.	3
3.	0.	0.	5
4.	0.	0.	7
5.	0.	0.	9
6.	0.	1.	1
7.	0.	1.	3
8.	0.	1.	5
9.	0.	1.	7
10.	0.	1.	9
Décalitres.	Quartons.	Quarts.	Dixiè.
1.	0.	1.	9
2.	0.	3.	8
3.	1.	1.	8
4.	1.	3.	9
5.	2.	1.	6
6.	2.	3.	5
7.	3.	1.	5
8.	3.	3.	4
9.	4.	1.	3
10.	4.	3.	2
11.	5.	1.	1
12.	5.	3.	1
13.	6.	1.	0
14.	6.	2.	9
15.	7.	0.	8
16.	7.	2.	8
17.	8.	0.	7
18.	8.	2.	6
19.	9.	0.	5
20.	9.	2.	4
21.	10.	0.	4
22.	10.	2.	3
23.	11.	0.	2
24.	11.	2.	2
25.	12.	0.	0
26.	12.	2.	0
27.	12.	3.	9
28.	13.	1.	8
29.	13.	3.	8
30.	14.	1.	7
31.	14.	3.	6
32.	15.	1.	5
33.	15.	3.	4
34.	16.	1.	3

Nouvelles mesures.	Anciennes mesures.		
Décalitres.	Quartons.	Quarts.	Dixiè.
35.	16.	3.	3
36.	17.	1.	2
37.	17.	3.	1
38.	18.	1.	0
39.	18.	3.	0
40.	19.	0.	9
41.	19.	2.	8
42.	20.	0.	7
43.	20.	2.	6
44.	21.	0.	6
45.	21.	2.	5
46.	22.	0.	4
47.	22.	2.	3
48.	23.	0.	3
49.	23.	2.	2
50.	24.	0.	1
51.	24.	2.	0
52.	24.	3.	9
53.	25.	1.	9
54.	25.	3.	8
55.	26.	1.	7
56.	26.	3.	6
57.	27.	1.	6
58.	27.	3.	5
59.	28.	1.	4
60.	28.	3.	3
61.	29.	1.	2
62.	29.	3.	2
63.	30.	1.	1
64.	30.	3.	0
65.	31.	0.	9
66.	31.	2.	9
67.	32.	0.	8
68.	32.	2.	7
69.	33.	0.	6
70.	33.	2.	5
71.	34.	0.	5
72.	34.	2.	4
73.	35.	0.	3
74.	35.	2.	2
75.	36.	0.	2
76.	36.	2.	1
77.	36.	4.	0
78.	37.	1.	9
79.	37.	3.	8

Nouvelles mesures.	Anciennes mesures.		
Décalitres.	Quartons.	Quarts.	Dixiè.
80.	38.	1.	8
81.	38.	3.	7
82.	39.	1.	6
83.	39.	3.	5
84.	40.	1.	4
85.	40.	3.	4
86.	41.	1.	3
87.	41.	3.	2
88.	42.	1.	1
89.	42.	3.	0
90.	43.	1.	0
91.	43.	2.	9
92.	44.	0.	8
93.	44.	2.	8
94.	45.	0.	7
95.	45.	2.	6
96.	46.	0.	5
97.	46.	2.	4
98.	47.	0.	4
99.	47.	2.	3
100.	48.	0.	2
200.	96.	0.	4
300.	144.	0.	6
400.	192.	0.	8
500.	241.	0.	0
600.	289.	0.	2
700.	337.	0.	4
800.	385.	0.	6
900.	433.	0.	8
1000.	482.	0.	0

MESURES de capacité pour les liquides.

N.° 58.

TABLE pour convertir les Pintes, mesure de Périgueux, en Litres et Décilitres.

Anciennes mesures.	Nouvelles mesures.	
Roquilles.	Litres.	Décilit.
1.	0.	3
2.	0.	6
3.	0.	8
4.	1.	1
Pintes.		
1.	1.	1
2.	2.	3
3.	3.	4
4.	4.	6
5.	5.	7
6.	6.	8
7.	8.	0
8.	9.	1
9.	10.	3
10.	11.	4

Anciennes mesures.	Nouvelles mesures.	
Pintes.	Litres.	Décilit.
11.	12.	5
12.	13.	7
13.	14.	8
14.	16.	0
15.	17.	1
16.	18.	2
17.	19.	4
18.	20.	5
19.	21.	7
20.	22.	8
21.	23.	9
22.	25.	1
23.	26.	2
24.	27.	4
25.	28.	5

Anciennes mesures.	Nouvelles mesures.	
Pintes.	Litres.	Décilit.
26.	29.	6
27.	30.	8
28.	31.	9
29.	33.	1
30.	34.	2
35.	39.	9
40.	45.	6
45.	51.	3
50.	57.	0
55.	62.	7
60.	68.	4
65.	74.	1
70.	79.	8

Anciennes mesures.	Nouvelles mesures.		
Pintes.	Hectol.	Décal.	Litres.
80.	0.	9.	1
85.	0.	9.	7
90.	1.	0.	3
95.	1.	0.	8
100.	1.	1.	4
110.	1.	2.	5
120.	1.	3.	7
130.	1.	4.	8
140.	1.	6.	1
150.	1.	7.	2
160.	1.	8.	3
170.	1.	9.	5
180.	2.	0.	6
190.	2.	1.	8
200.	2.	2.	9

N.° 59.

TABLE pour convertir les Décilitres, Litres et Hectolitres, en Pintes et Roquilles, mesure de Périgueux.

Nouvelles mesures.	Anciennes mesures.	
Décilitres.	Pintes.	Roquil.
1.	0.	0
2.	0.	1
3.	0.	1
4.	0.	1 ½
5.	0.	2
6.	0.	2
7.	0.	2 ½
8.	0.	3
9.	0.	3
10.	0.	3 ½
Litres.		
1.	0.	3
2.	1.	3
3.	2.	2
4.	3.	2
5.	4.	2

Nouvelles mesures.	Anciennes mesures.	
Litres.	Pintes.	Roquil.
6.	5.	1
7.	6.	1
8.	7.	0
9.	7.	4
10.	8.	3
11.	9.	3
12.	10.	2
13.	11.	2
14.	12.	1
15.	13.	1
16.	14.	0
17.	15.	0
18.	15.	3
19.	16.	3
20.	17.	2
21.	18.	2

Nouvelles mesures.	Anciennes mesures.	
Litres.	Pintes.	Roquil.
22.	19.	1
23.	20.	1
24.	21.	0
25.	22.	0
26.	22.	3
27.	23.	3
28.	24.	2
29.	25.	2
30.	26.	1
35.	30.	3
40.	35.	0
45.	39.	2
50.	43.	3
55.	48.	1
60.	52.	3
65.	57.	0

Nouvelles mesures.	Anciennes mesures.	
Litres.	Pintes.	Roquil.
70.	61.	2
75.	65.	3
80.	70.	1
85.	74.	2
90.	79.	0
95.	83.	1
Hectolitres.		
1.	87.	3
2.	175.	2
3.	263.	1
4.	341.	0
5.	428.	3

MESURES
DE CAPACITÉ
pour les liquides.

N.° 60.

TABLE pour convertir les Pintes, mesure de Ligueux, Hautefort, Cubas, Naillac, Charveix, etc., en Litres et Décilitres.

Anciennes mesures.	Nouvelles mesures.		Anciennes mesures.	Nouvelles mesures.		Anciennes mesures.	Nouvelles mesures.		Anciennes mesures.	Nouvelles mesures.	
Quarts.	Litres.	Décilit.	Pintes.	Litres.	Décilit.	Pintes.	Litres.	Décilit.	Pintes.	Litres.	Décilit.
1.	0.	6	13.	31.	8	29.	71.	0	110.	269.	2
2.	1.	2	14.	34.	3	30.	73.	4	120.	293.	6
3.	1.	8	15.	36.	7	35.	85.	6	130.	318.	1
Pintes.			16.	39.	2	40.	97.	9	140.	342.	6
1.	2.	4	17.	41.	6	45.	110.	1	150.	367.	1
2.	4.	9	18.	44.	0	50.	122.	4	160.	391.	5
3.	7.	3	19.	46.	5	55.	134.	6	170.	417.	0
4.	9.	8	20.	48.	9	60.	146.	8	180.	440.	5
5.	12.	2	21.	51.	4	65.	159.	1	190.	465.	9
6.	14.	7	22.	53.	8	70.	171.	3	200.	489.	4
7.	17.	1	23.	56.	3	75.	183.	5	210.	513.	9
8.	19.	6	24.	58.	7	80.	195.	8			
9.	22.	0	26.	61.	2	85.	208.	0			
10.	24.	5	26.	63.	6	90.	220.	2			
11.	26.	9	27.	66.	1	95.	232.	5			
12.	29.	4	28.	68.	5	100.	244.	7			

N.° 61.

TABLE pour convertir les Décilitres, Litres et Hectolitres, en Pintes et Quarts, mesure de Ligueux, Hautefort, Naillac, Charveix, etc.

Nouvelles mesures.	Anciennes mesures.		Nouvelles mesures.	Anciennes mesures.		Nouvelles mesures.	Anciennes mesures.		Nouvelles mesures.	Anciennes mesures.
Décilitres.	Pintes.	Quarts.	Litres.	Pintes.	Quarts.	Litres.	Pintes.	Quarts.	Hectolitres.	Pintes.
5.	0.	1	14.	5.	3	29.	11.	4	1.	41.
Litres.			15.	6.	1	30.	12.	1	2.	82.
1.	0.	1 ½	16.	6.	2	35.	14.	1	3.	123.
2.	0.	3	17.	6.	4	40.	16.	2	4.	164.
3.	1.	1	18.	7.	2	45.	18.	2	5.	205.
4.	1.	3	19.	7.	3	50.	20.	2		
5.	2.	0	20.	8.	1	55.	22.	2		
6.	2.	2	21.	8.	2	60.	24.	2		
7.	2.	3	22.	9.	0	65.	26.	3		
8.	3.	1	23.	9.	2	70.	28.	2		
9.	3.	3	24.	9.	3	75.	30.	3		
10.	4.	0	25.	10.	1	80.	32.	3		
11.	4.	2	26.	10.	3	85.	34.	3		
12.	4.	4	27.	11.	0	90.	36.	4		
13.	5.	1	28.	11.	2	95.	38.	4		

MESURES DE CAPACITÉ pour les liquides.

N.° 62.

TABLE pour convertir les Pintes et Quarts, mesure d'Excideuil, St.-Martial et autres Communes du Canton, en Litres et Décilitres.

Anciennes mesures.	Nouvelles mesures.		Anciennes mesures.	Nouvelles mesures.		Anciennes mesures.	Nouvelles mesures.		Anciennes mesures.	Nouvelles mesures.	
Quarts.	Litres.	Décilit.	Pintes.	Litres.	Décilit.	Pintes.	Litres.	Décilit.	Pintes.	Litres.	Décilit.
1.	0.	6	11.	24.	6	26.	58.	1	85.	189.	8
2.	1.	1	12.	26.	8	27.	60.	3	90.	201.	0
3.	1.	7	13.	29.	0	28.	62.	5	95.	212.	1
4.	2.	2	14.	31.	3	29.	64.	8	100.	223.	3
Pintes.			15.	33.	5	30.	67.	0	110.	245.	6
1.	2.	2	16.	35.	7	35.	78.	2	120.	268.	0
2.	4.	5	17.	38.	0	40.	89.	3	130.	290.	3
3.	6.	7	18.	40.	2	45.	100.	5	140.	312.	6
4.	8.	9	19.	42.	4	50.	111.	7	150.	334.	9
5.	11.	2	20.	44.	7	55.	122.	8	160.	357.	3
6.	13.	4	21.	46.	9	60.	134.	0	170.	379.	6
7.	15.	6	22.	49.	1	65.	145.	1	180.	401.	9
8.	17.	9	23.	51.	4	70.	156.	3	190.	424.	3
9.	20.	1	24.	53.	6	75.	167.	5	200.	446.	6
10.	22.	3	25.	55.	8	80.	178.	6	210.	468.	9

N.° 63.

TABLE pour convertir les Litres et Hectolitres en Pintes et Quarts, mesure d'Excideuil, St.-Martial et autres Communes du Canton.

Nouvelles mesures.	Anciennes mesures.		Nouvelles mesures.	Anciennes mesures.		Nouvelles mesures.	Anciennes mesures.	
Décilitres.	Pintes.	Quarts.	Litres.	Pintes.	Quarts.	Litres.	Pintes.	Quarts.
5.	0.	1	16.	7.	1	45.	20.	1
Litres.			17.	7.	2	50.	22.	2
1.	0.	2	18.	8.	0	55.	24.	2
2.	1.	0	19.	8.	2	60.	26.	3
3.	1.	1	20.	9.	0	65.	29.	0
4.	1.	3	21.	9.	2	70.	31.	1
5.	2.	2	22.	9.	3	75.	33.	2
6.	2.	3	23.	10.	1	80.	35.	3
7.	3.	1	24.	10.	3	85.	38.	0
8.	3.	2	25.	11.	1	90.	40.	1
9.	4.	0	26.	11.	3	95.	42.	2
10.	4.	2	27.	12.	0	Hectolitres.		
11.	5.	0	28.	12.	2	1.	44.	3
12.	5.	1	29.	13.	0	2.	88.	6
13.	5.	3	30.	13.	2	3.	132.	9
14.	6.	1	35.	15.	3	4.	177.	2
15.	6.	3	40.	18.	0	5.	221.	5

MESURES DE CAPACITÉ pour les liquides.

N.° 64.

TABLE pour convertir les Pintes et Quarts, mesure de Blis-et-Born, en Litres et Décilitres.

Anciennes mesures.	Nouvelles mesures.	Anciennes mesures.	Nouvelles mesures.	Anciennes mesures.	Nouvelles mesures.	Anciennes mesures.	Nouvelles mesures.
Quarts.	Litres. Décilit.	Pintes.	Litres. Décilit.	Pintes.	Litres. Décilit.	Pintes.	Litres. Décilit.
1.	0. 5	11.	24. 2	26.	57. 3	85.	187. 3
2.	1. 1	12.	26. 4	27.	59. 5	90.	198. 3
3.	1. 6	13.	28. 6	28.	61. 7	95.	209. 3
4.	2. 2	14.	30. 8	29.	63. 9	100.	220. 3
Pintes.		15.	33. 0	30.	66. 1	110.	242. 3
1.	2. 2	16.	35. 2	35.	77. 1	120.	264. 4
2.	4. 4	17.	37. 5	40.	88. 1	130.	286. 4
3.	6. 6	18.	39. 7	45.	99. 1	140.	308. 4
4.	8. 8	19.	41. 9	50.	110. 2	150.	330. 5
5.	11. 0	20.	44. 1	55.	121. 2	160.	352. 5
6.	13. 2	21.	46. 3	60.	132. 2	170.	374. 5
7.	15. 4	22.	48. 5	65.	143. 2	180.	396. 5
8.	17. 6	23.	50. 7	70.	154. 2	190.	418. 6
9.	19. 8	24.	52. 9	75.	165. 2	200.	440. 6
10.	22. 0	25.	55. 1	80.	176. 2	210.	462. 6

N.° 65.

TABLE pour convertir les Litres et Hectolitres en Pintes et Quarts, mesure de Blis-et-Born.

Nouvelles mesures.	Anciennes mesures.	Nouvelles mesures.	Anciennes mesures.	Nouvelles mesures.	Anciennes mesures.
Décilitres.	Pintes. Quarts.	Litres.	Pintes. Quarts.	Litres.	Pintes. Quarts.
5.	0. 1	16.	7. 1	45.	20. 2
Litres.		17.	7. 3	50.	22. 3
1.	0. 2	18.	8. 1	55.	25. 0
2.	0. 4	19.	8. 3	60.	27. 1
3.	1. 1	20.	9. 0	65.	29. 2
4.	1. 3	21.	9. 2	70.	31. 3
5.	2. 1	22.	10. 0	75.	34. 0
6.	2. 3	23.	10. 2	80.	36. 1
7.	3. 1	24.	11. 0	85.	38. 2
8.	3. 3	25.	11. 1	90.	40. 3
9.	4. 0	26.	11. 3	95.	43. 1
10.	4. 2	27.	12. 1	Hectolitres.	
11.	5. 0	28.	12. 3	1.	45. 2
12.	5. 2	29.	13. 1	2.	90. 3
13.	6. 0	30.	13. 2	3.	136. 0
14.	6. 1	35.	16. 0	4.	181. 2
15.	6. 3	40.	18. 1	5.	187. 0

MESURES DE CAPACITÉ pour les liquides.

N.° 66.

TABLE pour convertir les Pintes et Quarts, mesure de Négrondes et St.-Martin-Laroche, en Litres et Décilitres.

Anciennes mesures.	Nouvelles mesures.	Anciennes mesures.	Nouvelles mesures.	Anciennes mesures.	Nouvelles mesures.	Anciennes mesures.	Nouvelles mesures.
Quarts.	Litres. Décilit.	Pintes.	Litres. Décilit.	Pintes.	Litres. Décilit.	Pintes.	Litres. Décilit.
1.	0. 5	11.	21. 5	26.	50. 9	85.	166. 4
2.	1. 0	12.	23. 5	27.	52. 9	90.	176. 2
3.	1. 5	13.	25. 5	28.	54. 8	95.	186. 0
4.	2. 0	14.	27. 4	29.	56. 8	100.	195. 8
Pintes.		15.	29. 4	30.	58. 7	110.	215. 4
1.	2. 0	16.	31. 3	35.	68. 5	120.	235. 0
2.	3. 9	17.	33. 3	40.	78. 3	130.	254. 5
3.	5. 9	18.	35. 2	45.	88. 1	140.	274. 1
4.	7. 8	19.	37. 2	50.	97. 9	150.	293. 7
5.	9. 8	20.	39. 2	55.	107. 7	160.	313. 3
6.	11. 8	21.	41. 1	60.	117. 5	170.	332. 9
7.	13. 7	22.	43. 1	65.	127. 3	180.	352. 4
8.	15. 7	23.	45. 0	70.	137. 1	190.	372. 0
9.	17. 6	24.	47. 0	75.	146. 8	200.	391. 6
10.	19. 6	25.	48. 9	80.	156. 6	210.	411. 2

N.° 67.

TABLE pour convertir les Litres et Hectolitres en Pintes et Quarts, mesure de Négrondes et St.-Martin-Laroche.

Nouvelles mesures.	Anciennes mesures.	Nouvelles mesures.	Anciennes mesures.	Nouvelles mesures.	Anciennes mesures.
Décilitres.	Pintes. Quarts.	Litres.	Pintes. Quarts.	Litres.	Pintes. Quarts.
5.	0. 1	16.	8. 1	45.	23. 0
Litres.		17.	8. 3	50.	25. 2
1.	0. 2	18.	9. 1	55.	28. 0
2.	1. 0	19.	9. 3	60.	30. 2
3.	1. 2	20.	10. 1	65.	33. 1
4.	2. 0	21.	10. 3	70.	35. 3
5.	2. 2	22.	11. 1	75.	38. 1
6.	3. 0	23.	11. 3	80.	40. 3
7.	3. 2	24.	12. 1	85.	43. 1
8.	4. 0	25.	12. 3	90.	46. 0
9.	4. 2	26.	13. 1	95.	48. 2
10.	5. 0	27.	13. 3	Hectolitres.	
11.	5. 2	28.	14. 1	1.	51. 0
12.	6. 0	29.	14. 3	2.	102. 0
13.	6. 3	30.	15. 1	3.	153. 0
14.	7. 1	35.	17. 3	4.	204. 0
15.	7. 3	40.	20. 2	5.	255. 0

MESURES
DE CAPACITÉ
pour les liquides.

N.° 68.

TABLE pour convertir les Pintes et Roquilles, mesure d'Eyliac, en Litres et Décilitres.

Anciennes mesures.	Nouvelles mesures.		Anciennes mesures.	Nouvelles mesures.		Anciennes mesures.	Nouvelles mesures.		Anciennes mesures.	Nouvelles mesures.	
Roquilles.	Litres.	Décilit.	Pintes.	Litres.	Décilit.	Pintes.	Litres.	Décilit.	Pintes.	Litres.	Décil.
1.	0.	4	11.	18.	2	26.	42.	9	85.	140.	4
2.	0.	8	12.	19.	8	27.	44.	6	90.	148.	6
3.	1.	2	13.	21.	5	28.	46.	2	95.	156.	8
4.	1.	7	14.	23.	1	29.	47.	9	100.	165.	1
Pintes.			15.	24.	8	30.	49.	5	110.	181.	6
1.	1.	6	16.	26.	4	35.	57.	8	120.	198.	1
2.	3.	3	17.	28.	1	40.	66.	0	130.	214.	6
3.	5.	0	18.	29.	7	45.	74.	3	140.	231.	1
4.	6.	6	19.	31.	4	50.	82.	6	150.	247.	7
5.	8.	3	20.	33.	0	55.	90.	8	160.	264.	2
6.	9.	9	21.	34.	7	60.	99.	1	170.	280.	7
7.	11.	6	22.	36.	3	65.	107.	3	180.	297.	2
8.	13.	2	23.	38.	0	70.	115.	6	190.	313.	7
9.	14.	9	24.	39.	6	75.	123.	8	200.	330.	2
10.	16.	5	25.	41.	3	80.	132.	1	210.	346.	7

N.° 69.

TABLE pour convertir les Litres et Hectolitres en Pintes et Roquilles, mesure d'Eyliac.

Nouvelles mesures.	Anciennes mesures.		Nouvelles mesures.	Anciennes mesures.		Nouvelles mesures.	Anciennes mesures.	
Décilitres.	Pintes.	Roquill.	Litres.	Pintes.	Roquill.	Litres.	Pintes.	Roquill.
5.	0.	1	16.	9.	3	45.	27.	1
Litres.			17.	10.	1	50.	30.	1
1.	0.	2	18.	11.	0	55.	33.	1
2.	1.	1	19.	11.	2	60.	36.	1
3.	1.	3	20.	12.	0	65.	39.	1
4.	2.	2	21.	12.	3	70.	42.	2
5.	3.	0	22.	13.	1	75.	45.	2
6.	3.	3	23.	14.	0	80.	48.	2
7.	4.	1	24.	14.	2	85.	51.	2
8.	4.	3	25.	15.	1	90.	54.	2
9.	5.	2	26.	15.	3	95.	57.	2
10.	6.	0	27.	16.	1	Hectolitres.		
11.	6.	3	28.	17.	0	1.	60.	2
12.	7.	1	29.	17.	2	2.	121.	0
13.	7.	3	30.	18.	1	3.	181.	2
14.	8.	2	35.	21.	1	4.	242.	0
15.	9.	0	40.	24.	1	5.	302.	3

MESURES DE CAPACITÉ pour les liquides.

N.° 70.

TABLE pour convertir les Pintes et Roquilles, mesure de Grignols, St.-Astier, Cendrieux, etc., en Litres et Décilitres.

Anciennes mesures.	Nouvelles mesures.	
Roquilles.	Litres.	Décilit.
1.	0.	4
2.	0.	7
3.	1.	1
4.	1.	5
Pintes.		
1.	1.	5
2.	2.	9
3.	4.	4
4.	5.	9
5.	7.	3
6.	8.	8
7.	10.	3
8.	11.	7
9.	13.	2
10.	14.	7

Anciennes mesures.	Nouvelles mesures.	
Pintes.	Litres.	Décilit.
11.	16.	1
12.	17.	6
13.	19.	1
14.	20.	6
15.	22.	0
16.	23.	5
17.	25.	0
18.	26.	4
19.	27.	9
20.	29.	4
21.	30.	8
22.	32.	3
23.	33.	8
24.	35.	2
25.	36.	7

Anciennes mesures.	Nouvelles mesures.	
Pintes.	Litres.	Décilit.
26.	38.	2
27.	39.	6
28.	41.	1
29.	42.	6
30.	44.	0
35.	51.	4
40.	58.	7
45.	66.	1
50.	73.	4
55.	80.	7
60.	88.	1
65.	95.	4
70.	102.	8
75.	110.	1
80.	117.	4

Anciennes mesures.	Nouvelles mesures.	
Pintes.	Litres.	Décilit.
85.	124.	8
90.	132.	1
95.	139.	5
100.	146.	8
110.	161.	5
120.	176.	2
130.	290.	8
140.	305.	5
150.	320.	2
160.	334.	9
170.	349.	6
180.	364.	2
190.	378.	9
200.	393.	6
210.	408.	3

N.° 91.

TABLE pour convertir les Litres et Hectolitres en Pintes et Roquilles, mesure de Grignols, St.-Astier, Cendrieux, etc.

Nouvelles mesures.	Anciennes mesures.	
Décilitres.	Pintes.	Roquil.
5.	0.	1
Litres.		
1.	0.	3
2.	1.	2
3.	2.	0
4.	2.	3
5.	3.	2
6.	4.	0
7.	4.	3
8.	5.	2
9.	6.	1
10.	6.	3
11.	7.	2
12.	8.	1
13.	8.	3
14.	9.	2
15.	10.	1

Nouvelles mesures.	Anciennes mesures.	
Litres.	Pintes.	Roquil.
16.	10.	4
17.	11.	2
18.	12.	1
19.	13.	0
20.	13.	2
21.	14.	1
22.	15.	0
23.	15.	3
24.	16.	1
25.	17.	0
26.	17.	3
27.	18.	2
28.	19.	0
29.	19.	3
30.	20.	2
35.	23.	3
40.	27.	1

Nouvelles mesures.	Anciennes mesures.	
Litres.	Pintes.	Roquil.
45.	30.	3
50.	34.	0
55.	37.	2
60.	40.	3
65.	44.	1
70.	47.	3
75.	51.	0
80.	54.	2
85.	57.	3
90.	61.	5
95.	64.	3
Hectolitres.		
1.	68.	0
2.	136.	1
3.	204.	1
4.	272.	3
5.	340.	2

MESURES
DE CAPACITÉ
pour les liquides.

N.° 72.

TABLE pour convertir les Pintes et Quarts, mesure de Jaure, Manzac, St.-Pierre-de-Chignac, St.-Antoine, Milhac, Cubjac, etc. en Litres et Décilitres.

Anciennes mesures.	Nouvelles mesures.	
Quarts.	Litres.	Décilit.
1.	0.	4
2.	0.	9
3.	1.	3
4.	1.	7
Pintes.		
1.	1.	7
2.	3.	4
3.	5.	1
4.	6.	9
5.	8.	6
6.	10.	3
7.	12.	0
8.	13.	7
9.	15.	4
10.	17.	1

Anciennes mesures.	Nouvelles mesures.	
Pintes.	Litres.	Décilit.
11.	18.	8
12.	20.	6
13.	22.	3
14.	24.	0
15.	25.	7
16.	27.	4
17.	29.	1
18.	30.	8
19.	32.	6
20.	34.	3
21.	36.	0
22.	37.	7
23.	39.	4
24.	41.	1
25.	42.	8

Anciennes mesures.	Nouvelles mesures.	
Pintes.	Litres.	Décilit.
26.	44.	5
27.	46.	3
28.	48.	0
29.	49.	7
30.	51.	4
35.	60.	0
40.	68.	5
45.	77.	1
50.	85.	7
55.	94.	2
60.	102.	8
65.	111.	3
70.	119.	9
75.	128.	5
80.	137.	0

Anciennes mesures.	Nouvelles mesures.	
Pintes.	Litres.	Décilit.
85.	145.	6
90.	154.	2
95.	162.	7
100.	171.	3
110.	188.	4
120.	205.	6
130.	222.	7
140.	239.	8
150.	256.	9
160.	274.	1
170.	291.	2
180.	308.	3
190.	325.	5
200.	342.	6
210.	359.	7

N.° 73.

TABLE pour convertir les Litres et Hectolitres en Pintes et Quarts, mesure de Jaure, St.-Pierre-de-Chignac, St.-Antoine, Milhac, etc.

Nouvelles mesures.	Anciennes mesures.	
Décilitres.	Pintes.	Quarts.
5.	0.	1
Litres.		
1.	0.	2
2.	1.	1
3.	1.	3
4.	2.	1
5.	3.	0
6.	3.	2
7.	4.	0
8.	4.	3
9.	5.	1
10.	5.	3
11.	6.	2
12.	7.	0
13.	7.	2
14.	8.	1
15.	8.	3

Nouvelles mesures.	Anciennes mesures.	
Litres.	Pintes.	Quarts.
16.	9.	1
17.	10.	0
18.	10.	2
19.	11.	0
20.	11.	3
21.	12.	1
22.	12.	3
23.	13.	2
24.	14.	0
25.	14.	2
26.	15.	1
27.	15.	3
28.	16.	1
29.	17.	0
30.	17.	2
35.	20.	2
40.	23.	1

Nouvelles mesures.	Anciennes mesures.	
Litres.	Pintes.	Quarts.
45.	26.	1
50.	29.	1
55.	32.	0
60.	35.	0
65.	38.	0
70.	40.	3
75.	43.	3
80.	46.	3
85.	49.	2
90.	52.	2
95.	55.	2
Hectolitres.		
1.	58.	2
2.	116.	3
3.	175.	1
4.	233.	2
5.	292.	0

MESURES DE CAPACITÉ pour les liquides.

N.° 74.

TABLE pour convertir les Pintes et Roquilles, mesure d'Eyvirac, Valeuil, Thenon, etc., en Litres et Décilitres.

Anciennes mesures.	Nouvelles mesures.		Anciennes mesures.	Nouvelles mesures.		Anciennes mesures.	Nouvelles mesures.		Anciennes mesures.	Nouvelles mesures.	
Roquilles.	Litres.	Décilit.	Pintes.	Litres.	Décilit.	Pintes.	Litres.	Décilit.	Pintes.	Litres.	Décilit.
1.	0.	3	11.	13.	5	26.	31.	8	85.	104.	0
2.	0.	6	12.	14.	7	27.	33.	0	90.	110.	1
3.	0.	9	13.	15.	9	28.	34.	2	95.	116.	2
4.	1.	2	14.	17.	1	29.	35.	5	100.	122.	3
Pintes.			15.	18.	3	30.	36.	7	110.	134.	5
1.	1.	2	16.	19.	6	35.	42.	8	120.	146.	8
2.	2.	4	17.	20.	8	40.	48.	9	130.	159.	0
3.	3.	7	18.	22.	0	45.	55.	0	140.	171.	2
4.	4.	9	19.	23.	2	50.	61.	2	150.	183.	4
5.	6.	1	20.	24.	5	55.	67.	3	160.	195.	7
6.	7.	3	21.	25.	7	60.	73.	4	170.	207.	9
7.	8.	6	22.	26.	9	65.	79.	5	180.	220.	1
8.	9.	8	23.	28.	1	70.	85.	6	190.	232.	4
9.	11.	0	24.	29.	4	75.	91.	7	200.	244.	6
10.	12.	2	25.	30.	6	80.	97.	8	210.	256.	8

N.° 75.

TABLE pour convertir les Litres et Hectolitres en Pintes et Roquilles, mesure d'Eyvirac, Valeuil, etc.

Nouvelles mesures.	Anciennes mesures.		Nouvelles mesures.	Anciennes mesures.		Nouvelles mesures.	Anciennes mesures.	
Décilitres.	Pintes.	Roquill.	Litres.	Pintes.	Roquill.	Litres.	Pintes.	Roquill.
5.	0.	2	16.	13.	0	45.	36.	3
Litres.			17.	14.	0	50.	41.	0
1.	0.	3	18.	14.	3	55.	45.	0
2.	1.	3	19.	15.	2	60.	49.	0
3.	2.	2	20.	16.	1	65.	53.	1
4.	3.	1	21.	17.	1	70.	57.	1
5.	4.	0	22.	18.	0	75.	61.	1
6.	5.	0	23.	18.	3	80.	65.	2
7.	5.	3	24.	19.	2	85.	69.	2
8.	6.	2	25.	20.	2	90.	73.	2
9.	7.	1	26.	21.	1	95.	77.	3
10.	8.	1	27.	22.	0	Hectolitres.		
11.	9.	0	28.	23.	0	1.	81.	3
12.	9.	3	29.	23.	3	2.	85.	3
13.	10.	3	30.	24.	2	3.	90.	0
14.	11.	2	35.	28.	2	4.	94.	0
15.	12.	1	40.	32.	3	5.	98.	0

MESURES
DE CAPACITÉ
pour les liquides.

N.° 76.

TABLE pour convertir les Pintes et Roquilles, mesure de Lisle, en Litres et Décilitres.

Anciennes mesures.	Nouvelles mesures.		Anciennes mesures.	Nouvelles mesures.		Anciennes mesures.	Nouvelles mesures.		Anciennes mesures.	Nouvelles mesures.	
Roquilles.	Litres.	Décilit.	Pintes.	Litres.	Décilit.	Pintes.	Litres.	Décilit.	Pintes.	Litres.	Décilit.
1.	0.	3	11.	11.	8	26.	27.	8	85.	91.	0
2.	0.	5	12.	12.	9	27.	28.	9	90.	96.	4
3.	0.	8	13.	13.	9	28.	30.	0	95.	101.	7
4.	1.	1	14.	15.	0	29.	31.	1	100.	107.	1
Pintes.			15.	16.	1	30.	32.	1	110.	117.	8
1.	1.	1	16.	17.	1	35.	37.	5	120.	128.	5
2.	2.	1	17.	18.	2	40.	42.	8	130.	139.	2
3.	3.	2	18.	19.	3	45.	48.	2	140.	149.	9
4.	4.	3	19.	20.	3	50.	53.	5	150.	160.	6
5.	5.	4	20.	21.	4	55.	58.	9	160.	171.	4
6.	6.	4	21.	22.	5	60.	64.	3	170.	182.	1
7.	7.	5	22.	23.	6	65.	69.	6	180.	192.	8
8.	8.	6	23.	24.	6	70.	75.	0	190.	203.	5
9.	9.	6	24.	25.	7	75.	80.	3	200.	214.	2
10.	10.	7	25.	26.	8	80.	85.	7	210.	224.	9

N.° 77.

TABLE pour convertir les Litres et Hectolitres en Pintes et Roquilles, mesure de Lisle.

Nouvelles mesures.	Anciennes mesures.		Nouvelles mesures.	Anciennes mesures.		Nouvelles mesures.	Anciennes mesures.	
Décilitres.	Pintes.	Roquil.	Litres.	Pintes.	Roquil.	Litres.	Pintes.	Roquil.
5.	0.	1	16.	15.	0	45.	42.	0
Litres.			17.	15.	3	50.	46.	3
1.	1.	0	18.	16.	3	55.	51.	1
2.	1.	3	19.	17.	3	60.	56.	0
3.	2.	3	20.	18.	3	65.	60.	3
4.	3.	3	21.	19.	2	70.	65.	1
5.	4.	3	22.	20.	2	75.	70.	0
6.	5.	2	23.	21.	2	80.	74.	3
7.	6.	2	24.	22.	2	85.	79.	1
8.	7.	2	25.	23.	1	90.	84.	0
9.	8.	2	26.	24.	1	95.	88.	3
10.	9.	1	27.	25.	1	Hectolitres.		
11.	10.	1	28.	26.	1	1.	93.	1
12.	11.	1	29.	27.	0	2.	186.	3
13.	12.	1	30.	28.	0	3.	280.	0
14.	13.	0	35.	32.	3	4.	373.	1
15.	14.	0	40.	37.	1	5.	466.	3

MESURES DE CAPACITÉ pour les liquides.

N.° 78.

TABLE pour convertir les Pintes et Roquilles, mesure de Vergt, St.-Michel, Cornille, etc., en Litres et Décilitres.

Anciennes mesures.	Nouvelles mesures.	Anciennes mesures.	Nouvelles mesures.	Anciennes mesures.	Nouvelles mesures.	Anciennes mesures.	Nouvelles mesures.
Roquilles.	Litres. Décilit.	Pintes.	Litres. Décilit.	Pintes.	Litres. Décilit.	Pintes.	Litres. Décilit.
1.	0. 2	11.	10. 8	26.	25. 5	85.	83. 2
2.	0. 5	12.	11. 8	27.	26. 4	90.	88. 1
3.	0. 7	13.	12. 7	28.	27. 4	95.	93. 0
4.	1. 0	14.	13. 7	29.	28. 4	100.	97. 9
Pintes.		15.	14. 7	30.	29. 4	110.	107. 7
1.	1. 0	16.	15. 7	35.	34. 3	120.	117. 5
2.	2. 0	17.	16. 6	40.	39. 2	130.	127. 3
3.	2. 9	18.	17. 6	45.	44. 1	140.	137. 1
4.	3. 9	19.	18. 6	50.	48. 9	150.	146. 8
5.	4. 9	20.	19. 6	55.	53. 8	160.	156. 6
6.	5. 9	21.	20. 6	60.	58. 7	170.	166. 4
7.	6. 9	22.	21. 5	65.	63. 6	180.	176. 2
8.	7. 8	23.	22. 5	70.	68. 5	190.	186. 0
9.	8. 8	24.	23. 5	75.	73. 4	200.	195. 8
10.	9. 8	25.	24. 5	80.	78. 3	210.	205. 6

N.° 79.

TABLE pour convertir les Litres et Hectolitres en Pintes et Roquilles, mesure de Vergt, St.-Michel, Cornille, etc.

Nouvelles mesures.	Anciennes mesures.	Nouvelles mesures.	Anciennes mesures.	Nouvelles mesures.	Anciennes mesures.
Décilitres.	Pintes. Roquil.	Litres.	Pintes. Roquil.	Litres.	Pintes. Roquil.
5.	0. 2	16.	16. 3	45.	47. 1
Litres.		17.	18. 0	50.	52. 3
1.	1. 0	18.	19. 0	55.	58. 0
2.	2. 0	19.	20. 0	60.	63. 1
3.	3. 1	20.	21. 0	65.	68. 2
4.	4. 1	21.	22. 0	70.	73. 3
5.	5. 1	22.	23. 1	75.	79. 0
6.	6. 1	23.	24. 1	80.	84. 1
7.	7. 1	24.	25. 1	85.	89. 2
8.	8. 2	25.	26. 1	90.	94. 3
9.	9. 2	26.	27. 1	95.	100. 0
10.	10. 2	27.	28. 2	Hectolitres.	
11.	11. 2	28.	29. 2	1.	105. 1
12.	12. 3	29.	30. 2	2.	210. 2
13.	13. 3	30.	31. 2	3.	315. 3
14.	14. 3	35.	36. 3	4.	421. 0
15.	15. 3	40.	42. 0	5.	526. 1

MESURES
DE SOLIDITÉ
pour
les Bois de chauffage.

N.° 80.

TABLE pour convertir les Brasses de Bois de chauffage, mesure de Périgueux, en Stères et Déci-Stères (*).

Anciennes mesures.	Nouvelles mesures.		Anciennes mesures.	Nouvelles mesures.		Anciennes mesures.	Nouvelles mesures.		Anciennes mesures.	Nouvelles mesures.	
Brasses.	Stères.	Déci.	Brasses.	Stères.	Déci.	Brasses.	Stères.	Déci.	Brasses.	Stères.	Déci.
$\frac{1}{4}$.	0.	6	13.	29.	3	29.	65.	4	110.	248.	2
$\frac{1}{2}$.	1.	1	14.	31.	6	30.	67.	7	120.	270.	7
$\frac{3}{4}$.	1.	7	15.	33.	8	35.	79.	0	130.	293.	3
Brasses.			16.	36.	1	40.	90.	2	140.	315.	8
1.	2.	3	17.	38.	4	45.	101.	5	150.	338.	4
2.	4.	5	18.	40.	6	50.	112.	8	160.	361.	0
3.	6.	8	19.	42.	9	55.	124.	1	170.	383.	5
4.	9.	0	20.	45.	1	60.	135.	4	180.	406.	1
5.	11.	3	21.	47.	4	65.	146.	6	190.	428.	6
6.	13.	5	22.	49.	6	70.	157.	9	200.	451.	2
7.	15.	8	23.	51.	9	75.	169.	2	300.	676.	8
8.	18.	0	24.	54.	1	80.	180.	5	400.	902.	4
9.	20.	3	25.	56.	4	85.	191.	8	500.	1128.	0
10.	22.	6	26.	58.	7	90.	203.	0			
11.	24.	8	27.	60.	9	95.	214.	3			
12.	27.	1	28.	63.	2	100.	225.	6			

N.° 81.

TABLE pour convertir les Stères en Brasses et Dixièmes de Brasse, mesure de Périgueux.

Nouvelles mesures.	Anciennes mesures.		Nouvelles mesures.	Anciennes mesures.		Nouvelles mesures.	Anciennes mesures.	
Déci-stères.	Brasses.	Dixièm.	Stères.	Brasses.	Dixièm.	Stères.	Brasses.	Dixièm.
5.	0.	2	19.	8.	4	75.	33.	2
stères.			20.	8.	9	80.	35.	4
1.	0.	4	21.	9.	3	85.	37.	7
2.	0.	9	22.	9.	7	90.	39.	9
3.	1.	3	23.	10.	2	95.	42.	1
4.	1.	8	24.	10.	6	100.	44.	3
5.	2.	2	25.	11.	1	125.	55.	4
6.	2.	7	26.	11.	5	150.	66.	4
7.	3.	1	27.	12.	0	175.	77.	5
8.	3.	5	28.	12.	4	200.	88.	6
9.	4.	0	29.	12.	8	300.	132.	9
10.	4.	4	30.	13.	3	400.	177.	2
11.	4.	9	35.	15.	5	500.	221.	5
12.	5.	3	40.	17.	7			
13.	5.	8	45.	19.	9			
14.	6.	2	50.	22.	2			
15.	6.	6	55.	24.	4			
16.	7.	1	60.	26.	6			
17.	7.	5	65.	28.	8			
18.	8.	0	70.	31.	0			

(*) *Dimensions de la Brasse de Périgueux.*

Longueur......	4 p.	6 pouc.
Largeur......	4	6.
Epaisseur......	3	3.

MESURES
DE SOLIDITÉ
pour
les Bois de chauffage.

N.° 82.

TABLE pour convertir les Brasses de Bois de chauffage, mesure d'Hautefort, en Stères et Déci-Stères (*).

Anciennes mesures.	Nouvelles mesures.		Anciennes mesures.	Nouvelles mesures.		Anciennes mesures.	Nouvelles mesures.		Anciennes mesures.	Nouvelles mesures.	
Brasses.	Stères.	Déci.	Brasses.	Stères.	Déci.	Brasses.	Stères.	Déci.	Brasses.	Stères.	Déci.
¼.	1.	2	13.	63.	4	29.	141.	3	110.	536.	1
½.	2.	4	14.	68.	2	30.	146.	2	120.	584.	9
¾.	3.	7	15.	73.	1	35.	170.	6	130.	633.	6
Brasses.			16.	78.	0	40.	195.	0	140.	682.	4
1.	4.	9	17.	82.	9	45.	219.	3	150.	731.	1
2.	9.	7	18.	87.	7	50.	243.	7	160.	779.	8
3.	14.	6	19.	92.	6	55.	268.	1	170.	828.	6
4.	19.	5	20.	97.	5	60.	292.	4	180.	877.	3
5.	24.	4	21.	102.	4	65.	316.	8	190.	926.	1
6.	29.	2	22.	107.	2	70.	341.	2	200.	974.	8
7.	34.	1	23.	112.	1	75.	365.	5	300.	1462.	2
8.	39.	0	24.	117.	0	80.	389.	9	400.	1949.	6
9.	43.	9	25.	121.	8	85.	414.	3	500.	2437.	0
10.	48.	7	26.	126.	7	90.	438.	7			
11.	53.	6	27.	131.	6	95.	463.	0			
12.	58.	5	28.	136.	5	100.	487.	4			

N.° 83.

TABLE pour convertir les Stères en Brasses et Dixièmes de Brasse, mesure d'Hautefort.

Nouvelles mesures.	Anciennes mesures.		Nouvelles mesures.	Anciennes mesures.		Nouvelles mesures.	Anciennes mesures.	
Déci-stères.	Brasses.	Dixièm.	Stères.	Brasses.	Dixièm.	Stères.	Brasses.	Dixièm.
5.	0.	1	19.	3.	9	75.	15.	4
Stères.			20.	4.	1	80.	16.	4
1.	0.	2	21.	4.	3	85.	17.	4
2.	0.	4	22.	4.	5	90.	18.	4
3.	0.	6	23.	4.	7	95.	19.	5
4.	0.	8	24.	4.	9	100.	20.	5
5.	1.	0	25.	5.	1	125.	25.	6
6.	1.	2	26.	5.	3	150.	30.	7
7.	1.	4	27.	5.	5	175.	35.	9
8.	1.	6	28.	5.	7	200.	41.	0
9.	1.	8	29.	5.	9	300.	61.	5
10.	2.	1	30.	6.	1	400.	82.	0
11.	2.	3	35.	7.	2	500.	102.	5
12.	2.	5	40.	8.	2			
13.	2.	7	45.	9.	2			
14.	2.	9	50.	10.	3			
15.	3.	1	55.	11.	3			
16.	3.	3	60.	12.	3			
17.	3.	5	65.	13.	3			
18.	3.	7	70.	14.	3			

(*) *Dimensions de la Brasse d'Hautefort.*

Longueur..... 12 p. 6 pouc.
Largeur....... 3 6.
Épaisseur..... 3 3.

MESURES DE SOLIDITÉ pour les Bois de chauffage.

N.° 84.

TABLE pour convertir les Brasses de Bois de chauffage, mesure d'Excideuil et autres Communes du Canton, en Stères et Déci-Stères (*).

Anciennes mesures.	Nouvelles mesures.		Anciennes mesures.	Nouvelles mesures.		Anciennes mesures.	Nouvelles mesures.		Anciennes mesures.	Nouvelles mesures.	
Brasses.	Stères.	Déci.	Brasses.	Stères.	Déci.	Brasses.	Stères.	Déci.	Brasses.	Stères.	Déci.
¼.	1.	2	13.	62.	4	29.	139.	1	110.	527.	8
½.	2.	4	14.	67.	2	30.	143.	9	120.	575.	8
¾.	3.	6	15.	72.	0	35.	167.	9	130.	623.	7
Brasses.			16.	76.	8	40.	191.	9	140.	671.	7
1.	4.	8	17.	81.	6	45.	215.	9	150.	719.	7
2.	9.	6	18.	86.	4	50.	239.	9	160.	767.	7
3.	14.	4	19.	91.	2	55.	263.	9	170.	815.	7
4.	19.	2	20.	96.	0	60.	287.	9	180.	863.	6
5.	24.	0	21.	100.	8	65.	311.	9	190.	911.	6
6.	28.	8	22.	105.	6	70.	335.	9	200.	959.	6
7.	33.	6	23.	110.	4	75.	359.	8	300.	1439.	4
8.	38.	4	24.	115.	2	80.	383.	8	400.	1919.	2
9.	43.	2	25.	119.	9	85.	407.	8	500.	2399.	0
10.	48.	0	26.	124.	7	90.	431.	8			
11.	52.	8	27.	129.	5	95.	455.	8			
12.	57.	6	28.	134.	3	100.	479.	8			

N.° 85.

TABLE pour convertir les Stères en Brasses et Dixièmes de Brasse, mesure d'Excideuil et autres Communes du Canton.

Nouvelles mesures.	Anciennes mesures.		Nouvelles mesures.	Anciennes mesures.		Nouvelles mesures.	Anciennes mesures.	
Déci-Stères.	Brasses.	Dixièm.	Stères.	Brasses.	Dixièm.	Stères.	Brasses.	Dixièm.
5.	0.	1	19.	4.	0	75.	15.	6
Stères.			20.	4.	2	80.	16.	6
1.	0.	2	21.	4.	4	90.	18.	7
2.	0.	4	22.	4.	6	95.	19.	8
3.	0.	6	23.	4.	8	100.	20.	8
4.	0.	8	24.	5.	0	125.	26.	0
5.	1.	0	25.	5.	2	150.	31.	2
6.	1.	2	26.	5.	4	175.	36.	4
7.	1.	5	27.	5.	6	200.	41.	6
8.	1.	7	28.	5.	8	300.	62.	4
9.	1.	9	29.	6.	0	400.	83.	3
10.	2.	1	30.	6.	2	500.	104.	0
11.	2.	3	35.	7.	3			
12.	2.	5	40.	8.	3			
13.	2.	7	45.	9.	4			
14.	2.	9	50.	10.	4			
15.	3.	1	55.	11.	4			
16.	3.	3	60.	12.	5			
17.	3.	5	65.	13.	5			
18.	3.	7	70.	14.	6			

(*) *Dimensions de la Brasse d'Excideuil.*

Longueur...... 8 p. 0 po.
Largeur........ 5 0.
Épaisseur...... 3 6.

MESURES DE SOLIDITÉ pour les Bois de chauffage.

N.° 86.

TABLE pour convertir les Brasses de Bois de chauffage, mesure de Brantôme, Puy-de-Fourche, Eyvirac, Lisle, Grignols, Cubjac, Sarliac, Ligueux, etc., en Stères et Déci-Stères (*).

Anciennes mesures.	Nouvelles mesures.		Anciennes mesures.	Nouvelles mesures.		Anciennes mesures.	Nouvelles mesures.		Anciennes mesures.	Nouvelles mesures.	
Brasses.	Stères.	Déci.	Brasses.	Stères.	Déci.	Brasses.	Stères.	Déci.	Brasses.	Stères.	Déci.
1/4.	1.	2	13.	61.	2	29.	136.	5	110.	517.	9
1/2.	2.	4	14.	65.	9	30.	141.	2	120.	564.	9
3/4.	3.	5	15.	70.	6	35.	164.	8	130.	612.	0
Brasses.			16.	75.	3	40.	188.	3	140.	659.	1
1.	4.	7	17.	80.	0	45.	211.	9	150.	706.	2
2.	9.	4	18.	84.	7	50.	235.	4	160.	753.	3
3.	14.	1	19.	89.	5	55.	258.	9	170.	800.	4
4.	18.	8	20.	94.	2	60.	282.	4	180.	847.	4
5.	23.	5	21.	98.	9	65.	306.	0	190.	894.	5
6.	28.	2	22.	103.	6	70.	329.	6	200.	941.	6
7.	33.	0	23.	108.	3	75.	353.	1	300.	1412.	4
8.	37.	7	24.	113.	0	80.	376.	6	400.	1883.	2
9.	42.	4	25.	117.	7	85.	400.	2	500.	2354.	0
10.	47.	1	26.	122.	4	90.	423.	7			
11.	51.	8	27.	127.	1	95.	447.	3			
12.	56.	5	28.	131.	8	100.	470.	8			

N.° 87.

TABLE pour convertir les Stères en Brasses et Dixièmes de Brasse, mesure de Brantôme, Puy-de-Fourche, Eyvirac, Lisle, Grignols, Cubjac, Sarliac, Ligueux, etc.

Nouvelles mesures.	Anciennes mesures.		Nouvelles mesures.	Anciennes mesures.		Nouvelles mesures.	Anciennes mesures.	
Décistères.	Brasses.	Dixièm.	Stères.	Brasses.	Dixièm.	Stères.	Brasses.	Dixièm.
5.	0.	1	19.	4.	0	75.	15.	9
Stères.			20.	4.	2	80.	17.	0
1.	0.	2	21.	4.	5	85.	18.	0
2.	0.	4	22.	4.	7	90.	19.	1
3.	0.	6	23.	4.	9	95.	20.	1
4.	0.	8	24.	5.	1	100.	21.	2
5.	1.	1	25.	5.	3	125.	26.	5
6.	1.	3	26.	5.	5	150.	31.	8
7.	1.	5	27.	5.	7	175.	37.	1
8.	1.	7	28.	5.	9	200.	42.	4
9.	1.	9	29.	6.	1	300.	63.	6
10.	2.	1	30.	6.	4	400.	84.	8
11.	2.	3	35.	7.	4	500.	106.	0
12.	2.	5	40.	8.	5			
13.	2.	8	45.	9.	5			
14.	3.	0	50.	10.	6			
15.	3.	2	55.	11.	7			
16.	3.	4	60.	12.	7			
17.	3.	6	65.	13.	8			
18.	3.	8	70.	14.	8			

(*) *Dimensions de la Brasse.*

Longueur...... 6 p. 6 pouc.
Largeur........ 6 6.
Épaisseur...... 3 3.

MESURES DE SOLIDITÉ pour les Bois de chauffage.

N.° 88.

TABLE pour convertir les Brasses de Bois de chauffage, mesu[re] de Milhac-d'Auberoche, en Stères et Déci-Stères (*).

Anciennes mesures.	Nouvelles mesures.		Anciennes mesures.	Nouvelles mesures.		Anciennes mesures.	Nouvelles mesures.		Anciennes mesures.	Nouvelles mesures.	
Brasses.	Stères.	Déci.	Brasses.	Stères.	Déci.	Brasses.	Stères.	Déci.	Brasses.	Stères.	Dé[ci.]
$\frac{1}{4}$.	1.	1	13.	57.	7	29.	128.	8	110.	488.	6
$\frac{1}{2}$.	2.	2	14.	62.	2	30.	133.	3	120.	533.	[illegible]
$\frac{3}{4}$.	3.	3	15.	66.	6	35.	155.	5	130.	577.	[illegible]
Brasses.			16.	71.	1	40.	177.	7	140.	621.	9
1.	4.	4	17.	75.	5	45.	199.	9	150.	666.	3
2.	8.	9	18.	80.	0	50.	222.	1	160.	710.	7
3.	13.	3	19.	84.	4	55.	244.	3	170.	755.	1
4.	17.	8	20.	88.	8	60.	266.	5	180.	799.	6
5.	22.	2	21.	93.	3	65.	288.	7	190.	844.	0
6.	26.	7	22.	97.	7	70.	310.	9	200.	888.	4
7.	31.	1	23.	102.	2	75.	333.	1	300.	1332.	6
8.	35.	5	24.	106.	6	80.	355.	4	400.	1776.	8
9.	40.	0	25.	111.	0	85.	377.	6	500.	2221.	1
10.	44.	4	26.	115.	5	90.	399.	8			
11.	48.	9	27.	119.	9	95.	422.	0			
12.	53.	3	28.	124.	4	100.	444.	2			

N.° 89.

TABLE pour convertir les Stères en Brasses et Dixièmes de Brass[e], mesure de Milhac-d'Auberoche.

Nouvelles mesures.	Anciennes mesures.		Nouvelles mesures.	Anciennes mesures.		Nouvelles mesures.	Anciennes mesures.	
Déci-stères.	Brasses.	Dixièm.	Stères.	Brasses.	Dixièm.	Stères.	Brasses.	Dix[ièm.]
5.	0.	1	19.	4.	3	75.	16.	9
Stères.			20.	4.	5	80.	18.	0
1.	0.	2	21.	4.	7	85.	19.	1
2.	0.	4	22.	5.	0	90.	20.	[illegible]
3.	0.	7	23.	5.	2	95.	21.	4
4.	0.	9	24.	5.	4	100.	22.	5
5.	1.	1	25.	5.	6	125.	28.	1
6.	1.	3	26.	5.	8	150.	33.	8
7.	1.	6	27.	6.	1	175.	39.	4
8.	1.	8	28.	6.	3	200.	45.	0
9.	2.	0	29.	6.	5	300.	67.	5
10.	2.	3	30.	6.	7	400.	90.	0
11.	2.	5	35.	7.	9	500.	112.	5
12.	2.	7	40.	9.	0			
13.	2.	9	45.	10.	1			
14.	3.	2	50.	11.	3			
15.	3.	4	55.	12.	4			
16.	3.	6	60.	13.	5			
17.	3.	8	65.	14.	6			
18.	4.	1	70.	15.	8			

(*) *Dimensions de la Bra[sse] de Milhac-d'Aubero[che].*

Longueur...... 7 p. 0 po[uc.]
Largeur........ 6 0.
Épaisseur...... 3 3.

MESURES de solidité pour les Bois de chauffage.

N.° 90.

TABLE pour convertir les Brasses de Bois de chauffage, mesure de Cherveix et Cubas, en Stères et Déci-Stères (*).

Anciennes mesures.	Nouvelles mesures.		Anciennes mesures.	Nouvelles mesures.		Anciennes mesures.	Nouvelles mesures.		Anciennes mesures.	Nouvelles mesures.	
Brasses.	stères.	Déci.	Brasses.	stères.	Déci.	Brasses.	stères.	Déci.	Brasses.	stères.	Déci.
1/4.	1.	0	13.	53.	5	29.	119.	3	110.	452.	4
1/2.	2.	1	14.	57.	6	30.	123.	4	120.	493.	6
3/4.	3.	1	15.	61.	7	35.	144.	0	130.	534.	7
Brasses.			16.	65.	8	40.	164.	5	140.	575.	8
1.	4.	1	17.	69.	9	45.	185.	1	150.	616.	9
2.	8.	2	18.	74.	0	50.	205.	6	160.	658.	1
3.	12.	3	19.	78.	1	55.	226.	2	170.	699.	2
4.	16.	5	20.	82.	3	60.	246.	8	180.	740.	3
5.	20.	6	21.	86.	4	65.	267.	3	190.	781.	5
6.	24.	7	22.	90.	5	70.	287.	9	200.	822.	6
7.	28.	8	23.	94.	6	75.	308.	5	300.	1233.	9
8.	32.	9	24.	98.	7	80.	329.	0	400.	1645.	2
9.	37.	0	25.	102.	8	85.	349.	6	500.	2056.	5
10.	41.	1	26.	106.	9	90.	370.	2			
11.	45.	2	27.	111.	1	95.	390.	7			
12.	49.	4	28.	115.	2	100.	411.	3			

N.° 91.

TABLE pour convertir les Stères en Brasses et Dixièmes de Brasse, mesure de Cherveix et Cubas.

Nouvelles mesures.	Anciennes mesures.		Nouvelles mesures.	Anciennes mesures.		Nouvelles mesures.	Anciennes mesures.	
Déci-stères.	Brasses.	Dixièm.	Stères.	Brasses.	Dixièm.	Stères.	Brasses.	Dixièm.
5.	0.	1	19.	4.	6	75.	18.	2
Stères.			20.	4.	9	80.	19.	4
1.	0.	2	21.	5.	1	85.	20.	7
2.	0.	5	22.	5.	4	90.	21.	9
3.	0.	7	23.	5.	6	95.	23.	1
4.	1.	0	24.	5.	8	100.	24.	3
5.	1.	2	25.	6.	1	125.	30.	4
6.	1.	5	26.	6.	3	150.	36.	5
7.	1.	7	27.	6.	6	175.	42.	5
8.	1.	9	28.	6.	8	200.	48.	6
9.	2.	2	29.	7.	0	300.	72.	9
10.	2.	4	30.	7.	3	400.	97.	2
11.	2.	7	35.	8.	5	500.	121.	5
12.	2.	9	40.	9.	7			
13.	3.	2	45.	10.	9			
14.	3.	4	50.	12.	2			
15.	3.	6	55.	13.	4			
16.	3.	9	60.	14.	6			
17.	4.	1	65.	15.	8			
18.	4.	4	70.	17.	0			

(*) *Dimensions de la Brasse de Cherveix et Cubas.*

Longueur..... 12 p. 0 pouc.
Largeur....... 3 4.
Épaisseur..... 3 0.

MESURES
DE SOLIDITÉ
pour
les Bois de chauffage.

N.° 92.

TABLE pour convertir les Brasses de Bois de chauffage, mesure de Manzac, Cendrieux, Marsaneix et St.-Martin-Laroche, en Stères et Déci-Stères (*).

Anciennes mesures.	Nouvelles mesures.		Anciennes mesures.	Nouvelles mesures.		Anciennes mesures.	Nouvelles mesures.		Anciennes mesures.	Nouvelles mesures.	
Brasses.	Stères.	Déci.	Brasses.	Stères.	Déci.	Brasses.	Stères.	Déci.	Brasses.	Stères.	Déci.
¼.	1.	0	13.	52.	2	29.	116.	3	110.	441.	3
½.	2.	1	14.	56.	2	30.	120.	4	120.	481.	4
¾.	3.	1	15.	60.	2	35.	140.	4	130.	521.	6
Brasses.			16.	64.	2	40.	160.	5	140.	561.	7
1.	4.	0	17.	68.	2	45.	180.	5	150.	601.	8
2.	8.	0	18.	72.	2	50.	200.	6	160.	641.	9
3.	12.	0	19.	76.	2	55.	220.	7	170.	682.	0
4.	16.	0	20.	80.	2	60.	240.	7	180.	722.	2
5.	20.	1	21.	84.	3	65.	260.	8	190.	762.	3
6.	24.	1	22.	88.	3	70.	280.	8	200.	802.	4
7.	28.	1	23.	92.	3	75.	300.	9	300.	1203.	6
8.	32.	1	24.	96.	3	80.	321.	0	400.	1604.	8
9.	36.	1	25.	100.	3	85.	341.	0	500.	2006.	0
10.	40.	1	26.	104.	3	90.	361.	1			
11.	44.	1	27.	108.	3	95.	381.	1			
12.	48.	1	28.	112.	3	100.	401.	2			

N.° 93.

TABLE pour convertir les Stères en Brasses et Dixièmes de Brasse, mesure de Manzac, Cendrieux, Marsaneix et St.-Martin-Laroche.

Nouvelles mesures.	Anciennes mesures.		Nouvelles mesures.	Anciennes mesures.		Nouvelles mesures.	Anciennes mesures.	
Déci-Stères.	Brasses.	Dixièm.	Stères.	Brasses.	Dixièm.	Stères.	Brasses.	Dixièm.
5.	0.	1	19.	4.	7	75.	18.	7
Stères.			20.	5.	0	80.	19.	9
1.	0.	2	21.	5.	2	85.	21.	2
2.	0.	5	22.	5.	5	90.	22.	4
3.	0.	7	23.	5.	7	95.	23.	7
4.	1.	0	24.	6.	0	100.	24.	9
5.	1.	2	25.	6.	2	125.	31.	1
6.	1.	5	26.	6.	5	150.	37.	4
7.	1.	7	27.	6.	7	175.	43.	6
8.	2.	0	28.	7.	0	200.	49.	8
9.	2.	2	29.	7.	2	300.	74.	7
10.	2.	5	30.	7.	5	400.	99.	6
11.	2.	7	35.	8.	7	500.	124.	5
12.	3.	0	40.	10.	0			
13.	3.	2	45.	11.	2			
14.	3.	5	50.	12.	4			
15.	3.	7	55.	13.	7			
16.	4.	0	60.	14.	9			
17.	4.	2	65.	16.	2			
18.	4.	5	70.	17.	4			

(*) *Dimensions de la Brasse de Manzac, etc.*

Longueur...... 6 p. 0 pouc.
Largeur........ 6 0.
Épaisseur...... 3 3.

MESURES de solidité pour les Bois de chauffage.

N.° 94.

TABLE pour convertir les Brasses de Bois de chauffage, mesure de Vergt, St.-Astier, St.-Michel-de-Vergt, Naillac, etc., en Stères et Déci-Stères (*).

Anciennes mesures.	Nouvelles mesures.		Anciennes mesures.	Nouvelles mesures.		Anciennes mesures.	Nouvelles mesures.		Anciennes mesures.	Nouvelles mesures.	
Brasses.	Stères.	Déci.	Brasses.	Stères.	Déci.	Brasses.	Stères.	Déci.	Brasses.	Stères.	Déci.
¼.	0.	9	13.	48.	1	29.	107.	3	110.	407.	0
½.	1.	9	14.	51.	8	30.	111.	0	120.	344.	0
¾.	2.	8	15.	55.	5	35.	129.	5	130.	381.	0
Brasses.			16.	59.	2	40.	148.	0	140.	518.	0
1.	3.	7	17.	62.	9	45.	166.	5	150.	555.	0
2.	7.	4	18.	66.	6	50.	185.	0	160.	592.	0
3.	11.	1	19.	70.	3	55.	203.	5	170.	629.	0
4.	14.	8	20.	74.	0	60.	222.	0	180.	666.	0
5.	18.	5	21.	77.	7	65.	240.	5	190.	703.	0
6.	22.	2	22.	81.	4	70.	259.	0	200.	740.	0
7.	25.	9	23.	85.	1	75.	277.	5	300.	1110.	0
8.	29.	6	24.	88.	8	80.	296.	0	400.	1480.	0
9.	33.	3	25.	92.	5	85.	314.	5	500.	1850.	0
10.	37.	0	26.	96.	2	90.	333.	0			
11.	40.	7	27.	99.	9	95.	351.	5			
12.	44.	4	28.	103.	6	100.	370.	0			

N.° 95.

TABLE pour convertir les Stères en Brasses et Dixièmes de Brasse, mesure de Vergt, St.-Astier, St.-Michel-de-Vergt, etc.

Nouvelles mesures.	Anciennes mesures.		Nouvelles mesures.	Anciennes mesures.		Nouvelles mesures.	Anciennes mesures.	
Déci-stères.	Brasses.	Dixièm.	Stères.	Brasses.	Dixièm.	Stères.	Brasses.	Dixièm.
5.	0.	2	19.	5.	1	75.	20.	2
Stères.			20.	5.	4	80.	21.	6
1.	0.	3	21.	5.	7	85.	22.	9
2.	0.	5	22.	5.	9	90.	24.	3
3.	0.	8	23.	6.	2	95.	25.	6
4.	1.	1	24.	6.	5	100.	27.	0
5.	1.	4	25.	6.	7	125.	33.	7
6.	1.	6	26.	7.	0	150.	40.	5
7.	1.	9	27.	7.	3	175.	47.	2
8.	2.	2	28.	7.	6	200.	54.	0
9.	2.	4	29.	7.	8	300.	81.	0
10.	2.	7	30.	8.	1	400.	108.	0
11.	3.	0	35.	9.	4	500.	135.	0
12.	3.	2	40.	10.	8			
13.	3.	5	45.	12.	1			
14.	3.	8	50.	13.	5			
15.	4.	0	55.	14.	8			
16.	4.	3	60.	16.	2			
17.	4.	6	65.	17.	5			
18.	4.	9	70.	18.	9			

(*) *Dimensions de la Brasse de Vergt, St.-Astier, etc.*

Longueur...... 6 p. 0 pouc.
Largeur........ 6 0.
Épaisseur...... 3 0.

MESURES
DE SOLIDITÉ
pour
les Bois de chauffage.

N.° 96.

TABLE pour convertir les Brasses de Bois de chauffage, mesure de St.-Pierre-de-Chignac, en Stères et Déci-Stères (*).

Anciennes mesures.	Nouvelles mesures.		Anciennes mesures.	Nouvelles mesures.		Anciennes mesures.	Nouvelles mesures.		Anciennes mesures.	Nouvelles mesures.	
Brasses.	Stères.	Déci.	Brasses.	Stères.	Déci.	Brasses.	Stères.	Déci.	Brasses.	Stères.	Déci.
$\frac{1}{4}$.	0.	8	13.	40.	6	29.	90.	6	110.	343.	6
$\frac{1}{2}$.	1.	6	14.	43.	7	30.	93.	7	120.	374.	9
$\frac{3}{4}$.	2.	3	15.	46.	9	35.	109.	3	130.	406.	[illegible]
Brasses.			16.	50.	0	40.	125.	0	140.	437.	[illegible]
1.	3.	1	17.	53.	1	45.	140.	6	150.	468.	6
2.	6.	2	18.	56.	2	50.	156.	2	160.	499.	8
3.	9.	4	19.	59.	4	55.	171.	8	170.	531.	1
4.	12.	5	20.	62.	5	60.	187.	4	180.	562.	3
5.	15.	6	21.	65.	6	65.	203.	1	190.	593.	6
6.	18.	7	22.	68.	7	70.	218.	7	200.	624.	8
7.	21.	9	23.	71.	9	75.	234.	3	300.	937.	2
8.	25.	0	24.	75.	0	80.	249.	9	400.	1249.	[illegible]
9.	28.	1	25.	78.	1	85.	265.	5	500.	1562.	0
10.	31.	2	26.	81.	2	90.	281.	2			
11.	34.	4	27.	84.	3	95.	296.	8			
12.	37.	5	28.	87.	5	100.	312.	4			

N.° 97.

TABLE pour convertir les Stères en Brasses et Dixièmes de Brasse, mesure de St.-Pierre-de-Chignac.

Nouvelles mesures.	Anciennes mesures.		Nouvelles mesures.	Anciennes mesures.		Nouvelles mesures.	Anciennes mesures.	
Déci-stères.	Brasses.	Dixièm.	Stères.	Brasses.	Dixièm.	Stères.	Brasses.	Dixièm.
5.	0.	2	19.	6.	1	75.	24.	0
stères.			20.	6.	4	80.	25.	6
1.	0.	3	21.	6.	7	85.	27.	2
2.	0.	6	22.	7.	0	90.	28.	8
3.	1.	0	23.	7.	4	95.	30.	4
4.	1.	3	24.	7.	7	100.	32.	0
5.	1.	6	25.	8.	0	125.	40.	0
6.	1.	9	26.	8.	3	150.	48.	0
7.	2.	2	27.	8.	6	175.	56.	0
8.	2.	6	28.	9.	0	200.	64.	0
9.	2.	9	29.	9.	3	300.	96.	0
10.	3.	2	30.	9.	6	400.	128.	0
11.	3.	5	35.	11.	0	500.	160.	0
12.	3.	8	40.	12.	8			
13.	4.	2	45.	14.	4			
14.	4.	5	50.	16.	0			
15.	4.	8	55.	17.	6			
16.	5.	1	60.	19.	2			
17.	5.	4	65.	20.	8			
18.	5.	8	70.	22.	4			

(*) *Dimensions de la Brasse de S.-Pierre-de-Chignac.*

Longueur......	4 p.	6 pouc.
Largeur........	4	6.
Épaisseur......	4	6.

ARRONDISSEMENT

DE

SARLAT.

MESURES AGRAIRES.

N.° 98.

ARRONDISSEMENT DE SARLAT.

TABLE pour convertir les Pognerées et Cartonnées, mesure de Sarlat, S.-Quentin, Labachelerie, Peyrignac, S.-Julien-de-Lampon, Veyrignac, St.-Pompont, Daglan, Villefranche et Doissat, en Hectares, Ares et Mètres carrés (*).

Anciennes mesures.	Nouvelles mesures.		
Pognerées.	Hectar.	Ares.	Mèt. car.
1.	0.	01.	90
2.	0.	03.	80
3.	0.	05.	70
4.	0.	07.	60
5.	0.	09.	50
6.	0.	11.	40
7.	0.	13.	30
8.	0.	15.	19
Cartonnées.	Hectar.	Ares.	Mèt. car.
1.	0.	15.	19
2.	0.	30.	39
3.	0.	45.	58
4.	0.	60.	78
5.	0.	75.	97
6.	0.	91.	17
7.	1.	06.	36
8.	1.	21.	56
9.	1.	36.	75
10.	1.	51.	95
11.	1.	67.	14
12.	1.	82.	34
13.	1.	97.	53
14.	2.	12.	73
15.	2.	27.	92
16.	2.	43.	12
17.	2.	58.	31
18.	2.	73.	51
19.	2.	88.	70
20.	3.	03.	90
21.	3.	19.	09
22.	3.	34.	29
23.	3.	49.	48
24.	3.	64.	68
25.	3.	79.	87
26.	3.	95.	07
27.	4.	10.	26
28.	4.	25.	46
29.	4.	40.	65
30.	4.	55.	85
31.	4.	71.	04
32.	4.	86.	24
33.	5.	01.	43
34.	5.	16.	63

Anciennes mesures.	Nouvelles mesures.		
Cartonnées.	Hectar.	Ares.	Mèt. car.
35.	5.	31.	82
36.	5.	47.	02
37.	5.	62.	21
38.	5.	77.	41
39.	5.	92.	60
40.	6.	07.	80
41.	6.	22.	99
42.	6.	38.	19
43.	6.	53.	38
44.	6.	68.	58
45.	6.	83.	77
46.	6.	98.	97
47.	7.	14.	16
48.	7.	29.	36
49.	7.	44.	55
50.	7.	59.	75
51.	7.	74.	94
52.	7.	90.	14
53.	8.	05.	33
54.	8.	20.	53
55.	8.	35.	72
56.	8.	50.	92
57.	8.	66.	11
58.	8.	81.	31
59.	8.	96.	50
60.	9.	11.	70
61.	9.	26.	89
62.	9.	42.	09
63.	9.	57.	28
64.	9.	72.	48
65.	9.	87.	67
66.	10.	02.	87
67.	10.	18.	06
68.	10.	33.	26
69.	10.	48.	45
70.	10.	63.	65
71.	10.	78.	84
72.	10.	94.	04
73.	11.	09.	23
74.	11.	24.	43
75.	11.	39.	62
76.	11.	54.	82
77.	11.	70.	01

Anciennes mesures.	Nouvelles mesures.		
Cartonnées.	Hectar.	Ares.	Mèt. car.
78.	11.	85.	21
79.	12.	00.	40
80.	12.	15.	60
81.	12.	30.	79
82.	12.	45.	99
83.	12.	61.	18
84.	12.	76.	38
85.	12.	91.	57
86.	13.	06.	77
87.	13.	21.	96
88.	13.	37.	16
89.	13.	52.	35
90.	13.	67.	55
91.	13.	82.	74
92.	13.	97.	94
93.	14.	13.	13
94.	14.	28.	33
95.	14.	43.	52
96.	14.	58.	72
97.	14.	73.	91
98.	14.	89.	11
99.	15.	04.	30
100.	15.	19.	50
200.	30.	38.	99
300.	45.	58.	49
400.	60.	77.	99
500.	75.	97.	49
600.	91.	16.	98
700.	106.	36.	48
800.	121.	55.	98
900.	136.	75.	47
1000.	151.	94.	97

(*) La Cartonnée de Sarlat contient 400 toises carrées ; elle se divise en 8 Pognerées de 50 toises carrées.

MESURES AGRAIRES.

N.° 99.

TABLE pour convertir les Ares et les Hectares en Cartonnées et Pognerées, mesure de Sarlat, St.-Quentin, Labachelie, Peyrignac, St.-Julien-de-Lampon, ect.

Nouvelles mesures.	Anciennes mesures.		
Ares.	Cartonn.	Pogn.	Cent.
1.	0.	0.	53
2.	0.	1.	05
3.	0.	1.	58
4.	0.	2.	10
5.	0.	2.	63
6.	0.	3.	16
7.	0.	3.	68
8.	0.	4.	21
9.	0.	4.	73
10.	0.	5.	26
11.	0.	5.	79
12.	0.	6.	31
13.	0.	6.	84
14.	0.	7.	36
15.	0.	7.	89
16.	1.	0.	42
17.	1.	0.	94
18.	1.	1.	47
19.	1.	1.	99
20.	1.	2.	52
30.	1.	7.	78
40.	2.	5.	04
50.	3.	2.	30
60.	3.	7.	56
70.	4.	4.	82
80.	5.	2.	08
90.	5.	7.	34
100.	6.	4.	65
Hectares.	Cartonn.	Pogn.	Cent.
1.	6.	4.	65
2.	13.	1.	30
3.	19.	5.	95
4.	26.	2.	60
5.	32.	7.	25
6.	39.	3.	90
7.	46.	0.	55
8.	52.	5.	20
9.	59.	1.	85
10.	65.	6.	50
11.	72.	3.	15
12.	78.	7.	80
13.	85.	4.	45
14.	92.	1.	10
15.	98.	5.	75
16.	105.	2.	40
17.	111.	7.	05

Nouvelles mesures.	Anciennes mesures.		
Hectares.	Cartonn.	Pogn.	Cent.
18.	118.	3.	70
19.	125.	0.	35
20.	131.	5.	00
21.	138.	1.	65
22.	144.	6.	30
23.	151.	2.	95
24.	157.	7.	60
25.	164.	4.	25
26.	171.	0.	90
27.	177.	5.	55
28.	184.	2.	20
29.	190.	6.	85
30.	197.	3.	50
31.	204.	0.	15
32.	210.	4.	80
33.	217.	1.	45
34.	223.	6.	10
35.	230.	2.	75
36.	236.	7.	40
37.	243.	4.	05
38.	250.	0.	65
39.	256.	5.	30
40.	263.	2.	00
41.	269.	6.	65
42.	276.	3.	30
43.	282.	7.	95
44.	289.	4.	60
45.	296.	1.	25
46.	302.	5.	90
47.	309.	2.	55
48.	315.	7.	20
49.	322.	3.	85
50.	329.	0.	50
51.	335.	5.	15
52.	342.	1.	80
53.	348.	6.	45
54.	355.	3.	10
55.	361.	7.	75
56.	368.	4.	40
57.	375.	1.	05
58.	381.	5.	70
59.	388.	2.	35
60.	394.	7.	00
61.	401.	3.	65
62.	408.	0.	30
63.	414.	4.	95

Nouvelles mesures.	Anciennes mesures.		
Hectares.	Cartonn.	Pogn.	Cent.
64.	421.	1.	60
65.	427.	6.	[illegible]
66.	434.	2.	90
67.	440.	7.	55
68.	447.	4.	20
69.	454.	0.	85
70.	460.	5.	50
71.	467.	2.	15
72.	473.	6.	80
73.	480.	3.	45
74.	487.	0.	10
75.	493.	4.	75
76.	500.	1.	40
77.	506.	6.	05
78.	513.	2.	70
79.	519.	7.	35
80.	526.	4.	00
81.	533.	0.	65
82.	539.	5.	30
83.	546.	1.	95
84.	552.	6.	60
85.	559.	3.	25
86.	565.	7.	90
87.	572.	4.	55
88.	579.	1.	20
89.	585.	5.	85
90.	592.	2.	50
91.	598.	7.	15
92.	605.	3.	80
93.	612.	0.	45
94.	618.	5.	10
95.	625.	1.	75
96.	631.	6.	40
97.	638.	3.	05
98.	644.	7.	70
99.	651.	4.	35
100.	658.	1.	00
200.	1316.	2.	00
300.	1974.	3.	00
400.	2632.	4.	00
500.	3290.	5.	00
600.	3948.	6.	00
700.	4606.	7.	00
800.	5265.	0.	00
900.	5923.	1.	00
1000.	6581.	2.	00

MESURES AGRAIRES.

N.° 100.

TABLE pour convertir les Cartonnées et Escats, mesure de Plazac, en Hectares, Ares et Mètres carrés (*).

Anciennes mesures.	Nouvelles mesures.		
Escats.	Hectar.	Ares.	Mèt. car.
1.	0.	00.	18
2.	0.	00.	36
3.	0.	00.	54
4.	0.	00.	71
5.	0.	00.	89
6.	0.	01.	07
7.	0.	01.	25
8.	0.	01.	43
9.	0.	01.	61
10.	0.	01.	78
15.	0.	02.	68
20.	0.	03.	57
25.	0.	04.	46
30.	0.	05.	35
40.	0.	07.	14
50.	0.	08.	92
60.	0.	10.	70
70.	0.	12.	49
80.	0.	14.	27
90.	0.	16.	06
100.	0.	17.	84
110.	0.	19.	62
120.	0.	21.	40
Cartonnées.	Hectar.	Ares.	Mèt. car.
1.	0.	21.	40
2.	0.	42.	80
3.	0.	64.	20
4.	0.	85.	60
5.	1.	07.	00
6.	1.	28.	40
7.	1.	49.	80
8.	1.	71.	20
9.	1.	92.	60
10.	2.	14.	00
11.	2.	35.	40
12.	2.	56.	80
13.	2.	78.	20
14.	2.	99.	60
15.	3.	21.	00
16.	3.	42.	40
17.	3.	63.	80
18.	3.	85.	20
19.	4.	06.	60
20.	4.	28.	00
21.	4.	49.	40
22.	4.	70.	80

Anciennes mesures.	Nouvelles mesures.		
Cartonnées.	Hectar.	Ares.	Mèt. car.
23.	4.	92.	20
24.	5.	13.	60
25.	5.	35.	00
26.	5.	56.	40
27.	5.	77.	80
28.	5.	99.	20
29.	6.	20.	60
30.	6.	42.	00
31.	6.	63.	40
32.	6.	84.	80
33.	7.	06.	20
34.	7.	27.	60
35.	7.	49.	00
36.	7.	70.	40
37.	7.	91.	80
38.	8.	13.	20
39.	8.	34.	60
40.	8.	56.	00
41.	8.	77.	40
42.	8.	98.	80
43.	9.	20.	20
44.	9.	41.	60
45.	9.	63.	00
46.	9.	84.	40
47.	10.	05.	80
48.	10.	27.	20
49.	10.	48.	60
50.	10.	70.	00
51.	10.	91.	40
52.	11.	12.	80
53.	11.	34.	20
54.	11.	55.	60
55.	11.	77.	00
56.	11.	98.	40
57.	12.	19.	80
58.	12.	41.	20
59.	12.	62.	60
60.	12.	84.	00
61.	13.	05.	40
62.	13.	26.	80
63.	13.	48.	20
64.	13.	69.	60
65.	13.	91.	00
66.	14.	12.	40
67.	14.	33.	80
68.	14.	55.	20

Anciennes mesures.	Nouvelles mesures.		
Cartonnées.	Hectar.	Ares.	Mèt. car.
69.	14.	76.	60
70.	14.	98.	00
71.	15.	19.	40
72.	15.	40.	80
73.	15.	62.	20
74.	15.	83.	60
75.	16.	05.	00
76.	16.	26.	40
77.	16.	47.	80
78.	16.	69.	20
79.	16.	90.	60
80.	17.	12.	00
81.	17.	33.	40
82.	17.	54.	80
83.	17.	76.	20
84.	17.	97.	60
85.	18.	19.	00
86.	18.	40.	40
87.	18.	61.	80
88.	18.	83.	20
89.	19.	04.	60
90.	19.	26.	00
91.	19.	47.	40
92.	19.	68.	80
93.	19.	90.	20
94.	20.	11.	60
95.	20.	33.	00
96.	20.	54.	40
97.	20.	75.	80
98.	20.	97.	20
99.	21.	18.	60
100.	21.	40.	00
200.	42.	80.	00
300.	64.	20.	00
400.	85.	60.	00
500.	107.	00.	00
600.	128.	40.	00
700.	149.	80.	00
800.	171.	20.	00
900.	192.	60.	00
1000.	214.	00.	00

(*) La Cartonnée de Pl[illegible] divise en 120 Escats; [illegible] 13 pieds de côté.

MESURES AGRAIRES.

N.° 101.

TABLE pour convertir les Ares et les Hectares en Cartonnées et Escats, mesure de Plazac.

Nouvelles mesures.	Anciennes mesures.		
Ares.	Cartonn.	Escats.	Centi.
1.	0.	005.	61
2.	0.	011.	22
3.	0.	016.	82
4.	0.	022.	43
5.	0.	028.	04
6.	0.	033.	65
7.	0.	039.	26
8.	0.	044.	86
9.	0.	050.	47
10.	0.	056.	08
15.	0.	084.	12
20.	0.	112.	16
25.	1.	020.	20
30.	1.	048.	24
40.	1.	104.	32
50.	2.	040.	40
60.	2.	096.	48
70.	3.	032.	56
80.	3.	088.	64
90.	4.	024.	72
100.	4.	080.	75
Hectares.	Cartonn.	Escats.	Centi.
1.	4.	080.	75
2.	9.	041.	50
3.	14.	002.	24
4.	18.	082.	99
5.	23.	043.	74
6.	28.	004.	49
7.	32.	085.	24
8.	37.	045.	98
9.	42.	006.	73
10.	46.	087.	48
11.	51.	048.	23
12.	56.	008.	98
13.	60.	089.	72
14.	65.	050.	47
15.	70.	011.	22
16.	74.	091.	97
17.	79.	052.	72
18.	84.	013.	46
19.	88.	094.	21
20.	93.	054.	96
21.	98.	015.	71
22.	102.	096.	45
23.	107.	057.	20
24.	112.	017.	95

Nouvelles mesures.	Anciennes mesures.		
Hectares.	Cartonn.	Escats.	Centi.
25.	116.	098.	70
26.	121.	059.	45
27.	126.	020.	19
28.	130.	100.	94
29.	135.	061.	69
30.	140.	022.	44
31.	144.	103.	19
32.	149.	063.	94
33.	154.	024.	68
34.	158.	105.	43
35.	163.	066.	18
36.	168.	026.	93
37.	172.	107.	68
38.	177.	068.	42
39.	182.	029.	17
40.	186.	109.	92
41.	191.	070.	67
42.	196.	031.	42
43.	200.	112.	16
44.	205.	072.	91
45.	210.	033.	66
46.	214.	114.	41
47.	219.	075.	16
48.	224.	035.	90
49.	228.	116.	65
50.	233.	077.	40
51.	238.	038.	15
52.	242.	118.	90
53.	247.	079.	64
54.	252.	040.	39
55.	257.	001.	14
56.	261.	081.	89
57.	266.	042.	64
58.	271.	003.	38
59.	275.	084.	13
60.	280.	044.	88
61.	285.	005.	63
62.	289.	086.	38
63.	294.	047.	12
64.	299.	007.	87
65.	303.	088.	62
66.	308.	049.	37
67.	313.	010.	12
68.	317.	090.	86
69.	322.	051.	61
70.	327.	012.	36

Nouvelles mesures.	Anciennes mesures.		
Hectares.	Cartonn.	Escats.	Centi.
71.	331.	093.	11
72.	336.	053.	[illegible]
73.	341.	014.	[illegible]
74.	345.	095.	[illegible]
75.	350.	056.	10
76.	355.	016.	85
77.	359.	097.	60
78.	364.	058.	34
79.	369.	019.	09
80.	373.	099.	84
81.	378.	060.	59
82.	383.	021.	34
83.	387.	102.	08
84.	392.	062.	83
85.	397.	023.	58
86.	401.	104.	33
87.	406.	065.	08
88.	411.	025.	[illegible]
89.	415.	106.	[illegible]
90.	420.	067.	[illegible]
91.	425.	028.	[illegible]
92.	429.	108.	82
93.	434.	069.	56
94.	439.	030.	31
95.	443.	111.	06
96.	448.	071.	81
97.	453.	032.	56
98.	457.	113.	30
99.	462.	074.	05
100.	467.	034.	80
200.	934.	069.	60
300.	1401.	104.	[illegible]
400.	1869.	019.	[illegible]
500.	2336.	054.	[illegible]
600.	2803.	088.	[illegible]
700.	3271.	003.	[illegible]
800.	3738.	038.	[illegible]
900.	4205.	073.	[illegible]
1000.	4672.	108.	[illegible]

MESURES AGRAIRES.

N.° 102.

TABLE pour convertir les Cartonnées, mesure d'Auriac, en Hectares, Ares et Mètres carrés (*).

Anciennes mesures.	Nouvelles mesures.			Anciennes mesures.	Nouvelles mesures.			Anciennes mesures.	Nouvelles mesures.		
Cartonnées.	Hectar.	Ares.	Mèt. car.	Cartonnées.	Hectar.	Ares.	Mèt. car.	Cartonnées.	Hectar.	Ares.	Mèt. car.
1.	0.	13.	37	46.	6.	15.	10	91.	12.	16.	82
2.	0.	26.	74	47.	6.	28.	47	92.	12.	30.	19
3.	0.	40.	11	48.	6.	41.	84	93.	12.	43.	56
4.	0.	53.	49	49.	6.	55.	21	94.	12.	56.	93
5.	0.	66.	86	50.	6.	68.	58	95.	12.	70.	30
6.	0.	80.	23	51.	6.	81.	95	96.	12.	83.	67
7.	0.	93.	60	52.	6.	95.	33	97.	12.	97.	05
8.	1.	06.	97	53.	7.	08.	69	98.	13.	10.	42
9.	1.	20.	34	54.	7.	22.	07	99.	13.	23.	79
10.	1.	33.	72	55.	7.	35.	44	100.	13.	37.	16
11.	1.	47.	09	56.	7.	48.	81	200.	26.	74.	32
12.	1.	60.	46	57.	7.	62.	18	300.	40.	11.	48
13.	1.	73.	83	58.	7.	75.	55	400.	53.	48.	64
14.	1.	87.	20	59.	7.	88.	93	500.	66.	85.	80
15.	2.	00.	57	60.	8.	02.	30	600.	80.	22.	96
16.	2.	13.	95	61.	8.	15.	67	700.	93.	60.	12
17.	2.	27.	32	62.	8.	29.	04	800.	106.	97.	28
18.	2.	40.	69	63.	8.	42.	41	900.	120.	34.	44
19.	2.	54.	06	64.	8.	55.	78	1000.	133.	71.	60
20.	2.	67.	43	65.	8.	69.	15				
21.	2.	80.	80	66.	8.	82.	53				
22.	2.	94.	18	67.	8.	95.	90				
23.	3.	07.	55	68.	9.	09.	27				
24.	3.	20.	92	69.	9.	22.	64				
25.	3.	34.	29	70.	9.	36.	01				
26.	3.	47.	66	71.	9.	49.	38				
27.	3.	61.	03	72.	9.	62.	76				
28.	3.	74.	41	73.	9.	76.	13				
29.	3.	87.	78	74.	9.	89.	50				
30.	4.	01.	15	75.	10.	02.	87				
31.	4.	14.	52	76.	10.	16.	24				
32.	4.	27.	89	77.	10.	29.	61				
33.	4.	41.	26	78.	10.	42.	98				
34.	4.	54.	63	79.	10.	56.	36				
35.	4.	68.	01	80.	10.	69.	73				
36.	4.	81.	38	81.	10.	83.	10				
37.	4.	94.	75	82.	10.	96.	47				
38.	5.	08.	12	83.	11.	09.	84				
39.	5.	21.	49	84.	11.	23.	21				
40.	5.	34.	86	85.	11.	36.	59				
41.	5.	48.	24	86.	11.	49.	96				
42.	5.	61.	61	87.	11.	63.	33				
43.	5.	74.	98	88.	11.	76.	70				
44.	5.	88.	35	89.	11.	90.	07				
45.	6.	01.	72	90.	12.	03.	44				

(*) La Cartonnée d'Auriac contient 352 toises carrées.

MESURES AGRAIRES.

N.° 103.

TABLE pour convertir les Ares et les Hectares en Cartonnées et Fractions décimales de la Cartonnée, mesure d'Auriac.

Nouvelles mesures.	Anciennes mesures.	
Hectares.	Cartonn.	Millièm.
1.	7.	478
2.	14.	957
3.	22.	435
4.	29.	914
5.	37.	392
6.	44.	871
7.	52.	349
8.	59.	828
9.	67.	306
10.	74.	785
11.	82.	263
12.	89.	742
13.	97.	220
14.	104.	699
15.	112.	177
16.	119.	656
17.	127.	134
18.	134.	613
19.	142.	091
20.	149.	570
21.	157.	048
22.	164.	527
23.	172.	005
24.	179.	484
25.	186.	962
26.	194.	441
27.	201.	919
28.	209.	398
29.	216.	876
30.	224.	355
31.	231.	833
32.	239.	312
33.	246.	790
34.	254.	269
35.	261.	747
36.	269.	226
37.	276.	704
38.	284.	183
39.	291.	661
40.	299.	140
41.	306.	618
42.	314.	097
43.	321.	575
44.	329.	054
45.	336.	532
46.	344.	011
47.	351.	489
48.	358.	968
49.	366.	446
50.	373.	925
51.	381.	403
52.	388.	882
53.	396.	360
54.	403.	839
55.	411.	317
56.	418.	796
57.	426.	274
58.	433.	753
59.	441.	231
60.	448.	710
61.	456.	188
62.	463.	667
63.	471.	145
64.	478.	624
65.	486.	102
66.	493.	581
67.	501.	059
68.	508.	538
69.	516.	016
70.	523.	495
71.	530.	973
72.	538.	452
73.	545.	930
74.	553.	409
75.	560.	887
76.	568.	366
77.	575.	844
78.	583.	323
79.	590.	801
80.	598.	280
81.	605.	758
82.	613.	237
83.	620.	715
84.	628.	194
85.	635.	672
86.	643.	151
87.	650.	629
88.	658.	108
89.	665.	586
90.	673.	065
91.	680.	543
92.	688.	0[illegible]
93.	695.	5[illegible]
94.	702.	979
95.	710.	457
96.	717.	936
97.	725.	414
98.	732.	893
99.	740.	371
100.	747.	850
200.	1495.	700
300.	2243.	550
400.	2991.	400
500.	3739.	250
600.	4487.	100
700.	5234.	950
800.	5982.	800
900.	6730.	650
1000.	7478.	500

MESURES AGRAIRES.

N.° 104.

TABLE pour convertir les Cartonnées, mesure de Belvès, en Hectares, Ares et Mètres carrés (*).

Anciennes mesures.	Nouvelles mesures.			Anciennes mesures.	Nouvelles mesures.			Anciennes mesures.	Nouvelles mesures.		
Cartonnées.	Hectar.	Ares.	Mèt. car.	Cartonnées.	Hectar.	Ares.	Mèt. car.	Cartonnées.	Hectar.	Ares.	Mèt. car.
1.	0.	13.	16	46.	6.	05.	24	91.	11.	97.	32
2.	0.	26.	32	47.	6.	18.	40	92.	12.	10.	48
3.	0.	39.	47	48.	6.	31.	56	93.	12.	23.	64
4.	0.	52.	63	49.	6.	44.	71	94.	12.	36.	79
5.	0.	65.	79	50.	6.	57.	87	95.	12.	49.	95
6.	0.	78.	94	51.	6.	71.	03	96.	12.	63.	11
7.	0.	92.	10	52.	6.	84.	18	97.	12.	76.	27
8.	1.	05.	26	53.	6.	97.	34	98.	12.	89.	43
9.	1.	18.	42	54.	7.	10.	50	99.	13.	02.	58
10.	1.	31.	57	55.	7.	23.	66	100.	13.	15.	74
11.	1.	44.	73	56.	7.	36.	81	200.	26.	31.	48
12.	1.	57.	88	57.	7.	49.	97	300.	39.	47.	22
13.	1.	71.	05	58.	7.	63.	13	400.	52.	62.	96
14.	1.	84.	20	59.	7.	76.	29	500.	65.	78.	70
15.	1.	97.	36	60.	7.	89.	44	600.	78.	94.	44
16.	2.	10.	52	61.	8.	02.	60	700.	92.	10.	18
17.	2.	23.	68	62.	8.	15.	76	800.	105.	25.	92
18.	2.	36.	83	63.	8.	28.	92	900.	118.	41.	66
19.	2.	49.	99	64.	8.	42.	07	1000.	131.	57.	40
20.	2.	63.	15	65.	8.	55.	23				
21.	2.	76.	31	66.	8.	68.	39				
22.	2.	89.	46	67.	8.	81.	55				
23.	3.	02.	62	68.	8.	94.	70				
24.	3.	15.	78	69.	9.	07.	86				
25.	3.	28.	94	70.	9.	21.	02				
26.	3.	42.	09	71.	9.	34.	18				
27.	3.	55.	25	72.	9.	47.	33				
28.	3.	68.	41	73.	9.	60.	49				
29.	3.	81.	56	74.	9.	73.	65				
30.	3.	94.	72	75.	9.	86.	81				
31.	4.	07.	88	76.	9.	99.	96				
32.	4.	21.	04	77.	10.	13.	12				
33.	4.	34.	19	78.	10.	26.	28				
34.	4.	47.	35	79.	10.	39.	43				
35.	4.	60.	51	80.	10.	52.	59				
36.	4.	73.	67	81.	10.	65.	75				
37.	4.	86.	82	82.	10.	78.	91				
38.	4.	99.	98	83.	10.	92.	06				
39.	5.	13.	14	84.	11.	05.	22				
40.	5.	26.	30	85.	11.	18.	38				
41.	5.	39.	45	86.	11.	31.	54				
42.	5.	52.	61	87.	11.	44.	69				
43.	5.	65.	77	88.	11.	57.	85				
44.	5.	78.	93	89.	11.	71.	01				
45.	5.	92.	08	90.	11.	84.	17				

(*) La Cartonnée de Belvès contient 18 toises 3 pieds 8 pouces en carré.

MESURES AGRAIRES.

N.° 105.

TABLE pour convertir les Hectares en Cartonnées et Fractions décimales de la Cartonnée de Belvès.

Nouvelles mesures.	Anciennes mesures.		Nouvelles mesures.	Anciennes mesures.		Nouvelles mesures.	Anciennes mesures.	
Hectares.	Cartonn.	Dixièm.	Hectares.	Cartonn.	Dixièm.	Hectares.	Cartonn.	Dixièm.
1.	7.	6	46.	349.	6	91.	691.	6
2.	15.	2	47.	357.	2	92.	699.	2
3.	22.	8	48.	364.	8	93.	706.	8
4.	30.	4	49.	372.	4	94.	714.	4
5.	38.	0	50.	380.	0	95.	722.	0
6.	45.	6	51.	387.	6	96.	729.	6
7.	53.	2	52.	395.	2	97.	737.	2
8.	60.	8	53.	402.	8	98.	744.	8
9.	68.	4	54.	410.	4	99.	752.	4
10.	76.	0	55.	418.	0	100.	760.	0
11.	83.	6	56.	425.	6	200.	1520.	0
12.	91.	2	57.	433.	2	300.	2280.	0
13.	98.	8	58.	440.	8	400.	3040.	0
14.	106.	4	59.	448.	4	500.	3800.	1
15.	114.	0	60.	456.	0	600.	4560.	0
16.	121.	6	61.	463.	6	700.	5320.	0
17.	129.	2	62.	471.	2	800.	6080.	0
18.	136.	8	63.	478.	8	900.	6840.	0
19.	144.	4	64.	486.	4	1000.	7600.	2
20.	152.	0	65.	494.	0			
21.	159.	6	66.	501.	6			
22.	167.	2	67.	509.	2			
23.	174.	8	68.	516.	8			
24.	182.	4	69.	524.	4			
25.	190.	0	70.	532.	0			
26.	197.	6	71.	539.	6			
27.	205.	2	72.	547.	2			
28.	212.	8	73.	554.	8			
29.	220.	4	74.	562.	4			
30.	228.	0	75.	570.	0			
31.	235.	6	76.	577.	6			
32.	243.	2	77.	585.	2			
33.	250.	8	78.	592.	8			
34.	258.	4	79.	600.	4			
35.	266.	0	80.	608.	0			
36.	273.	6	81.	615.	6			
37.	281.	2	82.	623.	2			
38.	288.	8	83.	630.	8			
39.	296.	4	84.	638.	4			
40.	304.	0	85.	646.	0			
41.	311.	6	86.	653.	6			
42.	319.	2	87.	661.	2			
43.	326.	8	88.	668.	8			
44.	334.	4	89.	676.	4			
45.	342.	0	90.	684.	0			

MESURES AGRAIRES.

N.° 106.

TABLE pour convertir les Pognerées et Cartonnées, mesure de Borrèze, en Hectares, Ares et Mètres carrés (*).

Anciennes mesures.	Nouvelles mesures.		
Pognerées.	Hectar.	Ares.	Mèt. car.
1.	0.	02.	13
2.	0.	04.	26
3.	0.	06.	39
4.	0.	08.	51
5.	0.	10.	64
6.	0.	12.	77
Cartonnées.	Hectar.	Ares.	Mèt. car.
1.	0.	12.	78
2.	0.	25.	54
3.	0.	38.	30
4.	0.	51.	07
5.	0.	63.	84
6.	0.	76.	61
7.	0.	89.	38
8.	1.	02.	14
9.	1.	14.	91
10.	1.	27.	68
11.	1.	40.	45
12.	1.	53.	21
13.	1.	65.	98
14.	1.	78.	75
15.	1.	91.	52
16.	2.	04.	29
17.	2.	17.	05
18.	2.	29.	82
19.	2.	42.	59
20.	2.	55.	36
21.	2.	68.	13
22.	2.	80.	89
23.	2.	93.	66
24.	3.	06.	43
25.	3.	19.	20
26.	3.	31.	97
27.	3.	44.	73
28.	3.	57.	50
29.	3.	70.	27
30.	3.	83.	04
31.	3.	95.	80
32.	4.	08.	57
33.	4.	21.	34
34.	4.	34.	11
35.	4.	46.	88
36.	4.	59.	64
37.	4.	72.	41
38.	4.	85.	18

Anciennes mesures.	Nouvelles mesures.		
Cartonnées.	Hectar.	Ares.	Mèt. car.
39.	4.	97.	95
40.	5.	10.	72
41.	5.	23.	48
42.	5.	36.	25
43.	5.	49.	02
44.	5.	61.	79
45.	5.	74.	56
46.	5.	87.	32
47.	6.	00.	09
48.	6.	12.	86
49.	6.	25.	63
50.	6.	38.	39
51.	6.	51.	16
52.	6.	63.	93
53.	6.	76.	70
54.	6.	89.	47
55.	7.	02.	23
56.	7.	15.	00
57.	7.	27.	77
58.	7.	40.	54
59.	7.	53.	31
60.	7.	66.	07
61.	7.	78.	84
62.	7.	91.	61
63.	8.	04.	38
64.	8.	17.	15
65.	8.	29.	91
66.	8.	42.	68
67.	8.	55.	45
68.	8.	68.	22
69.	8.	80.	98
70.	8.	93.	75
71.	9.	06.	52
72.	9.	19.	29
73.	9.	32.	06
74.	9.	44.	82
75.	9.	57.	59
76.	9.	70.	36
77.	9.	83.	13
78.	9.	95.	90
79.	10.	08.	66
80.	10.	21.	43
81.	10.	34.	20
82.	10.	46.	97
83.	10.	59.	74

Anciennes mesures.	Nouvelles mesures.		
Cartonnées.	Hectar.	Ares.	Mèt. car.
84.	10.	72.	50
85.	10.	85.	27
86.	10.	98.	04
87.	11.	10.	81
88.	11.	23.	58
89.	11.	36.	34
90.	11.	49.	11
91.	11.	61.	88
92.	11.	74.	65
93.	11.	87.	41
94.	12.	00.	18
95.	12.	12.	95
96.	12.	25.	72
97.	12.	38.	49
98.	12.	51.	25
99.	12.	64.	02
100.	12.	76.	79
200.	25.	53.	58
300.	38.	30.	37
400.	51.	07.	16
500.	63.	83.	95
600.	76.	60.	74
700.	89.	37.	53
800.	102.	14.	32
900.	114.	91.	11
1000.	127.	67.	90

(*) La Cartonnée de Borrèze contient 441 toises carrées de 5 pieds de côté ; elle se divise en 6 Pognerées.

MESURES AGRAIRES.

N.° 107.

TABLE pour convertir les Ares et les Hectares en Cartonnées, Pognerées, mesure de Borrèze.

Nouvelles mesures.	Anciennes mesures.		
Ares.	Cartonn.	Pogn.	Cent.
1.	0.	0.	47
2.	0.	0.	94
3.	0.	1.	40
4.	0.	1.	88
5.	0.	2.	34
6.	0.	2.	81
7.	0.	3.	28
8.	0.	3.	75
9.	0.	4.	22
10.	0.	4.	69
15.	1.	1.	04
20.	1.	3.	37
25.	1.	5.	71
30.	2.	2.	05
40.	3.	0.	74
50.	3.	5.	43
60.	4.	4.	12
70.	5.	2.	81
80.	6.	1.	50
90.	7.	0.	19
Hectares.	Cartonn.	Pogn.	Cent.
1.	7.	4.	96
2.	15.	3.	91
3.	23.	2.	87
4.	31.	1.	83
5.	39.	0.	78
6.	46.	5.	74
7.	54.	4.	70
8.	62.	3.	66
9.	70.	2.	61
10.	78.	1.	57
11.	86.	0.	53
12.	93.	5.	48
13.	101.	4.	44
14.	109.	3.	40
15.	117.	2.	35
16.	125.	1.	31
17.	133.	0.	27
18.	140.	5.	23
19.	148.	4.	18
20.	156.	3.	14
21.	164.	2.	10
22.	172.	1.	05
23.	180.	0.	01
24.	187.	4.	97

Nouvelles mesures.	Anciennes mesures.		
Hectares.	Cartonn.	Pogn.	Cent.
25.	195.	3.	92
26.	203.	2.	88
27.	211.	1.	84
28.	219.	0.	80
29.	226.	5.	75
30.	234.	4.	71
31.	242.	3.	67
32.	250.	2.	62
33.	258.	1.	58
34.	266.	0.	54
35.	273.	5.	49
36.	281.	4.	45
37.	289.	3.	41
38.	297.	2.	37
39.	305.	1.	32
40.	313.	0.	28
41.	320.	5.	24
42.	328.	4.	19
43.	336.	3.	15
44.	344.	2.	11
45.	352.	1.	06
46.	360.	0.	02
47.	367.	4.	98
48.	375.	3.	94
49.	383.	2.	89
50.	391.	1.	85
51.	399.	0.	81
52.	406.	5.	76
53.	414.	4.	72
54.	422.	3.	68
55.	430.	2.	63
56.	438.	1.	59
57.	446.	0.	55
58.	453.	5.	51
59.	461.	4.	46
60.	469.	3.	42
61.	477.	2.	38
62.	485.	1.	33
63.	493.	0.	29
64.	500.	5.	25
65.	508.	4.	20
66.	516.	3.	16
67.	524.	2.	12
68.	532.	1.	08
69.	540.	0.	03

Nouvelles mesures.	Anciennes mesures.		
Hectares.	Cartonn.	Pogn.	Cent.
70.	547.	4.	99
71.	555.	3.	95
72.	563.	2.	9[illegible]
73.	571.	1.	86
74.	579.	0.	82
75.	586.	5.	77
76.	594.	4.	73
77.	602.	3.	69
78.	610.	2.	64
79.	618.	1.	60
80.	626.	0.	56
81.	633.	5.	51
82.	641.	4.	47
83.	649.	3.	43
84.	657.	2.	39
85.	665.	1.	34
86.	673.	0.	30
87.	680.	5.	26
88.	688.	4.	[illegible]
89.	696.	3.	17
90.	704.	2.	13
91.	712.	1.	09
92.	720.	0.	04
93.	727.	5.	00
94.	735.	3.	96
95.	743.	2.	91
96.	751.	1.	87
97.	759.	0.	83
98.	766.	5.	79
99.	774.	4.	74
100.	782.	3.	70
200.	1565.	1.	40
300.	2347.	5.	10
400.	3130.	2.	80
500.	3913.	0.	50
600.	4695.	4.	20
700.	5478.	1.	90
800.	6260.	5.	60
900.	7043.	2.	30
1000.	7826.	0.	00

MESURES AGRAIRES.

N.° 108.

TABLE pour convertir les Picotinées et Cartonnées, mesure de Beauregard, en Hectares, Ares et Mètres carrés (*).

Anciennes mesures.	Nouvelles mesures.		
Picotinées.	Hectar.	Ares.	Mèt. car.
1.	0.	01.	52
2.	0.	03.	04
3.	0.	04.	56
4.	0.	06.	08
5.	0.	07.	59
6.	0.	09.	09
7.	0.	10.	61
8.	0.	12.	13

Cartonnées.	Hectar.	Ares.	Mèt. car.
1.	0.	12.	15
2.	0.	24.	30
3.	0.	36.	46
4.	0.	48.	61
5.	0.	60.	76
6.	0.	72.	91
7.	0.	85.	06
8.	0.	97.	22
9.	1.	09.	37
10.	1.	21.	52
11.	1.	33.	67
12.	1.	45.	82
13.	1.	57.	97
14.	1.	70.	13
15.	1.	82.	28
16.	1.	94.	43
17.	2.	06.	58
18.	2.	18.	73
19.	2.	30.	89
20.	2.	43.	04
21.	2.	55.	19
22.	2.	67.	34
23.	2.	79.	49
24.	2.	91.	65
25.	3.	03.	80
26.	3.	15.	95
27.	3.	28.	10
28.	3.	40.	25
29.	3.	52.	41
30.	3.	64.	56
31.	3.	76.	71
32.	3.	88.	86
33.	4.	01.	01
34.	4.	13.	16
35.	4.	25.	32
36.	4.	37.	47

Anciennes mesures.	Nouvelles mesures.		
Cartonnées.	Hectar.	Ares.	Mèt. car.
37.	4.	49.	62
38.	4.	61.	77
39.	4.	73.	92
40.	4.	86.	08
41.	4.	98.	23
42.	5.	10.	38
43.	5.	22.	53
44.	5.	34.	68
45.	5.	46.	84
46.	5.	58.	99
47.	5.	71.	14
48.	5.	83.	29
49.	5.	95.	44
50.	6.	07.	60
51.	6.	19.	75
52.	6.	31.	90
53.	6.	14.	05
54.	6.	56.	20
55.	6.	68.	35
56.	6.	80.	50
57.	6.	92.	66
58.	7.	04.	81
59.	7.	16.	96
60.	7.	29.	11
61.	7.	41.	27
62.	7.	53.	42
63.	7.	65.	57
64.	7.	77.	72
65.	7.	89.	87
66.	8.	02.	03
67.	8.	14.	18
68.	8.	26.	33
69.	8.	38.	48
70.	8.	50.	63
71.	8.	62.	78
72.	8.	74.	94
73.	8.	87.	09
74.	8.	99.	24
75.	9.	11.	39
76.	9.	23.	54
77.	9.	35.	70
78.	9.	47.	85
79.	9.	60.	00
80.	9.	72.	15
81.	9.	84.	30

Anciennes mesures.	Nouvelles mesures.		
Cartonnées.	Hectar.	Ares.	Mèt. car.
82.	9.	96.	46
83.	10.	08.	61
84.	10.	20.	76
85.	10.	32.	91
86.	10.	45.	06
87.	10.	57.	22
88.	10.	69.	37
89.	10.	81.	52
90.	10.	93.	67
91.	11.	05.	82
92.	11.	17.	97
93.	11.	30.	13
94.	11.	42.	28
95.	11.	54.	43
96.	11.	66.	58
97.	11.	78.	73
98.	12.	90.	89
99.	12.	03.	04
100.	12.	15.	19
200.	24.	30.	38
300.	36.	45.	57
400.	48.	60.	76
500.	60.	75.	95
600.	72.	91.	14
700.	85.	06.	33
800.	97.	21.	52
900.	109.	36.	71
1000.	121.	51.	90

(*) La Cartonnée de Beauregard contient 320 toises carrées ; elle se divise en 8 Picotinées.

MESURES AGRAIRES.

N.° 109.

TABLE pour convertir les Ares et les Hectares en Cartonnées et Picotinées, mesure de Beauregard.

Nouvelles mesures.	Anciennes mesures.		
Ares.	Cartonn.	Picoti.	Centi.
1.	0.	0.	66
2.	0.	1.	32
3.	0.	1.	97
4.	0.	2.	63
5.	0.	3.	29
6.	0.	3.	95
7.	0.	4.	61
8.	0.	5.	26
9.	0.	5.	92
10.	0.	6.	58
15.	1.	1.	87
20.	1.	5.	16
25.	2.	0.	45
30.	2.	3.	74
40.	3.	2.	32
50.	4.	0.	90
60.	4.	7.	48
70.	5.	6.	06
80.	6.	4.	64
90.	7.	3.	23
100.	8.	1.	83
Hectares.	Cartonn.	Picoti.	Centi.
1.	8.	1.	83
2.	16.	3.	66
3.	24.	5.	50
4.	32.	7.	33
5.	41.	1.	16
6.	49.	2.	99
7.	57.	4.	82
8.	65.	6.	66
9.	74.	0.	49
10.	82.	2.	32
11.	90.	4.	15
12.	98.	5.	98
13.	106.	7.	82
14.	115.	1.	65
15.	123.	3.	48
16.	131.	5.	31
17.	139.	7.	14
18.	148.	0.	98
19.	156.	2.	81
20.	164.	4.	64
21.	172.	6.	47
22.	181.	0.	30
23.	189.	2.	14
24.	197.	3.	97

Nouvelles mesures.	Anciennes mesures.		
Hectares.	Cartonn.	Picoti.	Centi.
25.	205.	5.	80
26.	213.	7.	63
27.	222.	1.	46
28.	230.	3.	30
29.	238.	5.	13
30.	246.	6.	96
31.	255.	0.	79
32.	263.	2.	62
33.	271.	4.	46
34.	279.	6.	29
35.	288.	0.	12
36.	296.	1.	95
37.	304.	3.	78
38.	312.	5.	62
39.	320.	7.	45
40.	329.	1.	28
41.	337.	3.	11
42.	345.	4.	94
43.	353.	6.	78
44.	362.	0.	61
45.	370.	2.	44
46.	378.	4.	27
47.	386.	6.	10
48.	394.	7.	94
49.	403.	1.	77
50.	411.	3.	60
51.	419.	5.	43
52.	427.	7.	26
53.	436.	1.	10
54.	444.	2.	93
55.	452.	4.	76
56.	460.	6.	59
57.	469.	0.	42
58.	477.	2.	26
59.	485.	4.	09
60.	493.	5.	92
61.	501.	7.	75
62.	510.	1.	58
63.	518.	3.	42
64.	526.	5.	25
65.	534.	7.	08
66.	543.	0.	91
67.	551.	2.	74
68.	559.	4.	58
69.	567.	6.	41
70.	576.	0.	24

Nouvelles mesures.	Anciennes mesures.		
Hectares.	Cartonn.	Picoti.	Centi.
71.	584.	2.	[illegible]
72.	592.	3.	[illegible]
73.	600.	5.	[illegible]
74.	608.	7.	[illegible]
75.	617.	1.	[illegible]
76.	625.	3.	[illegible]
77.	633.	5.	06
78.	641.	6.	[illegible]
79.	650.	0.	[illegible]
80.	658.	2.	[illegible]
81.	666.	4.	[illegible]
82.	674.	6.	[illegible]
83.	683.	0.	[illegible]
84.	691.	1.	89
85.	699.	3.	72
86.	707.	5.	55
87.	715.	7.	38
88.	724.	1.	22
89.	732.	3.	05
90.	740.	4.	88
91.	748.	6.	71
92.	757.	0.	54
93.	765.	2.	[illegible]
94.	773.	4.	[illegible]
95.	781.	6.	[illegible]
96.	789.	7.	[illegible]
97.	798.	1.	[illegible]
98.	806.	3.	[illegible]
99.	814.	5.	[illegible]
100.	822.	7.	[illegible]
200.	1645.	6.	[illegible]
300.	2468.	5.	[illegible]
400.	3291.	4.	[illegible]
500.	4114.	4.	[illegible]
600.	4937.	3.	[illegible]
700.	5760.	2.	[illegible]
800.	6583.	1.	[illegible]
900.	7406.	0.	[illegible]
1000.	8229.	0.	[illegible]

MESURES AGRAIRES.

N.° 110.

TABLE pour convertir les Pognerées et Cartonnées, mesure de Salignac, en Hectares, Ares et Mètres carrés (*).

Anciennes mesures.	Nouvelles mesures.		
Pognerées.	Hectar.	Ares.	Mèt. car.
1.	0.	01.	94
2.	0.	03.	88
3.	0.	05.	82
4.	0.	07.	76
5.	0.	09.	69
6.	0.	11.	63
Cartonnées.	Hectar.	Ares	Mèt. car.
1.	0.	11.	63
2.	0.	23.	27
3.	0.	34.	90
4.	0.	46.	53
5.	0.	58.	17
6.	0.	69.	80
7.	0.	81.	44
8.	0.	93.	07
9.	1.	04.	70
10.	1.	16.	33
11.	1.	27.	97
12.	1.	39.	60
13.	1.	51.	24
14.	1.	62.	87
15.	1.	74.	51
16.	1.	86.	14
17.	1.	97.	77
18.	2.	09.	41
19.	2.	21.	04
20.	2.	32.	67
21.	2.	44.	31
22.	2.	55.	94
23.	2.	67.	58
24.	2.	79.	21
25.	2.	90.	84
26.	3.	02.	48
27.	3.	14.	11
28.	3.	25.	74
29.	3.	37.	38
30.	3.	49.	01
31.	3.	60.	64
32.	3.	72.	28
33.	3.	83.	91
34.	3.	95.	55
35.	4.	07.	18
36.	4.	18.	81
37.	4.	30.	45
38.	4.	42.	08
39.	4.	53.	71
40.	4.	65.	35
41.	4.	76.	98
42.	4.	88.	62
43.	5.	00.	25
44.	5.	11.	88
45.	5.	23.	52
46.	5.	35.	15
47.	5.	46.	78
48.	5.	58.	42
49.	5.	70.	05
50.	5.	81.	69
51.	5.	93.	32
52.	6.	04.	95
53.	6.	16.	59
54.	6.	28.	22
55.	6.	39.	85
56.	6.	51.	49
57.	6.	63.	12
58.	6.	74.	75
59.	6.	86.	39
60.	6.	98.	02
61.	7.	09.	66
62.	7.	21.	29
63.	7.	32.	92
64.	7.	44.	56
65.	7.	56.	19
66.	7.	67.	82
67.	7.	79.	46
68.	7.	91.	09
69.	8.	02.	73
70.	8.	14.	36
71.	8.	25.	99
72.	8.	37.	63
73.	8.	49.	26
74.	8.	60.	89
75.	8.	72.	53
76.	8.	84.	17
77.	8.	95.	79
78.	9.	07.	43
79.	9.	19.	06
80.	9.	30.	70
81.	9.	42.	33
82.	9.	53.	96
83.	9.	65.	60
84.	9.	77.	23
85.	9.	88.	86
86.	10.	00.	50
87.	10.	12.	13
88.	10.	23.	77
89.	10.	35.	40
90.	10.	47.	03
91.	10.	58.	67
92.	10.	70.	30
93.	10.	81.	93
94.	10.	93.	57
95.	11.	05.	20
96.	11.	16.	84
97.	11.	28.	47
98.	11.	40.	10
99.	11.	51.	74
100.	11.	63.	37
200.	23.	26.	74
300.	34.	90.	11
400.	46.	53.	48
500.	58.	16.	85
600.	69.	80.	22
700.	81.	43.	59
800.	93.	06.	96
900.	104.	70.	33
1000.	116.	33.	70

(*) La Cartonnée de Salignac contient 441 carreaux ou coups de compas carrés : le compas ouvert à 5 pieds ; la Cartonnée se divise en 6 Pognerées.

MESURES AGRAIRES.

N.° III.

TABLE pour convertir les Ares et les Hectares en Cartonnées et Pognerées, mesure de Salignac.

NOUVELLES mesures.	ANCIENNES mesures.		
Ares.	Cartonn.	Pogn.	Centiè.
1.	0.	0.	52
2.	0.	1.	03
3.	0.	1.	55
4.	0.	2.	06
5.	0.	2.	58
6.	0.	3.	10
7.	0.	3.	61
8.	0.	4.	13
9.	0.	4.	64
10.	0.	5.	16
15.	1.	1.	74
20.	1.	4.	32
25.	2.	0.	90
30.	2.	3.	48
40.	3.	2.	64
50.	4.	1.	80
60.	5.	0.	96
70.	6.	0.	12
80.	6.	5.	27
90.	7.	4.	43
100.	8.	3.	57
Hectares.	Cartonn.	Pogn.	Centiè.
1.	8.	3.	57
2.	17.	1.	15
3.	25.	4.	72
4.	34.	2.	30
5.	42.	5.	87
6.	51.	3.	44
7.	60.	1.	02
8.	68.	4.	59
9.	77.	2.	17
10.	85.	5.	74
11.	94.	3.	31
12.	103.	0.	89
13.	111.	4.	46
14.	120.	2.	04
15.	128.	5.	61
16.	137.	3.	18
17.	146.	0.	76
18.	154.	4.	33
19.	163.	1.	91
20.	171.	5.	48
21.	180.	3.	05
22.	189.	0.	63
23.	197.	4.	20

NOUVELLES mesures.	ANCIENNES mesures.		
Hectares.	Cartonn.	Pogn.	Centiè.
24.	206.	1.	78
25.	214.	5.	35
26.	223.	2.	92
27.	232.	0.	50
28.	240.	4.	07
29.	249.	1.	65
30.	257.	5.	22
31.	266.	2.	79
32.	275.	0.	37
33.	283.	3.	94
34.	292.	1.	52
35.	300.	5.	09
36.	309.	2.	66
37.	318.	0.	24
38.	326.	3.	81
39.	335.	1.	39
40.	343.	4.	96
41.	352.	2.	53
42.	361.	0.	11
43.	369.	3.	68
44.	378.	1.	26
45.	386.	4.	83
46.	395.	2.	40
47.	403.	5.	98
48.	412.	3.	55
49.	421.	1.	13
50.	429.	4.	70
51.	438.	2.	27
52.	446.	5.	85
53.	455.	3.	42
54.	464.	1.	00
55.	472.	4.	57
56.	481.	2.	14
57.	489.	5.	72
58.	498.	3.	29
59.	507.	0.	87
60.	515.	4.	44
61.	524.	2.	01
62.	532.	5.	59
63.	541.	3.	16
64.	550.	0.	74
65.	558.	4.	31
66.	567.	1.	88
67.	575.	5.	46
68.	584.	3.	03

NOUVELLES mesures.	ANCIENNES mesures.		
Hectares.	Cartonn.	Pogn.	Centiè.
69.	593.	0.	61
70.	601.	4.	[illegible]
71.	610.	1.	[illegible]
72.	618.	5.	[illegible]
73.	627.	2.	[illegible]
74.	636.	0.	48
75.	644.	4.	05
76.	653.	1.	62
77.	661.	5.	20
78.	670.	2.	77
79.	679.	0.	35
80.	687.	3.	92
81.	696.	1.	49
82.	704.	5.	07
83.	713.	2.	64
84.	722.	0.	22
85.	730.	3.	79
86.	739.	1.	36
87.	747.	4.	94
88.	756.	2.	51
89.	765.	0.	09
90.	773.	3.	66
91.	782.	1.	23
92.	790.	4.	[illegible]
93.	799.	2.	39
94.	807.	5.	97
95.	816.	3.	54
96.	825.	1.	[illegible]
97.	833.	4.	69
98.	842.	2.	[illegible]
99.	850.	5.	[illegible]
100.	859.	3.	[illegible]
200.	1719.	0.	[illegible]
300.	2578.	4.	[illegible]
400.	3438.	1.	[illegible]
500.	4297.	5.	[illegible]
600.	5157.	2.	[illegible]
700.	6016.	5.	[illegible]
800.	6876.	3.	[illegible]
900.	7736.	0.	[illegible]
1000.	8595.	4.	[illegible]

MESURES AGRAIRES.

N.° 112.

TABLE pour convertir les Escats, Picotinées et Cartonnées, mesure de Veyrines, Fayrac, etc., en Hectares, Ares et Mètres carrés (*).

Anciennes mesures.	Nouvelles mesures.		
Escats.	Hectar.	Ares.	Mèt. car.
1.	0.	00.	15
2.	0.	00.	30
3.	0.	00.	46
4.	0.	00.	61
5.	0.	00.	76
6.	0.	00.	91
7.	0.	01.	06
8.	0.	01.	22
9.	0.	01.	37
Picotinées.	Hectar.	Ares.	Mèt. car.
1.	0.	01.	37
2.	0.	02.	74
3.	0.	04.	10
4.	0.	05.	47
5.	0.	06.	84
6.	0.	08.	21
7.	0.	09.	57
8.	0.	10.	94
Cartonnées.	Hectar.	Ares.	Mèt. car.
1.	0.	10.	94
2.	0.	21.	88
3.	0.	32.	82
4.	0.	43.	76
5.	0.	54.	70
6.	0.	65.	64
7.	0.	76.	58
8.	0.	87.	52
9.	0.	98.	46
10.	1.	09.	40
11.	1.	20.	34
12.	1.	31.	28
13.	1.	42.	23
14.	1.	53.	17
15.	1.	64.	11
16.	1.	75.	05
17.	1.	85.	99
18.	1.	96.	93
19.	2.	07.	87
20.	2.	18.	81
21.	2.	29.	75
22.	2.	40.	69
23.	2.	51.	63
24.	2.	62.	57
25.	2.	73.	51
26.	2.	84.	45

Anciennes mesures.	Nouvelles mesures.		
Cartonnées.	Hectar.	Ares.	Mèt. car.
27.	2.	95.	39
28.	3.	06.	33
29.	3.	17.	27
30.	3.	28.	21
31.	3.	39.	15
32.	3.	50.	09
33.	3.	61.	03
34.	3.	71.	97
35.	3.	82.	91
36.	3.	93.	85
37.	4.	04.	79
38.	4.	15.	74
39.	4.	26.	68
40.	4.	37.	62
41.	4.	48.	56
42.	4.	59.	50
43.	4.	70.	44
44.	4.	81.	38
45.	4.	92.	32
46.	5.	03.	26
47.	5.	14.	20
48.	5.	25.	14
49.	5.	36.	08
50.	5.	47.	02
51.	5.	57.	96
52.	5.	68.	90
53.	5.	79.	84
54.	5.	90.	78
55.	6.	01.	72
56.	6.	12.	66
57.	6.	23.	60
58.	6.	34.	54
59.	6.	45.	48
60.	6.	56.	42
61.	6.	67.	36
62.	6.	78.	30
63.	6.	89.	25
64.	7.	00.	19
65.	7.	11.	13
66.	7.	22.	07
67.	7.	33.	01
68.	7.	43.	95
69.	7.	54.	89
70.	7.	65.	82
71.	7.	76.	77

Anciennes mesures.	Nouvelles mesures.		
Cartonnées.	Hectar.	Ares.	Mèt. car.
72.	7.	87.	71
73.	7.	98.	65
74.	8.	09.	59
75.	8.	20.	53
76.	8.	31.	47
77.	8.	42.	41
78.	8.	53.	35
79.	8.	64.	29
80.	8.	75.	23
81.	8.	86.	17
82.	8.	97.	11
83.	9.	08.	05
84.	9.	18.	99
85.	9.	29.	93
86.	9.	40.	87
87.	9.	51.	81
88.	9.	62.	76
89.	9.	73.	70
90.	9.	84.	64
91.	9.	95.	58
92.	10.	06.	52
93.	10.	17.	46
94.	10.	28.	40
95.	10.	39.	34
96.	10.	50.	28
97.	10.	61.	22
98.	10.	72.	16
99.	10.	83.	10
100.	10.	94.	04
200.	21.	88.	08
300.	32.	82.	12
400.	43.	76.	16
500.	54.	70.	20
600.	65.	64.	24
700.	76.	58.	28
800.	87.	52.	32
900.	98.	46.	36
1000.	109.	40.	40

(*) La Cartonnée de Veyrines et Fayrac se divise en 8 Picotinées, la Picotinée en 9 Escats; chaque Escat contient 144 pieds carrés ou 12 pieds de côté.

MESURES AGRAIRES.

N.° 113.

TABLE pour convertir les Ares et les Hectares en Cartonné Picotinées et Escats, mesure de Veyrines, Fayrac, etc.

Nouvelles mesures.	Anciennes mesures.			
Ares.	Cartonn.	Pic.	Esc.	Centiè.
1.	0.	0.	6.	58
2.	0.	1.	4.	16
3.	0.	2.	1.	74
4.	0.	2.	8.	32
5.	0.	3.	5.	90
6.	0.	4.	3.	48
7.	0.	5.	1.	06
8.	0.	5.	7.	64
9.	0.	6.	5.	22
10.	0.	7.	2.	80
15.	1.	2.	8.	70
20.	1.	6.	5.	60
25.	2.	2.	2.	50
30.	2.	5.	8.	40
40.	3.	5.	2.	20
50.	4.	4.	5.	00
60.	5.	3.	7.	80
70.	6.	3.	1.	60
80.	7.	2.	4.	40
90.	8.	1.	7.	20
100.	9.	1.	1.	11
Hectares.	Cartonn.	Pic.	Esc.	Centiè.
1.	9.	1.	1.	11
2.	18.	2.	2.	22
3.	27.	3.	3.	33
4.	36.	4.	4.	44
5.	45.	5.	5.	55
6.	54.	6.	6.	66
7.	63.	7.	7.	77
8.	73.	0.	8.	88
9.	82.	2.	0.	99
10.	91.	3.	2.	10
11.	100.	4.	3.	21
12.	109.	5.	4.	32
13.	118.	6.	5.	43
14.	127.	7.	6.	54
15.	137.	0.	7.	65
16.	146.	1.	8.	76
17.	155.	3.	0.	87
18.	164.	4.	1.	98
19.	173.	5.	3.	09
20.	182.	6.	4.	20
21.	191.	7.	5.	31
22.	201.	0.	6.	42
23.	210.	1.	7.	53

Nouvelles mesures.	Anciennes mesures.			
Hectares.	Cartonn.	Pic.	Esc.	Centiè.
24.	219.	2.	8.	64
25.	228.	4.	0.	75
26.	237.	5.	1.	86
27.	246.	6.	2.	97
28.	255.	7.	4.	08
29.	265.	0.	5.	19
30.	274.	1.	6.	30
31.	283.	2.	7.	41
32.	292.	3.	8.	52
33.	301.	5.	0.	63
34.	310.	6.	1.	74
35.	319.	7.	2.	85
36.	329.	0.	3.	96
37.	338.	1.	5.	07
38.	347.	2.	6.	18
39.	356.	3.	7.	29
40.	365.	4.	8.	40
41.	374.	6.	0.	51
42.	383.	7.	1.	62
43.	393.	0.	2.	73
44.	402.	1.	3.	84
45.	411.	2.	4.	95
46.	420.	3.	6.	06
47.	429.	4.	7.	17
48.	438.	5.	8.	28
49.	447.	7.	0.	39
50.	457.	0.	1.	50
51.	466.	1.	2.	61
52.	475.	2.	3.	72
53.	484.	3.	4.	83
54.	493.	4.	5.	94
55.	502.	5.	7.	05
56.	511.	6.	8.	16
57.	521.	0.	0.	27
58.	530.	1.	1.	38
59.	539.	2.	2.	49
60.	548.	3.	3.	60
61.	557.	4.	4.	71
62.	566.	5.	5.	82
63.	575.	6.	6.	93
64.	584.	7.	8.	04
65.	594.	1.	0.	15
66.	603.	2.	1.	26
67.	612.	3.	2.	37
68.	621.	4.	3.	48

Nouvelles mesures.	Anciennes mesures.			
Hectares.	Cartonn.	Pic.	Esc.	[illegible]
69.	630.	5.	4.	[illegible]
70.	639.	6.	5.	[illegible]
71.	648.	7.	6.	[illegible]
72.	658.	0.	7.	[illegible]
73.	667.	2.	0.	[illegible]
74.	676.	3.	1.	[illegible]
75.	685.	4.	2.	[illegible]
76.	694.	5.	3.	[illegible]
77.	703.	6.	4.	[illegible]
78.	712.	7.	5.	[illegible]
79.	722.	0.	6.	[illegible]
80.	731.	1.	7.	[illegible]
81.	740.	2.	8.	[illegible]
82.	749.	4.	1.	[illegible]
83.	758.	5.	2.	[illegible]
84.	767.	6.	3.	[illegible]
85.	776.	7.	4.	[illegible]
86.	786.	0.	5.	[illegible]
87.	795.	1.	6.	[illegible]
88.	804.	2.	7.	[illegible]
89.	813.	3.	8.	[illegible]
90.	822.	5.	0.	[illegible]
91.	831.	6.	2.	[illegible]
92.	840.	7.	3.	[illegible]
93.	850.	0.	4.	[illegible]
94.	859.	1.	5.	[illegible]
95.	868.	2.	6.	[illegible]
96.	877.	3.	7.	[illegible]
97.	886.	4.	8.	[illegible]
98.	895.	6.	0.	[illegible]
99.	904.	7.	1.	[illegible]
100.	914.	0.	3.	[illegible]
200.	1828.	0.	6.	[illegible]
300.	2742.	1.	0.	[illegible]
400.	3656.	1.	3.	[illegible]
500.	4570.	1.	6.	[illegible]
600.	5484.	2.	0.	[illegible]
700.	6398.	2.	3.	[illegible]
800.	7312.	2.	6	[illegible]
900.	8226.	3.	0.	[illegible]
1000.	9140.	3.	3.	[illegible]

MESURES AGRAIRES.

N.° 114.

TABLE pour convertir les Escats, Picotinées et Cartonnées, mesure de Siorac, en Hectares, Ares et Mètres carrés (*).

Anciennes mesures.	Nouvelles mesures.
Escats.	Hect. Ares. Mèt. c.
1.	0. 00. 09
2.	0. 00. 18
3.	0. 00. 27
4.	0. 00. 37
5.	0. 00. 46
6.	0. 00. 55
7.	0. 00. 64
8.	0. 00. 73
9.	0. 00. 82
10.	0. 00. 92
15.	0. 01. 37
20.	0. 01. 83
25.	0. 02. 29
30.	0. 02. 75
40.	0. 03. 66
50.	0. 04. 58
60.	0. 05. 50
70.	0. 06. 41
80.	0. 07. 33
90.	0. 08. 24
100.	0. 09. 16
Picotinées.	Hect. Ares. Mèt. c.
1.	0. 01. 14
2.	0. 02. 29
3.	0. 03. 43
4.	0. 04. 58
5.	0. 05. 72
6.	0. 06. 87
7.	0. 08. 01
8.	0. 09. 16
Cartonnées.	Hect. Ares. Mèt. c.
1.	0. 09. 16
2.	0. 18. 32
3.	0. 27. 48
4.	0. 36. 64
5.	0. 45. 80
6.	0. 54. 96
7.	0. 64. 12
8.	0. 73. 28
9.	0. 82. 44
10.	0. 91. 60
11.	1. 00. 76
12.	1. 09. 92
13.	1. 19. 08
14.	1. 28. 24

Anciennes mesures.	Nouvelles mesures.
Cartonnées.	Hect. Ares. Mèt. c.
15.	1. 37. 40
16.	1. 46. 56
17.	1. 55. 72
18.	1. 64. 88
19.	1. 74. 04
20.	1. 83. 20
21.	1. 92. 36
22.	2. 01. 52
23.	2. 10. 68
24.	2. 19. 84
25.	2. 29. 00
26.	2. 38. 16
27.	2. 47. 32
28.	2. 56. 48
29.	2. 65. 64
30.	2. 74. 80
31.	2. 83. 96
32.	2. 93. 12
33.	3. 02. 28
34.	3. 11. 44
35.	3. 20. 60
36.	3. 29. 76
37.	3. 38. 92
38.	3. 48. 08
39.	3. 57. 24
40.	3. 66. 40
41.	3. 75. 56
42.	3. 84. 72
43.	3. 93. 88
44.	4. 03. 04
45.	4. 12. 20
46.	4. 21. 36
47.	4. 30. 52
48.	4. 39. 68
49.	4. 48. 84
50.	4. 58. 00
51.	4. 67. 16
52.	4. 76. 32
53.	4. 85. 48
54.	4. 94. 64
55.	5. 03. 80
56.	5. 12. 96
57.	5. 22. 12
58.	5. 31. 28
59.	5. 40. 44

Anciennes mesures.	Nouvelles mesures.
Cartonnées.	Hect. Ares. Mèt. c.
60.	5. 49. 60
61.	5. 58. 76
62.	5. 67. 92
63.	5. 77. 08
64.	5. 86. 24
65.	5. 95. 40
66.	6. 04. 56
67.	6. 13. 72
68.	6. 22. 88
69.	6. 32. 04
70.	6. 41. 20
71.	6. 50. 36
72.	6. 59. 52
73.	6. 68. 68
74.	6. 77. 84
75.	6. 87. 00
76.	6. 96. 16
77.	7. 05. 32
78.	7. 14. 48
79.	7. 23. 64
80.	7. 32. 80
81.	7. 41. 96
82.	7. 51. 12
83.	7. 60. 28
84.	7. 69. 44
85.	7. 78. 60
86.	7. 87. 76
87.	7. 96. 92
88.	8. 06. 08
89.	8. 15. 24
90.	8. 24. 40
91.	8. 33. 56
92.	8. 42. 72
93.	8. 51. 88
94.	8. 61. 04
95.	8. 70. 20
96.	8. 79. 36
97.	8. 88. 52
98.	8. 97. 68
99.	9. 06. 84
100.	9. 16. 00
200.	18. 32. 00
300.	27. 48. 00
400.	36. 64. 00
500.	45. 80. 00

Anciennes mesures.	Nouvelles mesures.
Cartonnées.	Hect. Ares. Mèt. c.
600.	54. 96. 00
700.	64. 12. 00
800.	73. 28. 00
900.	82. 44. 00
1000.	91. 60. 00

(*) La Cartonnée de Siorac se divise en 8 Picotinées ou en 100 Escats, ensorte que la Picotinée contient 12 Escats et demi ; l'Escat a 12 pieds 6 pouces de côté.

MESURES AGRAIRES.

N.° 115.

TABLE pour convertir les Ares et les Hectares en Cartonnées, Escats, mesure de Siorac.

Nouvelles mesures.	Anciennes mesures.		
Ares.	Carton.	Escats.	Centi.
1.	0.	10.	92
2.	0.	21.	84
3.	0.	32.	76
4.	0.	43.	68
5.	0.	54.	60
6.	0.	65.	52
7.	0.	76.	44
8.	0.	87.	36
9.	0.	98.	28
10.	1.	09.	20
15.	1.	63.	78
20.	2.	18.	36
25.	2.	72.	94
30.	3.	27.	52
40.	4.	36.	69
50.	5.	45.	86
60.	6.	55.	03
70.	7.	64.	20
80.	8.	73.	37
90.	9.	82.	53
100.	10.	91.	70
Hectares.	Carton.	Escats.	Centi.
1.	10.	91.	70
2.	21.	83.	40
3.	32.	75.	10
4.	43.	66.	80
5.	54.	58.	50
6.	65.	50.	20
7.	76.	41.	90
8.	87.	33.	60
9.	98.	25.	30
10.	109.	17.	00
11.	120.	08.	70
12.	131.	00.	40
13.	141.	92.	10
14.	152.	83.	80
15.	163.	75.	50
16.	174.	67.	20
17.	185.	58.	90
18.	196.	50.	60
19.	207.	42.	30
20.	218.	34.	00
21.	229.	25.	70
22.	240.	17.	40
23.	251.	09.	10

Nouvelles mesures.	Anciennes mesures.		
Hectares.	Cartonn.	Escats.	Centi.
24.	262.	00.	80
25.	272.	92.	50
26.	283.	84.	20
27.	294.	75.	90
28.	305.	67.	60
29.	316.	59.	30
30.	327.	51.	00
31.	338.	42.	70
32.	349.	34.	40
33.	360.	26.	10
34.	371.	17.	80
35.	382.	09.	50
36.	393.	01.	20
37.	403.	92.	90
38.	414.	84.	60
39.	425.	76.	30
40.	436.	68.	00
41.	447.	59.	70
42.	458.	51.	40
43.	469.	43.	10
44.	480.	34.	80
45.	491.	26.	50
46.	502.	18.	20
47.	513.	09.	90
48.	524.	01.	60
49.	534.	93.	30
50.	545.	85.	00
51.	556.	76.	70
52.	567.	68.	40
53.	578.	60.	10
54.	589.	51.	80
55.	600.	43.	50
56.	611.	35.	20
57.	622.	26.	90
58.	633.	18.	60
59.	644.	10.	30
60.	655.	02.	00
61.	665.	93.	70
62.	676.	85.	40
63.	687.	77.	10
64.	698.	68.	80
65.	709.	60.	50
66.	720.	52.	20
67.	731.	43.	90
68.	742.	35.	60

Nouvelles mesures.	Anciennes mesures.		
Hectares.	Cartonn.	Escats.	Centi.
69.	753.	27.	[illegible]
70.	764.	19.	[illegible]
71.	775.	10.	[illegible]
72.	786.	02.	[illegible]
73.	796.	94.	[illegible]
74.	807.	85.	[illegible]
75.	818.	77.	[illegible]
76.	829.	69.	[illegible]
77.	840.	60.	[illegible]
78.	851.	52.	[illegible]
79.	862.	44.	[illegible]
80.	873.	35.	[illegible]
81.	884.	27.	[illegible]
82.	895.	19.	[illegible]
83.	906.	11.	[illegible]
84.	917.	62.	[illegible]
85.	927.	94.	[illegible]
86.	938.	[illegible]	[illegible]
87.	949.	71.	[illegible]
88.	960.	69.	[illegible]
89.	971.	61.	[illegible]
90.	982.	53.	[illegible]
91.	993.	44.	[illegible]
92.	1004.	36.	[illegible]
93.	1015.	28.	[illegible]
94.	1026.	19.	[illegible]
95.	1037.	11.	[illegible]
96.	1048.	03.	[illegible]
97.	1058.	94.	[illegible]
98.	1069.	86.	[illegible]
99.	1080.	78.	[illegible]
100.	1091.	70.	[illegible]
200.	2183.	40.	[illegible]
300.	3275.	10.	[illegible]
400.	4366.	80.	[illegible]
500.	5458.	50.	[illegible]
600.	6550.	20.	[illegible]
700.	7641.	90.	[illegible]
800.	8733.	60.	[illegible]
900.	9825.	30.	[illegible]
1000.	10917.	00.	[illegible]

MESURES DE CAPACITÉ pour les grains et matières sèches.

N.° 116.

TABLE pour convertir les Pognères et Quartons, mesure de Sarlat, St.-Quentin, Auriac, Carlux, St.-Julien-de-Lampon, Veyrignac, etc., en Décalitres, Litres et Décilitres (*).

Anciennes mesures.	Nouvelles mesures.		
Pognères.	Décalit.	Litres.	Décilit.
1.	0.	4.	6
2.	0.	9.	1
3.	1.	3.	7
4.	1.	8.	3
5.	2.	2.	8
6.	2.	7.	4
Quartons.	Décalit.	Litres.	Décilit.
1.	2.	7.	4
2.	5.	4.	7
3.	8.	2.	1
4.	10.	9.	4
5.	13.	6.	8
6.	16.	4.	2
7.	19.	1.	5
8.	21.	8.	9
9.	24.	6.	2
10.	27.	3.	6
11.	30.	1.	0
12.	32.	8.	3
13.	35.	5.	7
14.	38.	3.	0
15.	41.	0.	4
16.	43.	7.	8
17.	46.	5.	1
18.	49.	2.	5
19.	51.	9.	8
20.	54.	7.	2
21.	57.	4.	6
22.	60.	1.	9
23.	62.	9.	3
24.	65.	6.	6
25.	68.	4.	0
26.	71.	1.	4
27.	73.	8.	7
28.	76.	6.	1
29.	79.	3.	4
30.	82.	0.	8
31.	84.	8.	2
32.	87.	5.	5
33.	90.	2.	9
34.	93.	0.	2
35.	95.	7.	6
36.	98.	5.	0
37.	101.	2.	3
38.	103.	9.	7
39.	106.	7.	0
40.	109.	4.	4
41.	112.	1.	8
42.	114.	9.	1
43.	117.	6.	5
44.	120.	3.	8
45.	123.	1.	2
46.	125.	8.	6
47.	128.	5.	9
48.	131.	3.	3
49.	134.	0.	6
50.	136.	8.	0
51.	139.	5.	4
52.	142.	2.	7
53.	145.	0.	1
54.	147.	7.	4
55.	150.	4.	8
56.	153.	2.	2
57.	155.	9.	5
58.	158.	6.	9
59.	161.	4.	2
60.	164.	1.	6
61.	166.	9.	0
62.	169.	6.	3
63.	172.	3.	7
64.	175.	1.	0
65.	177.	8.	4
66.	180.	5.	8
67.	183.	3.	1
68.	186.	0.	5
69.	188.	7.	8
70.	191.	5.	2
71.	194.	2.	6
72.	196.	9.	9
73.	199.	7.	3
74.	202.	4.	6
75.	205.	2.	0
76.	207.	9.	4
77.	210.	6.	7
78.	213.	4.	1
79.	216.	1.	4
80.	218.	8.	8
81.	221.	6.	2
82.	224.	3.	5
83.	227.	0.	9
84.	229.	8.	2
85.	232.	5.	6
86.	235.	3.	0
87.	238.	0.	3
88.	240.	7.	7
89.	243.	5.	0
90.	246.	2.	4
91.	248.	9.	8
92.	251.	7.	1
93.	254.	4.	5
94.	257.	1.	8
75.	259.	9.	2
96.	262.	6.	6
97.	265.	3.	9
98.	268.	1.	3
99.	270.	8.	6
100.	273.	6.	0
200.	547.	2.	0
300.	820.	8.	0
400.	1094.	4.	0
500.	1368.	0.	0
600.	1641.	6.	0
700.	1915.	2.	0
800.	2188.	8.	0
900.	2462.	4.	0
1000.	2736.	0.	0

(*) Le Quarton de Sarlat contient 44 liv. de blé froment, et se divise en 6 Pognères.

La comparaison avec le Décalitre a été faite sur l'étalon.

MESURES DE CAPACITÉ pour les grains et matières sèches.

N.° 117.

TABLE pour convertir les Litres et Décalitres en Quartons, Pognères, mesure de Sarlat, etc.

Nouvelles mesures.	Anciennes mesures.		
Litres.	Quart.	Pogn.	Dixièm.
1.	0.	0.	2
2.	0.	0.	4
3.	0.	0.	7
4.	0.	0.	9
5.	0.	1.	1
6.	0.	1.	3
7.	0.	1.	5
8.	0.	1.	8
9.	0.	2.	0
10.	0.	2.	2
Décalitres.	Quart.	Pogn.	Dixièm.
1.	0.	2.	2
2.	0.	4.	4
3.	1.	0.	6
4.	1.	2.	8
5.	1.	5.	0
6.	2.	1.	2
7.	2.	3.	4
8.	2.	5.	5
9.	3.	1.	7
10.	3.	3.	9
11.	4.	0.	1
12.	4.	2.	3
13.	4.	4.	5
14.	5.	0.	7
15.	5.	2.	9
16.	5.	5.	1
17.	6.	1.	3
18.	6.	3.	5
19.	6.	5.	7
20.	7.	1.	9
21.	7.	4.	1
22.	8.	0.	2
23.	8.	2.	4
24.	8.	4.	6
25.	9.	0.	8
26.	9.	3.	0
27.	9.	5.	2
28.	10.	1.	4
29.	10.	3.	6
30.	10.	5.	8
31.	11.	2.	0
32.	11.	4.	2
33.	12.	0.	4
34.	12.	2.	6

Nouvelles mesures.	Anciennes mesures.		
Décalitres.	Quart.	Pogn.	Dixièm.
35.	12.	4.	8
36.	13.	0.	9
37.	13.	3.	1
38.	13.	5.	3
39.	14.	1.	5
40.	14.	3.	7
41.	14.	5.	9
42.	15.	2.	1
43.	15.	4.	3
44.	16.	0.	5
45.	16.	2.	7
46.	16.	4.	9
47.	17.	1.	1
48.	17.	3.	3
49.	17.	5.	5
50.	18.	1.	7
51.	18.	3.	8
52.	19.	0.	0
53.	19.	2.	2
54.	19.	4.	4
55.	20.	0.	6
56.	20.	2.	8
57.	20.	5.	0
58.	21.	1.	2
59.	21.	3.	4
60.	21.	5.	6
61.	22.	1.	8
62.	22.	4.	0
63.	23.	0.	2
64.	23.	2.	4
65.	23.	4.	5
66.	24.	0.	7
67.	24.	2.	9
68.	24.	5.	1
69.	25.	1.	3
70.	25.	3.	5
71.	25.	5.	7
72.	26.	1.	9
73.	26.	4.	1
74.	27.	0.	3
75.	27.	2.	5
76.	27.	4.	7
77.	28.	0.	9
78.	28.	3.	1
79.	28.	5.	2

Nouvelles mesures.	Anciennes mesures.		
Décalitres.	Quart.	Pogn.	Dixièm.
80.	29.	1.	[illegible]
81.	29.	3.	[illegible]
82.	29.	5.	[illegible]
83.	30.	2.	[illegible]
84.	30.	4.	[illegible]
85.	31.	0.	[illegible]
86.	31.	2.	[illegible]
87.	31.	4.	[illegible]
88.	32.	1.	[illegible]
89.	32.	3.	[illegible]
90.	32.	5.	[illegible]
91.	33.	1.	[illegible]
92.	33.	3.	[illegible]
93.	33.	5.	[illegible]
94.	34.	2.	[illegible]
95.	34.	4.	[illegible]
96.	35.	0.	[illegible]
97.	35.	[illegible]	[illegible]
98.	35.	4.	[illegible]
99.	36.	1.	[illegible]
100.	36.	3.	[illegible]
200.	73.	0.	[illegible]
300.	109.	3.	[illegible]
400.	146.	1.	[illegible]
500.	182.	4.	[illegible]
600.	219.	1.	[illegible]
700.	255.	5.	[illegible]
800.	292.	2.	[illegible]
900.	328.	5.	[illegible]
1000.	365.	3.	[illegible]

MESURES DE CAPACITÉ pour les grains et matières sèches.

N.° 118.

TABLE pour convertir les Picotins et Quartons, mesure de Labachelerie, en Décalitres, Litres et Décilitres (*).

Anciennes mesures.	Nouvelles mesures.		
Picotins.	Décalit.	Litres.	Décilit.
1.	0.	3.	5
2.	0.	7.	0
3.	1.	0.	5
4.	1.	4.	0
5.	1.	7.	5
6.	2.	1.	0
7.	2.	4.	5
8.	2.	8.	0
Quartons.	Décalit.	Litres.	Décilit.
1.	2.	8.	0
2.	5.	5.	9
3.	8.	3.	9
4.	11.	1.	9
5.	13.	9.	9
6.	16.	7.	8
7.	19.	5.	8
8.	22.	3.	8
9.	25.	1.	7
10.	27.	9.	7
11.	30.	7.	7
12.	33.	5.	6
13.	36.	3.	6
14.	39.	1.	6
15.	41.	9.	5
16.	44.	7.	5
17.	47.	5.	5
18.	50.	3.	5
19.	53.	1.	4
20.	55.	9.	4
21.	58.	7.	4
22.	61.	5.	3
23.	64.	3.	3
24.	67.	1.	3
25.	69.	9.	2
26.	72.	7.	2
27.	75.	5.	2
28.	78.	3.	2
29.	81.	1.	1
30.	83.	9.	1
31.	86.	7.	1
32.	89.	5.	0
33.	92.	3.	0
34.	95.	1.	0
35.	97.	8.	9
36.	100.	6.	9

Anciennes mesures.	Nouvelles mesures.		
Quartons.	Décalit.	Litres.	Décilit.
37.	103.	4.	9
38.	106.	2.	9
39.	109.	0.	8
40.	111.	8.	8
41.	114.	6.	8
42.	117.	4.	7
43.	120.	2.	7
44.	123.	0.	7
45.	125.	8.	6
46.	128.	6.	6
47.	131.	4.	6
48.	134.	2.	6
49.	137.	0.	5
50.	139.	8.	5
51.	142.	6.	5
52.	145.	4.	4
53.	148.	2.	4
54.	151.	0.	4
55.	153.	8.	3
56.	156.	6.	3
57.	159.	4.	3
58.	162.	2.	3
59.	165.	0.	2
60.	167.	8.	2
61.	170.	6.	2
62.	173.	4.	1
63.	176.	2.	1
64.	179.	0.	1
65.	181.	8.	1
66.	184.	6.	0
67.	187.	4.	0
68.	190.	2.	0
69.	192.	9.	9
70.	195.	7.	9
71.	198.	5.	9
72.	201.	3.	8
73.	204.	1.	8
74.	206.	9.	8
75.	209.	7.	7
76.	212.	5.	7
77.	215.	3.	7
78.	218.	1.	7
79.	220.	9.	6
80.	223.	7.	6
81.	226.	5.	6

Anciennes mesures.	Nouvelles mesures.		
Quartons.	Décalit.	Litres.	Décilit.
82.	229.	3.	5
83.	232.	1.	5
84.	234.	9.	5
85.	237.	7.	4
86.	240.	5.	4
87.	243.	3.	4
88.	246.	1.	4
89.	248.	9.	3
90.	251.	7.	3
91.	254.	5.	3
92.	257.	3.	2
93.	260.	1.	2
94.	262.	9.	2
95.	265.	7.	1
96.	268.	5.	1
97.	271.	3.	1
98.	274.	1.	1
99.	276.	9.	0
100.	279.	7.	0
200.	559.	4.	0
300.	839.	1.	0
400.	1118.	8.	0
500.	1398.	5.	0
600.	1678.	2.	0
700.	1957.	9.	0
800.	2237.	6.	0
900.	2517.	3.	0
1000.	2797.	0.	0

(*) Le Quarton de Labachelerie contient 43 liv. de blé froment ; il se divise en 8 Picotins.

MESURES
DE CAPACITÉ
pour les grains
et matières sèches.

N.° 119.

TABLE pour convertir les Litres et Décalitres en Quartons, Picotins et dixièmes de Picotin, mesure de Labachelerie.

Nouvelles mesures.	Anciennes mesures.			Nouvelles mesures.	Anciennes mesures.			Nouvelles mesures.	Anciennes mesures.		
Litres.	Quart.	Picot.	Dixièm.	Décalitres.	Quart.	Picot.	Dixièm.	Décalitres.	Quart.	Picot.	Dixièm.
1.	0.	0.	3	35.	12.	4.	1	80.	28.	4.	8
2.	0.	0.	6	36.	12.	7.	0	81.	28.	7.	7
3.	0.	0.	9	37.	13.	1.	8	82.	29.	2.	[illegible]
4.	0.	1.	1	38.	13.	4.	7	83.	29.	5.	4
5.	0.	1.	4	39.	13.	7.	5	84.	30.	0.	2
6.	0.	1.	7	40.	14.	2.	4	85.	30.	3.	1
7.	0.	2.	0	41.	14.	5.	3	86.	30.	6.	0
8.	0.	2.	3	42.	15.	0.	1	87.	31.	0.	8
9.	0.	2.	6	43.	15.	3.	0	88.	31.	3.	7
10.	0.	2.	9	44.	15.	5.	8	89.	31.	6.	5
Décalitres.	Quart.	Picot.	Dixièm.	45.	16.	0.	7	90.	32.	1.	4
1.	0.	2.	9	46.	16.	3.	6	91.	32.	4.	3
2.	0.	5.	7	47.	16.	6.	4	92.	32.	7.	1
3.	1.	0.	6	48.	17.	1.	3	93.	33.	2.	0
4.	1.	3.	4	49.	17.	4.	1	94.	33.	4.	8
5.	1.	6.	3	50.	17.	7.	0	95.	33.	7.	7
6.	2.	1.	2	51.	18.	1.	9	96.	34.	2.	6
7.	2.	4.	0	52.	18.	4.	7	97.	34.	5.	4
8.	2.	6.	9	53.	18.	7.	6	98.	35.	0.	3
9.	3.	1.	7	54.	19.	2.	4	99.	35.	3.	1
10.	3.	4.	6	55.	19.	5.	3	100.	35.	6.	9
11.	3.	7.	5	56.	20.	0.	2	200.	71.	4.	0
12.	4.	2.	3	57.	20.	3.	0	300.	107.	2.	0
13.	4.	5.	2	58.	20.	5.	9	400.	143.	0.	0
14.	5.	0.	0	59.	21.	0.	7	500.	178.	6.	0
15.	5.	2.	9	60.	21.	3.	6	600.	214.	4.	0
16.	5.	5.	8	61.	21.	6.	5	700.	250.	2.	0
17.	6.	0.	6	62.	22.	1.	3	800.	286.	0.	0
18.	6.	3.	5	63.	22.	4.	2	900.	321.	6.	0
19.	6.	6.	3	64.	22.	7.	0	1000.	357.	4.	0
20.	7.	1.	2	65.	23.	1.	9				
21.	7.	4.	1	66.	23.	4.	8				
22.	7.	6.	9	67.	23.	7.	6				
23.	8.	1.	8	68.	24.	2.	5				
24.	8.	4.	6	69.	24.	5.	3				
25.	8.	7.	5	70.	25.	0.	2				
26.	9.	2.	4	71.	25.	3.	1				
27.	9.	5.	2	72.	25.	5.	9				
28.	10.	0.	1	73.	26.	0.	8				
29.	10.	2.	9	74.	26.	3.	6				
30.	10.	5.	8	75.	26.	6.	5				
31.	11.	0.	7	76.	27.	1.	4				
32.	11.	3.	5	77.	27.	4.	2				
33.	11.	6.	1	78.	27.	7.	1				
34.	12.	1.	2	79.	28.	1.	9				

MESURES DE CAPACITÉ pour les grains et matières sèches.

N.° 120.

TABLE pour convertir les Picotins et Quartons, mesure de Salignac, en Décalitres, Litres et Décilitres (*).

Anciennes mesures.	Nouvelles mesures.			Anciennes mesures.	Nouvelles mesures.			Anciennes mesures.	Nouvelles mesures.		
Picotins.	Décalit.	Litres.	Décilit.	Quartons.	Décalit.	Litres.	Décilit.	Quartons.	Décalit.	Litres.	Décilit.
1.	0.	3.	2	37.	96.	2.	7	82.	213.	3.	6
2.	0.	6.	5	38.	98.	8.	8	83.	215.	9.	7
3.	0.	9.	7	39.	101.	4.	8	84.	218.	5.	7
4.	1.	3.	0	40.	104.	0.	8	85.	221.	1.	7
5.	1.	6.	2	41.	106.	6.	8	86.	223.	7.	7
6.	1.	9.	5	42.	109.	2.	8	87.	226.	3.	7
7.	2.	2.	7	43.	111.	8.	9	88.	228.	9.	8
8.	2.	6.	0	44.	114.	4.	9	89.	231.	5.	8
Quartons.	Décalit.	Litres.	Décilit.	45.	117.	0.	9	90.	234.	1.	8
1.	2.	6.	0	46.	119.	6.	9	91.	236.	7.	8
2.	5.	2.	0	47.	122.	2.	9	92.	239.	3.	8
3.	7.	8.	1	48.	124.	9.	0	93.	241.	9.	9
4.	10.	4.	1	49.	127.	5.	0	94.	244.	5.	9
5.	13.	0.	1	50.	130.	1.	0	95.	247.	1.	9
6.	15.	6.	1	51.	132.	7.	0	96.	249.	7.	9
7.	18.	2.	1	52.	135.	3.	0	97.	252.	3.	9
8.	20.	8.	2	53.	137.	9.	1	98.	255.	0.	0
9.	23.	4.	2	54.	140.	5	1	99.	257.	6.	0
10.	26.	0.	2	55.	143.	1.	1	100.	260.	2.	0
11.	28.	6.	2	56.	145.	7.	1	200.	520.	4.	0
12.	31.	2.	2	57.	148.	3.	1	300.	780.	6.	0
13.	33.	8.	3	58.	150.	9.	2	400.	1040.	8.	0
14.	36.	4.	3	59.	153.	5.	2	500.	1301.	0.	0
15.	39.	0.	3	60.	156.	1.	2	600.	1561.	2.	0
16.	41.	6.	3	61.	158.	7.	2	700.	1821.	4.	0
17.	44.	2.	3	62.	161.	3.	2	800.	2081.	6.	0
18.	46.	8.	4	63.	163.	9.	3	900.	2341.	8.	0
19.	49.	4.	4	64.	166.	5.	3	1000.	2602.	0.	0
20.	52.	0.	4	65.	169.	1.	3				
21.	54.	6.	4	66.	171.	7.	3				
22.	57.	2.	4	67.	174.	3.	3				
23.	59.	8.	5	68.	176.	9.	4				
24.	62.	4.	5	69.	179.	5.	4				
25.	65.	0.	5	70.	182.	1.	4				
26.	67.	6.	5	71.	184.	7.	4				
27.	70.	2.	5	72.	187.	3.	4				
28.	72.	8.	6	73.	189.	9.	5				
29.	75.	4.	6	74.	192.	5.	5				
30.	78.	0.	6	75.	195.	1.	5				
31.	80.	6.	6	76.	197.	7.	5				
32.	83.	2.	6	77.	200.	3.	5				
33.	85.	8.	7	78.	202.	9.	6				
34.	88.	4.	7	79.	205.	5.	6				
35.	91.	0.	7	80.	208.	1.	6				
36.	93.	6.	7	81.	210.	7.	6				

(*) Le Quarton de Salignac contient 40 liv. de blé froment; il se divise en 8 Picotins.

MESURES DE CAPACITÉ pour les grains et matières sèches.

N.° 121.

TABLE pour convertir les Litres et Décalitres en Quartons et Picotins, mesure de Salignac.

Nouvelles mesures.	Anciennes mesures.		
Litres.	Quart.	Picot.	Dixièm.
1.	0.	0.	3
2.	0.	0.	6
3.	0.	0.	9
4.	0.	1.	2
5.	0.	1.	5
6.	0.	1.	9
7.	0.	2.	2
8.	0.	2.	5
9.	0.	2.	8
10.	0.	3.	1
Décalitres.	Quart.	Picot.	Dixièm.
1.	0.	3.	1
2.	0.	6.	1
3.	1.	1.	2
4.	1.	4.	3
5.	1.	7.	4
6.	2.	2.	4
7.	2.	5.	5
8.	3.	0.	6
9.	3.	3.	7
10.	3.	6.	7
11.	4.	1.	8
12.	4.	4.	9
13.	5.	0.	0
14.	5.	3.	0
15.	5.	6.	1
16.	6.	1.	2
17.	6.	4.	3
18.	6.	7.	3
19.	7.	2.	4
20.	7.	5.	5
21.	8.	0.	6
22.	8.	3.	6
23.	8.	6.	7
24.	9.	1.	8
25.	9.	4.	8
26.	9.	7.	9
27.	10.	3.	0
28.	10.	6.	1
29.	11.	1.	1
30.	11.	4.	2
31.	11.	7.	3
32.	12.	2.	4
33.	12.	5.	4
34.	13.	0.	5

Nouvelles mesures.	Anciennes mesures.		
Décalitres.	Quart.	Picot.	Dixièm.
35.	13.	3.	6
36.	13.	6.	7
37.	14.	1.	7
38.	14.	4.	8
39.	14.	7.	9
40.	15.	3.	0
41.	15.	6.	0
42.	16.	1.	1
43.	16.	4.	2
44.	16.	7.	3
45.	17.	2.	3
46.	17.	5.	4
47.	18.	0.	5
48.	18.	3.	6
49.	18.	6.	6
50.	19.	1.	7
51.	19.	4.	8
52.	19.	7.	8
53.	20.	2.	9
54.	20.	6.	0
55.	21.	1.	1
56.	21.	4.	1
57.	21.	7.	2
58.	22.	2.	3
59.	22.	5.	4
60.	23.	0.	4
61.	23.	3.	5
62.	23.	6.	6
63.	24.	1.	7
64.	24.	4.	7
65.	24.	7.	8
66.	25.	2.	9
67.	25.	6.	0
68.	26.	1.	0
69.	26.	4.	1
70.	26.	7.	2
71.	27.	2.	3
72.	27.	5.	3
73.	28.	0.	4
74.	28.	3.	5
75.	28.	6.	5
76.	29.	1.	6
77.	29.	4.	7
78.	29.	7.	8
79.	30.	2.	8

Nouvelles mesures.	Anciennes mesures.		
Décalitres.	Quart.	Picot.	Dixièm.
80.	30.	5.	9
81.	31.	1.	0
82.	31.	4.	1
83.	31.	7.	1
84.	32.	2.	2
85.	32.	5.	3
86.	33.	0.	4
87.	33.	3.	4
88.	33.	6.	5
89.	34.	1.	6
90.	34.	4.	7
91.	34.	7.	7
92.	35.	2.	8
93.	35.	5.	9
94.	36.	1.	0
95.	36.	4.	0
96.	36.	7.	1
97.	37.	2.	1
98.	37.	5.	[illegible]
99.	38.	0.	3
100.	38.	3.	4
200.	76.	6.	8
300.	115.	2.	2
400.	153.	5.	6
500.	192.	1.	0
600.	230.	4.	4
700.	268.	7.	8
800.	307.	1.	2
900.	345.	4.	6
1000.	384.	0.	0

MESURES
DE CAPACITÉ
pour les grains
et matières sèches.

N.° 122.

TABLE pour convertir les Pognères et Quartons, mesure de Borrèze, en Décalitres, Litres et Décilitres (*).

Anciennes mesures.	Nouvelles mesures.		
Pognères.	Décalit.	Litres.	Décilit.
1.	0.	4.	1
2.	0.	8.	2
3.	1.	2.	3
4.	1.	6.	4
5.	2.	0.	5
6.	2.	4.	6
Cartons.	Décalit.	Litres.	Décilit.
1.	2.	4.	6
2.	4.	9.	2
3.	7.	3.	8
4.	9.	8.	4
5.	12.	3.	1
6.	14.	7.	7
7.	17.	2.	3
8.	19.	6.	9
9.	22.	1.	5
10.	24.	6.	1
11.	27.	0.	7
12.	29.	5.	3
13.	31.	9.	9
14.	34.	4.	5
15.	36.	9.	1
16.	39.	3.	8
17.	41.	8.	4
18.	44.	3.	0
19.	46.	7.	6
20.	49.	2.	2
21.	51.	6.	8
22.	54.	1.	4
23.	56.	6.	0
24.	59.	0.	6
25.	61.	5.	2
26.	63.	9.	9
27.	66.	4.	5
28.	68.	9.	1
29.	71.	3.	7
30.	73.	8.	3
31.	76.	2.	9
32.	78.	7.	5
33.	81.	2.	1
34.	83.	6.	7
35.	86.	1.	3
36.	88.	6.	0
37.	91.	0.	6
38.	93.	5.	2

Anciennes mesures.	Nouvelles mesures.		
Cartons.	Décalit.	Litres.	Décilit.
39.	95.	9.	8
40.	98.	4.	4
41.	100.	9.	0
42.	103.	3.	6
43.	105.	8.	2
44.	108.	2.	8
45.	110.	7.	5
46.	113.	2.	1
47.	115.	6.	7
48.	118.	1.	3
49.	120.	5.	9
50.	123.	0.	5
51.	125.	5.	1
52.	127.	9.	7
53.	130.	4.	3
54.	132.	8.	9
55.	135.	3.	5
56.	137.	8.	2
57.	140.	2.	8
58.	142.	7.	4
59.	145.	2.	0
60.	147.	6.	6
61.	150.	1.	2
62.	152.	5.	8
63.	155.	0.	4
64.	157.	5.	0
65.	159.	9.	7
66.	162.	4.	3
67.	164.	8.	9
68.	167.	3.	5
69.	169.	8.	1
70.	172.	2.	7
71.	174.	8.	3
72.	177.	1.	9
73.	179.	6.	5
74.	182.	1.	1
75.	184.	5.	7
76.	187.	0.	4
77.	189.	5.	0
78.	191.	9.	6
79.	194.	4.	2
80.	196.	8.	8
81.	199.	3.	4
82.	201.	8.	0
83.	204.	2.	6

Anciennes mesures.	Nouvelles mesures.		
Cartons.	Décalit.	Litres.	Décilit.
84.	206.	7.	2
85.	209.	1.	9
86.	211.	6.	5
87.	214.	1.	1
88.	216.	5.	7
89.	219.	0.	3
90.	221.	4.	9
91.	223.	9.	5
92.	226.	4.	1
93.	228.	8.	7
94.	231.	3.	3
75.	233.	7.	9
96.	236.	2.	6
97.	238.	7.	2
98.	241.	1.	8
99.	243.	6.	4
100.	246.	1.	0
200.	492.	2.	0
300.	738.	3.	0
400.	984.	4.	0
500.	1230.	5.	0
600.	1476.	6.	0
700.	1722.	7.	0
800.	1968.	8.	0
900.	2214.	9.	0
1000.	2461.	0.	0

(*) Le Quarton de Borrèze contient 37 liv. 12 onces de blé froment ; il se divise en 6 Pognères.

MESURES DE CAPACITÉ pour les grains et matières sèches.

N.° 123.

TABLE pour convertir les Litres et Décalitres en Quartons, Pognères et dixièmes de Pognère, mesure de Borrèze.

NOUVELLES mesures.	ANCIENNES mesures.		
Litres.	Quart.	Pogn.	Dixièm.
1.	0.	0.	2
2.	0.	0.	5
3.	0.	0.	7
4.	0.	1.	0
5.	0.	1.	2
6.	0.	1.	5
7.	0.	1.	7
8.	0.	2.	0
9.	0.	2.	2
10.	0.	2.	4
Décalitres.	Quart.	Pogn.	Dixièm.
1.	0.	2.	4
2.	0.	4.	9
3.	1.	1.	3
4.	1.	3.	8
5.	2.	0.	2
6.	2.	2.	6
7.	2.	5.	1
8.	3.	1.	5
9.	3.	3.	9
10.	4.	0.	4
11.	4.	2.	8
12.	4.	5.	3
13.	5.	1.	7
14.	5.	4.	1
15.	6.	0.	6
16.	6.	3.	0
17.	6.	5.	4
18.	7.	1.	9
19.	7.	4.	3
20.	8.	0.	8
21.	8.	3.	2
22.	8.	5.	6
23.	9.	2.	1
24.	9.	4.	5
25.	10.	1.	0
26.	10.	3.	4
27.	10.	5.	8
28.	11.	2.	3
29.	11.	4.	7
30.	12.	1.	1
31.	12.	3.	6
32.	13.	0.	0
33.	13.	2.	5
34.	13.	4.	9
35.	14.	1.	3
36.	14.	3.	8
37.	15.	0.	2
38.	15.	2.	6
39.	15.	5.	1
40.	16.	1.	5
41.	16.	4.	0
42.	17.	0.	4
43.	17.	2.	8
44.	17.	5.	3
45.	18.	1.	7
46.	18.	4.	1
47.	19.	0.	6
48.	19.	3.	0
49.	19.	5.	5
50.	20.	1.	9
51.	20.	4.	3
52.	21.	0.	8
53.	21.	3.	2
54.	21.	5.	7
55.	22.	2.	1
56.	22.	4.	5
57.	23.	1.	0
58.	23.	3.	4
59.	23.	5.	8
60.	24.	2.	3
61.	24.	4.	7
62.	25.	1.	2
63.	25.	3.	6
64.	26.	0.	0
65.	26.	2.	5
66.	26.	4.	9
67.	27.	1.	3
68.	27.	3.	8
69.	28.	0.	2
70.	28.	2.	7
71.	28.	5.	1
72.	29.	1.	5
73.	29.	4.	0
74.	30.	0.	4
75.	30.	2.	9
76.	30.	5.	3
77.	31.	1.	7
78.	31.	4.	2
79.	32.	0.	6
80.	32.	3.	[illegible]
81.	32.	5.	[illegible]
82.	33.	1.	[illegible]
83.	33.	4.	[illegible]
84.	34.	0.	8
85.	34.	3.	2
86.	34.	5.	7
87.	35.	2.	1
88.	35.	4.	5
89.	36.	1.	0
90.	36.	3.	4
91.	36.	5.	9
92.	37.	2.	3
93.	37.	4.	7
94.	38.	1.	2
95.	38.	3.	6
96.	39.	0.	0
97.	39.	2.	5
98.	39.	4.	9
99.	40.	1.	4
100.	40.	3.	8
200.	81.	1.	6
300.	121.	5.	4
400.	162.	3.	2
500.	203.	1.	0
600.	243.	4.	8
700.	284.	2.	6
800.	325.	0.	4
900.	365.	4.	3
1000.	406.	2.	0

MESURES
DE CAPACITÉ
pour les grains
et matières sèches.

N.° 124.

TABLE pour convertir les Picotins et Quartons, mesure de Beauregard, en Décalitres, Litres et Décilitres (*).

Anciennes mesures.	Nouvelles mesures.		
Picotins.	Décalit.	Litres.	Décilit.
1.	0.	2.	4
2.	0.	4.	9
3.	0.	7.	3
4.	0.	9.	8
5.	1.	2.	2
6.	1.	4.	6
7.	1.	7.	1
8.	1.	9.	5
Quartons.	Décalit.	Litres.	Décilit.
1.	1.	9.	5
2.	3.	9.	0
3.	5.	8.	5
4.	7.	8.	0
5.	9.	7.	6
6.	11.	7.	1
7.	13.	6.	6
8.	15.	6.	1
9.	17.	5.	6
10.	19.	5.	1
11.	21.	4.	6
12.	23.	4.	1
13.	25.	3.	6
14.	27.	3.	1
15.	29.	2.	7
16.	31.	2.	2
17.	33.	1.	7
18.	35.	1.	2
19.	37.	0.	7
20.	39.	0.	2
21.	40.	9.	7
22.	42.	9.	2
23.	44.	8.	7
24.	46.	8.	2
25.	48.	7.	7
26.	50.	7.	3
27.	52.	6.	8
28.	54.	6.	3
29.	56.	5.	8
30.	58.	5.	3
31.	60.	4.	8
32.	62.	4.	3
33.	64.	3.	8
34.	66.	3.	3
35.	68.	2.	8
36.	70.	2.	4

Anciennes mesures.	Nouvelles mesures.		
Quartons.	Décalit.	Litres.	Décilit.
37.	72.	1.	9
38.	74.	1.	4
39.	76.	0.	9
40.	78.	0.	4
41.	79.	9.	9
42.	81.	9.	4
43.	83.	8.	9
44.	85.	8.	4
45.	87.	7.	9
46.	89.	7.	5
47.	91.	7.	0
48.	93.	6.	5
49.	95.	6.	0
50.	97.	5.	5
51.	99.	5.	0
52.	101.	4.	5
53.	103.	4.	0
54.	105.	3.	5
55.	107.	3.	0
56.	109.	2.	6
57.	111.	2.	1
58.	113.	1.	6
59.	115.	1.	1
60.	117.	0.	6
61.	119.	0.	1
62.	120.	9.	6
63.	122.	9.	1
64.	124.	8.	6
65.	126.	8.	1
66.	128.	7.	7
67.	130.	7.	2
68.	132.	6.	7
69.	134.	6.	2
70.	136.	5.	7
71.	138.	5.	2
72.	140.	4.	7
73.	142.	4.	2
74.	144.	3.	7
75.	146.	3.	2
76.	148.	2.	8
77.	150.	2.	3
78.	152.	1.	8
79.	154.	1.	3
80.	156.	0.	8
81.	158.	0.	3

Anciennes mesures.	Nouvelles mesures.		
Quartons.	Décalit.	Litres.	Décilit.
82.	159.	9.	8
83.	161.	9.	3
84.	163.	8.	8
85.	165.	8.	3
86.	167.	7.	9
87.	169.	7.	4
88.	171.	6.	9
89.	173.	6.	4
90.	175.	5.	9
91.	177.	5.	4
92.	179.	4.	9
93.	181.	4.	4
94.	183.	3.	9
95.	185.	3.	4
96.	187.	3.	0
97.	189.	2.	5
98.	191.	2.	0
99.	193.	1.	5
100.	195.	1.	0
200.	390.	2.	0
300.	585.	3.	0
400.	780.	4.	0
500.	975.	5.	0
600.	1170.	6.	0
700.	1365.	7.	0
800.	1560.	8.	0
900.	1755.	9.	0
1000.	1951.	0.	0

(*) Le Quarton de Beauregard contient 30 liv. de blé froment ; il se divise en 8 Picotins.

MESURES
DE CAPACITÉ
pour les grains
et matières sèches.

N.° 125.

TABLE pour convertir les Litres et Décalitres en Quartons, Picotins et dixièmes de Picotin, mesure de Beauregard.

Nouvelles mesures.	Anciennes mesures.		
Litres.	Quart.	Picot.	Dixièm.
1.	0.	0.	4
2.	0.	0.	8
3.	0.	1.	2
4.	0.	1.	6
5.	0.	2.	1
6.	0.	2.	5
7.	0.	2.	9
8.	0.	3.	3
9.	0.	3.	7
10.	0.	4.	1
Décalitres.	Quart.	Picot.	Dixièm.
1.	0.	4.	1
2.	1.	0.	2
3.	1.	4.	3
4.	2.	0.	4
5.	2.	4.	5
6.	3.	0.	6
7.	3.	4.	7
8.	4.	0.	8
9.	4.	4.	9
10.	5.	1.	0
11.	5.	5.	1
12.	6.	1.	2
13.	6.	5.	3
14.	7.	1.	4
15.	7.	5.	5
16.	8.	1.	6
17.	8.	5.	7
18.	9.	1.	8
19.	9.	5.	9
20.	10.	2.	0
21.	10.	6.	1
22.	11.	2.	2
23.	11.	6.	3
24.	12.	2.	4
25.	12.	6.	5
26.	13.	2.	6
27.	13.	6.	7
28.	14.	2.	8
29.	14.	6.	9
30.	15.	3.	0
31.	15.	7.	1
32.	16.	3.	2
33.	16.	7.	3
34.	17.	3.	4

Nouvelles mesures.	Anciennes mesures.		
Décalitres.	Quart.	Picot.	Dixièm.
35.	17.	7.	5
36.	18.	3.	6
37.	18.	7.	7
38.	19.	3.	8
39.	19.	7.	9
40.	20.	4.	0
41.	21.	0.	1
42.	21.	4.	2
43.	22.	0.	3
44.	22.	4.	4
45.	23.	0.	5
46.	23.	4.	6
47.	24.	0.	7
48.	24.	4.	8
49.	25.	0.	9
50.	25.	5.	0
51.	26.	1.	1
52.	26.	5.	2
53.	27.	1.	3
54.	27.	5.	4
55.	28.	1.	5
56.	28.	5.	6
57.	29.	1.	7
58.	29.	5.	8
59.	30.	1.	9
60.	30.	6.	0
61.	31.	2.	1
62.	31.	6.	2
63.	32.	2.	3
64.	32.	6.	4
65.	33.	2.	5
66.	33.	6.	6
67.	34.	2.	7
68.	34.	6.	8
69.	35.	2.	9
70.	35.	7.	0
71.	36.	3.	1
72.	36.	7.	2
73.	37.	3.	3
74.	37.	7.	4
75.	38.	3.	5
76.	38.	7.	6
77.	39.	3.	7
78.	39.	7.	8
79.	40.	3.	9

Nouvelles mesures.	Anciennes mesures.		
Décalitres.	Quart.	Picot.	Dixièm.
80.	41.	0.	[illegible]
81.	41.	4.	[illegible]
82.	42.	0.	[illegible]
83.	42.	4.	[illegible]
84.	43.	0.	[illegible]
85.	43.	4.	5
86.	44.	0.	[illegible]
87.	44.	4.	[illegible]
88.	45.	0.	8
89.	45.	4.	9
90.	46.	1.	[illegible]
91.	46.	5.	[illegible]
92.	47.	1.	[illegible]
93.	47.	5.	[illegible]
94.	48.	1.	[illegible]
95.	48.	5.	[illegible]
96.	49.	1.	[illegible]
97.	49.	5.	7
98.	50.	1.	[illegible]
99.	50.	5.	[illegible]
100.	51.	2.	[illegible]
200.	102.	4.	[illegible]
300.	153.	6.	[illegible]
400.	205.	0.	[illegible]
500.	256.	2.	[illegible]
600.	307.	4.	[illegible]
700.	358.	6.	[illegible]
800.	410.	0.	[illegible]
900.	461.	2.	[illegible]
1000.	512.	4.	[illegible]

MESURES DE CAPACITÉ pour les liquides.

N.° 126.

TABLE pour convertir les Pintes et Roquilles, mesure de Sarlat, St.-Quentin, etc., en Litres et Décilitres.

Anciennes mesures.	Nouvelles mesures.		Anciennes mesures.	Nouvelles mesures.		Anciennes mesures.	Nouvelles mesures.		Anciennes mesures.	Nouvelles mesures.	
Roquilles.	Litres.	Décil.	Pintes.	Litres.	Décil.	Pintes.	Litres.	Décil.	Pintes.	Litres.	Décil.
1.	0.	4	12.	17.	4	28.	40.	6	100.	145.	0
2.	0.	7	13.	18.	8	29.	42.	0	110.	159.	5
3.	1.	1	14.	20.	3	30.	43.	5	120.	174.	0
4.	1.	4	15.	21.	7	35.	50.	7	130.	188.	5
Pintes.			16.	23.	2	40.	58.	0	140.	203.	0
1.	1.	4	17.	24.	6	45.	65.	2	150.	217.	5
2.	2.	9	18.	26.	1	50.	72.	5	160.	232.	0
3.	4.	3	19.	27.	5	55.	79.	7	170.	246.	5
4.	5.	8	20.	29.	0	60.	87.	0	180.	261.	0
5.	7.	2	21.	30.	4	65.	94.	2	190.	275.	5
6.	8.	7	22.	31.	9	70.	101.	5	200.	290.	0
7.	10.	1	23.	33.	3	75.	108.	7	210.	304.	5
8.	11.	6	24.	34.	8	80.	116.	0			
9.	13.	0	25.	36.	2	85.	123.	2			
10.	14.	5	26.	37.	7	90.	130.	5			
11.	15.	9	27.	39.	1	95.	137.	7			

N.° 127.

TABLE pour convertir les Litres et Hectolitres en Pintes et Roquilles, mesure de Sarlat, St.-Quentin, etc.

Nouvelles mesures.	Anciennes mesures.		Nouvelles mesures.	Anciennes mesures.		Nouvelles mesures.	Anciennes mesures.	
Décilitres.	Pintes.	Roquill.	Litres.	Pintes.	Roquill.	Litres.	Pintes.	Roquill.
5.	0.	1	18.	12.	2	65.	44.	3
Litres.			19.	13.	0	70.	48.	5
1.	0.	3	20.	13.	3	75.	51.	3
2.	1.	2	21.	14.	2	80.	55.	1
3.	2.	0	22.	15.	1	85.	58.	3
4.	2.	3	23.	15.	3	90.	62.	0
5.	3.	2	24.	16.	2	95.	65.	2
6.	4.	1	25.	17.	1	Hectolitres.		
7.	4.	3	26.	18.	0	100.	69.	0
8.	5.	2	27.	18.	3	200.	138.	0
9.	6.	1	28.	19.	1	300.	207.	0
10.	7.	0	29.	20.	0	400.	276.	0
11.	7.	2	30.	20.	3	500.	345.	0
12.	8.	1	35.	24.	1			
13.	9.	0	40.	27.	2			
14.	9.	3	45.	31.	0			
15.	10.	1	50.	34.	2			
16.	11.	0	55.	38.	0			
17.	11.	3	60.	41.	2			

MESURES
DE CAPACITÉ
pour les liquides.

N.° 128.

TABLE pour convertir les Pintes et Roquilles, mesure de Salignac, Borrèze, etc., en Litres et Décilitres.

Anciennes mesures.	Nouvelles mesures.		Anciennes mesures.	Nouvelles mesures.		Anciennes mesures.	Nouvelles mesures.		Anciennes mesures.	Nouvelles mesures.	
Roquilles.	Litres.	Décil.	Pintes.	Litres.	Décil.	Pintes.	Litres.	Décil.	Pintes.	Litres.	Décil.
1.	0.	5	11.	21.	6	26.	51.	0	85.	166.	6
2.	1.	0	12.	23.	5	27.	52.	9	90.	176.	4
3.	1.	5	13.	25.	5	28.	54.	9	95.	186.	[illegible]
4.	2.	0	14.	27.	4	29.	56.	8	100.	196.	4
Pintes.			15.	29.	4	30.	58.	8	110.	215.	6
1.	2.	0	16.	31.	4	35.	68.	6	120.	235.	2
2.	3.	9	17.	33.	3	40.	78.	4	130.	254.	8
3.	5.	9	18.	35.	3	45.	88.	2	140.	274.	4
4.	7.	8	19.	37.	2	50.	98.	0	150.	294.	0
5.	9.	8	20.	39.	2	55.	107.	8	160.	313.	6
6.	11.	8	21.	41.	2	60.	117.	6	170.	333.	2
7.	13.	7	22.	43.	1	65.	127.	4	180.	352.	8
8.	15.	7	23.	45.	1	70.	137.	2	190.	372.	4
9.	17.	6	24.	47.	0	75.	147.	0	200.	392.	0
10.	19.	6	25.	49.	0	80.	156.	8	210.	411.	6

N.° 129.

TABLE pour convertir les Litres et Hectolitres en Pintes et Roquilles, mesure de Salignac, Borrèze, etc.

Nouvelles mesures.	Anciennes mesures.		Nouvelles mesures.	Anciennes mesures.		Nouvelles mesures.	Anciennes mesures.	
Décilitres.	Pintes.	Roquill.	Litres.	Pintes.	Roquill.	Litres.	Pintes.	Roquill.
5.	0.	1	18.	9.	1	65.	33.	1
Litres.			19.	9.	3	70.	35.	3
1.	0.	2	20.	10.	1	75.	38.	1
2.	1.	0	21.	10.	3	80.	40.	3
3.	1.	2	22.	11.	1	85.	43.	[illegible]
4.	2.	0	23.	11.	3	90.	46.	[illegible]
5.	2.	2	24.	12.	1	95.	48.	[illegible]
6.	3.	0	25.	12.	3	Hectolitres.		
7.	3.	2	26.	13.	1	1.	51.	0
8.	4.	0	27.	13.	3	2.	102.	0
9.	4.	2	28.	14.	1	3.	153.	0
10.	5.	0	29.	14.	3	4.	204.	0
11.	5.	2	30.	15.	1	5.	255.	0
12.	6.	0	35.	17.	3			
13.	6.	3	40.	20.	2			
14.	7.	1	45.	23.	0			
15.	7.	3	50.	25.	2			
16.	8.	1	55.	28.	0			
17.	8.	3	60.	30.	2			

MESURES DE CAPACITÉ pour les liquides.

N.° 130.

TABLE pour convertir les Pintes et Roquilles, mesure de Daglan et St.-Pompont en Litres et Décilitres.

Anciennes mesures.	Nouvelles mesures.		Anciennes mesures.	Nouvelles mesures.		Anciennes mesures.	Nouvelles mesures.		Anciennes mesures.	Nouvelles mesures.	
Roquilles.	Litres.	Décil.	Pintes.	Litres.	Décil.	Pintes.	Litres.	Décil.	Pintes.	Litres.	Décil.
1.	0.	5	12.	22.	0	28.	51.	4	100.	183.	6
2.	0.	9	13.	23.	9	29.	53.	2	110.	202.	0
3.	1.	4	14.	25.	7	30.	55.	1	120.	220.	3
4.	1.	8	15.	27.	5	35.	64.	3	130.	238.	7
Pintes.			16.	29.	4	40.	73.	4	140.	257.	0
1.	1.	8	17.	31.	2	45.	82.	6	150.	275.	4
2.	3.	7	18.	33.	0	50.	91.	8	160.	293.	8
3.	5.	5	19.	34.	9	55.	101.	0	170.	312.	1
4.	7.	3	20.	36.	7	60.	110.	2	180.	330.	5
5.	9.	2	21.	38.	6	65.	119.	3	190.	348.	8
6.	11.	0	22.	40.	4	70.	128.	5	200.	367.	2
7.	12.	9	23.	42.	2	75.	137.	7	210.	385.	6
8.	14.	7	24.	44.	1	80.	146.	9			
9.	16.	5	25.	45.	9	85.	156.	1			
10.	18.	4	26.	47.	7	90.	165.	2			
11.	20.	2	27.	49.	6	95.	174.	4			

N.° 131.

TABLE pour convertir les Litres et Hectolitres en Pintes et Roquilles, mesure de Daglan et St.-Pompont.

Nouvelles mesures.	Anciennes mesures.		Nouvelles mesures.	Anciennes mesures.		Nouvelles mesures.	Anciennes mesures.	
Décilitres.	Pintes.	Roquill.	Litres.	Pintes.	Roquill.	Litres.	Pintes.	Roquill.
5.	0.	2	18.	9.	3	65.	35.	2
Litres.			19.	10.	1	70.	38.	1
1.	0.	2	20.	11.	0	75.	41.	0
2.	1.	0	21.	11.	2	80.	43.	2
3.	1.	3	22.	12.	0	85.	46.	1
4.	2.	1	23.	12.	2	90.	49.	0
5.	2.	3	24.	13.	0	95.	51.	3
6.	3.	1	25.	13.	3	Hectolitres.		
7.	3.	3	26.	14.	1	1.	54.	2
8.	4.	1	27.	14.	3	2.	109.	0
9.	5.	0	28.	15.	1	3.	163.	2
10.	5.	2	29.	15.	3	4.	218.	0
11.	6.	0	30.	16.	1	5.	272.	2
12.	6.	2	35.	19.	0			
13.	7.	0	40.	21.	3			
14.	7.	3	45.	24.	2			
15.	8.	1	50.	27.	1			
16.	8.	3	55.	30.	0			
17.	9.	1	60.	32.	3			

MESURES
DE CAPACITÉ
pour les liquides.

N.° 132.

TABLE pour convertir les Pintes et Roquilles, mesure de Belvès, en Litres et Décilitres.

Anciennes mesures.	Nouvelles mesures.	
Roquilles.	Litres.	Décil.
1.	0.	3
2.	0.	6
3.	0.	9
4.	1.	3
Pintes.		
1.	1.	3
2.	2.	5
3.	3.	8
4.	5.	0
5.	6.	3
6.	7.	5
7.	8.	8
8.	10.	0
9.	11.	3
10.	12.	5

Anciennes mesures.	Nouvelles mesures.	
Pintes.	Litres.	Décil.
11.	13.	8
12.	15.	0
13.	16.	3
14.	17.	6
15.	18.	8
16.	20.	1
17.	21.	3
18.	22.	6
19.	23.	8
20.	25.	1
21.	26.	3
22.	27.	6
23.	28.	8
24.	30.	1
25.	31.	4

Anciennes mesures.	Nouvelles mesures.	
Pintes.	Litres.	Décil.
26.	32.	7
27.	34.	0
28.	35.	2
29.	36.	5
30.	37.	7
35.	43.	9
40.	50.	2
45.	56.	4
50.	62.	7
55.	69.	0
60.	75.	2
65.	81.	5
70.	87.	8
75.	94.	1
80.	100.	3

Anciennes mesures.	Nouvelles mesures.	
Pintes.	Litres.	Décil.
85.	106.	6
90.	112.	7
95.	119.	[illegible]
100.	125.	4
110.	137.	9
120.	150.	3
130.	163.	0
140.	175.	6
150.	188.	1
160.	200.	6
170.	213.	2
180.	225.	7
190.	238.	3
200.	250.	8
210.	263.	3

N.° 133.

TABLE pour convertir les Litres et Hectolitres en Pintes et Roquilles, mesure de Belvès.

Nouvelles mesures.	Anciennes mesures.	
Décilitres.	Pintes.	Roquill.
5.	0.	1
Litres.		
1.	0.	3
2.	1.	2
3.	2.	1
4.	2.	3
5.	3.	2
6.	4.	1
7.	5.	0
8.	5.	3
9.	6.	2
10.	7.	1
11.	8.	0
12.	8.	2
13.	9.	1
14.	10.	0
15.	10.	3
16.	11.	2
17.	12.	1

Nouvelles mesures.	Anciennes mesures.	
Litres.	Pintes.	Roquill.
18.	13.	0
19.	13.	3
20.	14.	1
21.	15.	0
22.	15.	3
23.	16.	2
24.	17.	1
25.	18.	0
26.	18.	3
27.	19.	1
28.	20.	0
29.	20.	3
30.	21.	2
35.	25.	0
40.	28.	3
45.	32.	1
50.	36.	0
55.	39.	2
60.	43.	0

Nouvelles mesures.	Anciennes mesures.	
Litres.	Pintes.	Roquill.
65.	46.	3
70.	50.	1
75.	53.	3
80.	57.	2
85.	61.	0
90.	64.	2
95.	68.	1
Hectolitres.		
1.	71.	3
2.	143.	2
3.	215.	1
4.	287.	0
5.	358.	3

MESURES de solidité pour les Bois de chauffage

N.° 134.

TABLE pour convertir les Brasses, mesure de Plazac, Beauregard et Veyrignac, en Stères et Déci-Stères (*).

Anciennes mesures.	Nouvelles mesures.		Anciennes mesures.	Nouvelles mesures.		Anciennes mesures.	Nouvelles mesures.		Anciennes mesures.	Nouvelles mesures.	
Brasses.	stères.	Déci.	Brasses.	stères.	Déci.	Brasses.	stères.	Déci.	Brasses.	stères.	Déci.
1/4.	1.	1	13.	56.	2	29.	125.	2	110.	475.	2
1/2.	2.	2	14.	60.	5	30.	129.	6	120.	518.	4
3/4.	3.	2	15.	64.	8	35.	151.	2	130.	561.	6
Brasses.			16.	69.	1	40.	172.	8	140.	604.	8
1.	4.	3	17.	73.	4	45.	194.	4	150.	648.	0
2.	8.	6	18.	77.	8	50.	216.	0	160.	691.	2
3.	13.	0	19.	82.	1	55.	237.	6	170.	734.	4
4.	17.	3	20.	86.	4	60.	259.	2	180.	777.	6
5.	21.	6	21.	90.	7	65.	280.	8	190.	820.	8
6.	25.	9	22.	95.	0	70.	302.	4	200.	864.	0
7.	30.	2	23.	99.	4	75.	324.	0	300.	1296.	0
8.	34.	5	24.	103.	7	80.	345.	6	400.	1728.	0
9.	38.	9	25.	108.	0	85.	367.	2	500.	2160.	0
10.	43.	2	26.	112.	3	90.	388.	8			
11.	47.	5	27.	116.	6	95.	410.	4			
12.	51.	8	28.	121.	0	100.	432.	0			

N.° 135.

TABLE pour convertir les Stères en Brasses et Dixièmes de Brasse, mesure de Plazac, Beauregard et Veyrignac.

Nouvelles mesures.	Anciennes mesures.		Nouvelles mesures.	Anciennes mesures.		Nouvelles mesures.	Anciennes mesures.	
Déci-stères.	Brasses.	Dixièm.	Stères.	Brasses.	Dixièm.	Stères.	Brasses.	Dixièm.
5.	0.	1	19.	4.	4	75.	17.	4
Stères.			20.	4.	6	80.	18.	6
1.	0.	2	21.	4.	9	85.	19.	7
2.	0.	5	22.	5.	1	90.	20.	9
3.	0.	7	23.	5.	3	95.	22.	0
4.	0.	9	24.	5.	6	100.	23.	2
5.	1.	2	25.	5.	8	125.	29.	0
6.	1.	4	26.	6.	0	150.	34.	8
7.	1.	6	27.	6.	3	175.	40.	6
8.	1.	9	28.	6.	5	200.	46.	4
9.	2.	1	29.	6.	7	300.	69.	6
10.	2.	3	30.	7.	0	400.	92.	8
11.	2.	6	35.	8.	1	500.	116.	0
12.	2.	8	40.	9.	3			
13.	3.	0	45.	10.	4			
14.	3.	2	50.	11.	6			
15.	3.	5	55.	12.	8			
16.	3.	7	60.	13.	9			
17.	3.	9	65.	15.	1			
18.	4.	2	70.	16.	2			

(*) *Dimensions de la Brasse de Plazac, etc.*

Longueur.....	6 p.	0 pouc.
Largeur.......	6	0.
Épaisseur.....	3	6.

ARRONDISSEMENT

DE

BERGERAC.

MESURES AGRAIRES.

N.º 136.

ARRONDISSEMENT DE BERGERAC.

TABLE pour convertir les Escats, Picotinées, Pognerées et journaux, mesure de Bergerac, en Hectares, Ares et Mètres carrés (*).

Anciennes mesures.	Nouvelles mesures.		
Escats.	Hectar.	Ares.	Mèt. car.
1.	0.	00.	16
2.	0.	00.	31
3.	0.	00.	47
4.	0.	00.	62
5.	0.	00.	78
6.	0.	00.	94
7.	0.	01.	09
8.	0.	01.	25
9.	0.	01.	41
Picotinées.	Hectar.	Ares.	Mèt. car.
1.	0.	01.	41
2.	0.	02.	81
3.	0.	04.	22
4.	0.	05.	62
5.	0.	07.	03
6.	0.	08.	43
7.	0.	09.	84
8.	0.	11.	24
Pognerées.	Hectar.	Ares.	Mèt. car.
1.	0.	11.	24
2.	0.	22.	49
3.	0.	33.	73
Journaux.	Hectar.	Ares.	Mèt. car.
1.	0.	33.	73
2.	0.	67.	47
3.	1.	01.	20
4.	1.	34.	93
5.	1.	68.	66
6.	2.	02.	40
7.	2.	36.	13
8.	2.	69.	86
9.	3.	03.	60
10.	3.	37.	33
11.	3.	71.	06
12.	4.	04.	79
13.	4.	38.	53
14.	4.	72.	26
15.	5.	05.	99
16.	5.	39.	72
17.	5.	73.	46
18.	6.	07.	19
19.	6.	40.	92
20.	6.	74.	66
21.	7.	08.	39
22.	7.	42.	12
23.	7.	75.	85
24.	8.	09.	59
25.	8.	43.	32
26.	8.	77.	05
27.	9.	10.	79
28.	9.	44.	52
29.	9.	78.	25
30.	10.	11.	98
31.	10.	45.	72
32.	10.	79.	45
33.	11.	13.	18
34.	11.	46.	92
35.	11.	80.	65
36.	12.	14.	38
37.	12.	48.	11
38.	12.	81.	85
39.	13.	15.	58
40.	13.	49.	31
41.	13.	83.	04
42.	14.	16.	78
43.	14.	50.	51
44.	14.	84	24
45.	15.	17.	98
46.	15.	51.	71
47.	15.	85.	44
48.	16.	19.	17
49.	16.	52.	91
50.	16.	86.	64
51.	17.	20.	37
52.	17.	54.	11
53.	17.	87.	84
54.	18.	21.	57
55.	18.	55.	30
56.	18.	89.	04
57.	19.	22.	77
58.	19.	56.	50
59.	19.	90.	24
60.	20.	23.	97
61.	20.	57.	70
62.	20.	91.	43
63.	21.	25.	17
64.	21.	58.	90
65.	21.	92.	63
66.	22.	26.	36
67.	22.	60.	10
68.	22.	93.	83
69.	23.	27.	56
70.	23.	61.	30
71.	23.	95.	03
72.	24.	28.	76
73.	24.	62.	49
74.	24.	96.	23
75.	25.	29.	96
76.	25.	63.	69
77.	25.	97.	43
78.	26.	31.	16
79.	26.	64.	89
80.	26.	98.	62
81.	27.	32.	36
82.	27.	66.	09
83.	27.	99.	82
84.	28.	33.	56
85.	28.	67.	29
86.	29.	01.	02
87.	29.	34.	75
88.	29.	68.	49
89.	30.	02.	22
90.	30.	35.	95
91.	30.	69.	68
92.	31.	03.	42
93.	31.	37.	15
94.	31.	70.	88
95.	32.	04.	62
96.	32.	38.	35
97.	32.	72.	08
98.	33.	05.	81
99.	33.	39.	55
100.	33.	73.	28
200.	67.	46.	56
300.	101.	19.	84
400.	134.	93.	12
500.	168.	66.	40
600.	202.	39.	68
700.	236.	12.	96
800.	269.	86.	24
900.	303.	59.	52
1000.	337.	32.	80

(*) Le Journal de Bergerac contient 888 toises carrées ; il se divise en 3 Pognerées, chaque Pognerée en 8 Picotinées, et la Picotinée en 9 Escats.

MESURES AGRAIRES.

N.° 137.

TABLE pour convertir les Ares et les Hectares en Journaux, Pognerées, Picotinées et Escats, mesure de Bergerac.

Nouvelles mesures.	Anciennes mesures.
Ares.	Journ. Pog. Pic. Esc.
1.	0. 0. 0. 6
2.	0. 0. 1. 4
3.	0. 0. 2. 1
4.	0. 0. 2. 8
5.	0. 0. 3. 5
6.	0. 0. 4. 2
7.	0. 0. 4. 9
8.	0. 0. 5. 6
9.	0. 0. 6. 4
10.	0. 0. 7. 1
11.	0. 0. 7. 7
12.	0. 1. 0. 5
13.	0. 1. 1. 2
14.	0. 1. 1. 9
15.	0. 1. 2. 6
16.	0. 1. 3. 3
17.	0. 1. 4. 1
18.	0. 1. 4. 7
19.	0. 1. 5. 5
20.	0. 1. 6. 2
25.	0. 2. 1. 7
30.	0. 2. 5. 3
40.	1. 0. 4. 4
50.	1. 1. 3. 5
60.	1. 2. 2. 6
70.	2. 0. 1. 7
80.	2. 1. 0. 8
90.	2. 2. 0. 0
100.	2. 2. 7. 1
Hectares.	Journ. Pog. Pic. Esc.
1.	2. 2. 7. 1
2.	5. 2. 6. 2
3.	8. 2. 5. 6
4.	11. 2. 4. 5
5.	14. 2. 3. 6
6.	17. 2. 2. 8
7.	20. 2. 2. 0
8.	23. 2. 1. 1
9.	26. 2. 0. 3
10.	29. 1. 7. 4
11.	32. 1. 6. 5
12.	35. 1. 5. 7
13.	38. 1. 4. 8
14.	41. 1. 4. 0
15.	44. 1. 3. 1
16.	47. 1. 2. 3

Nouvelles mesures.	Anciennes mesures.
Hectares.	Journ. Pog. Pic. Esc.
17.	50. 1. 1. 4
18.	53. 1. 0. 5
19.	56. 0. 7. 7
20.	59. 0. 6. 8
21.	62. 0. 6. 0
22.	65. 0. 5. 2
23.	68. 0. 4. 3
24.	71. 0. 3. 4
25.	74. 0. 2. 5
26.	77. 0. 1. 7
27.	80. 0. 1. 0
28.	83. 0. 0. 1
29.	85. 2. 7. 2
30.	88. 2. 6. 4
31.	91. 2. 5. 5
32.	94. 2. 4. 6
33.	97. 2. 3. 8
34.	100. 2. 3. 0
35.	103. 2. 2. 1
36.	106. 2. 1. 2
37.	109. 2. 0. 4
38.	112. 1. 7. 5
39.	115. 1. 6. 6
40.	118. 1. 5. 8
41.	121. 1. 5. 0
42.	124. 1. 4. 2
43.	127. 1. 3. 3
44.	130. 1. 2. 4
45.	133. 1. 1. 6
46.	136. 1. 0. 7
47.	139. 0. 7. 8
48.	142. 0. 7. 0
49.	145. 0. 6. 2
50.	148. 0. 5. 3
51.	151. 0. 4. 4
52.	154. 0. 3. 6
53.	157. 0. 2. 7
54.	160. 0. 1. 8
55.	163. 0. 1. 1
56.	166. 0. 0. 2
57.	168. 2. 7. 3
58.	171. 2. 6. 4
59.	174. 2. 5. 6
60.	177. 2. 4. 8
61.	180. 2. 4. 0
62.	183. 2. 3. 1.

Nouvelles mesures.	Anciennes mesures.
Hectares.	Journ. Pog. Pic. Esc.
63.	186. 2. 2. [illegible]
64.	189. 2. 1. [illegible]
65.	192. 2. 0. [illegible]
66.	195. 1. 7. [illegible]
67.	198. 1. 6. [illegible]
68.	201. 1. 6. [illegible]
69.	204. 1. 5. [illegible]
70.	207. 1. 4. [illegible]
71.	210. 1. 3. [illegible]
72.	213. 1. 2. [illegible]
73.	216. 1. 1. [illegible]
74.	219. 1. 0. [illegible]
75.	222. 1. 0. [illegible]
76.	225. 0. 7. [illegible]
77.	228. 0. 6. [illegible]
78.	231. 0. 5. [illegible]
79.	234. 0. 4. [illegible]
80.	237. 0. [illegible]
81.	240. 0. 2. [illegible]
82.	243. 0. 2. [illegible]
83.	246. 0. 1. [illegible]
84.	249. 0. 0. [illegible]
85.	251. 2. 7. [illegible]
86.	254. 2. 6. [illegible]
87.	257. 2. 5. [illegible]
88.	260. 2. 5. [illegible]
89.	263. 2. 4. [illegible]
90.	266. 2. 3. [illegible]
91.	269. 2. 2. [illegible]
92.	272. 2. 1. [illegible]
93.	275. 2. 0. [illegible]
94.	278. 2. 0. [illegible]
95.	281. 1. 7. [illegible]
96.	284. 1. 6. [illegible]
97.	287. 1. 5. [illegible]
98.	290. 1. 4. [illegible]
99.	293. 1. 3. [illegible]
100.	296. 1. 2. [illegible]
200.	592. 2. 5. [illegible]
300.	889. 0. 7. [illegible]
400.	1185. 2. 2. [illegible]
500.	1482. 0. 4. [illegible]
600.	1778. 1. 7. [illegible]
700.	2075. 0. 1. [illegible]
800.	2371. 1. 4. [illegible]
900.	2667. 2. 7. [illegible]

MESURES AGRAIRES.

N.° 138.

TABLE pour convertir les Escats, Picotins et Cartonnées, mesure de St.-Alvère et autres Communes du même Canton, en Hectares, Ares et Mètres carrés (*).

Anciennes mesures.	Nouvelles mesures.		
Escats.	Hectar.	Ares.	Mèt. car.
1.	0.	00.	18
2.	0.	00.	36
3.	0.	00.	54
4.	0.	00.	71
5.	0.	00.	89
6.	0.	01.	07
7.	0.	01.	25
8.	0.	01.	43
9.	0.	01.	60
10.	0.	01.	78
11.	0.	01.	96
12.	0.	02.	14
24.	0.	04.	28
48.	0.	08.	56
72.	0.	12.	84
96.	0.	17.	12
Picotins.	Hectar.	Ares.	Mèt. car.
1.	0.	02.	14
2.	0.	04.	28
3.	0.	06.	42
4.	0.	08.	56
5.	0.	10.	69
6.	0.	12.	84
7.	0.	14.	98
8.	0.	17.	12
Cartonnées.	Hectar.	Ares.	Mèt. car.
1.	0.	17.	12
2.	0.	34.	24
3.	0.	51.	36
4.	0.	68.	48
5.	0.	85.	60
6.	1.	02.	72
7.	1.	19.	84
8.	1.	36.	96
9.	1.	54.	08
10.	1.	71.	20
11.	1.	88.	32
12.	2.	05.	44
13.	2.	22.	56
14.	2.	39.	68
15.	2.	56.	80
16.	2.	73.	92
17.	2.	91.	03
18.	3.	08.	15
19.	3.	25.	27
20.	3.	42.	39

Anciennes mesures.	Nouvelles mesures.		
Cartonnées.	Hectar.	Ares.	Mèt. car.
21.	3.	59.	51
22.	3.	76.	63
23.	3.	93.	75
24.	4.	10.	87
25.	4.	27.	99
26.	4.	45.	11
27.	4.	62.	23
28.	4.	79.	35
29.	4.	96.	47
30.	5.	13.	59
31.	5.	30.	71
32.	5.	47.	83
33.	5.	64.	95
34.	5.	82.	07
35.	5.	99.	19
36.	6.	16.	31
37.	6.	33.	43
38.	6.	50.	55
39.	6.	67.	67
40.	6.	84.	79
41.	7.	01.	91
42.	7.	19.	03
43.	7.	36.	15
44.	7.	53.	27
45.	7.	70.	39
46.	7.	87.	51
47.	8.	04.	63
48.	8.	21.	75
49.	8.	38.	87
50.	8.	55.	98
51.	8.	73.	10
52.	8.	90.	22
53.	9.	07.	34
54.	9.	24.	46
55.	9.	41.	58
56.	9.	58.	70
57.	9.	75.	82
58.	9.	92.	94
59.	10.	10.	06
60.	10.	27.	18
61.	10.	44.	30
62.	10.	61.	42
63.	10.	78.	54
64.	10.	95.	66
65.	11.	12.	78
66.	11.	29.	90

Anciennes mesures.	Nouvelles mesures.		
Cartonnées.	Hectar.	Ares.	Mèt. car.
67.	11.	47.	02
68.	11.	64.	14
69.	11.	81.	26
70.	11.	98.	38
71.	12.	15.	50
72.	12.	32.	62
73.	12.	49.	74
74.	12.	66.	86
75.	12.	83.	98
76.	13.	01.	10
77.	13.	18.	22
78.	13.	35.	34
79.	13.	52.	46
80.	13.	69.	58
81.	13.	86.	70
82.	14.	03.	82
83.	14.	20.	94
84.	14.	38.	05
85.	14.	55.	17
86.	14.	72.	29
87.	14.	89.	41
88.	15.	06.	53
89.	15.	23.	65
90.	15.	40.	77
91.	15.	57.	89
92.	15.	75.	01
93.	15.	92.	13
94.	16.	09.	25
95.	16.	26.	37
96.	16.	43.	49
97.	16.	60.	61
98.	16.	77.	73
99.	16.	94.	85
100.	17.	11.	97
200.	34.	23.	94
300.	51.	35.	91
400.	68.	47.	88
500.	85.	59.	85
600.	102.	71.	82
700.	119.	83.	79
800.	136.	95.	76
900.	154.	07.	73
1000.	171.	19.	70

(*) La Cartonnée de St.-Alvère contient 8 Picotinées, la Picotinée 12 Escats, l'Esc. 13 pieds de côté.

MESURES AGRAIRES.

N.° 139.

TABLE pour convertir les Ares et les Hectares en Cartonnées, Picotinées et Escats, mesure de St.-Alvère et autres Communes du Canton.

Nouvelles mesures.	Anciennes mesures.			
Ares.	Carton.	Pic.	Esc.	Cent.
1.	0.	0.	05.	61
2.	0.	0.	11.	22
3.	0.	1.	04.	83
4.	0.	1.	10.	44
5.	0.	2.	04.	05
6.	0.	2.	09.	66
7.	0.	3.	03.	27
8.	0.	3.	08.	88
9.	0.	4.	02.	49
10.	0.	4.	08.	10
20.	1.	1.	04.	20
30.	1.	6.	00.	30
40.	2.	2.	08.	40
50.	2.	7.	04.	50
60.	3.	4.	00.	60
70.	4.	0.	08.	70
80.	4.	5.	04.	80
90.	5.	2.	00.	90
100.	5.	6.	09.	00
Hectares.	Carton.	Pic.	Esc.	Cent.
1.	5.	6.	08.	76
2.	11.	5.	05.	52
3.	17.	4.	02.	28
4.	23.	2.	11.	04
5.	29.	1.	07.	80
6.	35.	0.	04.	56
7.	40.	7.	01.	32
8.	46.	5.	10.	08
9.	52.	4.	06.	84
10.	58.	3.	03.	60
11.	64.	2.	00.	36
12.	70.	0.	09.	12
13.	75.	7.	05.	88
14.	81.	6.	02.	64
15.	87.	4.	11.	40
16.	93.	3.	08.	16
17.	99.	2.	04.	92
18.	105.	1.	01.	68
19.	110.	7.	10.	44
20.	116.	6.	07.	20
21.	122.	5.	03.	96
22.	128.	4.	00.	72
23.	134.	2.	09.	48
24.	140.	1.	06.	24
25.	146.	0.	03.	00

Nouvelles mesures.	Anciennes mesures.			
Hectares.	Cartonn.	Pic.	Esc.	Cent.
26.	151.	6.	11.	76
27.	157.	5.	08.	52
28.	163.	4.	05.	28
29.	169.	3.	02.	04
30.	175.	1.	10.	80
31.	181.	0.	07.	56
32.	186.	7.	04.	32
33.	192.	6.	01.	08
34.	198.	4.	09.	84
35.	204.	3.	06.	60
36.	210.	2.	03.	36
37.	216.	1.	00.	12
38.	221.	7.	08.	88
39.	227.	6.	05.	64
40.	233.	5.	02.	40
41.	239.	3.	11.	16
42.	245.	2.	07.	92
43.	251.	1.	04.	68
44.	257.	0.	01.	44
45.	262.	6.	10.	20
46.	268.	5.	06.	96
47.	274.	4.	03.	72
48.	280.	3.	00.	48
49.	286.	1.	09.	24
50.	292.	0.	06.	00
51.	297.	7.	02.	76
52.	303.	5.	11.	52
53.	309.	4.	08.	28
54.	315.	3.	05.	04
55.	321.	2.	01.	80
56.	327.	0.	10.	56
57.	332.	7.	07.	32
58.	338.	6.	04.	08
59.	344.	5.	00.	84
60.	350.	3.	09.	60
61.	356.	2.	06.	36
62.	362.	1.	03.	12
63.	367.	7.	11.	88
64.	373.	6.	08.	64
65.	379.	5.	05.	40
66.	385.	4.	02.	16
67.	391.	2.	10.	92
68.	397.	1.	07.	68
69.	403.	0.	04.	44
70.	408.	7.	01.	20

Nouvelles mesures.	Anciennes mesures.			
Hectares.	Cartonn.	Pic.	Esc.	[illegible]
71.	414.	5.	09.	[illegible]
72.	420.	4.	06.	[illegible]
73.	426.	3.	03.	[illegible]
74.	432.	2.	00.	[illegible]
75.	438.	0.	09.	[illegible]
76.	443.	7.	05.	[illegible]
77.	449.	6.	02.	[illegible]
78.	455.	4.	11.	[illegible]
79.	461.	3.	08.	[illegible]
80.	467.	2.	04.	[illegible]
81.	473.	1.	01.	[illegible]
82.	478.	7.	10.	[illegible]
83.	484.	6.	07.	[illegible]
84.	490.	5.	03.	[illegible]
85.	496.	4.	00.	[illegible]
86.	502.	2.	09.	[illegible]
87.	508.	1.	06.	[illegible]
88.	514.	0.	[illegible]	[illegible]
89.	519.	6.	[illegible]	[illegible]
90.	525.	5.	08.	[illegible]
91.	531.	4.	05.	[illegible]
92.	537.	3.	01.	[illegible]
93.	543.	1.	10.	[illegible]
94.	549.	0.	07.	[illegible]
95.	554.	7.	04.	[illegible]
96.	560.	6.	00.	[illegible]
97.	566.	4.	09.	[illegible]
98.	572.	3.	06.	[illegible]
99.	578.	2.	03.	[illegible]
100.	584.	1.	00.	[illegible]
200.	1168.	2.	00.	[illegible]
300.	1752.	3.	00.	[illegible]
400.	2336.	4.	00.	[illegible]
500.	2920.	5.	00.	[illegible]
600.	3504.	6.	00.	[illegible]
700.	4088.	7.	00.	[illegible]
800.	4673.	0.	00.	[illegible]
900.	5257.	1.	00.	[illegible]
1000.	5841.	2.	00.	[illegible]

MESURES AGRAIRES.

N.° 140.

TABLE pour convertir les Escats, Picotinées et Cartonnées, mesure de Beaumont, Faux, Monsac, etc., en Hectares, Ares et Mètres carrés (*).

Anciennes mesures.	Nouvelles mesures.		
Escats.	Hectar.	Ares.	Mèt. car.
1.	0.	00.	19
2.	0.	00.	38
3.	0.	00.	57
4.	0.	00.	77
5.	0.	00.	96
6.	0.	01.	15
7.	0.	01.	34
8.	0.	01.	53
9.	0.	01.	72
Picotinées.	Hectar.	Ares.	Mèt. car.
1.	0.	01.	72
2.	0.	03.	44
3.	0.	05.	16
4.	0.	06.	89
5.	0.	08.	61
6.	0.	00.	33
7.	0.	02.	05
8.	0.	03.	77
Cartonnées.	Hectar.	Ares.	Mèt. car.
1.	0.	13.	77
2.	0.	27.	54
3.	0.	41.	31
4.	0.	55.	08
5.	0.	68.	85
6.	0.	82.	62
7.	0.	96.	39
8.	1.	10.	16
9.	1.	23.	93
10.	1.	37.	71
11.	1.	51.	48
12.	1.	65.	25
13.	1.	79.	02
14.	1.	92.	79
15.	2.	06.	56
16.	2.	20.	33
17.	2.	34.	10
18.	2.	47.	87
19.	2.	61.	64
20.	2.	75.	41
21.	2.	89.	18
22.	3.	02.	95
23.	3.	16.	72
24.	3.	30.	49
25.	3.	44.	26
26.	3.	58.	03

Anciennes mesures.	Nouvelles mesures.		
Cartonnées.	Hectar.	Ares.	Mèt. car.
27.	3.	71.	80
28.	3.	85.	57
29.	3.	99.	34
30.	4.	13.	12
31.	4.	26.	89
32.	4.	40.	66
33.	4.	54.	43
34.	4.	68.	20
35.	4.	81.	97
36.	4.	95.	74
37.	5.	09.	51
38.	5.	23.	28
39.	5.	37.	05
40.	5.	50.	82
41.	5.	64.	59
42.	5.	78.	36
43.	5.	92.	13
44.	6.	05.	90
45.	6.	19.	67
46.	6.	33.	44
47.	6.	47.	21
48.	6.	60.	98
49.	6.	74.	75
50.	6.	88.	53
51.	7.	02.	30
52.	7.	16.	07
53.	7.	29.	84
54.	7.	43.	61
55.	7.	57.	38
56.	7.	71.	15
57.	7.	84.	92
58.	7.	98.	69
59.	8.	12.	46
60.	8.	26.	23
61.	8.	40.	00
62.	8.	53.	77
63.	8.	67.	54
64.	8.	81.	31
65.	8.	95.	08
66.	9.	08.	85
67.	9.	22.	62
68.	9.	36.	39
69.	9.	50.	16
70.	9.	63.	94
71.	9.	77.	71

Anciennes mesures.	Nouvelles mesures.		
Cartonnées.	Hectar.	Ares.	Mèt. car.
72.	9.	91.	48
73.	10.	05.	25
74.	10.	19.	02
75.	10.	32.	79
76.	10.	46.	56
77.	10.	60.	33
78.	10.	74.	10
79.	10.	87.	87
80.	11.	01.	64
81.	11.	15.	41
82.	11.	29.	18
83.	11.	42.	95
84.	11.	56.	72
85.	11.	70.	49
86.	11.	84.	26
87.	11.	98.	03
88.	12.	11.	80
89.	12.	25.	57
90.	12.	39.	35
91.	12.	53.	12
92.	12.	66.	89
93.	12.	80.	66
94.	12.	94.	43
95.	13.	08.	20
96.	13.	21.	97
97.	13.	35.	74
98.	13.	49.	51
99.	13.	63.	28
100.	13.	77.	05
200.	27.	54.	10
300.	41.	31.	15
400.	55.	08.	20
500.	68.	85.	25
600.	82.	62.	30
700.	96.	39.	35
800.	110.	16.	40
900.	123.	93.	45
1000.	137.	70.	50

(*) La Cartonnée de Beaumont se divise en 8 Picotinées, chaque Picotinée en 9 Escats; l'Escat a 13 pieds 6 pouc. de côté.

MESURES AGRAIRES.

N.° 141.

TABLE pour convertir les Ares et les Hectares en Cartonné[illegible] Picotinées et Escats, mesure de Beaumont, Faux, Monsac, etc.

Nouvelles mesures.	Anciennes mesures.			
Ares.	Carton.	Pic.	Esc.	Cent.
1.	0.	0.	5.	23
2.	0.	1.	1.	46
3.	0.	1.	6.	69
4.	0.	2.	2.	92
5.	0.	2.	8.	15
6.	0.	3.	4.	37
7.	0.	4.	0.	60
8.	0.	4.	5.	83
9.	0.	5.	2.	06
10.	0.	5.	7.	29
11.	0.	6.	3.	52
12.	0.	6.	8.	75
13.	0.	7.	4.	98
14.	1.	0.	1.	21
15.	1.	0.	6.	44
16.	1.	1.	2.	66
17.	1.	1.	7.	89
18.	1.	2.	4.	12
19.	1.	3.	0.	35
20.	1.	3.	5.	58
30.	2.	1.	3.	87
40.	2.	7.	2.	16
50.	3.	5.	0.	45
60.	4.	2.	7.	74
70.	5.	0.	6.	03
80.	5.	6.	4.	32
90.	6.	4.	2.	61
100.	7.	2.	0.	90
Hectares.	Carton.	Pic.	Esc.	Cent.
1.	7.	2.	0.	86
2.	14.	4.	1.	73
3.	21.	6.	2.	59
4.	29.	0.	3.	46
5.	36.	2.	4.	32
6.	43.	4.	5.	18
7.	50.	6.	6.	05
8.	58.	0.	6.	91
9.	65.	2.	7.	78
10.	72.	4.	8.	64
11.	79.	7.	0.	50
12.	87.	1.	1.	37
13.	94.	3.	2.	23
14.	101.	5.	3.	10
15.	108.	7.	3.	96
16.	116.	1.	4.	82
17.	123.	3.	5.	69

Nouvelles mesures.	Anciennes mesures.			
Hectares.	Carton.	Pic.	Esc.	Cent.
18.	130.	5.	6.	55
19.	137.	7.	7.	42
20.	145.	1.	8.	28
21.	152.	4.	0.	14
22.	159.	6.	1.	01
23.	167.	0.	1.	87
24.	174.	2.	2.	74
25.	181.	4.	3.	60
26.	188.	6.	4.	46
27.	196.	0.	5.	33
28.	203.	2.	6.	19
29.	210.	4.	7.	06
30.	217.	6.	7.	92
31.	225.	0.	8.	78
32.	232.	3.	0.	65
33.	239.	5.	1.	51
34.	246.	7.	2.	38
35.	254.	1.	3.	24
36.	261.	3.	4.	10
37.	268.	5.	4.	97
38.	275.	7.	5.	83
39.	283.	1.	6.	70
40.	290.	3.	7.	56
41.	297.	5.	8.	42
42.	305.	0.	0.	29
43.	312.	2.	1.	15
44.	319.	4.	2.	02
45.	326.	6.	2.	88
46.	334.	0.	3.	74
47.	341.	2.	4.	61
48.	348.	4.	5.	47
49.	355.	6.	6.	34
50.	363.	0.	7.	20
51.	370.	2.	8.	06
52.	377.	4.	8.	93
53.	384.	7.	0.	79
54.	392.	1.	1.	66
55.	399.	3.	2.	52
56.	406.	5.	3.	38
57.	413.	7.	4.	25
58.	421.	1.	5.	11
59.	428.	3.	5.	98
60.	435.	5.	6.	84
61.	442.	7.	7.	70
62.	450.	1.	8.	57
63.	457.	4.	0.	43

Nouvelles mesures.	Anciennes mesures.			
Hectares.	Carton.	Pic.	Esc.	Cent.
64.	464.	6.	1.	[illegible]
65.	472.	0.	2.	[illegible]
66.	479.	2.	3.	[illegible]
67.	486.	4.	3.	[illegible]
68.	493.	6.	4.	[illegible]
69.	501.	0.	5.	[illegible]
70.	508.	2.	6.	[illegible]
71.	515.	4.	7.	[illegible]
72.	522.	6.	8.	[illegible]
73.	530.	1.	0.	[illegible]
74.	537.	3.	0.	[illegible]
75.	544.	5.	1.	[illegible]
76.	551.	7.	2.	[illegible]
77.	559.	1.	3.	[illegible]
78.	566.	3.	4.	[illegible]
79.	573.	5.	5.	[illegible]
80.	580.	7.	6.	[illegible]
81.	588.	1.	6.	[illegible]
82.	595.	3.	7.	[illegible]
83.	602.	5.	8.	[illegible]
84.	610.	7.	0.	[illegible]
85.	617.	2.	1.	[illegible]
86.	624.	4.	2.	[illegible]
87.	631.	6.	3.	[illegible]
88.	639.	0.	4.	[illegible]
89.	646.	2.	4.	[illegible]
90.	653.	4.	5.	[illegible]
91.	660.	6.	6.	[illegible]
92.	668.	0.	7.	[illegible]
93.	675.	2.	8.	[illegible]
94.	682.	5.	0.	[illegible]
95.	689.	7.	1.	[illegible]
96.	697.	1.	1.	[illegible]
97.	704.	3.	2.	[illegible]
98.	711.	5.	3.	[illegible]
99.	718.	7.	4.	[illegible]
100.	726.	1.	5.	[illegible]
200.	1452.	3.	1.	[illegible]
300.	2178.	4.	7.	[illegible]
400.	2904.	6.	3.	[illegible]
500.	3631.	0.	0.	00
600.	4357.	1.	5.	40
700.	5083.	3.	1.	80
800.	5809.	4.	7.	20
900.	6535.	6.	3.	60
1000.	7262.	0.	0.	00

MESURES AGRAIRES.

N.° 142.

TABLE *pour convertir les Escats, Pognerées et Journaux, mesure de Cunèges, en Hectares, Ares et Mètres carrés* (*).

Anciennes mesures.	Nouvelles mesures.	Anciennes mesures.	Nouvelles mesures.	Anciennes mesures.	Nouvelles mesures.	Anciennes mesures.	Nouvelles mesures.
Escats.	Hect. Ares. Mèt. c.	Journaux.	Hect. Ares. Mét. c.	Journaux.	Hect. Ares. Mèt. c.	Journaux.	Hect. Ares. Mèt. c.
1.	0. 00. 24	6.	3. 14. 57	51.	26. 73. 88	96.	50. 33. 18
2.	0. 00. 49	7.	3. 67. 00	52.	27. 26. 31	97.	50. 85. 61
3.	0. 00. 73	8.	4. 19. 43	53.	27. 78. 74	98.	51. 38. 04
4.	0. 00. 97	9.	4. 71. 86	54.	28. 31. 17	99.	51. 90. 47
5.	0. 01. 21	10.	5. 24. 29	55.	28. 83. 60	100.	52. 42. 90
6.	0. 01. 46	11.	5. 76. 72	56.	29. 36. 02	200.	104. 85. 80
7.	0. 01. 70	12.	6. 29. 15	57.	29. 88. 45	300.	157. 28. 70
8.	0. 01. 94	13.	6. 81. 58	58.	30. 40. 88	400.	209. 71. 60
9.	0. 02. 18	14.	7. 34. 01	59.	30. 93. 31	500.	262. 14. 50
10.	0. 02. 43	15.	7. 86. 44	60.	31. 45. 74	600.	314. 57. 40
11.	0. 02. 67	16.	8. 38. 86	61.	31. 98. 17	700.	367. 00. 30
12.	0. 02. 91	17.	8. 91. 29	62.	32. 50. 60	800.	419. 43. 20
13.	0. 03. 16	18.	9. 43. 72	63.	33. 03. 03	900.	471. 86. 10
14.	0. 03. 40	19.	9. 96. 15	64.	33. 55. 46	1000.	524. 29. 00
15.	0. 03. 64	20.	10. 48. 58	65.	34. 07. 89		
16.	0. 03. 88	21.	11. 01. 01	66.	34. 60. 31		
17.	0. 04. 13	22.	11. 53. 44	67.	35. 12. 74		
18.	0. 04. 37	23.	12. 05. 87	68.	35. 65. 17		
19.	0. 04. 61	24.	12. 58. 30	69.	36. 17. 60		
20.	0. 04. 85	25.	13. 10. 73	70.	36. 70. 03		
21.	0. 05. 10	26.	13. 63. 15	71.	37. 22. 46		
22.	0. 05. 34	27.	14. 15. 58	72.	37. 74. 89		
23.	0. 05. 58	28.	14. 68. 01	73.	38. 27. 32		
24.	0. 05. 82	29.	15. 20. 44	74.	38. 79. 75		
25.	0. 06. 07	30.	15. 72. 87	75.	39. 32. 18		
26.	0. 06. 31	31.	16. 25. 30	76.	39. 84. 60		
27.	0. 06. 55	32.	16. 77. 73	77.	40. 37. 03		
28.	0. 06. 80	33.	17. 30. 16	78.	40. 89. 46		
29.	0. 07. 04	34.	17. 82. 59	79.	41. 41. 89		
30.	0. 07. 28	35.	18. 35. 02	80.	41. 94. 32		
36.	0. 08. 74	36.	18. 87. 44	81.	42. 46. 75		
40.	0. 09. 72	37.	19. 39. 87	82.	42. 99. 18		
48.	0. 11. 66	38.	19. 92. 30	83.	43. 51. 61		
60.	0. 14. 57	39.	20. 44. 73	84.	44. 04. 04		
72.	0. 17. 48	40.	20. 97. 16	85.	44. 56. 47		
Pognerées.	Hect. Ares. Mèt. c.	41.	21. 49. 59	86.	45. 08. 89		
1.	0. 17. 48	42.	22. 02. 02	87.	45. 61. 32		
2.	0. 34. 95	43.	22. 54. 45	88.	46. 13. 75		
3.	0. 52. 43	44.	23. 06. 88	89.	46. 66. 18		
Journaux.	Hect. Ares. Mèt. c.	45.	23. 59. 31	90.	47. 18. 61		
1.	0. 52. 43	46.	24. 11. 73	91.	47. 71. 04		
2.	1. 04. 86	47.	24. 64. 16	92.	48. 23. 47		
3.	1. 57. 29	48.	25. 16. 59	93.	48. 75. 90		
4.	2. 09. 72	49.	25. 69. 02	94.	49. 28. 33		
5.	2. 62. 15	50.	26. 21. 45	95.	49. 80. 76		

(*) Le Journal de Cunèges se divise en 3 Pognerées, la Pognerée en 72 Escats; l'Escat a 15 pieds 2 pouces de côté.

MESURES AGRAIRES.

N.° 143.

TABLE pour convertir les Ares et les Hectares en Journaux, Pognerées et Escats, mesure de Cunèges.

Nouvelles mesures.	Anciennes mesures.			
Ares.	Journ.	Pogn.	Esc.	Centi.
1.	0.	0.	04.	00
2.	0.	0.	08.	00
3.	0.	0.	12.	00
4.	0.	0.	16.	00
5.	0.	0.	21.	00
6.	0.	0.	25.	00
7.	0.	0.	29.	00
8.	0.	0.	33.	00
9.	0.	0.	37.	00
10.	0.	0.	41.	00
11.	0.	0.	45.	00
12.	0.	0.	49.	00
13.	0.	0.	54.	00
14.	0.	0.	58.	00
15.	0.	0.	62.	00
20.	0.	1.	10.	00
25.	0.	1.	31.	00
30.	0.	1.	52.	00
40.	0.	2.	21.	00
50.	0.	2.	62.	00
60.	1.	0.	31.	00
70.	1.	1.	01.	00
80.	1.	1.	42.	00
90.	1.	2.	11.	00
100.	1.	2.	52.	00
Hectares.	Journ.	Pogn.	Esc.	Centi.
1.	1.	2.	51.	98
2.	3.	2.	31.	96
3.	5.	2.	11.	94
4.	7.	1.	63.	92
5.	9.	1.	43.	90
6.	11.	1.	23.	88
7.	13.	1.	03.	86
8.	15.	0.	55.	84
9.	17.	0.	35.	82
10.	19.	0.	15.	80
11.	20.	2.	67.	78
12.	22.	2.	47.	76
13.	24.	2.	27.	74
14.	26.	2.	07.	72
15.	28.	1.	59.	70
16.	30.	1.	39.	68
17.	32.	1.	19.	66
18.	34.	0.	71.	64
19.	36.	0.	51.	62

Nouvelles mesures.	Anciennes mesures.			
Hectares.	Journ.	Pogn.	Esc.	Centi.
20.	38.	0.	31.	60
21.	40.	0.	11.	58
22.	41.	2.	63.	56
23.	43.	2.	43.	54
24.	45.	2.	23.	52
25.	47.	2.	03.	50
26.	49.	1.	55.	48
27.	51.	1.	35.	46
28.	53.	1.	15.	44
29.	55.	0.	67.	42
30.	57.	0.	47.	40
31.	59.	0.	27.	38
32.	61.	0.	07.	36
33.	62.	2.	59.	34
34.	64.	2.	39.	32
35.	66.	2.	19.	30
36.	68.	1.	71.	28
37.	70.	1.	51.	26
38.	72.	1.	31.	24
39.	74.	1.	11.	22
40.	76.	0.	63.	20
41.	78.	0.	43.	18
42.	80.	0.	23.	16
43.	82.	0.	03.	14
44.	83.	2.	55.	12
45.	85.	2.	35.	10
46.	87.	2.	15.	08
47.	89.	1.	67.	06
48.	91.	1.	47.	04
49.	93.	1.	27.	02
50.	95.	1.	07.	00
51.	97.	0.	58.	98
52.	99.	0.	38.	96
53.	101.	0.	18.	94
54.	102.	2.	70.	92
55.	104.	2.	50.	90
56.	106.	2.	30.	88
57.	108.	2.	10.	86
58.	110.	1.	62.	84
59.	112.	1.	42.	82
60.	114.	1.	22.	80
61.	116.	1.	02.	78
62.	118.	0.	54.	76
63.	120.	0.	34.	74
64.	122.	0.	14.	72

Nouvelles mesures.	Anciennes mesures.			
Hectares.	Journ.	Pogn.	Esc.	Centi.
65.	123.	2.	66.	[illegible]
66.	125.	2.	46.	[illegible]
67.	127.	2.	26.	[illegible]
68.	129.	2.	06.	[illegible]
69.	131.	1.	58.	[illegible]
70.	133.	1.	38.	60
71.	135.	1.	18.	58
72.	137.	0.	70.	56
73.	139.	0.	50.	54
74.	141.	0.	30.	[illegible]
75.	143.	0.	10.	[illegible]
76.	144.	2.	62.	[illegible]
77.	146.	2.	42.	[illegible]
78.	148.	2.	22.	[illegible]
79.	150.	2.	02.	[illegible]
80.	152.	1.	54.	[illegible]
81.	154.	1.	34.	[illegible]
82.	156.	1.	14.	[illegible]
83.	158.	0.	66.	[illegible]
84.	160.	0.	46.	[illegible]
85.	162.	0.	26.	[illegible]
86.	164.	0.	06.	[illegible]
87.	165.	2.	58.	[illegible]
88.	167.	2.	38.	[illegible]
89.	169.	2.	18.	[illegible]
90.	171.	1.	70.	[illegible]
91.	173.	1.	50.	[illegible]
92.	175.	1.	30.	[illegible]
93.	177.	1.	10.	[illegible]
94.	179.	0.	62.	[illegible]
95.	181.	0.	42.	[illegible]
96.	183.	0.	22.	[illegible]
97.	185.	0.	02.	[illegible]
98.	186.	2.	54.	[illegible]
99.	188.	2.	34.	[illegible]
100.	190.	2.	14.	[illegible]
200.	381.	1.	28.	[illegible]
300.	572.	0.	42.	00
400.	762.	2.	56.	00
500.	953.	1.	70.	00
600.	1144.	1.	12.	00
700.	1335.	0.	26.	00
800.	1525.	2.	40.	00
900.	1716.	1.	54.	00
1000.	1907.	0.	68.	00

MESURES AGRAIRES.

N.° 44.

TABLE pour convertir les Carreaux, Quarts de Journaux et Journaux, mesure de Vélines, en Hectares, Ares et Mètres carrés (*).

Anciennes mesures.	Nouvelles mesures.	Anciennes mesures.	Nouvelles mesures.	Anciennes mesures.	Nouvelles mesures.	Anciennes mesures.	Nouvelles mesures.
Carreaux.	Hect. Ares Mèt. c.	Journaux.	Hect. Ares. Mèt. c.	Journaux.	Hect. Ares. Mèt. c.	Journaux.	Hect. Ares. Mèt. c.
1.	0. 00. 34	8.	3. 50. 09	53.	23. 19. 36	98.	42. 88. 63
2.	0. 00. 68	9.	3. 93. 85	54.	23. 63. 12	99.	43. 32. 39
3.	0. 01. 03	10.	4. 37. 61	55.	24. 06. 88	100.	43. 76. 15
4.	0. 01. 37	11.	4. 81. 38	56.	24. 50. 64	200.	87. 52. 30
5.	0. 01. 71	12.	5. 25. 14	57.	24. 94. 41	300.	131. 28. 45
6.	0. 02. 05	13.	5. 68. 90	58.	25. 38. 17	400.	175. 04. 60
7.	0. 02. 39	14.	6. 12. 66	59.	25. 81. 93	500.	218. 80. 75
8.	0. 02. 74	15.	6. 56. 42	60.	26. 25. 69	600.	262. 56. 90
9.	0. 03. 08	16.	7. 00. 18	61.	26. 69. 45	700.	306. 33. 05
10.	0. 03. 42	17.	7. 43. 95	62.	27. 13. 21	800.	350. 09. 20
11.	0. 03. 76	18.	7. 87. 71	63.	27. 56. 98	900.	393. 85. 35
12.	0. 04. 10	19.	8. 31. 47	64.	28. 00. 74	1000.	437. 61. 50
13.	0. 04. 44	20.	8. 75. 23	65.	28. 44. 50		
14.	0. 04. 79	21.	9. 18. 99	66.	28. 88. 26		
15.	0. 05. 13	22.	9. 62. 75	67.	29. 32. 02		
16.	0. 05. 47	23.	10. 06. 52	68.	29. 75. 78		
17.	0. 05. 81	24.	10. 50. 28	69.	30. 19. 54		
18.	0. 06. 16	25.	10. 94. 04	70.	30. 63. 31		
19.	0. 06. 50	26.	11. 37. 80	71.	31. 07. 07		
20.	0. 06. 84	27.	11. 81. 56	72.	31. 50. 83		
21.	0. 07. 18	28.	12. 25. 32	73.	31. 94. 59		
22.	0. 07. 52	29.	12. 69. 08	74.	32. 38. 35		
23.	0. 07. 86	30.	13. 12. 84	75.	32. 82. 11		
24.	0. 08. 21	31.	13. 56. 61	76.	33. 25. 87		
25.	0. 08. 55	32.	14. 00. 37	77.	33. 69. 64		
26.	0. 08. 89	33.	14. 44. 13	78.	34. 13. 40		
27.	0. 09. 23	34.	14. 87. 89	79.	34. 57. 16		
28.	0. 09. 57	35.	15. 31. 65	80.	35. 00. 92		
29.	0. 09. 92	36.	15. 75. 41	81.	35. 44. 68		
30.	0. 10. 26	37.	16. 19. 18	82.	35. 88. 44		
31.	0. 10. 60	38.	16. 62. 94	83.	36. 32. 20		
32.	0. 10. 94	39.	17. 06. 70	84.	36. 75. 97		
Quarts.	Hect. Ares. Mèt. c.	40.	17. 50. 46	85.	37. 19. 73		
1.	0. 10. 94	41.	17. 94. 22	86.	37. 63. 49		
2.	0. 21. 88	42.	18. 37. 98	87.	38. 07. 25		
3.	0. 32. 82	43.	18. 81. 74	88.	38. 51. 01		
4.	0. 42. 76	44.	19. 25. 51	89.	38. 94. 77		
Journaux.	Hect. Ares. Mèt. c.	45.	19. 69. 27	90.	39. 38. 53		
1.	0. 43. 76	46.	20. 13. 03	91.	39. 82. 30		
2.	0. 87. 52	47.	20. 56. 79	92.	40. 26. 06		
3.	1. 31. 28	48.	21. 00. 55	93.	40. 69. 82		
4.	1. 75. 05	49.	21. 44. 31	94.	41. 13. 58		
5.	2. 18. 81	50.	21. 88. 07	95.	41. 57. 34		
6.	2. 62. 57	51.	22. 31. 84	96.	42. 01. 10		
7.	3. 06. 33	52.	22. 75. 60	97.	42. 44. 87		

(*) Le Journal de Vélines se divise en 4 Quarts, le Quart en 32 Carreaux ; le Carreau a 18 pieds de côté.

MESURES AGRAIRES.

N.° 145.

TABLE pour convertir les Ares et Hectares en Journaux, Quar[illegible] et Carreaux, mesure de Vélines.

Nouvelles mesures.	Anciennes mesures.			
Ares.	Journ.	Quart.	Carr.	Centi.
1.	0.	0.	02.	93
2.	0.	0.	05.	85
3.	0.	0.	08.	78
4.	0.	0.	11.	70
5.	0.	0.	14.	63
6.	0.	0.	17.	55
7.	0.	0.	20.	48
8.	0.	0.	23.	40
9.	0.	0.	26.	33
10.	0.	0.	29.	25
15.	0.	1.	11.	87
20.	0.	1.	26.	50
25.	0.	2.	09.	12
30.	0.	2.	23.	75
40.	0.	3.	21.	00
50.	1.	0.	18.	25
60.	1.	1.	15.	50
70.	1.	2.	12.	75
80.	1.	3.	10.	00
90.	2.	0.	07.	25
100.	2.	1.	04.	49
Hectares.	Journ.	Quart.	Carr.	Centi.
1.	2.	1.	04.	49
2.	4.	2.	08.	99
3.	6.	3.	13.	48
4.	9.	0.	17.	97
5.	11.	1.	22.	46
6.	13.	2.	26.	96
7.	15.	3.	31.	45
8.	18.	1.	03.	94
9.	20.	2.	08.	44
10.	22.	3.	12.	93
11.	25.	0.	17.	42
12.	27.	1.	21.	92
13.	29.	2.	26.	41
14.	31.	3.	30.	90
15.	34.	1.	03.	39
16.	36.	2.	07.	89
17.	38.	3.	12.	38
18.	41.	0.	16.	88
19.	43.	1.	21.	37
20.	45.	2.	25.	86
21.	47.	3.	30.	35
22.	50.	1.	02.	85
23.	52.	2.	07.	34

Nouvelles mesures.	Anciennes mesures.			
Hectares.	Journ.	Quart.	Carr.	Centi.
24.	54.	3.	11.	83
25.	57.	0.	16.	33
26.	59.	1.	20.	82
27.	61.	2.	25.	31
28.	63.	3.	29.	80
29.	66.	1.	02.	30
30.	68.	2.	06.	79
31.	70.	3.	11.	28
32.	73.	0.	15.	78
33.	75.	1.	20.	27
34.	77.	2.	24.	76
35.	79.	3.	29.	26
36.	82.	1.	01.	75
37.	84.	2.	06.	24
38.	86.	3.	10.	73
39.	89.	0.	15.	23
40.	91.	1.	19.	72
41.	93.	2.	24.	21
42.	95.	3.	28.	71
43.	98.	1.	01.	20
44.	100.	2.	05.	69
45.	102.	3.	10.	19
46.	105.	0.	14.	68
47.	107.	1.	19.	17
48.	109.	2.	23.	66
49.	111.	3.	28.	16
50.	114.	1.	00.	65
51.	116.	2.	05.	14
52.	118.	3.	09.	64
53.	121.	0.	14.	13
54.	123.	1.	18.	62
55.	125.	2.	23.	11
56.	127.	3.	27.	61
57.	130.	1.	00.	10
58.	132.	2.	04.	59
59.	134.	3.	09.	09
60.	137.	0.	13.	58
61.	139.	1.	18.	07
62.	141.	2.	22.	57
63.	143.	3.	27.	06
64.	146.	0.	31.	55
65.	148.	2.	04.	04
66.	150.	3.	08.	54
67.	153.	0.	13.	03
68.	155.	1.	17.	52

Nouvelles mesures.	Anciennes mesures.			
Hectares.	Journ.	Quart.	Carr.	[illegible]
69.	157.	2.	22	[illegible]
70.	159.	3.	26	[illegible]
71.	162.	0.	31	[illegible]
72.	164.	2.	03	[illegible]
73.	166.	3.	07	[illegible]
74.	169.	0.	12	[illegible]
75.	171.	1.	16	[illegible]
76.	173.	2.	21	[illegible]
77.	175.	3.	25	[illegible]
78.	178.	0.	30	[illegible]
79.	180.	2.	02	[illegible]
80.	182.	3.	07	[illegible]
81.	185.	0.	11	[illegible]
82.	187.	1.	16	[illegible]
83.	189.	2.	20	[illegible]
84.	191.	3.	25	[illegible]
85.	194.	0.	29	[illegible]
86.	196.	2.	[illegible]	[illegible]
87.	198.	3.	[illegible]	[illegible]
88.	201.	0.	11	[illegible]
89.	203.	1.	15	[illegible]
90.	205.	2.	20	[illegible]
91.	207.	3.	24	[illegible]
92.	210.	0.	29	[illegible]
93.	212.	2.	[illegible]	[illegible]
94.	214.	3.	06	[illegible]
95.	217.	0.	10	[illegible]
96.	219.	1.	15	[illegible]
97.	221.	2.	19	[illegible]
98.	223.	3.	24	[illegible]
99.	226.	0.	28	[illegible]
100.	228.	2.	01	[illegible]
200.	457.	0.	02	[illegible]
300.	685.	2.	03	[illegible]
400.	914.	0.	05	[illegible]
500.	1142.	2.	06	[illegible]
600.	1371.	0.	07	[illegible]
700.	1599.	2.	09	[illegible]
800.	1828.	0.	10	[illegible]
900.	2056.	2.	11	[illegible]
1000.	2285.	0.	13	[illegible]

MESURES AGRAIRES.

N.° 146.

TABLE pour convertir les Escats, Pognerées et Journaux, mesure d'Eymet, en Hectares, Ares et Mètres carrés (*).

ANCIENNES mesures.	NOUVELLES mesures.		
Escats.	Hectar.	Ares.	Mèt. car.
1.	0.	00.	29
2.	0.	00.	59
3.	0.	00.	88
4.	0.	01.	17
5.	0.	01.	47
6.	0.	01.	76
7.	0.	02.	05
8.	0.	02.	34
9.	0.	02.	64
10.	0.	02.	93
11.	0.	03.	22
12.	0.	03.	52
13.	0.	03.	81
14.	0.	04.	10
15.	0.	04.	40
20.	0.	05.	86
25.	0.	07.	33
30.	0.	08.	79
40.	0.	11.	72
50.	0.	14.	66
Pognerées	Hectar.	Ares.	Mèt. car.
1.	0.	14.	66
2.	0.	29.	31
3.	0.	43.	97
Journaux.	Hectar.	Ares.	Mèt. car.
1.	0.	43.	97
2.	0.	87.	93
3.	1.	31.	90
4.	1.	75.	87
5.	2.	19.	83
6.	2.	63.	80
7.	3.	07.	77
8.	3.	51.	74
9.	3.	95.	70
10.	4.	39.	67
11.	4.	83.	64
12.	5.	27.	60
13.	5.	71.	57
14.	6.	15.	54
15.	6.	59.	50
16.	7.	03.	47
17.	7.	47.	44
18.	7.	91.	40
19.	8.	35.	34
20.	8.	79.	34
21.	9.	23.	31

ANCIENNES mesures.	NOUVELLES mesures.		
Journaux.	Hectar.	Ares.	Mèt. car.
22.	9.	67.	27
23.	10.	11.	24
24.	10.	55.	21
25.	10.	99.	17
26.	11.	43.	14
27.	11.	87.	11
28.	12.	31.	07
29.	12.	75.	04
30.	13.	19.	01
31.	13.	62.	97
32.	14.	06.	94
33.	14.	50.	91
34.	14.	94.	87
35.	15.	38.	84
36.	15.	82.	81
37.	16.	26.	78
38.	16.	70.	74
39.	17.	14.	71
40.	17.	58.	68
41.	18.	02.	64
42.	18.	46.	61
43.	18.	90.	58
44.	19.	34.	54
45.	19.	78.	51
46.	20.	22.	48
47.	20.	66.	44
48.	21.	10.	41
49.	21.	54.	38
50.	21.	98.	35
51.	22.	42.	31
52.	22.	86.	28
53.	23.	30.	25
54.	23.	74.	21
55.	24.	18.	18
56.	24.	62.	15
57.	25.	06.	11
58.	25.	50.	08
59.	25.	94.	05
60.	26.	38.	01
61.	26.	81.	98
62.	27.	25.	95
63.	27.	69.	91
64.	28.	13.	88
65.	28.	57.	85
66.	29.	01.	82
67.	29.	45.	78

ANCIENNES mesures.	NOUVELLES mesures.		
Journaux.	Hectar.	Ares.	Mèt. car.
68.	29.	89.	75
69.	30.	33.	72
70.	30.	77.	68
71.	31.	21.	65
72.	31.	65.	62
73.	32.	09.	58
74.	32.	53.	55
75.	32.	97.	52
76.	33.	41.	48
77.	33.	85.	45
78.	34.	29.	42
79.	34.	73.	39
80.	35.	17.	35
81.	35.	61.	32
82.	36.	05.	29
83.	36.	49.	25
84.	36.	93.	22
85.	37.	37.	19
86.	37.	81.	15
87.	38.	25.	12
88.	38.	69.	09
89.	39.	13.	05
90.	39.	57.	02
91.	40.	00.	99
92.	40.	44.	95
93.	40.	88.	92
94.	41.	32.	89
95.	41.	76.	86
96.	42.	20.	82
97.	42.	64.	79
98.	43.	08.	76
99.	43.	52.	72
100.	43.	96.	69
200.	87.	93.	38
300.	131.	90.	07
400.	175.	86.	76
500.	219.	83.	45
600.	263.	80.	14
700.	307.	76.	83
800.	351.	73.	52
900.	395.	70.	21
1000.	439.	66.	90

(*) Le Journal d'Eymet se divise en 3 Pognerées, la Pognerée en 50 Escats ; l'Escat a 16 pieds 8 pouces de côté.

MESURES AGRAIRES.

N.° 147.

TABLE pour convertir les Ares et les Hectares en Journaux, Pognerées et Escats, mesure d'Eymet.

Nouvelles mesures.	Anciennes mesures.			
Ares.	Journ.	Pog.	Esc.	Centi.
1.	0.	0.	03.	00
2.	0.	0.	07.	00
3.	0.	0.	10.	00
4.	0.	0.	14.	00
5.	0.	0.	17.	00
6.	0.	0.	20.	00
7.	0.	0.	24.	00
8.	0.	0.	27.	00
9.	0.	0.	31.	00
10.	0.	0.	34.	00
11.	0.	0.	38.	00
12.	0.	0.	41.	00
13.	0.	0.	44.	00
14.	0.	0.	48.	00
15.	0.	1.	01.	00
20.	0.	1.	18.	00
25.	0.	1.	35.	00
30.	0.	2.	02.	00
40.	0.	2.	36.	00
50.	1.	0.	21.	00
60.	1.	1.	05.	00
70.	1.	1.	39.	00
80.	1.	2.	23.	00
90.	2.	0.	07.	00
100.	2.	0.	41.	00
Hectares.	Journ.	Pog.	Esc.	Centi.
1.	2.	0.	41.	13
2.	4.	1.	32.	26
3.	6.	2.	23.	39
4.	9.	0.	14.	52
5.	11.	1.	05.	65
6.	13.	1.	46.	78
7.	15.	2.	37.	91
8.	18.	0.	29.	04
9.	20.	1.	20.	17
10.	22.	2.	11.	30
11.	25.	0.	02.	43
12.	27.	0.	43.	56
13.	29.	1.	34.	69
14.	31.	2.	25.	82
15.	34.	0.	16.	95
16.	36.	1.	08.	08
17.	38.	1.	49.	21
18.	40.	2.	40.	34
19.	43.	0.	31.	47
20.	45.	1.	22.	60
21.	47.	2.	13.	73
22.	50.	0.	04.	86
23.	52.	0.	45.	99
24.	54.	1.	37.	12
25.	56.	2.	28.	25
26.	59.	0.	19.	38
27.	61.	1.	10.	51
28.	63.	2.	01.	64
29.	65.	2.	42.	77
30.	68.	0.	33.	90
31.	70.	1.	25.	03
32.	72.	2.	16.	16
33.	75.	0.	07.	29
34.	77.	0.	48.	42
35.	79.	1.	39.	55
36.	81.	2.	30.	68
37.	84.	0.	21.	81
38.	86.	1.	12.	94
39.	88.	2.	04.	07
40.	90.	2.	45.	20
41.	93.	0.	36.	33
42.	95.	1.	27.	46
43.	97.	2.	18.	59
44.	100.	0.	09.	72
45.	102.	1.	00.	85
46.	104.	1.	41.	98
47.	106.	2.	33.	11
48.	109.	0.	24.	24
49.	111.	1.	15.	37
50.	113.	2.	06.	50
51.	115.	2.	47.	63
52.	118.	0.	38.	76
53.	120.	1.	29.	89
54.	122.	2.	21.	92
55.	125.	0.	12.	15
56.	127.	1.	03.	28
57.	129.	1.	44.	41
58.	131.	2.	35.	54
59.	134.	0.	26.	67
60.	136.	1.	17.	80
61.	138.	2.	08.	93
62.	141.	0.	00.	06
63.	143.	0.	41.	19
64.	145.	1.	32.	32
65.	147.	2.	23.	[illegible]
66.	150.	0.	14.	[illegible]
67.	152.	1.	05.	[illegible]
68.	154.	1.	46.	[illegible]
69.	156.	2.	37.	[illegible]
70.	159.	0.	29.	[illegible]
71.	161.	1.	20.	[illegible]
72.	163.	2.	11.	[illegible]
73.	166.	0.	42.	[illegible]
74.	168.	0.	43.	[illegible]
75.	170.	1.	34.	[illegible]
76.	172.	2.	25.	[illegible]
77.	175.	0.	17.	[illegible]
78.	177.	1.	08.	[illegible]
79.	179.	1.	49.	[illegible]
80.	181.	2.	40.	[illegible]
81.	184.	0.	31.	[illegible]
82.	186.	1.	[illegible]	[illegible]
83.	188.	2.	[illegible]	[illegible]
84.	191.	0.	04.	[illegible]
85.	193.	0.	46.	[illegible]
86.	195.	1.	37.	[illegible]
87.	197.	2.	28.	[illegible]
88.	200.	0.	19.	[illegible]
89.	202.	1.	10.	[illegible]
90.	204.	2.	41.	[illegible]
91.	206.	2.	42.	[illegible]
92.	209.	0.	33.	[illegible]
93.	211.	1.	25.	[illegible]
94.	213.	2.	16.	[illegible]
95.	216.	0.	07.	[illegible]
96.	218.	0.	48.	48
97.	220.	1.	39.	61
98.	222.	2.	30.	[illegible]
99.	225.	0.	21.	[illegible]
100.	227.	1.	13.	[illegible]
200.	454.	2.	26.	[illegible]
300.	682.	0.	39.	[illegible]
400.	909.	1.	52.	[illegible]
500.	1137.	0.	15.	[illegible]
600.	1364.	1.	28.	[illegible]
700.	1591.	2.	41.	[illegible]
800.	1819.	0.	54.	[illegible]
900.	2046.	2.	17.	[illegible]
1000.	2274.	0.	30.	[illegible]

MESURES AGRAIRES.

N.° 148.

TABLE pour convertir les Escats, Picotinées, Pognerées et Journaux, mesure de Mouleydier, en Hectares, Ares et Mètres carrés (*).

Anciennes mesures.	Nouvelles mesures.		
Escats.	Hectar.	Ares.	Mèt. car.
1.	0.	00.	16
2.	0.	00.	32
3.	0.	00.	48
4.	0.	00.	64
5.	0.	00.	80
6.	0.	00.	96
7.	0.	01.	12
8.	0.	01.	28
9.	0.	01.	44
Picotinées.	Hectar.	Ares.	Mèt. car.
1.	0.	01.	45
2.	0.	02.	89
3.	0.	04.	33
4.	0.	05.	78
5.	0.	07.	22
6.	0.	08.	67
7.	0.	10.	11
8.	0.	11.	56
Pognerées.	Hectar.	Ares.	Mèt. car.
1.	0.	11.	56
2.	0.	23.	12
3.	0.	34.	67
Journaux.	Hectar.	Ares.	Mèt. car.
1.	0.	34.	67
2.	0.	69.	35
3.	1.	04.	02
4.	1.	38.	69
5.	1.	73.	37
6.	2.	08.	04
7.	2.	42.	71
8.	2.	77.	38
9.	3.	12.	06
10.	3.	46.	73
11.	3.	81.	40
12.	4.	16.	08
13.	4.	50.	75
14.	4.	85.	42
15.	5.	20.	10
16.	5.	54.	77
17.	5.	89.	44
18.	6.	24.	11
19.	6.	58.	79
20.	6.	93.	46
21.	7.	28.	13
22.	7.	62.	81
23.	7.	97.	48

Anciennes mesures.	Nouvelles mesures.		
Journaux.	Hectar.	Ares.	Mèt. car.
24.	8.	32.	15
25.	8.	66.	82
26.	9.	01.	50
27.	9.	36.	17
28.	9.	70.	84
29.	10.	05.	52
30.	10.	40.	19
31.	10.	74.	86
32.	11.	09.	54
33.	11.	44.	21
34.	11.	78.	88
35.	12.	13.	55
36.	12.	48.	23
37.	12.	82.	90
38.	13.	17.	57
39.	13.	52.	25
40.	13.	86.	92
41.	14.	21.	59
42.	14.	56.	27
43.	14.	90.	94
44.	15.	25.	61
45.	15.	60.	28
46.	15.	94.	96
47.	16.	29.	63
48.	16.	64.	30
49.	16.	98.	98
50.	17.	33.	65
51.	17.	68.	32
52.	18.	03.	00
53.	18.	37.	67
54.	18.	72.	34
55.	19.	07.	01
56.	19.	41.	69
57.	19.	76.	36
58.	20.	11.	03
59.	20.	45.	71
60.	20.	80.	38
61.	21.	15.	05
62.	21.	49.	73
63.	21.	84.	40
64.	22.	19.	07
65.	22.	53.	74
66.	22.	88.	42
67.	23.	23.	09
68.	23.	57.	76
69.	23.	92.	44

Anciennes mesures.	Nouvelles mesures.		
Journaux.	Hectar.	Ares.	Mèt. car.
70.	24.	27.	11
71.	24.	61.	78
72.	24.	96.	46
73.	25.	31.	13
74.	25.	65.	80
75.	26.	00.	47
76.	26.	35.	15
77.	26.	69.	82
78.	27.	04.	49
79.	27.	39.	17
80.	27.	73.	84
81.	28.	08.	51
82.	28.	43.	19
83.	28.	77.	86
84.	29.	12.	53
85.	29.	47.	20
86.	29.	81.	88
87.	30.	16.	54
88.	30.	51.	21
89.	30.	85.	89
90.	31.	20.	56
91.	31.	55.	24
92.	31.	89.	92
93.	32.	24.	59
94.	32.	59.	26
95.	32.	93.	93
96.	33.	28.	61
97.	33.	63.	28
98.	33.	97.	95
99.	34.	32.	63
100.	34.	67.	30
200.	69.	34.	60
300.	104.	01.	90
400.	138.	69.	20
500.	173.	36.	50
600.	208.	03.	80
700.	242.	71.	10
800.	277.	38.	40
900.	312.	05.	70
1000.	346.	73.	00

(*) Le Journal de Mouleydier se divise en 3 Pognerées, la Pognerée en 8 Picotins, le Picotin en 9 Escats ; l'Escat a 12 pieds 4 pouces de côté.

MESURES AGRAIRES.

N.° 149.

TABLE pour convertir les Ares et les Hectares en Journaux, Pognerées, Picotinées et Escats, mesure de Mouleydier.

Nouvelles mesures.	Anciennes mesures.				
Ares.	Journ.	Pog.	Pic.	Esc.	Cent.
1.	0.	0.	0.	6.	23
2.	0.	0.	1.	3.	46
3.	0.	0.	2.	0.	69
4.	0.	0.	2.	6.	92
5.	0.	0.	3.	4.	15
6.	0.	0.	4.	1.	38
7.	0.	0.	4.	7.	61
8.	0.	0.	5.	4.	84
9.	0.	0.	6.	2.	07
10.	0.	0.	6.	8.	30
11.	0.	0.	7.	5.	53
12.	0.	1.	0.	2.	76
13.	0.	1.	0.	8.	99
14.	0.	1.	1.	6.	22
15.	0.	1.	2.	3.	45
20.	0.	1.	5.	7.	60
25.	0.	2.	1.	2.	95
30.	0.	2.	4.	6.	90
40.	1.	0.	3.	6.	20
50.	1.	1.	2.	5.	50
60.	1.	2.	1.	4.	80
70.	2.	0.	0.	4.	09
80.	2.	0.	7.	3.	38
90.	2.	1.	6.	2.	67
100.	2.	2.	5.	1.	96
Hectares.	Journ.	Pog.	Pic.	Esc.	Cent.
1.	2.	2.	5.	1.	96
2.	5.	2.	2.	3.	92
3.	8.	1.	7.	5.	88
4.	11.	1.	4.	7.	84
5.	14.	1.	2.	0.	80
6.	17.	0.	7.	2.	76
7.	20.	0.	4.	4.	72
8.	23.	0.	1.	6.	68
9.	25.	2.	6.	8.	64
10.	28.	2.	4.	1.	60
11.	31.	2.	1.	3.	56
12.	34.	1.	6.	5.	52
13.	37.	1.	3.	7.	48
14.	40.	1.	1.	0.	44
15.	43.	0.	6.	2.	40
16.	46.	0.	3.	4.	36
17.	49.	0.	0.	6.	32
18.	51.	2.	5.	8.	28
19.	54.	2.	3.	1.	24
20.	57.	2.	0.	3.	20

Nouvelles mesures.	Anciennes mesures.				
Hectares.	Journ.	Pog.	Pic.	Esc.	Cent.
21.	60.	1.	5.	5.	16
22.	63.	1.	2.	7.	12
23.	66.	1.	0.	0.	08
24.	69.	0.	5.	2.	04
25.	72.	0.	2.	4.	00
26.	74.	2.	7.	5.	96
27.	77.	2.	4.	7.	92
28.	80.	2.	2.	0.	88
29.	83.	1.	7.	2.	84
30.	86.	1.	4.	4.	80
31.	89.	1.	1.	6.	76
32.	92.	0.	6.	8.	72
33.	95.	0.	4.	1.	68
34.	98.	0.	1.	3.	64
35.	100.	2.	6.	5.	60
36.	103.	2.	3.	7.	56
37.	106.	2.	1.	0.	52
38.	109.	1.	6.	2.	48
39.	112.	1.	3.	4.	44
40.	115.	1.	0.	6.	40
41.	118.	0.	5.	8.	36
42.	121.	0.	3.	1.	32
43.	124.	0.	0.	3.	28
44.	126.	2.	5.	5.	24
45.	129.	2.	2.	7.	20
46.	132.	2.	0.	0.	16
47.	135.	1.	5.	2.	12
48.	138.	1.	2.	4.	08
49.	141.	0.	7.	6.	04
50.	144.	0.	4.	8.	00
51.	147.	0.	2.	0.	96
52.	150.	0.	7.	2.	92
53.	152.	2.	4.	4.	88
54.	155.	2.	1.	6.	84
55.	158.	1.	6.	8.	80
56.	161.	1.	4.	1.	76
57.	164.	1.	1.	3.	72
58.	167.	0.	6.	5.	68
59.	170.	0.	3.	7.	64
60.	173.	0.	1.	0.	60
61.	175.	2.	6.	2.	56
62.	178.	2.	3.	4.	52
63.	181.	2.	0.	6.	48
64.	184.	1.	5.	8.	44
65.	187.	1.	3.	1.	40
66.	190.	1.	0.	3.	36

Nouvelles mesures.	Anciennes mesures.				
Hectares.	Journ.	Pog.	Pic.	Esc.	[illegible]
67.	193.	0.	5.	5.	[illegible]
68.	196.	0.	2.	7.	[illegible]
69.	199.	0.	0.	0.	[illegible]
70.	201.	2.	5.	2.	[illegible]
71.	204.	2.	2.	4.	[illegible]
72.	207.	1.	7.	6.	12
73.	210.	1.	4.	8.	08
74.	213.	1.	2.	1.	04
75.	216.	0.	7.	3.	00
76.	219.	0.	4.	4.	96
77.	222.	0.	1.	6.	92
78.	224.	2.	6.	8.	88
79.	227.	2.	4.	1.	84
80.	230.	2.	1.	3.	80
81.	233.	1.	6.	5.	76
82.	236.	1.	3.	7.	72
83.	239.	1.	1.	0.	[illegible]
84.	242.	0.	6.	[illegible]	[illegible]
85.	245.	0.	3.	4.	[illegible]
86.	248.	0.	0.	6.	[illegible]
87.	250.	2.	5.	8.	[illegible]
88.	253.	2.	3.	1.	[illegible]
89.	256.	2.	0.	3.	44
90.	259.	1.	5.	5.	40
91.	262.	1.	2.	7.	36
92.	265.	1.	0.	0.	32
93.	268.	0.	5.	2.	28
94.	271.	0.	2.	4.	24
95.	273.	2.	7.	6.	20
96.	276.	2.	4.	8.	16
97.	279.	2.	2.	1.	12
98.	282.	1.	7.	3.	08
99.	285.	1.	4.	5.	04
100.	288.	1.	1.	7.	00
200.	576.	2.	3.	5.	00
300.	865.	0.	5.	3.	[illegible]
400.	1153.	1.	7.	1.	[illegible]
500.	1442.	0.	0.	8.	[illegible]
600.	1730.	1.	2.	6.	[illegible]
700.	2018.	2.	4.	4.	[illegible]
800.	2307.	0.	6.	2.	[illegible]
900.	2595.	2.	0.	0.	00
1000.	2884.	0.	1.	7.	[illegible]

MESURES AGRAIRES.

N.° 150.

TABLE pour convertir les Escats, Picotinées, Pognerées et Journaux, mesure de Laforce, en Hectares, Ares et Mètres carrés (*).

Anciennes mesures.	Nouvelles mesures.		
Escats.	Hectar.	Ares.	Mèt. car.
1.	0.	00.	15
2.	0.	00.	31
3.	0.	00.	46
4.	0.	00.	62
5.	0.	00.	77
6.	0.	00.	92
7.	0.	01.	08
8.	0.	01.	23
9.	0.	01.	39
Picotinées.	Hectar.	Ares.	Mèt. car.
1.	0.	01.	39
2.	0.	02.	77
3.	0.	04.	16
4.	0.	05.	55
5.	0.	06.	93
6.	0.	08.	32
7.	0.	09.	71
8.	0.	11.	09
Pognerées.	Hectar.	Ares.	Mèt. car.
1.	0.	11.	09
2.	0.	22.	18
3.	0.	33.	28
Journaux.	Hectar.	Ares.	Mèt. car.
1.	0.	33.	28
2.	0.	66.	55
3.	0.	99.	83
4.	1.	33.	11
5.	1.	66.	38
6.	1.	99.	66
7.	2.	32.	94
8.	2.	66.	22
9.	2.	99.	49
10.	3.	32.	77
11.	3.	66.	05
12.	3.	99.	32
13.	4.	32.	60
14.	4.	65.	88
15.	4.	99.	15
16.	5.	32.	43
17.	5.	65.	71
18.	5.	98.	99
19.	6.	32.	26
20.	6.	65.	54
21.	6.	98.	82
22.	7.	32.	09
23.	7.	65.	37

Anciennes mesures.	Nouvelles mesures.		
Journaux.	Hectar.	Ares.	Mèt. car.
24.	7.	98.	65
25.	8.	31.	92
26.	8.	65.	20
27.	8.	98.	48
28.	9.	31.	76
29.	9.	65.	03
30.	9.	98.	31
31.	10.	31.	59
32.	10.	64.	86
33.	11.	98.	14
34.	11.	31.	42
35.	11.	64.	69
36.	11.	97.	97
37.	12.	31.	25
38.	12.	64.	53
39.	12.	97.	80
40.	13.	31.	08
41.	13.	64.	36
42.	13.	97.	63
43.	14.	30.	91
44.	14.	64.	19
45.	14.	97.	46
46.	15.	30.	74
47.	15.	64.	02
48.	15.	97.	30
49.	16.	30.	57
50.	16.	63.	85
51.	16.	97.	13
52.	17.	30.	40
53.	17.	63.	68
54.	17.	96.	96
55.	18.	30.	23
56.	18.	63.	51
57.	18.	96.	79
58.	19.	30.	07
59.	19.	63.	34
60.	19.	96.	62
61.	20.	29.	90
62.	20.	63.	17
63.	20.	96.	45
64.	21.	29.	73
65.	21.	63.	00
66.	21.	96.	28
67.	22.	29.	56
68.	22.	62.	84
69.	22.	96.	11

Anciennes mesures.	Nouvelles mesures.		
Journaux.	Hectar.	Ares.	Mèt. car.
70.	23.	29.	39
71.	23.	62.	67
72.	23.	95.	94
73.	24.	29.	22
74.	24.	62.	50
75.	24.	95.	77
76.	25.	29.	05
77.	25.	62.	33
78.	25.	95.	61
79.	26.	28.	88
80.	26.	62.	16
81.	26.	95.	44
82.	27.	28.	71
83.	27.	61.	99
84.	27.	95.	27
85.	28.	28.	54
86.	28.	61.	82
87.	28.	95.	10
88.	29.	28.	38
89.	29.	61.	65
90.	29.	94.	93
91.	30.	28.	21
92.	30.	61.	48
93.	30.	94.	76
94.	31.	28.	04
95.	31.	61.	31
96.	31.	94.	59
97.	32.	27.	87
98.	32.	61.	15
99.	32.	94.	42
100.	33.	27.	70
200.	66.	55.	40
300.	99.	83.	10
400.	133.	10.	80
500.	166.	38.	50
600.	199.	66.	20
700.	232.	93.	90
800.	266.	21.	06
900.	299.	49.	03
1000.	332.	77.	00

(*) Le Journal de Laforce se divise en 3 Pognerées, la Pognerée en 8 Picotinées, la Picotinée en 9 Escats.

MESURES AGRAIRES.

N.° 151.

TABLE pour convertir les Ares et Hectares en Journaux, Pognerées, Picotinées et Escats, mesure de Laforce.

Nouvelles mesures.	Anciennes mesures.				
Ares.	Journ.	Pog.	Pic.	Esc.	Cent.
1.	0.	0.	0.	6.	49
2.	0.	0.	1.	3.	98
3.	0.	0.	2.	1.	47
4.	0.	0.	2.	7.	96
5.	0.	0.	3.	5.	45
6.	0.	0.	4.	2.	94
7.	0.	0.	5.	0.	43
8.	0.	0.	5.	6.	92
9.	0.	0.	6.	4.	41
10.	0.	0.	7.	1.	90
11.	0.	0.	7.	8.	39
12.	0.	1.	0.	5.	88
13.	0.	1.	1.	3.	37
14.	0.	1.	2.	0.	86
15.	0.	1.	2.	7.	35
20.	0.	1.	6.	3.	80
25.	0.	2.	2.	0.	25
30.	0.	2.	5.	5.	70
40.	1.	0.	4.	7.	61
50.	1.	1.	4.	0.	51
60.	1.	2.	3.	2.	41
70.	2.	0.	2.	4.	31
80.	2.	1.	1.	6.	22
90.	2.	2.	0.	8.	12
100.	3.	0.	0.	1.	10
Hectares.	Journ.	Pog.	Pic.	Esc.	Cent.
1.	3.	0.	0.	1.	01
2.	6.	0.	0.	2.	02
3.	9.	0.	0.	3.	03
4.	12.	0.	0.	4.	04
5.	15.	0.	0.	5.	05
6.	18.	0.	0.	6.	06
7.	21.	0.	0.	7.	07
8.	24.	0.	0.	8.	08
9.	27.	0.	1.	9.	99
10.	30.	0.	1.	2.	00
11.	33.	0.	1.	3.	01
12.	36.	0.	1.	4.	02
13.	39.	0.	1.	5.	03
14.	42.	0.	1.	6.	04
15.	45.	0.	1.	7.	05
16.	48.	0.	1.	8.	06
17.	51.	0.	2.	0.	07
18.	54.	0.	2.	1.	08
19.	57.	0.	2.	2.	09
20.	60.	0.	2.	4.	00

Nouvelles mesures.	Anciennes mesures.				
Hectares.	Journ.	Pog.	Pic.	Esc.	Cent.
21.	63.	0.	2.	5.	1
22.	66.	0.	2.	6.	2
23.	69.	0.	2.	7.	3
24.	72.	0.	2.	8.	4
25.	75.	0.	3.	0.	5
26.	78.	0.	3.	1.	6
27.	81.	0.	3.	2.	7
28.	84.	0.	3.	3.	8
29.	87.	0.	3.	4.	9
30.	90.	0.	3.	6.	0
31.	93.	0.	3.	7.	1
32.	96.	0.	3.	8.	2
33.	99.	0.	4.	0.	3
34.	102.	0.	4.	1.	4
35.	105.	0.	4.	2.	5
36.	108.	0.	4.	3.	6
37.	111.	0.	4.	4.	7
38.	114.	0.	4.	5.	8
39.	117.	0.	4.	6.	9
40.	120.	0.	4.	8.	0
41.	123.	0.	5.	0.	1
42.	126.	0.	5.	1.	2
43.	129.	0.	5.	2.	3
44.	132.	0.	5.	3.	4
45.	135.	0.	5.	4.	5
46.	138.	0.	5.	5.	6
47.	141.	0.	5.	6.	7
48.	144.	0.	5.	7.	8
49.	147.	0.	5.	8.	9
50.	150.	0.	6.	1.	0
51.	153.	0.	6.	2.	1
52.	156.	0.	6.	3.	2
53.	159.	0.	6.	4.	3
54.	162.	0.	6.	5.	4
55.	165.	0.	6.	6.	5
56.	168.	0.	6.	7.	6
57.	171.	0.	6.	8.	7
58.	174.	0.	7.	0.	8
59.	177.	0.	7.	1.	9
60.	180.	0.	7.	3.	0
61.	183.	0.	7.	4.	1
62.	186.	0.	7.	5.	2
63.	189.	0.	7.	6.	3
64.	192.	0.	7.	7.	4
65.	195.	0.	7.	8.	5
66.	198.	1.	0.	0.	6

Nouvelles mesures.	Anciennes mesures.				
Hectares.	Journ.	Pog.	Pic.	Esc.	Cent.
67.	201.	1.	0.	[illegible]	[illegible]
68.	204.	1.	0.	[illegible]	[illegible]
69.	207.	1.	0.	3.	[illegible]
70.	210.	1.	0.	5.	[illegible]
71.	213.	1.	0.	6.	[illegible]
72.	216.	1.	0.	7.	[illegible]
73.	219.	1.	0.	8.	3
74.	222.	1.	1.	0.	4
75.	225.	1.	1.	1.	5
76.	228.	1.	1.	2.	6
77.	231.	1.	1.	3.	7
78.	234.	1.	1.	4.	8
79.	237.	1.	1.	5.	9
80.	240.	1.	1.	7.	0
81.	243.	1.	1.	8.	1
82.	246.	1.	2.	[illegible]	[illegible]
83.	249.	1.	2.	[illegible]	[illegible]
84.	252.	1.	2.	[illegible]	[illegible]
85.	255.	1.	2.	[illegible]	[illegible]
86.	258.	1.	2.	4.	[illegible]
87.	261.	1.	2.	5.	[illegible]
88.	264.	1.	2.	6.	[illegible]
89.	267.	1.	2.	7.	9
90.	270.	1.	3.	0.	[illegible]
91.	273.	1.	3.	1.	[illegible]
92.	276.	1.	3.	2.	[illegible]
93.	279.	1.	3.	3.	[illegible]
94.	282.	1.	3.	4.	[illegible]
95.	285.	1.	3.	5.	[illegible]
96.	288.	1.	3.	6.	[illegible]
97.	291.	1.	3.	7.	[illegible]
98.	294.	1.	3.	8.	[illegible]
99.	297.	1.	4.	0.	[illegible]
100.	300.	1.	4.	2.	[illegible]
200.	601.	0.	0.	4.	[illegible]
300.	901.	1.	4.	6.	[illegible]
400.	1202.	0.	0.	8.	[illegible]
500.	1502.	1.	5.	1.	[illegible]
600.	1803.	0.	1.	3.	[illegible]
700.	2103.	1.	5.	[illegible]	[illegible]
800.	2404.	0.	1.	7.	[illegible]
900.	2704.	1.	6.	0.	[illegible]
1000.	3005.	0.	2.	2.	[illegible]

MESURES AGRAIRES.

N.° 152.

TABLE pour convertir les Cartonnées, Picotinées et Escats, mesure de Cadouin, en nouvelles mesures (*).

Anciennes mesures.	Nouvelles mesures.		
Escats.	Hectar.	Ares.	Mèt. car.
1.	0.	00.	15
2.	0.	00.	30
3.	0.	00.	46
4.	0.	00.	61
5.	0.	00.	76
6.	0.	00.	91
7.	0.	01.	06
8.	0.	01.	22
9.	0.	01.	37
10.	0.	01.	52
11.	0.	01.	67
12.	0.	01.	82
13.	0.	01.	98
14.	0.	02.	13
15.	0.	02.	28
16.	0.	02.	43
17.	0.	02.	58
18.	0.	02.	74
Picotinées.	Hectar.	Ares.	Mèt. car.
1.	0.	02.	74
2.	0.	05.	47
3.	0.	08.	21
4.	0.	10.	94
5.	0.	13.	68
6.	0.	16.	41
Cartonnées.	Hectar.	Ares.	Mèt. car.
1.	0.	16.	41
2.	0.	32.	82
3.	0.	49.	24
4.	0.	65.	64
5.	0.	82.	05
6.	0.	98.	46
7.	1.	14.	87
8.	1.	31.	28
9.	1.	47.	70
10.	1.	64.	11
11.	1.	80.	52
12.	1.	96.	93
13.	2.	13.	34
14.	2.	29.	75
15.	2.	46.	16
16.	2.	62.	57
17.	2.	78.	98
18.	2.	95.	39
19.	3.	11.	80
20.	3.	28.	21

Anciennes mesures.	Nouvelles mesures.		
Cartonnées.	Hectar.	Ares	Mèt. car.
21.	3.	44.	62
22.	3.	61.	03
23.	3.	77.	44
24.	3.	93.	85
25.	4.	10.	26
26.	4.	26.	68
27.	4.	43.	09
28.	4.	59.	50
29.	4.	75.	91
30.	4.	92.	32
31.	5.	08.	73
32.	5.	25.	14
33.	5.	41.	55
34.	5.	57.	96
35.	5.	74.	37
36.	5.	90.	78
37.	6.	07.	19
38.	6.	23.	60
39.	6.	40.	01
40.	6.	56.	42
41.	6.	72.	83
42.	6.	89.	25
43.	7.	05.	66
44.	7.	22.	07
45.	7.	38.	48
46.	7.	54.	89
47.	7.	71.	30
48.	7.	87.	71
49.	8.	04.	12
50.	8.	20.	53
51.	8.	36.	94
52.	8.	53.	35
53.	8.	69.	76
54.	8.	86.	17
55.	9.	02.	58
56.	9.	18.	99
57.	9.	35.	40
58.	9.	51.	81
59.	9.	68.	23
60.	9.	84.	64
61.	10.	01.	05
62.	10.	17.	46
63.	10.	33.	87
64.	10.	50.	28
65.	10.	66.	69
66.	10.	83.	10

Anciennes mesures.	Nouvelles mesures.		
Cartonnées.	Hectar.	Ares.	Mèt. car.
67.	10.	99.	51
68.	11.	15.	92
69.	11.	32.	33
70.	11.	48.	74
71.	11.	65.	15
72.	11.	81.	56
73.	11.	97.	97
74.	12.	14.	38
75.	12.	30.	79
76.	12.	47.	21
77.	12.	63.	62
78.	12.	80.	03
79.	12.	96.	44
80.	13.	12.	85
81.	13.	29.	26
82.	13.	45.	67
83.	13.	62.	08
84.	13.	78.	49
85.	13.	94.	90
86.	14.	11.	31
87.	14.	27.	72
88.	14.	44.	13
89.	14.	60.	54
90.	14.	76.	95
91.	14.	93.	36
92.	15.	09.	78
93.	15.	26.	19
94.	15.	42.	60
95.	15.	59.	01
96.	15.	75.	42
97.	15.	91.	83
98.	16.	08.	24
99.	16.	24.	65
100.	16.	41.	06
200.	32.	82.	12
300.	49.	23.	18
400.	65.	64.	24
500.	82.	05.	30
600.	98.	46.	36
700.	114.	87.	42
800.	131.	28.	48
900.	147.	69.	54
1000.	164.	10.	60

(*) La Cartonnée de Cadouin se divise en 6 Picotinées, chaque Picotinée en 18 Escats; l'Escat a 12 pieds de côté.

MESURES AGRAIRES.

N.° 153.

TABLE pour convertir les Ares et les Hectares en Cartonnée, *Picotins et Escats, mesure de Cadouin.*

Nouvelles mesures.	Anciennes mesures.				Nouvelles mesures.	Anciennes mesures.				Nouvelles mesures.	Anciennes mesures.			
Ares.	Carton.	Pic.	Esc.	Cent.	Hectares.	Carton.	Pic.	Esc.	Cent.	Hectares.	Carton.	Pic.	Esc.	Cent.
1.	0.	0.	06.	58	20.	121.	5.	04.	20	65.	396.	0.	09.	15
2.	0.	0.	13.	16	21.	127.	5.	14.	31	66.	402.	1.	01.	26
3.	0.	1.	01.	74	22.	134.	0.	06.	42	67.	408.	1.	11.	[illegible]
4.	0.	1.	08.	32	23.	140.	0.	16.	53	68.	414.	2.	03.	[illegible]
5.	0.	1.	14.	90	24.	146.	1.	08.	64	69.	420.	2.	13.	[illegible]
6.	0.	2.	03.	48	25.	152.	2.	00.	75	70.	426.	3.	05.	[illegible]
7.	0.	2.	10.	06	26.	158.	2.	10.	86	71.	432.	3.	15.	[illegible]
8.	0.	2.	16.	64	27.	164.	3.	02.	97	72.	438.	4.	07.	92
9.	0.	3.	05.	22	28.	170.	3.	13.	08	73.	444.	5.	00.	03
10.	0.	3.	11.	80	29.	176.	4.	05.	19	74.	450.	5.	10.	14
11.	0.	4.	00.	38	30.	182.	4.	15.	30	75.	457.	0.	02.	25
12.	0.	4.	06.	96	31.	188.	5.	07.	41	76.	463.	0.	12.	36
13.	0.	4.	13.	54	32.	194.	5.	17.	52	77.	469.	1.	04.	47
14.	0.	5.	02.	12	33.	201.	0.	09.	63	78.	475.	1.	14.	58
15.	0.	5.	08.	70	34.	207.	1.	01.	74	79.	481.	2.	06.	69
20.	1.	1.	05.	60	35.	213.	1.	11.	85	80.	487.	2.	16.	80
25.	1.	3.	02.	50	36.	219.	2.	03.	96	81.	493.	3.	08.	[illegible]
30.	1.	4.	17.	40	37.	225.	2.	14.	07	82.	499.	4.	02.	02
40.	2.	2.	11.	20	38.	231.	3.	06.	18	83.	505.	4.	11.	13
50.	3.	0.	05.	00	39.	237.	3.	16.	29	84.	511.	5.	03.	[illegible]
60.	3.	3.	16.	84	40.	243.	4.	08.	40	85.	517.	5.	13.	35
70.	4.	1.	10.	65	41.	249.	5.	00.	51	86.	524.	0.	05.	[illegible]
80.	4.	5.	04.	47	42.	255.	5.	10.	62	87.	530.	0.	15.	57
90.	5.	2.	16.	29	43.	262.	0.	02.	73	88.	536.	1.	07.	68
100.	6.	0.	10.	11	44.	268.	0.	12.	84	89.	542.	1.	17.	79
Hectares.	Carton.	Pic.	Esc.	Cent.	45.	274.	1.	04.	95	90.	548.	2.	09.	90
1.	6.	0.	10.	11	46.	280.	1.	15.	06	91.	554.	3.	02.	01
2.	12.	1.	02.	22	47.	286.	2.	07.	17	92.	560.	3.	12.	12
3.	18.	1.	12.	33	48.	292.	2.	17.	28	93.	566.	4.	04.	[illegible]
4.	24.	2.	04.	44	49.	298.	3.	09.	39	94.	572.	4.	14.	34
5.	30.	2.	14.	55	50.	304.	4.	01.	50	95.	578.	5.	06.	45
6.	36.	3.	06.	66	51.	310.	4.	11.	61	96.	584.	5.	16.	56
7.	42.	3.	16.	77	52.	316.	5.	03.	72	97.	591.	0.	08.	67
8.	48.	4.	08.	88	53.	322.	5.	13.	83	98.	597.	1.	00.	78
9.	54.	5.	00.	99	54.	329.	0.	05.	94	99.	603.	1.	10.	89
10.	60.	5.	11.	10	55.	335.	0.	16.	05	100.	609.	2.	03.	[illegible]
11.	67.	0.	03.	21	56.	341.	1.	08.	16	200.	1218.	4.	06.	[illegible]
12.	73.	0.	13.	32	57.	347.	2.	00.	27	300.	1828.	0.	09.	[illegible]
13.	79.	1.	05.	43	58.	353.	2.	10.	38	400.	2437.	2.	12.	[illegible]
14.	85.	1.	15.	54	59.	359.	3.	02.	49	500.	3046.	4.	15.	[illegible]
15.	91.	2.	07.	65	60.	365.	3.	12.	60	600.	3656.	1.	00.	00
16.	97.	2.	17.	76	61.	371.	4.	04.	71	700.	4265.	3.	03.	00
17.	103.	3.	09.	87	62.	377.	4.	14.	82	800.	4874.	5.	06.	00
18.	109.	4.	01.	98	63.	383.	5.	06.	93	900.	5484.	1.	09.	00
19.	115.	4.	12.	09	64.	389.	5.	17.	04	1000.	6093.	3.	12.	00

MESURES DE CAPACITÉ pour les grains et matières sèches.

N.° 154.

TABLE pour convertir les Picotins, Pognères et Sacs, mesure de Bergerac, Lalinde, Bouniagues, Conne-de-Labarde, Cunèges, etc. en Hectolitres, Décalitres, Litres et Décilitres (*).

Anciennes mesures.	Nouvelles mesures.		
Picotins.	Décalit.	Litres.	Décil.
1.	0.	2.	9
2.	0.	5.	8
3.	0.	8.	7
4.	1.	1.	5
5.	1.	4.	4
6.	1.	7.	4
7.	2.	0.	3
8.	2.	3.	1
Pognères.	Décalit.	Litres.	Décil.
1.	2.	3.	1
2.	4.	6.	2
3.	6.	9.	3
4.	9.	2.	4
5.	11.	5.	5
6.	13.	8.	6
7.	16.	1.	7
8.	18.	4.	8
9.	20.	7.	9
10.	23.	1.	0
11.	25.	4.	1
12.	27.	7.	2
13.	30.	0.	3
14.	32.	3.	4
15.	34.	6.	5
16.	36.	9.	6
17.	39.	2.	7
18.	41.	5.	8
19.	43.	8.	9
20.	46.	2.	0
21.	48.	5.	1
22.	50.	8.	2
23.	53.	1.	3
24.	55.	4.	4
25.	57.	7.	5
26.	60.	0.	6
27.	62.	3.	7
28.	64.	6.	8
29.	66.	9.	9
30.	69.	3.	0
31.	71.	6.	1
32.	73.	9.	2
33.	76.	2.	3
34.	78.	5.	4
35.	80.	8.	5
36.	83.	1.	6

Anciennes mesures.	Nouvelles mesures.		
Pognères.	Décalit.	Litres.	Décil.
37.	85.	4.	7
38.	87.	7.	8
39.	90.	0.	9
40.	92.	4.	0
41.	94.	7.	1
42.	97.	0.	2
43.	99.	3.	3
44.	101.	6.	4
45.	103.	9.	5
46.	106.	2.	6
47.	108.	5.	7
48.	110.	8.	8
49.	113.	1.	9
50.	115.	5.	0
51.	117.	8.	1
52.	120.	1.	2
53.	122.	4.	3
54.	124.	7.	4
55.	127.	0.	5
56.	129.	3.	6
57.	131.	6.	7
58.	133.	9.	8
59.	136.	2.	9
60.	138.	6.	0
61.	140.	9.	1
62.	143.	2.	2
63.	145.	5.	3
64.	147.	8.	4
65.	150.	1.	5
66.	152.	4.	6
67.	154.	7.	7
68.	157.	0.	8
69.	159.	3.	9
70.	161.	7.	0
71.	164.	0.	1
72.	166.	3.	2
73.	168.	6.	3
74.	170.	9.	4
75.	173.	2.	5
76.	175.	5.	6
77.	177.	8.	7
78.	180.	1.	8
79.	182.	4.	9
80.	184.	8.	0
81.	187.	1.	1

Anciennes mesures.	Nouvelles mesures.			
Pognères.		Décalit.	Litres.	Décil.
82.		189.	4.	2
83.		191.	7.	3
84.		194.	0.	4
85.		196.	3.	5
86.		198.	6.	6
87.		200.	9.	7
88.		203.	2.	8
89.		205.	5.	9
90.		207.	9.	0
91.		210.	2.	1
92.		212.	5.	2
93.		214.	8.	3
94.		217.	1.	4
95.		219.	4.	5
96.		221.	7.	6
97.		224.	0.	7
98.		226.	3.	8
99.		228.	6.	9
100.		231.	0.	0
Sacs.	Hect.	Decal.	Litres.	Décil.
1.	0.	9.	2.	4
2.	1.	8.	4.	8
3.	2.	7.	7.	2
4.	3.	6.	9.	6
5.	4.	6.	2.	0
6.	5.	5.	4.	4
7.	6.	4.	6.	8
8.	7.	6.	2.	3
9.	8.	3.	1.	6
10.	9.	2.	4.	0
20.	18.	4.	8.	0
25.	23.	1.	0.	0
50.	46.	2.	0.	0
100.	92.	4.	0.	0
200.	184.	8.	0.	0
300.	277.	2.	0.	0
400.	369.	6.	0.	0

(*) La Pognère de Bergerac se divise en 8 Picotins ; le Sac contient 4 Pognères.

MESURES
DE CAPACITÉ
pour les grains
et matières sèches.

N.° 155.

TABLE pour convertir les Litres, Décalitres et Hectolitres, en Sacs, Pognères et Picotins, mesure de Bergerac.

Nouvelles mesures.	Anciennes mesures.			
Litres.	Sacs.	Pogn.	Picot.	Dixiè.
1.	0.	0.	0.	4
2.	0.	0.	0.	7
3.	0.	0.	1.	1
4.	0.	0.	1.	4
5.	0.	0.	1.	8
6.	0.	0.	2.	1
7.	0.	0.	2.	5
8.	0.	0.	2.	8
9.	0.	0.	3.	2
10.	0.	0.	3.	5
Décalitres.	Sacs.	Pogn.	Picot.	Dixiè.
1.	0.	0.	3.	5
2.	0.	0.	6.	9
3.	0.	1.	2.	4
4.	0.	1.	5.	8
5.	0.	2.	1.	3
6.	0.	2.	4.	8
7.	0.	3.	0.	2
8.	0.	3.	3.	7
9.	0.	3.	7.	1
10.	1.	0.	2.	6
11.	1.	0.	6.	1
12.	1.	1.	1.	5
13.	1.	1.	5.	0
14.	1.	2.	0.	4
15.	1.	2.	3.	9
16.	1.	2.	7.	4
17.	1.	3.	2.	8
18.	1.	3.	6.	3
19.	2.	0.	1.	7
20.	2.	0.	5.	2
21.	2.	1.	0.	7
22.	2.	1.	4.	1
23.	2.	1.	7.	6
24.	2.	2.	3.	0
25.	2.	2.	6.	5
26.	2.	3.	2.	0
27.	2.	3.	5.	4
28.	3.	0.	0.	9
29.	3.	0.	4.	3
30.	3.	0.	7.	8
31.	3.	1.	3.	3
32.	3.	1.	6.	7
33.	3.	2.	2.	2
34.	3.	2.	5.	6

Nouvelles mesures.	Anciennes mesures.			
Décalitres.	Sacs.	Pogn.	Picot.	Dixiè.
35.	3.	3.	1.	1
36.	3.	3.	4.	6
37.	4.	0.	0.	0
38.	4.	0.	3.	5
39.	4.	0.	6.	9
40.	4.	1.	2.	4
41.	4.	1.	5.	9
42.	4.	2.	1.	3
43.	4.	2.	4.	8
44.	4.	3.	0.	2
45.	4.	3.	3.	7
46.	4.	3.	7.	2
47.	5.	0.	2.	6
48.	5.	0.	6.	1
49.	5.	1.	1.	5
50.	5.	1.	5.	0
51.	5.	2.	0.	5
52.	5.	2.	3.	9
53.	5.	2.	7.	4
54.	5.	3.	2.	8
55.	5.	3.	6.	3
56.	6.	0.	1.	8
57.	6.	0.	5.	2
58.	6.	1.	0.	7
59.	6.	1.	4.	1
60.	6.	1.	7.	6
61.	6.	2.	3.	1
62.	6.	2.	6.	5
63.	6.	3.	2.	0
64.	6.	3.	5.	4
65.	7.	0.	0.	9
66.	7.	0.	4.	4
67.	7.	0.	7.	8
68.	7.	1.	3.	3
69.	7.	1.	6.	7
70.	7.	2.	2.	2
71.	7.	2.	5.	7
72.	7.	3.	1.	1
73.	7.	3.	4.	6
74.	8.	0.	0.	0
75.	8.	0.	3.	5
76.	8.	0.	7.	0
77.	8.	1.	2.	4
78.	8.	1.	5.	9
79.	8.	2.	1.	3

Nouvelles mesures.	Anciennes mesures.			
Décalitres.	Sacs.	Pogn.	Picot.	Dixiè.
80.	8.	2.	4.	8
81.	8.	3.	0.	[illegible]
82.	8.	3.	3.	[illegible]
83.	8.	3.	7.	[illegible]
84.	9.	0.	2.	6
85.	9.	0.	6.	1
86.	9.	1.	1.	6
87.	9.	1.	5.	0
88.	9.	2.	0.	5
89.	9.	2.	3.	9
90.	9.	2.	7.	4
91.	9.	3.	2.	9
92.	9.	3.	6.	3
93.	10.	0.	1.	9
94.	10.	0.	5.	3
95.	10.	1.	0.	8
96.	10.	1.	4.	3
97.	10.	1.	7.	7
98.	10.	2.	3.	2
99.	10.	2.	6.	6
100.	10.	3.	2.	1
Hectolitres.	Sacs.	Pogn.	Picot.	Dixiè.
10.	10.	3.	2.	3
11.	11.	3.	4.	9
12.	12.	3.	7.	5
13.	14.	0.	2.	1
14.	15.	0.	4.	7
15.	16.	0.	7.	3
16.	17.	1.	1.	9
20.	21.	2.	4.	3
25.	27.	0.	1.	3
50.	54.	0.	2.	6
100.	108.	0.	5.	2
200.	216.	1.	2.	4
300.	324.	1.	7.	6

MESURES
DE CAPACITÉ
pour les grains
et matières sèches.

N.° 156.

TABLE pour convertir les Picotins et Boisseaux, mesure de Saint-Alvère et autres Communes du Canton, en Décalitres, Litres et Décilitres (*).

Anciennes mesures.	Nouvelles mesures.		
Picotins.	Décalit.	Litres.	Décilit.
1.	0.	3.	9
2.	0.	7.	7
3.	1.	1.	6
4.	1.	5.	4
5.	1.	9.	3
6.	2.	3.	2
7.	2.	7.	0
8.	3.	0.	9
Boisseaux.	Décalit.	Litres.	Décilit.
1.	3.	0.	9
2.	6.	1.	8
3.	9.	2.	7
4.	12.	3.	6
5.	15.	4.	5
6.	18.	5.	5
7.	21.	6.	4
8.	24.	7.	3
9.	27.	8.	2
10.	30.	9.	1
11.	34.	0.	0
12.	37.	0.	9
13.	40.	1.	8
14.	43.	2.	7
15.	46.	3.	6
16.	49.	4.	6
17.	52.	5.	5
18.	55.	6.	4
19.	58.	7.	3
20.	61.	8.	2
21.	64.	9.	1
22.	68.	0.	0
23.	71.	0.	9
24.	74.	1.	8
25.	77.	2.	7
26.	80.	3.	7
27.	83.	4.	6
28.	86.	5.	5
29.	89.	6.	4
30.	92.	7.	3
31.	95.	8.	2
32.	98.	9.	1
33.	102.	0.	0
34.	105.	0.	9
35.	108.	1.	8
36.	111.	2.	8

Anciennes mesures.	Nouvelles mesures.		
Boisseaux.	Décalit.	Litres.	Décilit.
37.	114.	3.	7
38.	117.	4.	6
39.	120.	5.	5
40.	123.	6.	4
41.	126.	7.	3
42.	129.	8.	2
43.	132.	9.	1
44.	136.	0.	0
45.	139.	0.	9
46.	142.	1.	9
47.	145.	2.	8
48.	148.	3.	7
49.	151.	4.	6
50.	154.	5.	5
51.	157.	6.	4
52.	160.	7.	3
53.	163.	8.	2
54.	166.	9.	1
55.	170.	0.	0
56.	173.	1.	0
57.	176.	1.	9
58.	179.	2.	8
59.	182.	3.	7
60.	185.	4.	6
61.	188.	5.	5
62.	191.	6.	4
63.	194.	7.	3
64.	197.	8.	2
65.	200.	9.	1
66.	204.	0.	1
67.	207.	1.	0
68.	210.	1.	9
69.	213.	2.	8
70.	216.	3.	7
71.	219.	4.	6
72.	222.	5.	5
73.	225.	6.	4
74.	228.	7.	3
75.	231.	8.	2
76.	234.	9.	2
77.	238.	0.	1
78.	241.	1.	0
79.	244.	1.	9
80.	247.	2.	8
81.	250.	3.	7

Anciennes mesures.	Nouvelles mesures.		
Boisseaux.	Décalit.	Litres	Décilit.
82.	253.	4.	6
83.	256.	5.	5
84.	259.	6.	4
85.	262.	7.	3
86.	265.	8.	3
87.	268.	9.	2
88.	272.	0.	1
89.	275.	1.	0
90.	278.	1.	9
91.	281.	2.	8
92.	284.	3.	7
93.	287.	4.	6
94.	290.	5.	5
95.	293.	6.	4
96.	296.	7.	4
97.	299.	8.	3
98.	302.	9.	2
99.	306.	0.	1
100.	309.	1.	0
200.	618.	2.	0
300.	927.	3.	0
400.	1236.	4.	0
500.	1545.	5.	0
600.	1854.	6.	0
700.	2163.	7.	0
800.	2472.	8.	0
900.	2781.	9.	0
1000.	3091.	0.	0

(*) Le Boisseau de St.-Alvère se divise en 8 Picotins.

Le Canton d'Eymet se sert de la même mesure.

MESURES
DE CAPACITÉ
pour les grains
et matières sèches.

N.° 157.

TABLE pour convertir les Litres et Décalitres en Boisseaux et Picotins, mesure de St.-Alvère et autres Communes du même Canton.

Nouvelles mesures.	Anciennes mesures.		
Litres.	Boiss.	Picot.	Dixièm.
1.	0.	0.	3
2.	0.	0.	5
3.	0.	0.	8
4.	0.	1.	0
5.	0.	1.	3
6.	0.	1.	6
7.	0.	1.	8
8.	0.	2.	1
9.	0.	2.	3
10.	0.	2.	6
Décalitres	Boiss.	Picot.	Dixièm.
1.	0.	2.	6
2.	0.	5.	2
3.	0.	7.	8
4.	1.	2.	4
5.	1.	4.	9
6.	1.	7.	5
7.	2.	2.	1
8.	2.	4.	7
9.	2.	7.	3
10.	3.	1.	9
11.	3.	4.	5
12.	3.	7.	1
13.	4.	1.	7
14.	4.	4.	3
15.	4.	6.	8
16.	5.	1.	4
17.	5.	4.	0
18.	5.	6.	6
19.	6.	1.	2
20.	6.	3.	8
21.	6.	6.	4
22.	7.	1.	0
23.	7.	3.	6
24.	7.	6.	2
25.	8.	0.	7
26.	8.	3.	3
27.	8.	5.	9
28.	9.	0.	5
29.	9.	3.	1
30.	9.	5.	7
31.	10.	0.	3
32.	10.	2.	9
33.	10.	5.	5
34.	11.	0.	1

Nouvelles mesures.	Anciennes mesures.		
Décalitres.	Boiss.	Picot.	Dixièm.
35.	11.	2.	6
36.	11.	5.	2
37.	11.	7.	8
38.	12.	2.	4
39.	12.	5.	0
40.	12.	7.	6
41.	13.	2.	2
42.	13.	4.	8
43.	13.	7.	4
44.	14.	2.	0
45.	14.	4.	5
46.	14.	7.	1
47.	15.	1.	7
48.	15.	4.	3
49.	15.	6.	9
50.	16.	1.	5
51.	16.	4.	1
52.	16.	6.	7
53.	17.	1.	3
54.	17.	3.	9
55.	17.	6.	4
56.	18.	1.	0
57.	18.	3.	6
58.	18.	6.	2
59.	19.	0.	8
60.	19.	3.	4
61.	19.	6.	0
62.	20.	0.	6
63.	20.	3.	2
64.	20.	5.	8
65.	21.	0.	3
66.	21.	2.	9
67.	21.	5.	5
68.	22.	0.	1
69.	22.	2.	7
70.	22.	5.	3
71.	22.	7.	9
72.	23.	2.	5
73.	23.	5.	1
74.	23.	7.	7
75.	24.	2.	2
76.	24.	4.	8
77.	24.	7.	4
78.	25.	2.	0
79.	25.	4.	6

Nouvelles mesures.	Anciennes mesures.		
Décalitres.	Boiss.	Picot.	Dixièm.
80.	25.	7.	2
81.	26.	1.	[illegible]
82.	26.	4.	[illegible]
83.	26.	7.	0
84.	27.	1.	6
85.	27.	4.	1
86.	27.	6.	7
87.	28.	1.	3
88.	28.	3.	9
89.	28.	6.	5
90.	29.	1.	1
91.	29.	3.	7
92.	29.	6.	3
93.	30.	0.	9
94.	30.	3.	5
95.	30.	6.	0
96.	31.	0.	[illegible]
97.	31.	3.	[illegible]
98.	31.	5.	[illegible]
99.	32.	0.	[illegible]
100.	32.	2.	[illegible]
200.	64.	5.	6
300.	97.	0.	4
400.	129.	3.	[illegible]
500.	161.	6.	0
600.	194.	0.	8
700.	226.	3.	6
800.	258.	6.	4
900.	291.	1.	[illegible]
1000.	323.	4.	0

MESURES DE CAPACITÉ pour les grains et matières sèches.

N.° 158.

TABLE pour convertir les Picotins et Quartons, mesure de Belvès, en Décalitres, Litres et Décilitres (*).

Anciennes mesures.	Nouvelles mesures.		
Picotins.	Décalit.	Litres.	Décil.
1.	0.	3.	8
2.	0.	7.	6
3.	1.	1.	4
4.	1.	5.	2
5.	1.	9.	1
6.	2.	2.	9
7.	2.	6.	7
8.	3.	0.	5
Quartons.	Décalit.	Litres.	Décil.
1.	3.	0.	5
2.	6.	1.	1
3.	9.	1.	7
4.	12.	2.	3
5.	15.	2.	8
6.	18.	3.	4
7.	21.	4.	0
8.	24.	4.	6
9.	27.	5.	1
10.	30.	5.	7
11.	33.	6.	3
12.	36.	6.	9
13.	39.	7.	4
14.	42.	8.	0
15.	45.	8.	5
16.	48.	9.	1
17.	51.	9.	7
18.	55.	0.	3
19.	58.	0.	8
20.	61.	1.	4
21.	64.	2.	0
22.	67.	2.	5
23.	70.	3.	1
24.	73.	3.	7
25.	76.	4.	2
26.	79.	4.	8
27.	82.	5.	4
28.	85.	5.	9
29.	88.	6.	5
30.	91.	7.	1
31.	94.	7.	7
32.	97.	8.	2
33.	100.	8.	8
34.	103.	9.	4
35.	106.	9.	9
36.	110.	0.	5

Anciennes mesures.	Nouvelles mesures.		
Quartons.	Décalit.	Litres.	Décil.
37.	113.	1.	1
38.	116.	1.	7
39.	119.	2.	2
40.	122.	2.	8
41.	125.	3.	4
42.	128.	3.	9
43.	131.	4.	5
44.	134.	5.	1
45.	137.	5.	7
46.	140.	6.	2
47.	143.	6.	8
48.	146.	7.	4
49.	149.	7.	9
50.	152.	8.	5
51.	155.	9.	1
52.	158.	9.	6
53.	162.	0.	2
54.	165.	0.	8
55.	168.	1.	3
56.	171.	1.	9
57.	174.	2.	5
58.	177.	3.	1
59.	180.	3.	6
60.	183.	4.	2
61.	186.	4.	8
62.	189.	5.	3
63.	192.	5.	9
64.	195.	6.	5
65.	198.	7.	0
66.	201.	7.	6
67.	204.	8.	2
68.	207.	8.	8
69.	210.	9.	3
70.	213.	9.	9
71.	217.	0.	5
72.	220.	1.	0
73.	223.	1.	6
74.	226.	2.	2
75.	229.	2.	7
76.	232.	3.	3
77.	235.	3.	0
78.	238.	4.	5
79.	241.	5.	0
80.	244.	5.	6
81.	247.	6.	2

Anciennes mesures.	Nouvelles mesures.		
Quartons.	Décalit.	Litres.	Décil.
82.	250.	6.	7
83.	253.	7.	3
84.	256.	7.	9
85.	259.	8.	4
86.	262.	9.	0
87.	265.	9.	6
88.	269.	0.	2
89.	272.	0.	7
90.	275.	1.	3
91.	278.	1.	9
92.	281.	2.	4
93.	284.	3.	0
94.	287.	3.	6
95.	290.	4.	1
96.	293.	4.	7
97.	296.	5.	3
98.	299.	5.	9
99.	302.	6.	4
100.	305.	7.	0
200.	611.	4.	0
300.	917.	1.	0
400.	1222.	8.	0
500.	1528.	5.	0
600.	1834.	2.	0
700.	2139.	9.	0
800.	2445.	6.	0
900.	2751.	3.	0
1000.	3057.	0.	0

(*) Le Quarton de Belvès se divise en 8 Picotins.

MESURES
DE CAPACITÉ
pour les grains
et matières sèches.

N.° 159.

TABLE pour convertir les Litres et Décalitres en Quartons Picotins, mesure de Belvès.

Nouvelles mesures.	Anciennes mesures.		
Litres.	Quartons.	Picot.	Dixièm.
1.	0.	0.	3
2.	0.	0.	5
3.	0.	0.	8
4.	0.	1.	0
5.	0.	1.	3
6.	0.	1.	6
7.	0.	1.	8
8.	0.	2.	1
9.	0.	2.	3
10.	0.	2.	6
Décalitres.	Quartons.	Picot.	Dixièm.
1.	0.	2.	6
2.	0.	5.	2
3.	0.	7.	9
4.	1.	2.	5
5.	1.	5.	1
6.	1.	7.	7
7.	2.	2.	3
8.	2.	5.	0
9.	2.	7.	6
10.	3.	2.	2
11.	3.	4.	8
12.	3.	7.	4
13.	4.	2.	1
14.	4.	4.	7
15.	4.	7.	3
16.	5.	1.	9
17.	5.	4.	5
18.	5.	7.	2
19.	6.	1.	8
20.	6.	4.	4
21.	6.	7.	0
22.	7.	1.	6
23.	7.	4.	3
24.	7.	6.	9
25.	8.	1.	5
26.	8.	4.	1
27.	8.	6.	7
28.	9.	1.	4
29.	9.	4.	0
30.	9.	6.	6
31.	10.	1.	2
32.	10.	3.	8
33.	10.	6.	5
34.	11.	1.	1

Nouvelles mesures.	Anciennes mesures.		
Décalitres.	Quartons.	Picot.	Dixièm.
35.	11.	3.	7
36.	11.	6.	3
37.	12.	0.	9
38.	12.	3.	6
39.	12.	6.	2
40.	13.	0.	8
41.	13.	3.	4
42.	13.	6.	0
43.	14.	0.	7
44.	14.	3.	3
45.	14.	5.	9
46.	15.	0.	5
47.	15.	3.	1
48.	15.	5.	8
49.	16.	0.	4
50.	16.	3.	0
51.	16.	5.	6
52.	17.	0.	2
53.	17.	2.	8
54.	17.	5.	5
55.	18.	0.	1
56.	18.	2.	7
57.	18.	5.	3
58.	18.	8.	0
59.	19.	2.	6
60.	19.	5.	2
61.	19.	7.	8
62.	20.	2.	4
63.	20.	5.	1
64.	20.	7.	7
65.	21.	2.	3
66.	21.	4.	9
67.	21.	7.	5
68.	22.	2.	2
69.	22.	4.	8
70.	22.	7.	4
71.	23.	2.	0
72.	23.	4.	6
73.	23.	7.	3
74.	24.	1.	9
75.	24.	4.	5
76.	24.	7.	1
77.	25.	1.	7
78.	25.	4.	4
79.	25.	7.	0

Nouvelles mesures.	Anciennes mesures.		
Décalitres.	Quartons.	Picot.	Dixièm.
80.	26.	1.	6
81.	26.	4.	1
82.	26.	6.	8
83.	27.	1.	5
84.	27.	4.	1
85.	27.	6.	7
86.	28.	1.	3
87.	28.	3.	9
88.	28.	6.	6
89.	29.	1.	2
90.	29.	3.	8
91.	29.	6.	4
92.	30.	1.	0
93.	30.	3.	7
94.	30.	6.	3
95.	31.	0.	9
96.	31.	3.	[illegible]
97.	31.	6.	[illegible]
98.	32.	0.	[illegible]
99.	32.	3.	4
100.	32.	5.	6
200.	65.	3.	3
300.	98.	1.	0
400.	130.	6.	7
500.	163.	4.	4
600.	196.	2.	0
700.	228.	7.	7
800.	261.	5.	4
900.	294.	3.	1
1000.	327.	0.	8

MESURES
DE CAPACITÉ
pour les grains
et matières sèches.

N.° 160.

TABLE pour convertir les Picotins et Quartons, mesure de Cadouin, en Décalitres, Litres et Décilitres (*).

Anciennes mesures.	Nouvelles mesures.			Anciennes mesures.	Nouvelles mesures.			Anciennes mesures.	Nouvelles mesures.		
Picotins.	Décalit.	Litres.	Décil.	Quarts.	Décalit.	Litres.	Décil.	Quarts.	Décalit.	Litres.	Décil.
1.	0.	3.	8	37.	111.	5.	2	82.	247.	1.	5
2.	0.	7.	5	38.	114.	5.	3	83.	250.	1.	6
3.	1.	1.	3	39.	117.	5.	5	84.	253.	1.	8
4.	1.	5.	1	40.	120.	5.	6	85.	256.	1.	9
5.	1.	8.	8	41.	123.	5.	8	86.	259.	2.	0
6.	2.	2.	6	42.	126.	5.	9	87.	262.	2.	2
7.	2.	6.	4	43.	129.	6.	0	88.	265.	2.	3
8.	3.	0.	2	44.	132.	6.	2	89.	268.	2.	5
Quarts.	Décalit.	Litres.	Décil.	45.	135.	6.	3	90.	271.	2.	6
1.	3.	0.	2	46.	138.	6.	4	91.	274.	2.	7
2.	6.	0.	3	47.	141.	6.	6	92.	277.	2.	9
3.	9.	0.	4	48.	144.	6.	7	93.	280.	3.	0
4.	12.	0.	6	49.	147.	6.	9	94.	283.	3.	2
5.	15.	0.	7	50.	150.	7.	0	95.	286.	3.	3
6.	18.	0.	8	51.	153.	7.	1	96.	289.	3.	4
7.	21.	1.	0	52.	156.	7.	3	97.	292.	3.	6
8.	24.	1.	1	53.	159.	7.	4	98.	295.	3.	7
9.	27.	1.	3	54.	162.	7.	6	99.	298.	3.	9
10.	30.	1.	4	55.	165.	7.	7	100.	301.	4.	0
11.	33.	1.	5	56.	168.	7.	8	200.	602.	8.	0
12.	36.	1.	7	57.	171.	8.	0	300.	904.	2.	0
13.	39.	1.	8	58.	174.	8.	1	400.	1205.	6.	0
14.	42.	2.	0	59.	177.	8.	3	500.	1507.	0.	0
15.	45.	2.	1	60.	180.	8.	4	600.	1808.	4.	0
16.	48.	2.	2	61.	183.	8.	5	700.	2109.	8.	0
17.	51.	2.	4	62.	186.	8.	7	800.	2410.	2.	0
18.	54.	2.	5	63.	189.	8.	8	900.	2712.	6.	0
19.	57.	2.	7	64.	192.	9.	0	1000.	3014.	0.	0
20.	60.	2.	8	65.	195.	9.	1				
21.	63.	2.	9	66.	198.	9.	2				
22.	66.	3.	1	67.	201.	9.	4				
23.	69.	3.	2	68.	204.	9.	5				
24.	72.	3.	4	69.	207.	9.	7				
25.	75.	3.	5	70.	210.	9.	8				
26.	78.	3.	6	71.	213.	9.	9				
27.	81.	3.	8	72.	217.	0.	1				
28.	84.	3.	9	73.	220.	0.	2				
29.	87.	4.	1	74.	223.	0.	4				
30.	90.	4.	2	75.	226.	0.	5				
31.	93.	4.	3	76.	229.	0.	6				
32.	96.	4.	5	77.	232.	0.	7				
33.	99.	4.	6	78.	235.	0.	9				
34.	102.	4.	8	79.	238.	1.	1				
35.	105.	4.	9	80.	241.	1.	2				
36.	108.	5.	0	81.	244.	1.	3				

(*) Le Quarton de Cadouin se divise en 8 Picotins.

MESURES DE CAPACITÉ pour les grains et matières sèches.

N.° 161.

TABLE pour convertir les Litres et Décalitres en Quartons et Picotins, mesure de Cadouin.

Nouvelles mesures.	Anciennes mesures.		
Litres.	Quart.	Picot.	Dixièm.
1.	0.	0.	3
2.	0.	0.	5
3.	0.	0.	8
4.	0.	1.	1
5.	0.	1.	3
6.	0.	1.	6
7.	0.	1.	9
8.	0.	2.	1
9.	0.	2.	4
10.	0.	2.	7
Décalitres.	Quart.	Picot.	Dixièm.
1.	0.	2.	7
2.	0.	5.	3
3.	1.	0.	0
4.	1.	2.	6
5.	1.	5.	2
6.	1.	7.	9
7.	2.	2.	5
8.	2.	5.	2
9.	2.	7.	8
10.	3.	2.	5
11.	3.	5.	1
12.	3.	7.	8
13.	4.	2.	4
14.	4.	5.	1
15.	4.	7.	7
16.	5.	2.	4
17.	5.	5.	0
18.	5.	7.	7
19.	6.	2.	3
20.	6.	5.	0
21.	6.	7.	6
22.	7.	2.	3
23.	7.	4.	9
24.	7.	7.	6
25.	8.	2.	2
26.	8.	4.	9
27.	8.	7.	5
28.	9.	2.	2
29.	9.	4.	8
30.	9.	7.	5
31.	10.	2.	1
32.	10.	4.	8
33.	10.	7.	4
34.	11.	2.	1

Nouvelles mesures.	Anciennes mesures.		
Décalitres.	Quart.	Picot.	Dixièm.
35.	11.	4.	7
36.	11.	7.	4
37.	12.	2.	0
38.	12.	4.	7
39.	12.	7.	3
40.	13.	2.	0
41.	13.	4.	6
42.	13.	7.	3
43.	14.	1.	9
44.	14.	4.	6
45.	14.	7.	2
46.	15.	1.	9
47.	15.	4.	5
48.	15.	7.	2
49.	16.	1.	8
50.	16.	4.	5
51.	16.	7.	1
52.	17.	1.	8
53.	17.	4.	4
54.	17.	7.	1
55.	18.	1.	7
56.	18.	4.	2
57.	18.	7.	0
58.	19.	1.	7
59.	19.	4.	3
60.	19.	7.	0
61.	20.	1.	6
62.	20.	4.	3
63.	20.	6.	9
64.	21.	1.	6
65.	21.	4.	2
66.	21.	6.	9
67.	22.	1.	5
68.	22.	4.	2
69.	22.	6.	8
70.	23.	1.	5
71.	23.	4.	1
72.	23.	6.	8
73.	24.	1.	4
74.	24.	4.	1
75.	24.	6.	7
76.	25.	1.	4
77.	25.	4.	0
78.	25.	6.	7
79.	26.	1.	3

Nouvelles mesures.	Anciennes mesures.		
Décalitres.	Quart.	Picot.	Dixièm.
80.	26.	4.	0
81.	26.	6.	5
82.	27.	1.	3
83.	27.	3.	9
84.	27.	6.	6
85.	28.	1.	2
86.	28.	3.	9
87.	28.	6.	5
88.	29.	1.	2
89.	29.	3.	8
90.	29.	6.	5
91.	30.	1.	1
92.	30.	3.	8
93.	30.	6.	4
94.	31.	1.	1
95.	31.	3.	7
96.	31.	6.	[illegible]
97.	32.	1.	[illegible]
98.	32.	3.	[illegible]
99.	32.	6.	3
100.	33.	1.	4
200.	66.	2.	7
300.	99.	4.	1
400.	132.	5.	4
500.	165.	6.	8
600.	199.	0.	2
700.	232.	1.	5
800.	265.	2.	9
900.	298.	4.	2
1000.	331.	5.	6

MESURES DE CAPACITÉ pour les grains et matières sèches.

N.° 162.

TABLE pour convertir les Picotins et Quartons, mesure de Beaumont, Monsac, Faux, Verdon, Naussannes, etc., en Décalitres, Litres et Décilitres (*).

Anciennes mesures.	Nouvelles mesures.			Anciennes mesures.	Nouvelles mesures.			Anciennes mesures.	Nouvelles mesures.		
Picotins.	Décalit.	Litres.	Décil.	Quartons.	Décalit.	Litres.	Décil.	Quartons.	Décalit.	Litres.	Décil.
1.	0.	3.	6	37.	106.	7.	8	82.	236.	6.	5
2.	0.	7.	2	38.	109.	6.	7	83.	239.	5.	4
3.	1.	0.	8	39.	112.	5.	5	84.	242.	4.	2
4.	1.	4.	4	40.	115.	4.	4	85.	245.	3.	1
5.	1.	8.	0	41.	118.	3.	3	86.	248.	2.	0
6.	2.	1.	7	42.	121.	2.	1	87.	251.	0.	8
7.	2.	5.	3	43.	124.	1.	0	88.	253.	9.	7
8.	2.	8.	9	44.	126.	9.	8	89.	256.	8.	5
Quartons.	Décalit.	Litres.	Décil.	45.	129.	8.	7	90.	259.	7.	4
1.	2.	8.	9	46.	132.	7.	6	91.	262.	6.	3
2.	5.	7.	7	47.	135.	6.	4	92.	265.	5.	1
3.	8.	6.	6	48.	138.	5.	3	93.	268.	4.	0
4.	11.	5.	4	49.	141.	4.	1	94.	271.	2.	8
5.	14.	4.	3	50.	144.	3.	0	95.	274.	1.	7
6.	17.	3.	2	51.	147.	1.	9	96.	277.	0.	6
7.	20.	2.	0	52.	150.	0.	7	97.	279.	9.	4
8.	23.	0.	9	53.	152.	9.	6	98.	282.	8.	3
9.	25.	9.	7	54.	155.	8.	4	99.	285.	7.	1
10.	28.	8.	6	55.	158.	7.	3	100.	288.	6.	0
11.	31.	7.	5	56.	161.	6.	2	200.	577.	2.	0
12.	34.	6.	3	57.	164.	5.	0	300.	865.	8.	0
13.	37.	5.	2	58.	167.	3.	9	400.	1154.	4.	0
14.	40.	4.	0	59.	170.	2.	7	500.	1443.	0.	0
15.	43.	2.	9	60.	173.	1.	6	600.	1731.	6.	0
16.	46.	1.	8	61.	176.	0.	5	700.	2020.	2.	0
17.	49.	0.	6	62.	178.	9.	3	800.	2308.	8.	0
18.	51.	9.	5	63.	181.	8.	2	900.	2597.	4.	0
19.	54.	8.	3	64.	184.	7.	0	1000.	2886.	0.	0
20.	57.	7.	2	65.	187.	5.	9				
21.	60.	6.	1	66.	190.	4.	8				
22.	63.	4.	9	67.	193.	3.	6				
23.	66.	3.	8	68.	196.	2.	5				
24.	69.	2.	6	69.	199.	1.	3				
25.	72.	1.	5	70.	202.	0.	2				
26.	75.	0.	4	71.	204.	9.	1				
27.	77.	9.	2	72.	207.	7.	9				
28.	80.	8.	1	73.	210.	6.	8				
29.	83.	6.	9	74.	213.	5.	6				
30.	86.	5.	8	75.	216.	4.	5				
31.	89.	4.	7	76.	219.	3.	4				
32.	92.	3.	5	77.	222.	2.	2				
33.	95.	2.	4	78.	225.	1.	1				
34.	98.	1.	2	79.	227.	9.	9				
35.	101.	0.	1	80.	230.	8.	8				
36.	103.	9.	0	81.	233.	7.	7				

(*) Le Quarton de Beaumont contient 45 liv. de blé froment ; il se divise en 8 Picotins.

X

MESURES
DE CAPACITÉ
pour les grains
et matières sèches.

N.° 163.

TABLE pour convertir les Litres et Décalitres en Quartons et Picotins, mesure de Beaumont, Monsac, Faux, Verdon, Naussannes, etc.

Nouvelles mesures.	Anciennes mesures.		
Litres.	Quart.	Picot.	Dixièm.
1.	0.	0.	3
2.	0.	0.	6
3.	0.	0.	9
4.	0.	1.	2
5.	0.	1.	5
6.	0.	1.	7
7.	0.	2.	0
8.	0.	2.	3
9.	0.	2.	6
10.	0.	2.	9
Décalitres.	Quart.	Picot.	Dixièm.
1.	0.	2.	9
2.	0.	5.	7
3.	1.	0.	6
4.	1.	3.	5
5.	1.	6.	4
6.	2.	1.	2
7.	2.	4.	1
8.	2.	7.	0
9.	3.	1.	8
10.	3.	4.	7
11.	3.	7.	6
12.	4.	2.	4
13.	4.	5.	3
14.	5.	0.	2
15.	5.	3.	0
16.	5.	5.	9
17.	6.	0.	8
18.	6.	3.	7
19.	6.	6.	5
20.	7.	1.	4
21.	7.	4.	3
22.	7.	7.	1
23.	8.	2.	0
24.	8.	4.	9
25.	8.	7.	8
26.	9.	2.	6
27.	9.	5.	5
28.	10.	0.	4
29.	10.	3.	2
30.	10.	6.	1
31.	11.	1.	0
32.	11.	3.	8
33.	11.	6.	7
34.	12.	1.	6

Nouvelles mesures.	Anciennes mesures.		
Décalitres.	Quart.	Picot.	Dixièm.
35.	12.	4.	5
36.	12.	7.	3
37.	13.	2.	2
38.	13.	5.	1
39.	13.	7.	9
40.	14.	2.	8
41.	14.	5.	7
42.	15.	0.	5
43.	15.	3.	4
44.	15.	6.	3
45.	16.	1.	2
46.	16.	4.	0
47.	16.	6.	9
48.	17.	1.	8
49.	17.	4.	6
50.	17.	7.	5
51.	18.	2.	4
52.	18.	5.	2
53.	19.	0.	1
54.	19.	3.	0
55.	19.	5.	9
56.	20.	0.	7
57.	20.	3.	6
58.	20.	6.	5
59.	21.	1.	3
60.	21.	4.	2
61.	21.	7.	1
62.	22.	1.	9
63.	22.	4.	8
64.	22.	7.	7
65.	23.	2.	6
66.	23.	5.	4
67.	24.	0.	3
68.	24.	3.	2
69.	24.	6.	0
70.	25.	0.	9
71.	25.	3.	8
72.	25.	6.	6
73.	26.	1.	5
74.	26.	4.	4
75.	26.	7.	3
76.	27.	2.	1
77.	27.	5.	0
78.	27.	7.	9
79.	28.	2.	7

Nouvelles mesures.	Anciennes mesures.		
Décalitres.	Quart.	Picot.	Dixièm.
80.	28.	5.	6
81.	29.	0.	[illegible]
82.	29.	3.	[illegible]
83.	29.	6.	2
84.	30.	1.	1
85.	30.	4.	0
86.	30.	6.	8
87.	31.	1.	7
88.	31.	4.	6
89.	31.	7.	4
90.	32.	2.	3
91.	32.	5.	2
92.	33.	0.	0
93.	33.	2.	9
94.	33.	5.	8
95.	34.	0.	[illegible]
96.	34.	3.	[illegible]
97.	34.	6.	[illegible]
98.	35.	1.	[illegible]
99.	35.	4.	1
100.	35.	7.	0
200.	71.	6.	0
300.	107.	5.	0
400.	143.	4.	0
500.	179.	3.	0
600.	215.	2.	0
700.	251.	1.	0
800.	287.	0.	0
900.	322.	7.	0
1000.	358.	6.	0

MESURES
DE CAPACITÉ
pour les grains
et matières sèches.

N.° 164.

TABLE pour convertir les Picotins et Pognères, mesure de Monpasier, en Décalitres, Litres et Décilitres (*).

Anciennes mesures.	Nouvelles mesures.		
Picotins.	Décalit.	Litres.	Décil.
1.	0.	2.	8
2.	0.	5.	6
3.	0.	8.	5
4.	1.	1.	3
5.	1.	4.	1
6.	1.	6.	9
7.	1.	9.	7
8.	2.	2.	6
Pognères.	Décalit.	Litres.	Décil.
1.	2.	2.	6
2.	4.	5.	2
3.	6.	7.	8
4.	9.	0.	4
5.	11.	3.	0
6.	13.	5.	6
7.	15.	8.	2
8.	18.	0.	8
9.	20.	3.	4
10.	22.	6.	0
11.	24.	8.	6
12.	27.	1.	2
13.	29.	3.	8
14.	31.	6.	4
15.	33.	9.	0
16.	36.	1.	6
17.	38.	4.	2
18.	40.	6.	8
19.	42.	9.	4
20.	45.	2.	0
21.	47.	4.	6
22.	49.	7.	2
23.	51.	9.	8
24.	54.	2.	4
25.	56.	5.	0
26.	58.	7.	6
27.	61.	0.	2
28.	63.	2.	8
29.	65.	5.	4
30.	67.	8.	0
31.	70.	0.	6
32.	72.	3.	2
33.	74.	5.	8
34.	76.	8.	4
35.	79.	1.	0
36.	81.	3.	6

Anciennes mesures.	Nouvelles mesures.		
Pognères.	Décalit.	Litres.	Décil.
37.	83.	6.	2
38.	85.	8.	8
39.	88.	1.	4
40.	90.	4.	0
41.	92.	6.	6
42.	94.	9.	2
43.	97.	1.	8
44.	79.	4.	4
45.	101.	7.	0
46.	103.	9.	6
47.	106.	2.	2
48.	108.	4.	8
49.	110.	7.	4
50.	113.	0.	0
51.	115.	2.	6
52.	117.	5.	2
53.	119.	7.	8
54.	122.	0.	4
55.	124.	3.	0
56.	126.	5.	6
57.	128.	8.	2
58.	131.	0.	8
59.	133.	3.	4
60.	135.	6.	0
61.	137.	8.	6
62.	140.	1.	2
63.	142.	3.	8
64.	144.	6.	4
65.	146.	9.	0
66.	149.	1.	7
67.	151.	4.	2
68.	153.	6.	8
69.	155.	9.	4
70.	158.	2.	0
71.	160.	4.	6
72.	162.	7.	2
73.	164.	9.	8
74.	167.	2.	4
75.	169.	5.	0
76.	171.	7.	6
77.	174.	0.	2
78.	176.	2.	8
79.	178.	5.	4
80.	180.	8.	0
81.	183.	0.	6

Anciennes mesures.	Nouvelles mesures.		
Pognères.	Décalit.	Litres.	Décil.
82.	185.	3.	2
83.	187.	5.	8
84.	189.	8.	4
85.	192.	1.	0
86.	194.	3.	6
87.	196.	6.	2
88.	198.	8.	8
89.	201.	1.	4
90.	203.	4.	0
91.	205.	6.	6
92.	207.	9.	2
93.	210.	1.	8
94.	212.	4.	4
95.	214.	7.	0
96.	216.	9.	6
97.	219.	2.	2
98.	221.	4.	8
99.	223.	7.	4
100.	226.	0.	0
200.	452.	0.	0
300.	678.	0.	0
400.	904.	0.	0
500.	1130.	0.	0
600.	1356.	0.	0
700.	1582.	0.	0
800.	1808.	0.	0
900.	2034.	0.	0
1000.	2260.	0.	0

(*) La Pognère de Monpasier se divise en 8 Picotins.

MESURES
DE CAPACITÉ
pour les grains
et matières sèches.

N.° 165.

TABLE pour convertir les Litres et Décalitres en Pognères et Picotins, mesure de Monpasier.

Nouvelles mesures.	Anciennes mesures.		
Litres.	Pogn.	Picot.	Dixièm.
1.	0.	0.	3
2.	0.	0.	7
3.	0.	1.	0
4.	0.	1.	4
5.	0.	1.	7
6.	0.	2.	1
7.	0.	2.	4
8.	0.	2.	8
9.	0.	3.	1
10.	0.	3.	5
Décalitres.	Pogn.	Picot.	Dixièm.
1.	0.	3.	5
2.	0.	7.	1
3.	1.	2.	6
4.	1.	6.	2
5.	2.	1.	7
6.	2.	5.	2
7.	3.	0.	8
8.	3.	4.	3
9.	3.	7.	9
10.	4.	3.	4
11.	4.	6.	9
12.	5.	2.	5
13.	5.	6.	0
14.	6.	1.	6
15.	6.	5.	1
16.	7.	0.	6
17.	7.	4.	2
18.	7.	7.	7
19.	8.	3.	3
20.	8.	6.	8
21.	9.	2.	3
22.	9.	5.	9
23.	10.	1.	4
24.	10.	5.	0
25.	11.	0.	5
26.	11.	4.	0
27.	11.	7.	6
28.	12.	3.	1
29.	12.	6.	7
30.	13.	2.	2
31.	13.	5.	7
32.	14.	1.	3
33.	14.	4.	8
34.	15.	0.	4

Nouvelles mesures.	Anciennes mesures.		
Décalitres.	Pogn.	Picot.	Dixièm.
35.	15.	3.	9
36.	15.	7.	4
37.	16.	3.	0
38.	16.	6.	5
39.	17.	2.	1
40.	17.	5.	6
41.	18.	1.	1
42.	18.	4.	7
43.	19.	0.	2
44.	19.	3.	8
45.	19.	7.	3
46.	20.	2.	8
47.	20.	6.	4
48.	21.	1.	9
49.	21.	5.	5
50.	22.	1.	0
51.	22.	4.	5
52.	23.	0.	1
53.	23.	3.	6
54.	23.	7.	2
55.	24.	2.	7
56.	24.	6.	2
57.	25.	1.	8
58.	25.	5.	3
59.	26.	0.	9
60.	26.	4.	4
61.	26.	7.	9
62.	27.	3.	5
63.	27.	7.	0
64.	28.	2.	6
65.	28.	6.	1
66.	29.	1.	6
67.	29.	5.	2
68.	30.	0.	7
69.	30.	4.	3
70.	30.	7.	8
71.	31.	3.	3
72.	31.	6.	9
73.	32.	2.	4
74.	32.	6.	0
75.	33.	1.	5
76.	33.	5.	0
77.	34.	0.	6
78.	34.	4.	1
79.	34.	7.	7

Nouvelles mesures.	Anciennes mesures.		
Décalitres.	Pogn.	Picot.	Dixièm.
80.	35.	3.	2
81.	35.	6.	[illegible]
82.	36.	2.	3
83.	36.	5.	8
84.	37.	1.	4
85.	37.	4.	9
86.	38.	0.	4
87.	38.	4.	0
88.	38.	7.	5
89.	39.	3.	1
90.	39.	6.	6
91.	40.	2.	1
92.	40.	5.	7
93.	41.	1.	2
94.	41.	4.	8
95.	42.	0.	3
96.	42.	3.	[illegible]
97.	42.	7.	[illegible]
98.	43.	2.	[illegible]
99.	43.	6.	8
100.	44.	2.	0
200.	88.	4.	0
300.	132.	6.	0
400.	177.	0.	0
500.	221.	2.	0
600.	265.	4.	0
700.	309.	6.	0
800.	354.	0.	0
900.	398.	2.	0
1000.	442.	4.	0

MESURES de capacité pour les liquides.

N.° 166.

TABLE pour convertir les Pintes et Roquilles, mesure de Bergerac, Bouniagues, etc., en Litres et Décilitres.

Anciennes mesures.	Nouvelles mesures.		Anciennes mesures.	Nouvelles mesures.		Anciennes mesures.	Nouvelles mesures.		Anciennes mesures.	Nouvelles mesures.	
Roquilles.	Litres.	Décil.	Pintes.	Litres.	Décil.	Pintes.	Litres.	Décil.	Pintes.	Litres.	Décil.
1.	0.	3	12.	13.	2	28.	30.	9	100.	110.	2
2.	0.	5	13.	14.	3	29.	32.	0	110.	121.	2
3.	0.	8	14.	15.	4	30.	33.	1	120.	132.	2
4.	1.	1	15.	16.	5	35.	38.	6	130.	143.	3
Pintes.			16.	17.	6	40.	44.	1	140.	154.	3
1.	1.	1	17.	18.	7	45.	49.	6	150.	165.	3
2.	2.	2	18.	19.	8	50.	55.	1	160.	176.	3
3.	3.	4	19.	20.	9	55.	60.	6	170.	187.	3
4.	4.	5	20.	22.	0	60.	66.	1	180.	198.	4
5.	5.	5	21.	23.	1	65.	71.	6	190.	209.	4
6.	6.	6	22.	24.	2	70.	77.	1	200.	220.	4
7.	7.	7	23.	25.	3	75.	82.	6	300.	330.	6
8.	8.	8	24.	26.	4	80.	88.	2	400.	440.	8
9.	9.	9	25.	27.	6	85.	93.	7	500.	551.	0
10.	11.	0	26.	28.	7	90.	99.	2			
11.	12.	1	27.	29.	8	95.	104.	7			

N.° 167.

TABLE pour convertir les Litres et Hectolitres en Pintes et Roquilles, mesure de Bergerac, Bouniagues, etc.

Nouvelles mesures.	Anciennes mesures.		Nouvelles mesures.	Anciennes mesures.		Nouvelles mesures.	Anciennes mesures.	
Décilitres.	Pintes.	Roquill.	Litres.	Pintes.	Roquill.	Litres.	Pintes.	Roquill.
5.	0.	2	18.	16.	1	65.	59.	0
Litres.			19.	17.	1	70.	63.	2
1.	1.	0	20.	18.	1	75.	68.	0
2.	1.	3	21.	19.	0	80.	72.	2
3.	2.	3	22.	20.	0	85.	77.	1
4.	3.	3	23.	20.	3	90.	81.	3
5.	4.	2	24.	21.	3	95.	86.	1
6.	5.	2	25.	22.	3	Hectolitres.		
7.	6.	1	26.	23.	2	1.	90.	3
8.	7.	1	27.	24.	2	2.	181.	2
9.	8.	1	28.	25.	2	3.	272.	1
10.	9.	0	29.	26.	1	4.	363.	0
11.	10.	0	30.	27.	1	5.	453.	2
12.	11.	0	35.	31.	3			
13.	11.	3	40.	36.	1			
14.	12.	3	45.	40.	3			
15.	13.	2	50.	45.	1			
16.	14.	2	55.	50.	0			
17.	15.	2	60.	54.	2			

MESURES
DE CAPACITÉ
pour les liquides.

N.° 168.

TABLE pour convertir les Pintes et Roquilles, mesure de Limeuil, en Litres et Décilitres.

Anciennes mesures.	Nouvelles mesures.		Anciennes mesures.	Nouvelles mesures.		Anciennes mesures.	Nouvelles mesures.		Anciennes mesures.	Nouvelles mesures.	
Roquilles.	Litres.	Décil.	Pintes.	Litres.	Décil.	Pintes.	Litres.	Décil.	Pintes.	Litres.	Décil.
1.	0.	3	11.	14.	1	26.	33.	4	85.	109.	2
2.	0.	6	12.	15.	4	27.	34.	7	90.	115.	6
3.	1.	0	13.	16.	7	28.	36.	0	95.	122.	1
4.	1.	3	14.	18.	0	29.	37.	3	100.	128.	5
Pintes.			15.	19.	3	30.	38.	6	110.	141.	3
1.	1.	3	16.	20.	6	35.	45.	0	120.	154.	2
2.	2.	6	17.	21.	8	40.	51.	4	130.	167.	0
3.	3.	9	18.	23.	1	45.	57.	8	140.	179.	9
4.	5.	1	19.	24.	4	50.	64.	2	150.	192.	7
5.	6.	4	20.	25.	7	55.	70.	7	160.	205.	6
6.	7.	7	21.	27.	0	60.	77.	1	170.	218.	4
7.	9.	0	22.	28.	3	65.	83.	5	180.	231.	3
8.	10.	3	23.	29.	6	70.	89.	9	190.	244.	1
9.	11.	6	24.	30.	8	75.	96.	4	200.	257.	0
10.	12.	9	25.	32.	1	80.	102.	8	210.	269.	8

N.° 169.

TABLE pour convertir les Litres et Hectolitres en Pintes et Roquilles, mesure de Limeuil.

Nouvelles mesures.	Anciennes mesures.		Nouvelles mesures.	Anciennes mesures.		Nouvelles mesures.	Anciennes mesures.	
Décilitres.	Pintes.	Roquill.	Litres.	Pintes.	Roquill.	Litres.	Pintes.	Roquill.
5.	0.	2	18.	14.	0	65.	50.	3
Litres.			19.	14.	3	70.	54.	3
1.	0.	3	20.	15.	2	75.	58.	2
2.	1.	2	21.	16.	1	80.	62.	2
3.	2.	1	22.	17.	0	85.	66.	1
4.	3.	0	23.	18.	0	90.	70.	1
5.	4.	0	24.	18.	3	95.	74.	0
6.	4.	3	25.	19.	2	Hectolitres.		
7.	5.	2	26.	20.	1	1.	77.	3
8.	6.	1	27.	21.	0	2.	155.	2
9.	7.	0	28.	21.	3	3.	233.	1
10.	7.	3	29.	22.	2	4.	311.	0
11.	8.	2	30.	23.	1	5.	388.	3
12.	9.	1	35.	27.	1			
13.	10.	0	40.	31.	0			
14.	11.	0	45.	35.	0			
15.	11.	3	50.	38.	3			
16.	12.	2	55.	42.	3			
17.	13.	1	60.	47.	0			

MESURES
DE CAPACITÉ
pour les liquides.

N.° 170.

TABLE pour convertir les Pintes et Roquilles, mesure de Saint-Alvère, en Litres et Décilitres.

Anciennes mesures.	Nouvelles mesures.		Anciennes mesures.	Nouvelles mesures.		Anciennes mesures.	Nouvelles mesures.		Anciennes mesures.	Nouvelles mesures.	
Roquilles.	Litres.	Décil.	Pintes.	Litres.	Décil.	Pintes.	Litres.	Décil.	Pintes.	Litres.	Décil.
1.	0.	3	12.	14.	0	28.	32.	6	100.	116.	3
2.	0.	6	13.	15.	1	29.	33.	7	110.	127.	9
3.	0.	9	14.	16.	3	30.	34.	9	120.	139.	6
4.	1.	2	15.	17.	4	35.	40.	7	130.	151.	2
Pintes.			16.	18.	6	40.	46.	5	140.	162.	8
1.	1.	2	17.	19.	8	45.	52.	3	150.	174.	4
2.	2.	3	18.	20.	9	50.	58.	2	160.	186.	1
3.	3.	5	19.	22.	1	55.	64.	0	170.	197.	7
4.	4.	7	20.	23.	3	60.	69.	8	180.	209.	3
5.	5.	8	21.	24.	4	65.	75.	6	190.	221.	0
6.	7.	0	22.	25.	6	70.	81.	4	200.	232.	6
7.	8.	1	23.	26.	7	75.	87.	2	210.	244.	2
8.	9.	3	24.	27.	9	80.	93.	0			
9.	10.	5	25.	29.	1	85.	98.	9			
10.	11.	6	26.	30.	2	90.	104.	7			
11.	12.	8	27.	31.	4	95.	110.	5			

N.° 171.

TABLE pour convertir les Litres et Hectolitres en Pintes et Roquilles, mesure de St.-Alvère.

Nouvelles mesures.	Anciennes mesures.		Nouvelles mesures.	Anciennes mesures.		Nouvelles mesures.	Anciennes mesures.	
Décilitres.	Pintes.	Roquill.	Litres.	Pintes.	Roquill.	Litres.	Pintes.	Roquill.
5.	0.	2	18.	15.	2	65.	56.	0
Litres.			19.	16.	1	70.	60.	1
1.	0.	3	20.	17.	1	75.	64.	2
2.	1.	3	21.	18.	0	80.	68.	3
3.	2.	2	22.	19.	0	85.	73.	0
4.	3.	2	23.	19.	3	90.	77.	2
5.	4.	1	24.	20.	3	95.	81.	3
6.	5.	1	25.	21.	2	Hectolitres.		
7.	6.	0	26.	22.	1	1.	86.	0
8.	6.	3	27.	23.	1	2.	172.	0
9.	7.	3	28.	24.	0	3.	258.	0
10.	8.	2	29.	25.	0	4.	344.	0
11.	9.	2	30.	25.	3	5.	430.	0
12.	10.	1	35.	30.	0			
13.	11.	1	40.	34.	2			
14.	12.	0	45.	38.	3			
15.	13.	0	50.	43.	0			
16.	13.	3	55.	47.	1			
17.	14.	3	60.	51.	2			

MESURES
DE CAPACITÉ
pour les liquides.

N.° 172.

TABLE pour convertir les Pintes et Roquilles, mesure de Cadouin et Monferrand, en Litres et Décilitres.

Anciennes mesures.	Nouvelles mesures.	
Roquilles.	Litres.	Décil.
1.	0.	3
2.	0.	7
3.	1.	0
4.	1.	4
Pintes.		
1.	1.	4
2.	2.	8
3.	4.	2
4.	5.	6
5.	7.	0
6.	8.	4
7.	9.	8
8.	11.	2
9.	12.	6
10.	14.	0

Anciennes mesures.	Nouvelles mesures.	
Pintes.	Litres.	Décil.
11.	15.	4
12.	16.	8
13.	18.	2
14.	19.	6
15.	21.	0
16.	22.	4
17.	23.	8
18.	25.	2
19.	26.	6
20.	28.	0
21.	29.	4
22.	30.	8
23.	32.	2
24.	33.	6
25.	35.	0

Anciennes mesures.	Nouvelles mesures.	
Pintes.	Litres.	Décil.
26.	36.	4
27.	37.	8
28.	39.	2
29.	40.	6
30.	42.	0
35.	49.	0
40.	56.	0
45.	63.	0
50.	70.	0
55.	77.	0
60.	84.	0
65.	91.	0
70.	98.	0
75.	105.	0
80.	112.	0

Anciennes mesures.	Nouvelles mesures.	
Pintes.	Litres.	Décil.
85.	119.	0
90.	126.	0
95.	133.	0
100.	140.	0
110.	154.	0
125.	175.	0
150.	210.	0
175.	245.	0
200.	280.	0
210.	294.	0

N.° 173.

TABLE pour convertir les Litres et Hectolitres en Pintes et Roquilles, mesure de Cadouin et Monferrand.

Nouvelles mesures.	Anciennes mesures.	
Décilitres.	Pintes.	Roquill.
5.	0.	1
Litres.		
1.	0.	3
2.	1.	2
3.	2.	1
4.	2.	3
5.	3.	2
6.	4.	1
7.	5.	0
8.	5.	3
9.	6.	2
10.	7.	1
11.	7.	3
12.	8.	2
13.	9.	1
14.	10.	0
15.	10.	3
16.	11.	2
17.	12.	1

Nouvelles mesures.	Anciennes mesures.	
Litres.	Pintes.	Roquill.
18.	12.	3
19.	13.	2
20.	14.	1
21.	15.	0
22.	15.	3
23.	16.	2
24.	17.	1
25.	17.	3
26.	18.	2
27.	19.	1
28.	20.	0
29.	20.	3
30.	21.	2
35.	25.	0
40.	28.	2
45.	32.	1
50.	35.	3
55.	39.	1
60.	43.	0

Nouvelles mesures.	Anciennes mesures.	
Litres.	Pintes.	Roquill.
65.	46.	2
70.	50.	0
75.	53.	2
80.	57.	1
85.	60.	3
90.	64.	1
95.	68.	0
Hectolitres.		
1.	71.	2
2.	143.	0
3.	214.	2
4.	286.	0
5.	357.	1

ARRONDISSEMENT

DE

RIBÉRAC.

Nota. Le Journal de Ribérac est le même que celui de Périgueux, *Tables* N.os 26 et 27.

Les Tables de comparaison, relatives à l'arrondissement de Ribérac, sont en petit nombre, parce qu'il ne nous est parvenu que peu de données, et qu'une partie de celles qui nous ont été adressées sont insuffisantes pour établir les rapports.

MESURES AGRAIRES.

N.° 174.

ARRONDISSEMENT DE RIBÉRAC.

TABLE pour convertir les Carreaux, Onces et Journaux, mesure de Saint-Aulaye et Puymangou, en Hectares, Ares et Mètres carrés (*).

Anciennes mesures.	Nouvelles mesures.	Anciennes mesures.	Nouvelles mesures.	Anciennes mesures.	Nouvelles mesures.	Anciennes mesures.	Nouvelles mesures.
Carreaux.	Hect. Ares. Mèt. c.	Journaux.	Hect. Ares. Mèt. c.	Journaux.	Hect. Ares. Mèt. c.	Journaux.	Hect. Ares. Mèt. c.
1.	0. 00. 04	7.	2. 49. 66	49.	17. 47. 63	91.	32. 45. 61
2.	0. 00. 09	8.	2. 85. 33	50.	17. 83. 30	92.	32. 81. 27
3.	0. 00. 13	9.	3. 20. 99	51.	18. 18. 97	93.	33. 16. 94
4.	0. 00. 18	10.	3. 56. 66	52.	18. 54. 63	94.	33. 52. 60
5.	0. 00. 22	11.	3. 92. 33	53.	18. 90. 30	95.	33. 88. 27
6.	0. 00. 27	12.	4. 27. 99	54.	19. 25. 96	96.	34. 23. 94
7.	0. 00. 31	13.	4. 63. 66	55.	19. 61. 63	97.	34. 59. 60
8.	0. 00. 36	14.	4. 99. 32	56.	19. 97. 30	98.	34. 95. 27
9.	0. 00. 40	15.	5. 34. 99	57.	20 32. 96	99.	35. 30. 93
10.	0. 00. 44	16.	5. 70. 66	58.	20. 68. 63	100.	35. 66. 60
15.	0. 00. 67	17.	6. 06. 32	59.	21. 04. 29	200.	71. 33. 20
20.	0. 00. 89	18.	6. 41. 99	60.	21. 39. 96	300.	106. 99. 80
25.	0. 01. 11	19.	6. 77. 65	61.	21. 75. 63	400.	142. 66. 40
30.	0. 01. 33	20.	7. 13. 32	62.	22. 11. 29	500.	178. 33. 00
35.	0. 01. 56	21.	7. 48. 99	63.	22. 46. 96	600.	213. 99. 60
40.	0. 01. 78	22.	7. 84. 65	64.	22. 82. 62	700.	249. 66. 20
45.	0. 02. 00	23.	8. 20. 32	65.	23. 18. 29	800.	285. 32. 80
50.	0. 02. 22	24.	8. 55. 98	66.	23. 53. 95	900.	320. 99. 40
Onces.	Hect. Ares. Mèt. c.	25.	8. 91. 65	67.	23. 89. 62	1000.	356. 66. 00
1.	0. 02. 23	26.	9. 27. 32	68.	24. 25. 29		
2.	0. 04. 46	27.	9. 62. 98	69.	24. 60. 95		
3.	0. 06. 69	28.	9. 98. 65	70.	24. 96. 62		
4.	0. 08. 92	29.	10. 34. 31	71.	25. 32. 29		
5.	0. 11. 15	30.	10. 69. 98	72.	25. 67. 95		
6.	0. 13. 37	31.	11. 05. 65	73.	26. 03. 62		
7.	0. 15. 60	32.	11. 41. 31	74.	26. 39. 28		
8.	0. 17. 83	33.	11. 76. 98	75.	26. 74. 95		
9.	0. 20. 06	34.	12. 12. 64	76.	27. 10. 62		
10.	0. 22. 29	35.	12. 48. 31	77.	27. 46. 28		
11.	0. 24. 52	36.	12. 83. 98	78.	27. 81. 95		
12.	0. 26. 75	37.	13. 19. 64	79.	28. 17. 61		
13.	0. 28. 98	38.	13. 55. 31	80.	28. 53. 28		
14.	0. 31. 21	39.	13. 90. 97	81.	28. 88. 95		
15.	0. 33. 44	40.	14. 26. 64	82.	29. 24. 61		
16.	0. 35. 67	41.	14. 62. 31	83.	29. 60. 28		
Journaux.	Hect. Ares. Mèt. c.	42.	14. 97. 97	84.	29. 95. 94		
1.	0. 35. 67	43.	15. 33. 64	85.	30. 31. 61		
2.	0. 71. 33	44.	15. 69. 30	86.	30. 67. 28		
3.	1. 07. 00	45.	16. 04. 97	87.	31. 02. 94		
4.	1. 42. 66	46.	16. 40. 64	88.	31. 38. 61		
5.	1. 78. 33	47.	16. 76. 30	89.	31. 74. 27		
6.	2. 14. 00	48.	17. 11. 97	90.	32. 09. 94		

(*) Le Journal de St.-Aulaye se divise en 16 Onces, l'Once en 50 Carreaux de 6 pieds 6 pouces de côté.

MESURES AGRAIRES.

N.° 175.

TABLE pour convertir les Ares et les Hectares en Journaux, Onces et Carreaux, mesure de St.-Aulaye et Puymangou.

Nouvelles mesures.	Anciennes mesures.			
Ares.	Journ.	Onc.	Carr.	Cent.
1.	0.	00.	22.	43
2.	0.	00.	44.	86
3.	0.	01.	17.	29
4.	0.	01.	39.	72
5.	0.	02.	12.	15
6.	0.	02.	34.	58
7.	0.	03.	07.	01
8.	0.	03.	29.	44
9.	0.	04.	01.	87
10.	0.	04.	24.	30
11.	0.	04.	46.	73
12.	0.	05.	19.	16
13.	0.	05.	41.	59
14.	0.	06.	14.	02
15.	0.	06.	36.	45
16.	0.	07.	08.	88
17.	0.	07.	31.	31
18.	0.	08.	03.	74
19.	0.	08.	26.	17
20.	0.	08.	48.	60
25.	0.	11.	10.	75
30.	0.	13.	22.	90
40.	1.	01.	47.	20
50.	1.	06.	21.	50
60.	1.	10.	45.	80
70.	1.	15.	20.	10
80.	2.	03.	44.	39
90.	2.	08.	18.	69
100.	2.	12.	42.	96
Hectares.	Journ.	Onc.	Carr.	Cent.
1.	2.	12.	42.	96
2.	5.	09.	35.	92
3.	8.	06.	28.	88
4.	11.	03.	21.	84
5.	14.	00.	14.	80
6.	16.	13.	07.	76
7.	19.	10.	00.	72
8.	22.	06.	43.	68
9.	25.	03.	36.	64
10.	28.	00.	29.	60
11.	30.	13.	22.	56
12.	33.	10.	15.	52
13.	36.	07.	08.	48
14.	39.	04.	01.	44
15.	42.	00.	44.	40
16.	44.	13.	37.	36
17.	47.	10.	30.	32

Nouvelles mesures.	Anciennes mesures.			
Hectares.	Journ.	Onc.	Carr.	Cent.
18.	50.	07.	23.	28
19.	53.	04.	16.	24
20.	56.	01.	09.	20
21.	58.	14.	02.	16
22.	61.	10.	45.	12
23.	64.	07.	38.	08
24.	67.	04.	31.	04
25.	70.	01.	24.	00
26.	72.	14.	16.	96
27.	75.	11.	09.	92
28.	78.	08.	02.	88
29.	81.	04.	45.	84
30.	84.	01.	38.	80
31.	86.	14.	31.	76
32.	89.	11.	24.	72
33.	92.	08.	17.	68
34.	95.	05.	10.	64
35.	98.	02.	03.	60
36.	100.	14.	46.	56
37.	103.	11.	39.	52
38.	106.	08.	32.	48
39.	109.	05.	25.	44
40.	112.	02.	18.	40
41.	114.	15.	11.	36
42.	117.	12.	04.	32
43.	120.	08.	47.	28
44.	123.	05.	40.	24
45.	126.	02.	33.	20
46.	128.	15.	26.	16
47.	131.	12.	19.	12
48.	134.	09.	12.	08
49.	137.	06.	05.	04
50.	140.	02.	48.	00
51.	142.	15.	40.	96
52.	145.	12.	33.	92
53.	148.	09.	26.	88
54.	151.	06.	19.	84
55.	154.	03.	12.	80
56.	157.	00.	05.	76
57.	159.	12.	48.	72
58.	162.	09.	41.	68
59.	165.	06.	34.	64
60.	168.	03.	27.	60
61.	171.	00.	20.	56
62.	173.	13.	13.	52
63.	176.	10.	06.	48
64.	179.	06.	49.	44

Nouvelles mesures.	Anciennes mesures.			
Hectares.	Journ.	Onc.	Carr.	Cent.
65.	182.	03.	42.	40
66.	185.	00.	35.	36
67.	187.	13.	28.	32
68.	190.	10.	21.	28
69.	193.	07.	14.	24
70.	196.	04.	07.	20
71.	199.	01.	00.	16
72.	201.	13.	43.	12
73.	204.	10.	36.	08
74.	207.	07.	29.	04
75.	210.	04.	22.	00
76.	213.	01.	14.	96
77.	215.	14.	07.	92
78.	218.	11.	00.	88
79.	221.	07.	43.	84
80.	224.	04.	36.	80
81.	227.	01.	29.	76
82.	229.	14.	22.	72
83.	232.	11.	15.	68
84.	235.	08.	08.	64
85.	238.	05.	01.	60
86.	241.	01.	44.	56
87.	243.	14.	37.	52
88.	246.	11.	30.	48
89.	249.	08.	23.	44
90.	252.	05.	16.	40
91.	255.	02.	09.	36
92.	257.	15.	02.	32
93.	260.	11.	45.	28
94.	263.	08.	38.	24
95.	266.	05.	31.	20
96.	279.	02.	24.	16
97.	271.	15.	17.	12
98.	274.	12.	10.	08
99.	277.	09.	03.	04
100.	280.	05.	46.	00
200.	560.	11.	42.	00
300.	841.	01.	38.	00
400.	1121.	07.	34.	00
500.	1401.	12.	30.	00
600.	1682.	02.	26.	00
700.	1962.	08.	22.	00
800.	2242.	13.	18.	00
900.	2523.	03.	14.	00
1000.	2803.	09.	10.	00

MESURES AGRAIRES.

N.° 176.

TABLE pour convertir les Carreaux, Onces et Journaux, mesure de Larochechalais, en Hectares, Ares et Mètres carrés (*).

Anciennes mesures.	Nouvelles mesures.	Anciennes mesures.	Nouvelles mesures.	Anciennes mesures.	Nouvelles mesures.	Anciennes mesures.	Nouvelles mesures.
Carreaux.	Hect. Ares. Mèt. c.	Journaux.	Hect. Ares. Mèt. c.	Journaux.	Hect. Ares. Mèt. c.	Journaux.	Hect. Ares. Mèt. c.
1.	0. 00. 04	10.	3. 38. 60	55.	18. 62. 32	100.	33. 86. 04
2.	0. 00. 08	11.	3. 72. 46	56.	18. 96. 18	200.	67. 72. 08
3.	0. 00. 13	12.	4. 06. 32	57.	19. 30. 04	300.	101. 58. 12
4.	0. 00. 17	13.	4. 40. 19	58.	19. 63. 90	400.	135. 44. 16
5.	0. 00. 21	14.	4. 74. 05	59.	19. 97. 76	500.	169. 30. 20
6.	0. 00. 25	15.	5. 07. 91	60.	20. 31. 62	600.	203. 16. 24
7.	0. 00. 30	16.	5. 41. 77	61.	20. 65. 48	700.	237. 02. 28
8.	0. 00. 34	17.	5. 75. 63	62.	20. 99. 34	800.	270. 88. 32
9.	0. 00. 38	18.	6. 09. 49	63.	21. 33. 21	900.	304. 74. 36
10.	0. 00. 42	19.	6. 43. 35	64.	21. 67. 07	1000.	338. 60. 40
15.	0. 00. 63	20.	6. 77. 21	65.	22. 00. 93		
20.	0. 00. 85	21.	7. 11. 07	66.	22. 34. 79		
25.	0. 01. 06	22.	7. 44. 93	67.	22. 68. 65		
30.	0. 01. 27	23.	7. 78. 79	68.	23. 02. 51		
35.	0. 01. 48	24.	8. 12. 65	69.	23. 36. 37		
40.	0. 01. 69	25.	8. 46. 51	70.	23. 70. 23		
45.	0. 01. 90	26.	8. 80. 37	71.	24. 04. 09		
50.	0. 02. 12	27.	9. 14. 23	72.	24. 37. 95		
Onces.	Hect. Ares. Mèt. c.	28.	9. 48. 09	73.	24. 71. 81		
1.	0. 02. 12	29.	9. 81. 95	74.	25. 05. 67		
2.	0. 04. 23	30.	10. 15. 81	75.	25. 39. 53		
3.	0. 06. 35	31.	10. 49. 67	76.	25. 73. 39		
4.	0. 08. 47	32.	10. 83. 53	77.	26. 07. 25		
5.	0. 10. 58	33.	11. 17. 39	78.	26. 41. 11		
6.	0. 12. 70	34.	11. 51. 25	79.	26. 74. 97		
7.	0. 14. 81	35.	11. 85. 11	80.	27. 08. 83		
8.	0. 16. 93	36.	12. 18. 97	81.	27. 42. 69		
9.	0. 19. 05	37.	12. 52. 83	82.	27. 76. 55		
10.	0. 21. 16	38.	12. 86. 79	83.	28. 10. 41		
11.	0. 23. 28	39.	13. 20. 56	84.	28. 44. 27		
12.	0. 25. 40	40.	13. 54. 42	85.	28. 78. 13		
13.	0. 27. 51	41.	13. 88. 28	86.	29. 11. 99		
14.	0. 29. 63	42.	14. 22. 14	87.	29. 45. 85		
15.	0. 31. 75	43.	14. 56. 00	88.	29. 79. 72		
16.	0. 33. 86	44.	14. 89. 86	89.	30. 13. 58		
Journaux.	Hect. Ares. Mèt. c.	45.	15. 23. 72	90.	30. 47. 44		
1.	0. 33. 86	46.	15. 57. 58	91.	30. 81. 30		
2.	0. 67. 72	47.	15. 91. 44	92.	31. 15. 16		
3.	1. 01. 58	48.	16. 25. 30	93.	31. 49. 02		
4.	1. 35. 44	49.	16. 59. 16	94.	31. 82. 88		
5.	1. 69. 30	50.	16. 93. 02	95.	32. 16. 74		
6.	2. 03. 16	51.	17. 26. 88	96.	32. 50. 60		
7.	2. 37. 02	52.	17. 60. 74	97.	32. 84. 46		
8.	2. 70. 88	53.	17. 94. 60	98.	33. 18. 32		
9.	3. 04. 74	54.	18. 28. 46	99.	33. 52. 19		

(*) Le Journal de Larochechalais se divise en 16 Onces, l'Once en 50 Carreaux de 6 pieds 4 pouces de côté.

MESURES AGRAIRES.

N.° 177.

TABLE pour convertir les Ares et les Hectares en Journaux, Onces et Carreaux, mesure de Larochechalais.

Nouvelles mesures.	Anciennes mesures.			
Ares.	Journ.	Onc.	Carr.	Dixièm.
1.	0.	00.	18.	9
2.	0.	00.	37.	8
3.	0.	01.	06.	7
4.	0.	01.	25.	6
5.	0.	01.	44.	5
6.	0.	02.	13.	4
7.	0.	02.	32.	3
8.	0.	03.	01.	2
9.	0.	03.	20.	1
10.	0.	03.	39.	0
11.	0.	04.	07.	9
12.	0.	04.	26.	8
13.	0.	04.	45.	7
14.	0.	05.	14.	6
15.	0.	05.	33.	5
16.	0.	06.	02.	4
17.	0.	06.	21.	3
18.	0.	06.	40.	2
19.	0.	07.	09.	1
20.	0.	07.	28.	0
25.	0.	09.	22.	5
30.	0.	11.	17.	0
40.	0.	15.	06.	0
50.	1.	02.	45.	0
60.	1.	06.	34.	0
70.	1.	10.	23.	0
80.	1.	14.	12.	1
90.	2.	02.	01.	1
100.	2.	05.	40.	1
Hectares.	Journ.	Onc.	Carr.	Cent.
1.	2.	05.	40.	08
2.	4.	11.	30.	16
3.	7.	01.	20.	24
4.	9.	07.	10.	32
5.	11.	13.	00.	40
6.	14.	02.	40.	48
7.	16.	08.	30.	56
8.	18.	14.	20.	64
9.	21.	04.	10.	72
10.	23.	10.	00.	80
11.	25.	15.	40.	88
12.	28.	05.	30.	96
13.	30.	11.	21.	04
14.	33.	01.	11.	12
15.	35.	07.	01.	20
16.	37.	12.	41.	28
17.	40.	02.	31.	36

Nouvelles mesures.	Anciennes mesures.			
Hectares.	Journ.	Onc.	Carr.	Cent.
18.	42.	08.	21.	44
19.	44.	14.	11.	52
20.	47.	04.	01.	60
21.	49.	09.	41.	68
22.	51.	15.	31.	76
23.	54.	05.	21.	84
24.	56.	11.	11.	92
25.	59.	01.	02.	00
26.	61.	06.	42.	08
27.	63.	12.	32.	16
28.	66.	02.	22.	24
29.	68.	08.	12.	32
30.	70.	14.	02.	40
31.	73.	03.	42.	48
32.	75.	09.	32.	56
33.	77.	15.	22.	64
34.	80.	05.	12.	72
35.	82.	11.	02.	80
36.	85.	00.	42.	88
37.	87.	06.	32.	96
38.	89.	12.	23.	04
39.	92.	02.	13.	12
40.	94.	08.	03.	20
41.	96.	13.	43.	28
42.	99.	03.	33.	36
43.	101.	09.	23.	44
44.	103.	15.	13.	52
45.	106.	05.	03.	60
46.	108.	10.	43.	68
47.	111.	00.	33.	76
48.	113.	06.	23.	84
49.	115.	12.	13.	92
50.	118.	02.	04.	00
51.	120.	07.	44.	08
52.	122.	13.	34.	16
53.	125.	03.	24.	24
54.	127.	09.	14.	32
55.	129.	15.	04.	40
56.	132.	04.	44.	48
57.	134.	10.	34.	56
58.	137.	00.	24.	64
59.	139.	06.	14.	72
60.	141.	12.	04.	80
61.	144.	01.	44.	88
62.	146.	07.	34.	96
63.	148.	13.	25.	04
64.	151.	03.	15.	12

Nouvelles mesures.	Anciennes mesures.			
Hectares.	Journ.	Onc.	Carr.	Cent.
65.	153.	09.	05.	20
66.	155.	14.	45.	28
67.	158.	04.	35.	36
68.	160.	10.	25.	44
69.	163.	00.	15.	52
70.	165.	06.	05.	60
71.	167.	11.	45.	68
72.	170.	01.	35.	76
73.	172.	07.	25.	84
74.	174.	13.	15.	92
75.	177.	03.	06.	00
76.	179.	08.	46.	08
77.	181.	14.	36.	16
78.	184.	04.	26.	24
79.	186.	10.	16.	32
80.	189.	00.	06.	40
81.	191.	05.	46.	48
82.	193.	11.	36.	56
83.	196.	01.	26.	64
84.	198.	07.	16.	72
85.	200.	13.	06.	80
86.	203.	02.	46.	88
87.	205.	08.	36.	96
88.	207.	14.	27.	04
89.	210.	04.	17.	12
90.	212.	10.	07.	20
91.	214.	15.	47.	28
92.	217.	05.	37.	36
93.	219.	11.	27.	44
94.	222.	01.	17.	52
95.	224.	07.	07.	60
96.	226.	12.	47.	68
97.	229.	02.	37.	76
98.	231.	08.	27.	84
99.	233.	14.	17.	92
100.	236.	04.	08.	00
200.	472.	08.	16.	00
300.	708.	12.	24.	00
400.	945.	00.	32.	00
500.	1181.	04.	40.	00
600.	1417.	08.	48.	00
700.	1653.	13.	06.	00
800.	1890.	01.	14.	00
900.	2126.	05.	22.	00
1000.	2362.	09.	30.	00

MESURES AGRAIRES.

N.° 178.

TABLE pour convertir les Escats, Picotins et Journaux, mesure de Mussidan, Sourzac, Beauronne et autres Communes limitrophes, en Hectares, Ares et Mètres carrés (*).

Anciennes mesures.	Nouvelles mesures.	Anciennes mesures.	Nouvelles mesures.	Anciennes mesures.	Nouvelles mesures.	Anciennes mesures.	Nouvelles mesures.
Escats.	Hect. Ares. Mèt. c.	Journaux.	Hect. Ares. Mèt. c.	Journaux.	Hect. Ares. Mèt. c.	Journaux.	Hect. Ares. Mèt. c.
1.	0. 00. 18	11.	4. 23. 72	56.	21. 57. 12	200.	77. 04. 00
2.	0. 00. 36	12.	4. 62. 24	57.	21. 95. 64	300.	115. 56. 00
3.	0. 00. 54	13.	5. 00. 76	58.	22. 34. 16	400.	154. 08. 00
4.	0. 00. 71	14.	5. 39. 28	59.	22. 72. 68	500.	192. 60. 00
5.	0. 00. 89	15.	5. 77. 80	60.	23. 11. 20	600.	231. 12. 00
6.	0. 01. 07	16.	6. 16. 32	61.	23. 49. 72	700.	269. 64. 00
7.	0. 01. 25	17.	6. 54. 84	62.	23. 88. 24	800.	308. 16. 00
8.	0. 01. 43	18.	6. 93. 36	63.	24. 26. 76	900.	346. 68. 00
9.	0. 01. 60	19.	7. 31. 88	64.	24. 65. 28	1000.	385. 20. 00
Picotins.	Hect. Ares. Mèt. c.	20.	7. 70. 40	65.	25. 03. 80		
1.	0. 01. 60	21.	8. 08. 92	66.	25. 42. 32		
2.	0. 03. 21	22.	8. 47. 44	67.	25. 80. 84		
3.	0. 04. 81	23.	8. 85. 96	68.	26. 19. 36		
4.	0. 06. 42	24.	9. 24. 48	69.	26. 57. 88		
5.	0. 08. 02	25.	9. 63. 00	70.	26. 96. 40		
6.	0. 09. 63	26.	10. 01. 52	71.	27. 34. 92		
7.	0. 11. 23	27.	10. 40. 04	72.	27. 73. 44		
8.	0. 12. 84	28.	10. 78. 56	73.	28. 11. 96		
9.	0. 14. 44	29.	11. 17. 08	74.	28. 50. 48		
10.	0. 16. 05	30.	11. 55. 60	75.	28. 89. 00		
11.	0. 17. 65	31.	11. 94. 12	76.	29. 27. 52		
12.	0. 19. 26	32.	12. 32. 64	77.	29. 66. 04		
13.	0. 20. 86	33.	12. 71. 16	78.	30. 04. 56		
14.	0. 22. 47	34.	13. 09. 68	79.	30. 43. 08		
15.	0. 24. 07	35.	13. 48. 20	80.	30. 81. 60		
16.	0. 25. 68	36.	13. 86. 72	81.	31. 20. 12		
17.	0. 27. 28	37.	14. 25. 24	82.	31. 58. 64		
18.	0. 28. 89	38.	14. 63. 76	83.	31. 97. 16		
19.	0. 30. 49	39.	15. 02. 28	84.	32. 35. 68		
20.	0. 32. 10	40.	15. 40. 80	85.	32. 74. 20		
21.	0. 33. 70	41.	15. 79. 32	86.	33. 12. 72		
22.	0. 35. 31	42.	16. 17. 84	87.	33. 51. 24		
23.	0. 36. 91	43.	16. 56. 36	88.	33. 89. 76		
24.	0. 38. 52	44.	16. 94. 88	89.	34. 28. 28		
Journaux.	Hect. Ares. Mèt. c.	45.	17. 33. 40	90.	34. 66. 80		
1.	0. 38. 52	46.	17. 71. 92	91.	35. 05. 32		
2.	0. 77. 04	47.	18. 10. 44	92.	35. 43. 84		
3.	1. 15. 56	48.	18. 48. 96	93.	35. 82. 36		
4.	1. 54. 08	49.	18. 87. 48	94.	36. 20. 88		
5.	1. 92. 60	50.	19. 26. 00	95.	36. 59. 40		
6.	2. 31. 12	51.	19. 64. 52	96.	36. 97. 92		
7.	2. 69. 64	52.	20. 03. 04	97.	37. 36. 44		
8.	3. 08. 16	53.	20. 41. 56	98.	37. 74. 96		
9.	3. 46. 68	54.	20. 80. 08	99.	38. 13. 48		
10.	3. 85. 20	55.	21. 18. 60	100.	38. 52. 00		

(*) Le Journal de Mussidan, Sourzac, etc., se divise en 24 Picotins, chaque Picotin en 9 Escats ou Lattes de 13 pieds de côté.

MESURES AGRAIRES.

N.° 179.

TABLE pour convertir les Ares et les Hectares en Journaux, Picotins et Escats, mesure de Mussidan, Sourzac, Beauronne, etc.

Nouvelles mesures.	Anciennes mesures.			
Ares.	Journ.	Picot.	Esc.	Cent.
1.	0.	00.	5.	61
2.	0.	01.	2.	22
3.	0.	01.	7.	83
4.	0.	02.	4.	44
5.	0.	03.	1.	05
6.	0.	03.	6.	66
7.	0.	04.	3.	27
8.	0.	04.	8.	88
9.	0.	05.	5.	49
10.	0.	06.	2.	10
11.	0.	06.	7.	71
12.	0.	07.	4.	32
13.	0.	08.	0.	93
14.	0.	08.	6.	54
15.	0.	09.	3.	15
16.	0.	09.	8.	76
17.	0.	10.	5.	37
18.	0.	11.	1.	98
19.	0.	11.	7.	59
20.	0.	12.	4.	20
25.	0.	15.	5.	25
30.	0.	18.	6.	30
40.	1.	00.	8.	40
50.	1.	07.	1.	50
60.	1.	13.	3.	60
70.	1.	19.	5.	70
80.	2.	01.	7.	80
90.	2.	08.	0.	90
100.	2.	14.	2.	74
Hectares.	Journ.	Picot.	Esc.	Cent.
1.	2.	14.	2.	74
2.	5.	04.	5.	48
3.	7.	18.	8.	22
4.	10.	09.	1.	96
5.	12.	23.	4.	70
6.	15.	13.	7.	44
7.	18.	04.	1.	18
8.	20.	18.	3.	92
9.	23.	08.	6.	66
10.	25.	23.	0.	40
11.	28.	13.	3.	14
12.	31.	03.	5.	88
13.	33.	17.	8.	62
14.	36.	08.	2.	36
15.	38.	22.	5.	10
16.	41.	12.	7.	84
17.	44.	03.	1.	58

Nouvelles mesures.	Anciennes mesures.			
Hectares.	Journ.	Picot.	Esc.	Cent.
18.	46.	17.	4.	32
19.	49.	07.	7.	06
20.	51.	22.	0.	80
21.	54.	12.	3.	54
22.	57.	02.	6.	28
23.	69.	17.	0.	02
24.	62.	07.	2.	76
25.	64.	21.	5.	50
26.	67.	11.	8.	24
27.	70.	02.	1.	98
28.	72.	16.	4.	72
29.	75.	06.	7.	46
30.	77.	21.	1.	20
31.	80.	11.	3.	94
32.	83.	01.	6.	68
33.	85.	16.	0.	42
34.	88.	06.	3.	16
35.	90.	20.	5.	90
36.	93.	10.	8.	64
37.	96.	01.	2.	38
38.	98.	15.	5.	12
39.	101.	05.	7.	86
40.	103.	20.	1.	60
41.	106.	10.	4.	34
42.	109.	00.	7.	08
43.	111.	15.	0.	82
44.	114.	05.	3.	56
45.	116.	19.	6.	30
46.	119.	10.	0.	04
47.	122.	00.	2.	78
48.	124.	14.	5.	52
49.	127.	04.	8.	26
50.	129.	19.	2.	00
51.	132.	09.	4.	74
52.	134.	23.	7.	48
53.	137.	14.	1.	22
54.	140.	04.	3.	96
55.	142.	18.	6.	70
56.	145.	09.	0.	44
57.	147.	23.	3.	18
58.	150.	13.	5.	92
59.	153.	03.	8.	66
60.	155.	18.	2.	40
61.	158.	08.	5.	14
62.	160.	22.	7.	88
63.	163.	13.	1.	62
64.	166.	03.	4.	36

Nouvelles mesures.	Anciennes mesures.			
Hectares.	Journ.	Picot.	Esc.	Cent.
65.	168.	17.	7.	10
66.	171.	08.	0.	84
67.	173.	22.	3.	58
68.	176.	12.	6.	32
69.	179.	03.	0.	06
70.	181.	17.	2.	80
71.	184.	07.	5.	54
72.	186.	21.	8.	28
73.	189.	12.	2.	02
74.	192.	02.	4.	76
75.	194.	16.	7.	50
76.	197.	07.	1.	24
77.	199.	21.	3.	98
78.	202.	11.	6.	72
79.	205.	02.	0.	46
80.	207.	16.	3.	20
81.	210.	06.	5.	94
82.	212.	20.	8.	68
83.	215.	11.	2.	42
84.	218.	01.	5.	16
85.	220.	15.	7.	90
86.	223.	06.	1.	64
87.	225.	20.	4.	38
88.	228.	10.	7.	12
89.	231.	01.	0.	86
90.	233.	15.	3.	60
91.	236.	05.	6.	34
92.	238.	20.	0.	08
93.	241.	10.	2.	82
94.	244.	00.	5.	56
95.	246.	14.	8.	30
96.	249.	05.	2.	04
97.	251.	19.	4.	78
98.	254.	09.	7.	52
99.	257.	00.	1.	26
100.	259.	14.	4.	00
200.	519.	04.	8.	00
300.	778.	19.	3.	00
400.	1038.	09.	7.	00
500.	1298.	00.	2.	00
600.	1557.	14.	6.	00
700.	1817.	05.	1.	00
800.	2076.	19.	5.	00
900.	2336.	10.	8.	00
1000.	2596.	00.	4.	00

MESURES de capacité pour les grains et matières sèches.

N.° 180.

TABLE pour convertir les Picotins et Boisseaux, mesure de Ribérac, St.-Sulpice, etc., en Décalitres, Litres et Décilitres (*).

Anciennes mesures.	Nouvelles mesures.		
Picotins.	Décalit.	Litres.	Décil.
1.	0.	4.	8
2.	0.	9.	6
3.	1.	4.	4
4.	1.	9.	2
5.	2.	4.	0
6.	2.	8.	9
Boisseaux.	Décalit.	Litres.	Décil.
1.	2.	8.	9
2.	5.	7.	7
3.	8.	6.	6
4.	11.	5.	4
5.	14.	4.	3
6.	17.	3.	2
7.	20.	2.	0
8.	23.	0.	9
9.	25.	9.	7
10.	28.	8.	6
11.	31.	7.	5
12.	34.	6.	3
13.	37.	5.	2
14.	40.	4.	0
15.	43.	2.	9
16.	46.	1.	8
17.	49.	0.	6
18.	51.	9.	5
19.	54.	8.	3
20.	57.	7.	2
21.	60.	6.	1
22.	63.	4.	9
23.	66.	3.	8
24.	69.	2.	6
25.	72.	1.	5
26.	75.	0.	4
27.	77.	9.	2
28.	80.	8.	1
29.	83.	6.	9
30.	86.	5.	8
31.	89.	4.	7
32.	92.	3.	5
33.	95.	2.	4
34.	98.	1.	2
35.	101.	0.	1
36.	103.	9.	0
37.	106.	7.	8
38.	109.	6.	7

Anciennes mesures.	Nouvelles mesures.		
Boisseaux.	Décalit.	Litres.	Décil.
39.	112.	5.	5
40.	115.	4.	4
41.	118.	3.	3
42.	121.	2.	1
43.	124.	1.	0
44.	126.	9.	8
45.	129.	8.	7
46.	132.	7.	6
47.	135.	6.	4
48.	138.	5.	3
49.	141.	4.	1
50.	144.	3.	0
51.	147.	1.	9
52.	150.	0.	7
53.	152.	9.	6
54.	155.	8.	4
55.	158.	7.	3
56.	161.	6.	2
57.	164.	5.	0
58.	167.	3.	9
59.	170.	2.	7
60.	173.	1.	6
61.	176.	0.	5
62.	178.	9.	3
63.	181.	8.	2
64.	184.	7.	0
65.	187.	5.	9
66.	190.	4.	8
67.	193.	3.	6
68.	196.	2.	5
69.	199.	1.	3
70.	202.	0.	2
71.	204.	9.	1
72.	207.	7.	9
73.	210.	6.	8
74.	213.	5.	6
75.	216.	4.	5
76.	219.	3.	4
77.	222.	2.	2
78.	225.	1.	9
79.	227.	9.	9
80.	230.	8.	8
81.	233.	7.	7
82.	236.	6.	5
83.	239.	5.	4

Anciennes mesures.	Nouvelles mesures.		
Boisseaux.	Décalit.	Litres.	Décil.
84.	242.	4.	2
85.	245.	3.	1
86.	248.	2.	0
87.	251.	0.	8
88.	253.	9.	7
89.	256.	8.	5
90.	259.	7.	4
91.	262.	6.	7
92.	265.	5.	1
93.	268.	4.	0
94.	271.	2.	8
95.	274.	1.	7
96.	277.	0.	6
97.	279.	9.	4
98.	282.	8.	3
99.	285.	7.	1
100.	288.	6.	0
200.	577.	2.	0
300.	865.	8.	0
400.	1154.	4.	0
500.	1443.	0.	0
600.	1731.	6.	0
700.	2020.	2.	0
800.	2308.	8.	0
900.	2597.	4.	0
1000.	2886.	0.	0

(*) Le Boisseau de Ribérac contient environ 45 liv. de blé froment ; il se divise en 6 Picotins.

La comparaison a été faite sur une mesure étalonnée.

MESURES
DE CAPACITÉ
pour les grains
et matières sèches.

N.° 181.

TABLE pour convertir les Litres et Décalitres en Boisseaux et Picotins, mesure de Ribérac, etc.

Nouvelles mesures.	Anciennes mesures.		
Litres.	Boiss.	Picot.	Dixièm.
1.	0.	0.	2
2.	0.	0.	4
3.	0.	0.	6
4.	0.	0.	8
5.	0.	1.	1
6.	0.	1.	3
7.	0.	1.	5
8.	0.	1.	7
9.	0.	1.	9
10.	0.	2.	1
Décalitres.	Boiss.	Picot.	Dixièm.
1.	0.	2.	1
2.	0.	4.	2
3.	1.	0.	2
4.	1.	2.	2
5.	1.	4.	3
6.	2.	0.	5
7.	2.	2.	6
8.	2.	4.	6
9.	3.	0.	7
10.	3.	2.	8
11.	3.	4.	9
12.	4.	1.	0
13.	4.	3.	0
14.	4.	5.	1
15.	5.	1.	2
16.	5.	3.	3
17.	5.	5.	4
18.	6.	1.	4
19.	6.	3.	5
20.	6.	5.	6
21.	7.	1.	7
22.	7.	3.	8
23.	7.	5.	8
24.	8.	1.	9
25.	8.	4.	0
26.	9.	0.	1
27.	9.	2.	2
28.	9.	4.	2
29.	10.	0.	3
30.	10.	2.	4
31.	10.	4.	5
32.	11.	0.	6
33.	11.	2.	6
34.	11.	4.	7

Nouvelles mesures.	Anciennes mesures.		
Décalitres.	Boiss.	Picot.	Dixièm.
35.	12.	0.	8
36.	12.	2.	9
37.	12.	5.	0
38.	13.	1.	0
39.	13.	3.	1
40.	13.	5.	2
41.	14.	1.	3
42.	14.	3.	4
43.	14.	5.	4
44.	15.	1.	5
45.	15.	3.	6
46.	15.	5.	7
47.	16.	1.	8
48.	16.	3.	8
49.	16.	5.	9
50.	17.	2.	0
51.	17.	4.	1
52.	18.	0.	2
53.	18.	2.	2
54.	18.	4.	3
55.	19.	0.	4
56.	19.	2.	5
57.	19.	4.	6
58.	20.	0.	6
59.	20.	2.	7
60.	20.	4.	8
61.	21.	0.	9
62.	21.	3.	0
63.	21.	5.	0
64.	22.	1.	1
65.	22.	3.	2
66.	22.	5.	3
67.	23.	1.	4
68.	23.	3.	4
69.	23.	5.	5
70.	24.	1.	6
71.	24.	3.	7
72.	24.	5.	8
73.	25.	1.	8
74.	25.	3.	9
75.	26.	0.	0
76.	26.	2.	1
77.	26.	4.	2
78.	27.	0.	2
79.	27.	2.	3

Nouvelles mesures.	Anciennes mesures.		
Décalitres.	Boiss.	Picot.	Dixièm.
80.	27.	4.	4
81.	28.	0.	5
82.	28.	2.	6
83.	28.	4.	6
84.	29.	0.	7
85.	29.	2.	8
86.	29.	4.	9
87.	30.	1.	0
88.	30.	3.	1
89.	30.	5.	1
90.	31.	1.	2
91.	31.	3.	3
92.	31.	5.	4
93.	32.	1.	5
94.	32.	3.	5
95.	32.	5.	6
96.	33.	1.	7
97.	33.	3.	8
98.	33.	5.	8
99.	34.	1.	9
100.	34.	4.	0
200.	69.	2.	0
300.	104.	0.	0
400.	138.	4.	0
500.	173.	2.	0
600.	208.	0.	0
700.	242.	4.	0
800.	277.	2.	0
900.	312.	0.	0
1000.	346.	4.	0

MESURES de capacité pour les liquides.

N.° 182.

TABLE pour convertir les Pintes et Roquilles, mesure de Ribérac, Verteillac, etc., en Litres et Décilitres.

Anciennes mesures.	Nouvelles mesures.	Anciennes mesures.	Nouvelles mesures.	Anciennes mesures.	Nouvelles mesures.	Anciennes mesures.	Nouvelles mesures.
Roquilles.	Litres. Décil.	Pintes.	Litres. Décil.	Pintes.	Litres. Décil.	Pintes.	Litres. Décil.
1.	0. 3	12.	16. 9	28.	39. 5	100.	141. 0
2.	0. 7	13.	18. 3	29.	40. 9	110.	155. 1
3.	1. 0	14.	19. 7	30.	42. 3	120.	169. 2
4.	1. 4	15.	21. 1	35.	49. 3	130.	183. 3
Pintes.		16.	22. 6	40.	56. 4	140.	197. 4
1.	1. 4	17.	24. 0	45.	63. 4	150.	211. 5
2.	2. 8	18.	25. 4	50.	70. 5	160.	225. 6
3.	4. 2	19.	26. 8	55.	77. 5	170.	239. 7
4.	5. 6	20.	28. 2	60.	84. 6	180.	253. 8
5.	7. 1	21.	29. 6	65.	91. 6	190.	267. 9
6.	8. 5	22.	31. 0	70.	98. 7	200.	282. 0
7.	9. 9	23.	32. 4	75.	105. 7	210.	296. 1
8.	11. 3	24.	33. 8	80.	112. 8		
9.	12. 7	25.	35. 2	85.	119. 8		
10.	14. 1	26.	36. 7	90.	126. 9		
11.	15. 5	27.	38. 1	95.	133. 9		

N.° 183.

TABLE pour convertir les Litres et Hectolitres en Pintes et Roquilles, mesure de Ribérac, Verteillac, etc.

Nouvelles mesures.	Anciennes mesures.	Nouvelles mesures.	Anciennes mesures.	Nouvelles mesures.	Anciennes mesures.
Décilitres.	Pintes. Roquill.	Litres.	Pintes. Roquill.	Litres.	Pintes. Roquill.
5.	0. 1	18.	12. 3	65.	46. 1
Litres.		19.	13. 2	70.	49. 3
1.	0. 3	20.	14. 1	75.	53. 1
2.	1. 2	21.	15. 0	80.	56. 3
3.	2. 1	22.	15. 2	85.	60. 1
4.	2. 3	23.	16. 1	90.	64. 0
5.	3. 2	24.	17. 0	95.	67. 2
6.	4. 1	25.	17. 3	Hectolitres.	
7.	5. 0	26.	18. 2	1.	71. 0
8.	5. 3	27.	19. 1	2.	142. 0
9.	6. 2	28.	20. 0	3.	213. 0
10.	7. 0	29.	20. 2	4.	284. 0
11.	7. 3	30.	21. 1	5.	355. 0
12.	8. 2	35.	24. 3		
13.	9. 1	40.	28. 2		
14.	10. 0	45.	32. 0		
15.	10. 3	50.	35. 2		
16.	11. 1	55.	39. 0		
17.	12. 0	60.	42. 2		

MESURES
DE CAPACITÉ
pour les liquides.

N.° 184.

TABLE pour convertir les Pintes et Roquilles, mesure de Lachapelle-Montabourlet, en Litres et Décilitres.

Anciennes mesures.	Nouvelles mesures.	
Roquilles.	Litres.	Décil.
1.	0.	4
2.	0.	8
3.	1.	2
4.	1.	6
Pintes.		
1.	1.	6
2.	3.	3
3.	4.	9
4.	6.	5
5.	8.	1
6.	9.	8
7.	11.	4
8.	13.	0
9.	14.	6
10.	16.	3

Anciennes mesures.	Nouvelles mesures.	
Pintes.	Litres.	Décil.
11.	17.	9
12.	19.	5
13.	21.	2
14.	22.	8
15.	24.	4
16.	26.	0
17.	27.	6
18.	29.	3
19.	30.	9
20.	32.	5
21.	34.	1
22.	35.	8
23.	37.	4
24.	39.	0
25.	40.	6

Anciennes mesures.	Nouvelles mesures.	
Pintes.	Litres.	Décil.
30.	48.	8
35.	56.	9
40.	65.	0
45.	73.	2
50.	81.	3
55.	89.	4
60.	97.	6
65.	105.	7
70.	113.	8
75.	121.	9
80.	130.	1
85.	138.	2
90.	146.	3
100.	162.	6
110.	178.	9

Anciennes mesures.	Nouvelles mesures.	
Pintes.	Litres.	Décil.
120.	195.	[illegible]
130.	211.	[illegible]
140.	227.	6
150.	243.	9
160.	260.	2
170.	276.	4
180.	292.	7
190.	308.	9
200.	325.	2
210.	341.	5

N.° 185.

TABLE pour convertir les Litres et Hectolitres en Pintes et Roquilles, mesure de Lachapelle-Montabourlet.

Nouvelles mesures.	Anciennes mesures.	
Décilitres.	Pintes.	Roquill.
5.	0.	1
Litres.		
1.	0.	2
2.	1.	1
3.	1.	3
4.	2.	2
5.	3.	0
6.	3.	2
7.	4.	1
8.	4.	3
9.	5.	2
10.	6.	0
11.	6.	3
12.	7.	1
13.	7.	3
14.	8.	2
15.	9.	0
16.	9.	3
17.	10.	1

Nouvelles mesures.	Anciennes mesures.	
Litres.	Pintes.	Roquill.
18.	10.	3
19.	11.	2
20.	12.	0
21.	12.	3
22.	13.	1
23.	13.	3
24.	14.	2
25.	15.	0
26.	15.	3
27.	16.	1
28.	16.	3
29.	17.	2
30.	18.	0
35.	21.	0
40.	24.	0
45.	27.	0
50.	30.	0
55.	33.	1
60.	36.	1

Nouvelles mesures.	Anciennes mesures.	
Litres.	Pintes.	Roquill.
65.	39.	1
70.	42.	1
75.	45.	1
80.	48.	1
85.	51.	1
90.	54.	1
95.	57.	1
Hectolitres.		
1.	60.	1
2.	120.	[illegible]
3.	180.	3
4.	241.	[illegible]
5.	301.	[illegible]

MESURES DE CAPACITÉ pour les liquides.

N.° 186.

TABLE pour convertir les Pintes et Roquilles, mesure de Larochechalais, en Litres et Décilitres.

Anciennes mesures.	Nouvelles mesures.		Anciennes mesures.	Nouvelles mesures.		Anciennes mesures.	Nouvelles mesures.		Anciennes mesures.	Nouvelles mesures.	
Roquilles.	Litres.	Décil.	Pintes.	Litres.	Décil.	Pintes.	Litres.	Décil.	Pintes.	Litres.	Décil.
1.	0.	4	11.	16.	7	30.	45.	4	110.	166.	6
2.	0.	8	12.	18.	2	35.	53.	0	120.	191.	8
3.	1.	1	13.	19.	7	40.	60.	6	130.	206.	9
4.	1.	5	14.	21.	2	45.	68.	2	140.	222.	1
Pintes.			15.	22.	7	50.	75.	7	150.	237.	2
1.	1.	5	16.	24.	2	55.	83.	3	160.	252.	4
2.	3.	0	17.	25.	8	60.	90.	9	170.	267.	5
3.	4.	5	18.	27.	3	65.	98.	5	180.	282.	7
4.	6.	1	19.	28.	8	70.	106.	1	190.	297.	8
5.	7.	6	20.	30.	3	75.	113.	6	200.	313.	0
6.	9.	1	21.	31.	8	80.	121.	2	210.	328.	1
7.	10.	6	22.	33.	3	85.	128.	8			
8.	13.	1	23.	34.	8	90.	136.	3			
9.	13.	6	24.	36.	5	95.	143.	9			
10.	15.	1	25.	38.	0	100.	151.	5			

N.° 187.

TABLE pour convertir les Litres et Hectolitres en Pintes et Roquilles, mesure de Larochechalais.

Nouvelles mesures.	Anciennes mesures.		Nouvelles mesures.	Anciennes mesures.		Nouvelles mesures.	Anciennes mesures.	
Décilitres.	Pintes.	Roquill.	Litres.	Pintes.	Roquill.	Litres.	Pintes.	Roquill.
5.	0.	1	18.	12.	0	65.	43.	0
Litres.			19.	12.	2	70.	46.	1
1.	0.	3	20.	13.	1	75.	49.	2
2.	1.	1	21.	14.	0	80.	53.	3
3.	2.	0	22.	14.	2	85.	57.	0
4.	2.	3	23.	15.	1	90.	60.	2
5.	3.	1	24.	15.	3	95.	63.	3
6.	4.	0	25.	16.	2	Hectolitres.		
7.	4.	2	26.	17.	1	1.	63.	3
8.	5.	1	27.	17.	3	2.	127.	2
9.	6.	0	28.	18.	2	3.	191.	0
10.	6.	2	29.	19.	1	4.	254.	3
11.	7.	1	30.	19.	3	5.	318.	2
12.	8.	0	35.	23.	0			
13.	8.	2	40.	26.	2			
14.	9.	1	45.	29.	3			
15.	10.	0	50.	33.	0			
16.	10.	2	55.	36.	1			
17.	11.	1	60.	39.	2			

MESURES DE CAPACITÉ pour les liquides.

N.° 188.

TABLE pour convertir les Pintes et Roquilles, mesure de Saint-Aulaye et Saint-Aquilain, en Litres et Décilitres.

Anciennes mesures.	Nouvelles mesures.	Anciennes mesures.	Nouvelles mesures.	Anciennes mesures.	Nouvelles mesures.	Anciennes mesures.	Nouvelles mesures.
Roquilles.	Litres. Décil.	Pintes.	Litres. Décil.	Pintes.	Litres. Décil.	Pintes.	Litres. Décil.
1.	0. 3	11.	14. 8	30.	40. 4	110.	148. 1
2.	0. 7	12.	16. 2	35.	47. 1	120.	161. 6
3.	1. 0	13.	17. 5	40.	53. 8	130.	175. 0
4.	1. 3	14.	18. 8	45.	60. 6	140.	188. 4
Pintes.		15.	20. 2	50.	67. 3	150.	201. 9
1.	1. 3	16.	21. 5	55.	74. 0	160.	215. 4
2.	2. 7	17.	22. 9	60.	80. 8	170.	228. 8
3.	4. 0	18.	24. 2	65.	87. 5	180.	242. 3
4.	5. 4	19.	25. 6	70.	94. 2	190.	255. 7
5.	6. 7	20.	26. 9	75.	100. 9	200.	269. 2
6.	8. 1	21.	28. 3	80.	107. 7	210.	282. 7
7.	9. 4	22.	29. 6	85.	114. 4		
8.	10. 8	23.	31. 0	90.	121. 1		
9.	12. 1	24.	32. 3	95.	127. 9		
10.	13. 5	25.	33. 6	100.	134. 6		

N.° 189.

TABLE pour convertir les Litres et Hectolitres en Pintes et Roquilles, mesure de St.-Aulaye et St.-Aquilain.

Nouvelles mesures.	Anciennes mesures.	Nouvelles mesures.	Anciennes mesures.	Nouvelles mesures.	Anciennes mesures.
Décilitres.	Pintes. Roquill.	Litres.	Pintes. Roquill.	Litres.	Pintes. Roquill.
5.	0. 1	18.	13. 1	65.	48. 1
Litres.		19.	14. 0	70.	52. 0
1.	0. 3	20.	14. 3	75.	55. 3
2.	1. 2	21.	15. 2	80.	59. 2
3.	2. 1	22.	16. 1	85.	63. 0
4.	3. 0	23.	17. 0	90.	66. 3
5.	3. 3	24.	17. 3	95.	70. 2
6.	4. 2	25.	18. 2	Hectolitres.	
7.	5. 1	26.	19. 1	1.	74. 1
8.	6. 0	27.	20. 0	2.	148. 2
9.	6. 3	28.	20. 3	3.	222. 3
10.	7. 2	29.	21. 2	4.	297. 0
11.	8. 1	30.	22. 1	5.	371. 1
12.	9. 0	35.	26. 0		
13.	9. 3	40.	29. 3		
14.	10. 2	45.	33. 2		
15.	11. 1	50.	37. 1		
16.	12. 0	55.	40. 3		
17.	12. 2	60.	44. 2		

MESURES
DE CAPACITÉ
pour les liquides.

N.° 190.

TABLE pour convertir les Pintes et Roquilles, mesure du Chapdeuil, en Litres et Décilitres.

Anciennes mesures.	Nouvelles mesures.		Anciennes mesures.	Nouvelles mesures.		Anciennes mesures.	Nouvelles mesures.		Anciennes mesures.	Nouvelles mesures.	
Roquilles.	Litres.	Décil.	Pintes.	Litres.	Décil.	Pintes.	Litres.	Décil.	Pintes.	Litres.	Décil.
1.	0.	3	11.	14.	1	30.	38.	5	110.	141.	3
2.	0.	6	12.	15.	4	35.	45.	0	120.	154.	2
3.	1.	0	13.	16.	7	40.	51.	4	130.	167.	0
4.	1.	3	14.	18.	0	45.	57.	8	140.	179.	9
Pintes.			15.	19.	3	50.	64.	2	150.	192.	7
1.	1.	3	16.	20.	6	55.	70.	7	160.	205.	6
2.	2.	6	17.	21.	8	60.	77.	1	170.	218.	4
3.	3.	9	18.	23.	1	65.	83.	5	180.	231.	3
4.	5.	1	19.	24.	4	70.	89.	9	190.	244.	1
5.	6.	4	20.	25.	7	75.	96.	4	200.	257.	0
6.	7.	7	21.	27.	0	80.	102.	8	210.	269.	8
7.	9.	0	22.	28.	3	85.	109.	2			
8.	10.	3	23.	29.	6	90.	115.	6			
9.	11.	6	24.	30.	8	95.	122.	1			
10.	12.	8	25.	32.	1	100.	128.	5			

N.° 191.

TABLE pour convertir les Litres et Hectolitres en Pintes et Roquilles, mesure du Chapdeuil.

Nouvelles mesures.	Anciennes mesures.		Nouvelles mesures.	Anciennes mesures.		Nouvelles mesures.	Anciennes mesures.	
Décilitres.	Pintes.	Roquill.	Litres.	Pintes.	Roquill.	Litres.	Pintes.	Roquill.
5.	0.	2	18.	14.	0	65.	50.	2
Litres.			19.	14.	3	70.	54.	2
1.	0.	3	20.	15.	2	75.	58.	1
2.	1.	2	21.	16.	1	80.	62.	1
3.	2.	1	22.	17.	0	85.	66.	0
4.	3.	0	23.	18.	0	90.	70.	0
5.	4.	0	24.	18.	3	95.	73.	3
6.	4.	3	25.	19.	2	Hectolitres.		
7.	5.	2	26.	20.	1	1.	77.	3
8.	6.	1	27.	21.	0	2.	155.	2
9.	7.	0	28.	21.	3	3.	233.	1
10.	7.	3	29.	22.	2	4.	311.	0
11.	8.	2	30.	23.	1	5.	388.	3
12.	9.	1	35.	27.	1			
13.	10.	0	40.	31.	0			
14.	11.	0	45.	35.	0			
15.	11.	3	50.	39.	0			
16.	12.	2	55.	42.	3			
17.	13.	1	60.	46.	3			

MESURES
de solidité
pour
les Bois de chauffage.

N.° 192.

TABLE pour convertir les Brasses de Bois de chauffage, mesu[re] de Lachapelle-Montabourlet, en Stères et Déci-Stères (*).

Anciennes mesures.	Nouvelles mesures.		Anciennes mesures.	Nouvelles mesures.		Anciennes mesures.	Nouvelles mesures.		Anciennes mesures.	Nouvelles mesures.	
Brasses.	Stères.	Déci.	Brasses.	Stères.	Déci.	Brasses.	Stères.	Déci.	Brasses.	Stères.	Déci.
¼.	1.	5	12.	70.	0	35.	204.	2	120.	700.	2
½.	1.	9	13.	75.	9	40.	233.	4	130.	758.	6
¾.	3.	4	14.	81.	7	45.	262.	6	140.	816.	9
Brasses.			15.	87.	5	50.	291.	7	150.	875.	3
1.	5.	8	16.	93.	4	55.	320.	9	160.	933.	6
2.	11.	7	17.	99.	2	60.	350.	0	170.	991.	9
3.	17.	5	18.	105.	0	65.	379.	3	180.	1050.	3
4.	23.	3	19.	110.	9	70.	408.	4	190.	1108.	7
5.	29.	2	20.	116.	7	75.	437.	6	200.	1167.	0
6.	35.	0	21.	122.	5	80.	466.	8	300.	1750.	5
7.	40.	8	22.	128.	4	85.	496.	0	400.	2334.	0
8.	46.	7	23.	134.	2	90.	525.	1	500.	2917.	5
9.	52.	5	24.	140.	0	95.	554.	3			
10.	58.	3	25.	145.	9	100.	583.	5			
11.	64.	2	30.	175.	0	110.	641.	8			

N.° 193.

TABLE pour convertir les Stères en Brasses et Dixièmes [de] Brasse, mesure de Lachapelle-Montabourlet.

Nouvelles mesures.	Anciennes mesures.		Nouvelles mesures.	Anciennes mesures.		Nouvelles mesures.	Anciennes mesures.		Nouvelles mesures.	Anciennes mesures.	
Déci-Stères.	Brasses.	Dixièm.	Stères.	Brasses.	Dixièm.	Stères.	Brasses.	Dixièm.	Stères.	Brasses.	Dixièm.
5.	0.	1	18.	3.	1	65.	11.	1	400.	68.	5
Stères.			19.	3.	3	70.	12.	0	500.	85.	6
1.	0.	2	20.	3.	4	75.	12.	8	1000.	171.	3
2.	0.	3	21.	3.	6	80.	13.	7			
3.	0.	5	22.	3.	8	85.	14.	6			
4.	0.	7	23.	3.	9	90.	15.	4			
5.	0.	9	24.	4.	1	95.	16.	3			
6.	1.	0	25.	4.	3	100.	17.	1			
7.	1.	2	26.	4.	5	110.	18.	8			
8.	1.	4	27.	4.	6	120.	20.	6			
9.	1.	5	28.	4.	8	130.	22.	3			
10.	1.	7	29.	5.	0	140.	24.	0			
11.	1.	9	30.	5.	1	150.	25.	7			
12.	2.	1	35.	6.	0	160.	27.	4			
13.	2.	2	40.	6.	9	170.	29.	1			
14.	2.	4	45.	7.	7	180.	30.	8			
15.	2.	6	50.	8.	6	190.	32.	5			
16.	2.	7	55.	9.	4	200.	34.	3			
17.	2.	9	60.	10.	3	300.	51.	4			

(*) *Dimensions de la [brasse] de Lachapelle-M[ontabourlet].*

Longueur.....	13 p.	0 po.
Largeur.......	3	3.
Épaisseur.....	3	3.

MESURES de solidité pour les Bois de chauffage.

N.° 194.

TABLE pour convertir les Brasses de Bois de chauffage, mesure de St.-Aulaye, en Stères et Déci-Stères (*).

Anciennes mesures.	Nouvelles mesures.		Anciennes mesures.	Nouvelles mesures.		Anciennes mesures.	Nouvelles mesures.		Anciennes mesures.	Nouvelles mesures.	
Brasses.	Stères.	Déci.	Brasses.	Stères.	Déci.	Brasses.	Stères.	Déci.	Brasses.	Stères.	Déci.
¼.	0.	7	12.	33.	4	27.	75.	1	90.	250.	0
½.	1.	4	13.	36.	1	28.	77.	8	100.	278.	0
¾.	2.	1	14.	38.	9	29.	80.	6	110.	305.	8
Brasses.			15.	41.	7	30.	83.	4	120.	333.	6
1.	2.	8	16.	44.	5	35.	97.	3	130.	361.	4
2.	5.	6	17.	47.	3	40.	111.	2	140.	389.	2
3.	8.	3	18.	50.	0	45.	125.	1	150.	417.	0
4.	11.	1	19.	52.	8	50.	139.	0	160.	444.	8
5.	13.	9	20.	55.	6	55.	152.	9	170.	472.	6
6.	16.	7	21.	58.	4	60.	166.	8	180.	500.	4
7.	19.	5	22.	61.	2	65.	180.	7	190.	528.	2
8.	22.	2	23.	63.	9	70.	194.	6	200.	556.	0
9.	25.	0	24.	66.	7	75.	208.	5	300.	834.	0
10.	27.	8	25.	69.	5	80.	222.	4	400.	1112.	0
11.	30.	6	26.	72.	3	85.	236.	3	500.	1390.	0

N.° 195.

TABLE pour convertir les Stères en Brasses et Dixièmes de Brasse, mesure de St.-Aulaye.

Nouvelles mesures.	Anciennes mesures.		Nouvelles mesures.	Anciennes mesures.		Nouvelles mesures.	Anciennes mesures.		Nouvelles mesures.	Anciennes mesures.	
Déci-Stères.	Brasses.	Dixièm.	Stères.	Brasses.	Dixièm.	Stères.	Brasses.	Dixièm.	Stères.	Brasses.	Dixièm.
5.	0.	2	18.	6.	5	65.	23.	4	400.	144.	0
Stères.			19.	6.	8	70.	25.	2	500.	180.	0
1.	0.	4	20.	7.	2	75.	27.	0	1000.	360.	0
2.	0.	7	21.	7.	6	80.	28.	8			
3.	1.	1	22.	7.	9	85.	30.	6			
4.	1.	4	23.	8.	3	90.	32.	4			
5.	1.	8	24.	8.	6	95.	34.	2			
6.	2.	2	25.	9.	0	100.	36.	0			
7.	2.	5	26.	9.	4	110.	39.	6			
8.	2.	9	27.	9.	7	120.	43.	2			
9.	3.	2	28.	10.	1	130.	46.	8			
10.	3.	6	29.	10.	4	140.	50.	4			
11.	4.	0	30.	10.	8	150.	54.	0			
12.	4.	3	35.	12.	6	160.	57.	5			
13.	4.	7	40.	14.	4	170.	61.	2			
14.	5.	0	45.	16.	2	180.	64.	8			
15.	5.	4	50.	18.	0	190.	68.	4			
16.	5.	8	55.	19.	8	200.	72.	0			
17.	6.	1	60.	21.	6	300.	108.	0			

(*) *Dimensions de la Brasse de St.-Aulaye.*

Longueur.......... 9 pieds.
Largeur............ 3.
Épaisseur.......... 3.

MESURES
DE SOLIDITÉ
pour
les Bois de chauffage.

N.° 196.

TABLE pour convertir les Brasses de Bois de chauffage, mesure de Montagrier, en Stères et Déci-Stères (*).

Anciennes mesures. Brasses.	Nouvelles mesures. Stères.	Déci.
¼.	1.	3
½.	2.	5
¾.	3.	8
Brasses.		
1.	5.	1
2.	10.	0
3.	15.	0
4.	20.	0
5.	25.	0
6.	30.	0
7.	35.	0
8.	40.	1
9.	45.	1
10.	50.	1
11.	55.	1

Anciennes mesures. Brasses.	Nouvelles mesures. Stères.	Déci.
12.	60.	1
13.	65.	1
14.	70.	1
15.	75.	1
16.	80.	1
17.	85.	1
18.	90.	1
19.	95.	1
20.	100.	1
21.	105.	1
22.	110.	2
23.	115.	2
24.	120.	2
25.	125.	2
30.	150.	2

Anciennes mesures. Brasses.	Nouvelles mesures. Stères.	Déci.
35.	175.	2
40.	200.	3
45.	225.	3
50.	250.	3
55.	275.	4
60.	300.	4
65.	325.	5
70.	350.	5
75.	375.	5
80.	400.	6
85.	425.	6
90.	450.	6
95.	475.	7
100.	500.	7
110.	550.	8

Anciennes mesures. Brasses.	Nouvelles mesures. Stères.	Déci.
120.	600.	8
130.	650.	9
140.	701.	0
150.	751.	0
160.	801.	1
170.	851.	2
180.	901.	3
190.	951.	3
200.	1001.	4
210.	1051.	5
300.	1502.	1
400.	2002.	8
500.	2503.	5

N.° 197.

TABLE pour convertir les Stères en Brasses et Dixièmes de Brasse, mesure de Montagrier.

Nouvelles mesures.	Anciennes mesures. Brasses.	Dixièm.
Déci-Stères.		
5.	0.	1
Stères.		
1.	0.	2
2.	0.	4
3.	0.	6
4.	0.	8
5.	1.	0
6.	1.	2
7.	1.	4
8.	1.	6
9.	1.	8
10.	2.	0
11.	2.	2
12.	2.	4
13.	2.	6
14.	2.	8
15.	3.	0
16.	3.	2
17.	3.	3

Nouvelles mesures. Stères.	Anciennes mesures. Brasses.	Dixièm.
18.	3.	5
19.	3.	7
20.	3.	9
21.	4.	1
22.	4.	3
23.	4.	5
24.	4.	7
25.	4.	9
26.	5.	1
27.	5.	3
28.	5.	5
29.	5.	7
30.	5.	9
35.	6.	9
40.	7.	9
45.	8.	9
50.	9.	8
55.	10.	8
60.	11.	8

Nouvelles mesures. Stères.	Anciennes mesures. Brasses.	Dixièm.
65.	12.	8
70.	13.	8
75.	14.	8
80.	15.	8
85.	16.	7
90.	17.	7
95.	18.	7
100.	19.	7
110.	21.	7
120.	23.	6
130.	25.	6
140.	27.	6
150.	29.	6
160.	31.	5
170.	33.	5
180.	35.	5
190.	37.	4
200.	39.	4
300.	59.	1

Nouvelles mesures. Stères.	Anciennes mesures. Brasses.	Dixièm.
400.	78.	8
500.	98.	5
1000.	197.	0

(*) *Dimensions de la Brasse de Montagrier.*

Longueur.....	6 p.	6 po.
Largeur.......	6	6.
Épaisseur.....	3	6.

ARRONDISSEMENT

DE

NONTRON.

MESURES AGRAIRES.

N.° 198.

ARRONDISSEMENT DE NONTRON.

TABLE pour convertir les Brasses et Journaux, mesure de Nontron, en Hectares, Ares et Mètres carrés (*).

Anciennes mesures.	Nouvelles mesures.	Anciennes mesures.	Nouvelles mesures.	Anciennes mesures.	Nouvelles mesures.	Anciennes mesures.	Nouvelles mesures.
Brasses.	Hect. Ares. Mèt. c.	Journaux.	Hect. Ares. Mèt. c.	Journaux.	Hect. Ares. Mèt. c.	Journaux.	Hect. Ares. Mèt. c.
1.	0. 01. 19	24.	8. 55. 98	65.	23. 18. 29	700.	249. 66. 02
2.	0. 02. 38	25.	8. 91. 65	66.	23. 53. 96	800.	285. 32. 08
3.	0. 03. 57	26.	9. 27. 32	67.	23. 89. 62	900.	320. 99. 04
4.	0. 04. 76	27.	9. 62. 98	68.	24. 25. 29	1000.	356. 66. 00
5.	0. 05. 94	28.	9. 98. 65	69.	24. 60. 95		
6.	0. 07. 13	29.	10. 34. 31	70.	24. 96. 62		
7.	0. 08. 32	30.	10. 69. 98	71.	25. 32. 29		
8.	0. 09. 51	31.	11. 05. 65	72.	25. 67. 95		
9.	0. 10. 70	32.	11. 41. 31	73.	26. 03. 62		
10.	0. 11. 89	33.	11. 76. 98	74.	26. 39. 28		
11.	0. 13. 08	34.	12. 12. 64	75.	26. 74. 95		
12.	0. 14. 27	35.	12. 48. 31	76.	27. 10. 62		
15.	0. 17. 83	36.	12. 83. 98	77.	27. 46. 28		
18.	0. 21. 40	37.	13. 19. 64	78.	27. 81. 95		
20.	0. 23. 78	38.	13. 55. 31	79.	28. 17. 61		
25.	0. 29. 72	39.	13. 90. 97	80.	28. 53. 28		
30.	0. 35. 67	40.	14. 26. 64	81.	28. 88. 95		
Journaux.	Hect. Ares. Mèt. c.	41.	14. 62. 31	82.	29. 24. 61		
1.	0. 35. 67	42.	14. 97. 97	83.	29. 60. 28		
2.	0. 71. 33	43.	15. 33. 64	84.	29. 95. 94		
3.	1. 07. 00	44.	15. 69. 30	85.	30. 31. 61		
4.	1. 42. 66	45.	16. 04. 97	86.	30. 67. 28		
5.	1. 78. 33	46.	16. 40. 64	87.	31. 02. 94		
6.	2. 14. 00	47.	16. 76. 30	88.	31. 38. 61		
7.	2. 49. 66	48.	17. 11. 97	89.	31. 74. 27		
8.	2. 85. 33	49.	17. 47. 63	90.	32. 09. 94		
9.	3. 20. 99	50.	17. 83. 30	91.	32. 45. 61		
10.	3. 56. 66	51.	18. 18. 97	92.	32. 81. 27		
11.	3. 92. 33	52.	18. 54. 63	93.	33. 16. 94		
12.	4. 27. 99	53.	18. 90. 30	94.	33. 52. 60		
13.	4. 63. 66	54.	19. 25. 96	95.	33. 88. 27		
14.	4. 99. 32	55.	19. 61. 63	96.	34. 23. 94		
15.	5. 34. 99	56.	19. 97. 30	97.	34. 59. 60		
16.	5. 70. 66	57.	20. 32. 96	98.	34. 95. 27		
17.	6. 06. 32	58.	20. 68. 63	99.	35. 30. 93		
18.	6. 41. 99	59.	21. 04. 29	100.	35. 66. 60		
19.	6. 77. 65	60.	21. 39. 96	200.	71. 33. 02		
20.	7. 13. 32	61.	21. 75. 63	300.	106. 99. 08		
21.	7. 48. 99	62.	22. 11. 29	400.	142. 66. 04		
22.	7. 84. 65	63.	22. 46. 96	500.	178. 33. 00		
23.	8. 20. 32	64.	22. 82. 62	600.	213. 99. 06		

(*) Le Journal de Nontron, Abjat, Bussière-Badil et autres, se compose de 800 Brasses carrées de 6 pieds 6 pouces de côté. Pour la commodité de l'arpentage, l'on considère ce Journal comme formé d'un parallélogramme de 30 Brasses en long, sur 26 Brasses 2/3 de large; en sorte que 26 Brasses 2/3, sur une Brasse, forment la grande Brasse ou le trentième du Journal. Il est plus petit d'un neuvième que celui de Périgueux.

Le Journal de Périgueux est en usage dans une grande partie de l'arrondissement de Nontron.

MESURES
AGRAIRES.

N.° 199.

TABLE pour convertir les Ares et les Hectares en Journaux et Brasses, mesure de Nontron, Bussière-Badil, etc.

Nouvelles mesures.	Anciennes mesures.		
Ares.	Journ.	Brass.	Centiè.
1.	0.	00.	84
2.	0.	01.	68
3.	0.	02.	52
4.	0.	03.	36
5.	0.	04.	20
6.	0.	05.	04
7.	0.	05.	88
8.	0.	06.	72
9.	0.	07.	56
10.	0.	08.	40
11.	0.	09.	25
12.	0.	10.	09
13.	0.	10.	93
14.	0.	11.	77
15.	0.	12.	61
16.	0.	13.	45
17.	0.	14.	29
18.	0.	15.	13
19.	0.	15.	97
20.	0.	16.	81
25.	0.	21.	02
30.	0.	25.	22
40.	1.	03.	63
50.	1.	12.	04
60.	1.	20.	45
70.	1.	28.	86
80.	2.	07.	27
90.	2.	15.	68
100.	2.	24.	09
Hectares.	Journ.	Brass.	Centiè.
1.	2.	24.	09
2.	5.	18.	18
3.	8.	12.	27
4.	11.	06.	36
5.	14.	00.	45
6.	16.	24.	54
7.	19.	18.	63
8.	22.	12.	72
9.	25.	06.	81
10.	28.	00.	90
11.	30.	24.	99
12.	33.	19.	08
13.	36.	13.	17
14.	39.	07.	26
15.	42.	01.	35
16.	44.	25.	44
17.	47.	19.	53

Nouvelles mesures.	Anciennes mesures.		
Hectares.	Journ.	Brass.	Centiè.
18.	50.	13.	62
19.	53.	07.	71
20.	56.	01.	80
21.	58.	25.	89
22.	61.	19.	98
23.	64.	14.	07
24.	67.	08.	16
25.	70.	02.	25
26.	72.	26.	34
27.	75.	20.	43
28.	78.	14.	52
29.	81.	08.	61
30.	84.	02.	70
31.	86.	26.	79
32.	89.	20.	88
33.	92.	14.	97
34.	95.	09.	06
35.	98.	03.	15
36.	100.	27.	24
37.	103.	21.	33
38.	106.	15.	42
39.	109.	09.	51
40.	112.	03.	60
41.	114.	27.	69
42.	117.	21.	78
43.	120.	15.	87
44.	123.	09.	96
45.	126.	04.	05
46.	128.	28.	14
47.	131.	22.	23
48.	134.	16.	32
49.	137.	10.	41
50.	140.	04.	50
51.	142.	28.	59
52.	145.	22.	68
53.	148.	16.	77
54.	151.	10.	86
55.	154.	04.	95
56.	156.	29.	04
57.	159.	23.	13
58.	162.	17.	22
59.	165.	11.	31
60.	168.	05.	40
61.	170.	29.	49
62.	173.	23.	58
63.	176.	17.	67
64.	179.	11.	76

Nouvelles mesures.	Anciennes mesures.		
Hectares.	Journ.	Brass.	Centiè.
65.	182.	05.	85
66.	184.	29.	94
67.	187.	24.	03
68.	190.	18.	12
69.	193.	12.	21
70.	196.	06.	30
71.	199.	00.	39
72.	201.	24.	48
73.	204.	18.	57
74.	207.	12.	66
75.	210.	06.	75
76.	213.	00.	84
77.	215.	24.	93
78.	218.	19.	02
79.	221.	13.	11
80.	224.	07.	20
81.	227.	01.	29
82.	229.	25.	38
83.	232.	19.	47
84.	235.	13.	56
85.	238.	07.	65
86.	241.	01.	74
87.	243.	25.	83
88.	246.	19.	92
89.	249.	14.	01
90.	252.	08.	10
91.	255.	02.	19
92.	257.	26.	28
93.	260.	20.	37
94.	263.	14.	46
95.	266.	08.	55
96.	269.	02.	64
97.	271.	26.	73
98.	274.	20.	82
99.	277.	14.	91
100.	280.	09.	00
200.	560.	18.	00
300.	840.	27.	00
400.	1121.	06.	00
500.	1401.	15.	00
600.	1681.	24.	00
700.	1962.	03.	00
800.	2242.	12.	00
900.	2522.	21.	00
1000.	2803.	00.	00

MESURES AGRAIRES.

N.° 200.

TABLE pour convertir les Escats et Seterées, mesure de Payzac, Angoisse, Sarlande, etc., en Hectares, Ares et Mètres carrés (*).

Anciennes mesures.	Nouvelles mesures.		
Escats.	Hectar.	Ares.	Mèt. c.
1.	0.	00.	18
2.	0.	00.	36
3.	0.	00.	54
4.	0.	00.	71
5.	0.	00.	89
6.	0.	01.	07
7.	0.	01.	25
8.	0.	01.	43
9.	0.	01.	60
10.	0.	01.	78
15.	0.	02.	67
20.	0.	03.	57
25.	0.	04.	45
30.	0.	05.	35
40.	0.	07.	13
50.	0.	08.	92
60.	0.	10.	70
70.	0.	12.	48
75.	0.	13.	27
80.	0.	14.	27
90.	0.	16.	05
100.	0.	17.	83
125.	0.	22.	28
150.	0.	26.	75
Seterées.	Hectar.	Ares.	Mèt. c.
1.	0.	26.	75
2.	0.	53.	50
3.	0.	80.	25
4.	1.	07.	00
5.	1.	33.	75
6.	1.	60.	50
7.	1.	87.	25
8.	2.	14.	00
9.	2.	40.	75
10.	2.	67.	50
11.	2.	94.	25
12.	3.	21.	00
13.	3.	47.	75
14.	3.	74.	50
15.	4.	01.	25
16.	4.	28.	00
17.	4.	54.	75
18.	4.	81.	50
19.	5.	08.	25
20.	5.	35.	00
21.	5.	61.	75

Anciennes mesures.	Nouvelles mesures.		
Seterées.	Hectar.	Ares.	Mèt. c.
22.	5.	88.	50
23.	6.	15.	25
24.	6.	42.	00
25.	6.	68.	75
26.	6.	95.	50
27.	7.	22.	25
28.	7.	49.	00
29.	7.	75.	75
30.	8.	02.	50
31.	8.	29.	25
32.	8.	56.	00
33.	8.	82.	75
34.	9.	09.	50
35.	9.	36.	25
36.	9.	63.	00
37.	9.	89.	75
38.	10.	16.	50
39.	10.	43.	25
40.	10.	70.	00
41.	10.	96.	75
42.	11.	23.	50
43.	11.	50.	25
44.	11.	77.	00
45.	12.	03.	75
46.	12.	30.	50
47.	12.	57.	25
48.	12.	84.	00
49.	13.	10.	75
50.	13.	37.	50
51.	13.	64.	25
52.	13.	91.	00
53.	14.	17.	75
54.	14.	44.	50
55.	14.	71.	25
56.	14.	98.	00
57.	15.	24.	75
58.	15.	51.	50
59.	15.	78.	25
60.	16.	05.	00
61.	16.	31.	75
62.	16.	58.	50
63.	16.	85.	25
64.	17.	12.	00
65.	17.	38.	75
66.	17.	65.	50
67.	17.	92.	25

Anciennes mesures.	Nouvelles mesures.		
Seterées.	Hectar.	Ares.	Mèt. c.
68.	18.	19.	00
69.	18.	45.	75
70.	18.	72.	50
71.	18.	99.	25
72.	19.	26.	00
73.	19.	52.	75
74.	19.	79.	50
75.	20.	06.	25
76.	20.	33.	00
77.	20.	59.	75
78.	20.	86.	50
79.	21.	13.	25
80.	21.	40.	00
81.	21.	66.	75
82.	21.	93.	50
83.	22.	20.	25
84.	22.	47.	00
85.	22.	73.	75
86.	23.	00.	50
87.	23.	27.	25
88.	23.	54.	00
89.	23.	80.	75
90.	24.	07.	50
91.	24.	34.	25
92.	24.	61.	00
93.	24.	87.	75
94.	25.	14.	50
95.	25.	41.	25
100.	26.	75.	00
200.	53.	50.	00
300.	80.	25.	00
400.	107.	00.	00
500.	133.	75.	00
600.	160.	50.	00
700.	187.	25.	00
800.	214.	00.	00
900.	240.	75.	00
1000.	267.	50.	00

(*) La Seterée de Payzac contient 150 Escats. L'Escat a 13 pieds de côté.

Elle contient exactement les 2/3 du Journal de Périgueux.

MESURES AGRAIRES.

N.° 201.

TABLE pour convertir les Ares et les Hectares en Seterées, Escats et Carreaux, mesure de Payzac, Angoisse, Sarlande, etc. (*).

Nouvelles mesures.	Anciennes mesures.			
Ares.	Seter.	Escats.	Car.	Cent.
1.	0.	005.	2.	43
2.	0.	011.	0.	86
3.	0.	016.	3.	29
4.	0.	022.	1.	72
5.	0.	028.	0.	15
6.	0.	033.	2.	58
7.	0.	039.	1.	01
8.	0.	044.	3.	44
9.	0.	050.	1.	87
10.	0.	056.	0.	30
11.	0.	061.	2.	73
12.	0.	067.	1.	16
13.	0.	072.	3.	59
14.	0.	078.	2.	02
15.	0.	084.	0.	45
16.	0.	089.	2.	88
17.	0.	095.	1.	31
18.	0.	100.	3.	74
19.	0.	106.	2.	17
20.	0.	112.	0.	60
25.	0.	140.	0.	75
30.	1.	018.	0.	90
40.	1.	074.	1.	20
50.	1.	130.	1.	50
60.	2.	036.	1.	80
70.	2.	092.	2.	10
80.	2.	148.	2.	40
90.	3.	054.	2.	70
100.	3.	110.	2.	80
Hectares.	Seter.	Escats.	Car.	Dixi.
1.	3.	110.	2.	8
2.	7.	071.	1.	6
3.	11.	032.	0.	4
4.	14.	142.	3.	2
5.	18.	103.	2.	0
6.	22.	064.	0.	8
7.	26.	024.	3.	6
8.	29.	135.	2.	4
9.	33.	096.	1.	2
10.	37.	057.	0.	0
11.	41.	017.	2.	8
12.	44.	128.	1.	6
13.	48.	089.	0.	4
14.	52.	049.	3.	2
15.	56.	010.	2.	0
16.	59.	121.	0.	8
17.	63.	081.	3.	6

Nouvelles mesures.	Anciennes mesures.			
Hectares.	Seter.	Escats.	Car.	Dixi.
18.	67.	042.	2.	4
19.	71.	003.	1.	2
20.	74.	114.	0.	0
21.	78.	074.	2.	8
22.	82.	035.	1.	6
23.	85.	146.	0.	4
24.	89.	106.	3.	2
25.	93.	067.	2.	0
26.	97.	028.	0.	8
27.	100.	138.	3.	6
28.	104.	099.	2.	4
29.	108.	060.	1.	2
30.	112.	021.	0.	0
31.	115.	131.	2.	8
32.	119.	092.	1.	6
33.	123.	053.	0.	4
34.	127.	013.	3.	2
35.	130.	124.	2.	0
36.	134.	085.	0.	8
37.	138.	045.	3.	6
38.	142.	006.	2.	4
39.	145.	117.	1.	2
40.	149.	078.	0.	0
41.	153.	038.	2.	8
42.	156.	149.	1.	6
43.	160.	110.	0.	4
44.	164.	070.	3.	2
45.	168.	031.	2.	0
46.	171.	142.	0.	8
47.	175.	102.	3.	6
48.	179.	063.	2.	4
49.	183.	024.	1.	2
50.	186.	135.	0.	0
51.	190.	095.	2.	8
52.	194.	056.	1.	6
53.	198.	017.	0.	4
54.	201.	127.	3.	2
55.	205.	088.	2.	0
56.	209.	049.	0.	8
57.	213.	009.	3.	6
58.	216.	120.	2.	4
59.	220.	081.	1.	2
60.	224.	042.	0.	0
61.	228.	002.	2.	8
62.	231.	113.	1.	6
63.	235.	074.	0.	4
64.	239.	034.	3.	2

Nouvelles mesures.	Anciennes mesures.			
Hectares.	Seter.	Escats.	Car.	Dixi.
65.	242.	145.	2.	0
66.	246.	106.	0.	8
67.	250.	066.	3.	6
68.	254.	027.	2.	4
69.	257.	138.	1.	2
70.	261.	099.	0.	0
71.	265.	069.	2.	8
72.	269.	020.	1.	6
73.	272.	131.	0.	4
74.	276.	091.	3.	2
75.	280.	052.	2.	0
76.	284.	013.	0.	8
77.	287.	123.	3.	6
78.	291.	084.	2.	4
79.	295.	045.	1.	2
80.	299.	006.	0.	0
81.	302.	116.	2.	8
82.	306.	077.	1.	6
83.	310.	038.	0.	4
84.	313.	148.	3.	2
85.	317.	109.	2.	0
86.	321.	070.	0.	8
87.	325.	030.	3.	6
88.	328.	141.	2.	4
89.	332.	102.	1.	2
90.	336.	063.	0.	0
91.	340.	023.	2.	8
92.	343.	134.	1.	6
93.	347.	095.	0.	4
94.	351.	055.	3.	2
95.	355.	016.	2.	0
100.	373.	120.	0.	0
200.	747.	090.	0.	0
300.	1121.	060.	0.	0
400.	1495.	030.	0.	0
500.	1869.	000.	0.	0
600.	2242.	120.	0.	0
700.	2616.	090.	0.	0
800.	2990.	060.	0.	0
900.	3364.	030.	0.	0
1000.	3738.	000.	0.	0

(*) Le Carreau dont on entend ici parler est le quart de l'Escat, ou 6 pieds 1/2 de côté.

MESURES de capacité pour les grains et matières sèches.

N.° 202.

TABLE pour convertir les Picotins et Boisseaux, mesure de Nontron, en Décalitres, Litres et Décilitres (*).

Anciennes mesures.	Nouvelles mesures.		
Picotins.	Décal.	Litres.	Décil.
1.	0.	2.	7
2.	0.	5.	4
3.	0.	8.	0
4.	1.	0.	7
5.	1.	3.	4
6.	1.	6.	1
7.	1.	8.	8
8.	2.	1.	4
Boisseaux.	Décal.	Litres.	Décil.
1.	2.	1.	4
2.	4.	2.	9
3.	6.	4.	3
4.	8.	5.	8
5.	10.	7.	2
6.	12.	8.	6
7.	15.	0.	1
8.	17.	1.	5
9.	19.	3.	0
10.	21.	4.	4
11.	23.	5.	8
12.	25.	7.	3
13.	27.	8.	7
14.	30.	0.	2
15.	32.	1.	6
16.	34.	3.	0
17.	36.	4.	5
18.	38.	5.	9
19.	40.	7.	4
20.	42.	8.	8
21.	45.	0.	3
22.	47.	1.	7
23.	49.	3.	1
24.	51.	4.	6
25.	53.	6.	0
26.	55.	7.	4
27.	57.	8.	9
28.	60.	0.	3
29.	62.	1.	8
30.	64.	3.	2
31.	66.	4.	6
32.	68.	6.	1
33.	70.	7.	5
34.	72.	9.	0
35.	75.	0.	4
36.	77.	1.	8

Anciennes mesures.	Nouvelles mesures.		
Boisseaux.	Décal.	Litres.	Décil.
37.	79.	3.	3
38.	81.	4.	7
39.	83.	6.	2
40.	85.	7.	6
41.	87.	9.	0
42.	90.	0.	5
43.	92.	1.	9
44.	94.	3.	4
45.	96.	4.	8
46.	98.	6.	2
47.	100.	7.	7
48.	102.	9.	1
49.	105.	0.	6
50.	107.	2.	0
51.	109.	3.	4
52.	111.	4.	9
53.	113.	6.	3
54.	115.	7.	8
55.	117.	9.	2
56.	120.	0.	6
57.	122.	2.	1
58.	124.	3.	5
59.	126.	5.	0
60.	128.	6.	4
61.	130.	7.	8
62.	132.	9.	3
63.	135.	0.	7
64.	137.	2.	2
65.	139.	3.	6
66.	141.	5.	0
67.	143.	6.	5
68.	145.	7.	9
69.	147.	9.	4
70.	150.	0.	8
71.	152.	2.	2
72.	154.	3.	7
73.	156.	5.	1
74.	158.	6.	6
75.	160.	8.	0
76.	162.	9.	4
77.	165.	0.	9
78.	167.	2.	3
79.	169.	3.	8
80.	171.	5.	2
81.	173.	6.	6

Anciennes mesures.	Nouvelles mesures.		
Boisseaux.	Décal.	Litres.	Décil.
82.	175.	8.	1
83.	177.	9.	5
84.	180.	1.	0
85.	182.	2.	4
86.	184.	3.	8
87.	186.	5.	3
88.	188.	6.	7
89.	190.	8.	2
90.	192.	9.	6
91.	195.	1.	0
92.	197.	2.	5
93.	199.	3.	9
94.	201.	5.	4
95.	203.	6.	8
96.	205.	8.	2
97.	207.	9.	7
98.	210.	1.	1
99.	212.	2.	6
100.	214.	4.	0
200.	428.	8.	0
300.	643.	2.	0
400.	857.	6.	0
500.	1072.	0.	0
600.	1286.	4.	0
700.	1500.	8.	0
800.	1715.	2.	0
900.	1929.	6.	0
1000.	2144.	0.	0

(*) Le Boisseau de Nontron se divise en 8 Picotins.

MESURES
DE CAPACITÉ
pour les grains
et matières sèches.

N.° 203.

TABLE pour convertir les Litres et Décalitres en Boisseaux et Picotins, mesure de Nontron.

Nouvelles mesures.	Anciennes mesures.		
Litres.	Boiss.	Picot.	Dixièm.
1.	0.	0.	4
2.	0.	0.	7
3.	0.	1.	1
4.	0.	1.	5
5.	0.	1.	9
6.	0.	2.	2
7.	0.	2.	6
8.	0.	3.	0
9.	0.	3.	3
10.	0.	3.	7
Décalitres.	Boiss.	Picot.	Dixièm.
1.	0.	3.	7
2.	0.	7.	5
3.	1.	3.	2
4.	1.	6.	9
5.	2.	2.	6
6.	2.	6.	4
7.	3.	2.	1
8.	3.	5.	8
9.	4.	1.	6
10.	4.	5.	3
11.	5.	1.	0
12.	5.	4.	8
13.	6.	0.	5
14.	6.	4.	2
15.	6.	7.	9
16.	7.	3.	7
17.	7.	7.	4
18.	8.	3.	1
19.	8.	6.	9
20.	9.	2.	6
21.	9.	6.	3
22.	10.	2.	1
23.	10.	5.	8
24.	11.	1.	5
25.	11.	5.	2
26.	12.	1.	0
27.	12.	4.	7
28.	13.	0.	4
29.	13.	4.	2
30.	13.	7.	9
31.	14.	3.	6
32.	14.	7.	4
33.	15.	3.	1
34.	15.	6.	8

Nouvelles mesures.	Anciennes mesures.		
Décalitres.	Boiss.	Picot.	Dixièm.
35.	16.	2.	5
36.	16.	6.	3
37.	17.	2.	0
38.	17.	5.	7
39.	18.	1.	5
40.	18.	5.	2
41.	19.	0.	9
42.	19.	4.	7
43.	20.	0.	4
44.	20.	4.	1
45.	20.	7.	9
46.	21.	3.	6
47.	21.	7.	3
48.	22.	3.	0
49.	22.	6.	8
50.	23.	2.	5
51.	23.	6.	2
52.	24.	2.	0
53.	24.	5.	7
54.	25.	1.	4
55.	25.	5.	1
56.	26.	0.	9
57.	26.	4.	6
58.	27.	0.	3
59.	27.	4.	1
60.	27.	7.	8
61.	28.	3.	5
62.	28.	7.	3
63.	29.	3.	0
64.	29.	6.	7
65.	30.	2.	4
66.	30.	6.	2
67.	31.	1.	9
68.	31.	5.	6
69.	32.	1.	4
70.	32.	5.	1
71.	33.	0.	8
72.	33.	4.	6
73.	34.	0.	3
74.	34.	4.	0
75.	34.	7.	7
76.	35.	3.	5
77.	35.	7.	2
78.	36.	2.	9
79.	36.	6.	7

Nouvelles mesures.	Anciennes mesures.		
Décalitres.	Boiss.	Picot.	Dixièm.
80.	37.	2.	4
81.	37.	6.	1
82.	38.	1.	9
83.	38.	5.	6
84.	39.	1.	3
85.	39.	5.	1
86.	40.	0.	8
87.	40.	4.	5
88.	41.	0.	2
89.	41.	4.	0
90.	41.	7.	7
91.	42.	3.	4
92.	42.	7.	2
93.	43.	2.	9
94.	43.	6.	6
95.	44.	2.	3
96.	44.	6.	1
97.	45.	1.	8
98.	45.	5.	5
99.	46.	1.	3
100.	46.	5.	1
200.	93.	2.	2
300.	139.	7.	4
400.	186.	4.	5
500.	233.	1.	6
600.	279.	6.	7
700.	326.	3.	8
800.	373.	1.	0
900.	419.	6.	1
1000.	466.	3.	2

MESURES DE CAPACITÉ pour les grains et matières sèches.

N.° 204.

TABLE pour convertir les Picotins et Boisseaux, mesure de Larochebeaucourt, en Décalitres, Litres et Décilitres (*).

Anciennes mesures.	Nouvelles mesures.		
Picotins.	Décal.	Litres.	Décil.
1.	0.	4.	5
2.	0.	9.	1
3.	1.	3.	6
4.	1.	8.	2
5.	2.	2.	7
6.	2.	7.	3
7.	3.	1.	8
8.	3.	6.	4
Boisseaux.	Décal.	Litres.	Décil.
1.	3.	6.	4
2.	7.	2.	8
3.	10.	9.	3
4.	14.	5.	7
5.	18.	2.	1
6.	21.	8.	5
7.	25.	4.	9
8.	29.	1.	4
9.	32.	7.	8
10.	36.	4.	2
11.	40.	0.	6
12.	43.	7.	0
13.	47.	3.	5
14.	50.	9.	9
15.	54.	6.	3
16.	58.	2.	7
17.	61.	9.	1
18.	65.	5.	6
19.	69.	2.	0
20.	72.	8.	4
21.	76.	4.	8
22.	80.	1.	2
23.	83.	7.	7
24.	87.	4.	1
25.	91.	0.	5
26.	94.	6.	9
27.	98.	3.	3
28.	101.	9.	8
29.	105.	6.	2
30.	109.	2.	6
31.	112.	9.	0
32.	116.	5.	4
33.	120.	1.	9
34.	123.	8.	2
35.	127.	4.	7
36.	131.	1.	1

Anciennes mesures.	Nouvelles mesures.		
Boisseaux.	Décal.	Litres.	Décil.
37.	134.	7.	5
38.	138.	4.	0
39.	142.	9.	4
40.	145.	5.	8
41.	149.	3.	2
42.	152.	9.	6
43.	156.	6.	1
44.	160.	2.	4
45.	163.	8.	9
46.	167.	5.	3
47.	171.	1.	7
48.	174.	8.	2
49.	178.	4.	6
50.	182.	1.	0
51.	185.	7.	4
52.	189.	3.	8
53.	193.	0.	3
54.	196.	6.	7
55.	200.	3.	1
56.	203.	9.	5
57.	207.	5.	9
58.	211.	2.	4
59.	214.	8.	8
60.	218.	5.	2
61.	222.	1.	6
62.	225.	8.	0
63.	229.	4.	5
64.	233.	0.	9
65.	236.	7.	3
66.	240.	3.	7
67.	244.	0.	1
68.	247.	6.	6
69.	251.	3.	0
70.	254.	9.	4
71.	258.	5.	8
72.	262.	2.	2
73.	265.	8.	7
74.	269.	5.	1
75.	273.	1.	5
76.	276.	7.	9
77.	280.	4.	3
78.	284.	0.	0
79.	287.	7.	7
80.	291.	3.	6
81.	295.	0.	0

Anciennes mesures.	Nouvelles mesures.		
Boisseaux.	Décal.	Litres.	Décil.
82.	298.	6.	5
83.	302.	2.	9
84.	305.	9.	3
85.	309.	5.	7
86.	313.	2.	1
87.	316.	8.	5
88.	320.	5.	0
89.	324.	1.	4
90.	327.	7.	8
91.	331.	4.	2
92.	335.	0.	6
93.	338.	7.	1
94.	342.	3.	5
95.	345.	9.	9
96.	349.	6.	3
97.	353.	2.	7
98.	356.	9.	2
99.	360.	5.	6
100.	364.	2.	0
200.	728.	4.	0
300.	1092.	6.	0
400.	1456.	8.	0
500.	1821.	0.	0
600.	2185.	2.	0
700.	2549.	4.	0
800.	2913.	6.	0
900.	3277.	8.	0
1000.	3642.	0.	0

(*) Le Boisseau de Larochebeaucourt se divise en 8 Picotins.

MESURES DE CAPACITÉ pour les grains et matières sèches.

N.° 205.

TABLE pour convertir les Litres et Décalitres en Boisseaux et Picotins, mesure de Larochebeaucourt.

Nouvelles mesures.	Anciennes mesures.		
Litres.	Boiss.	Picot.	Dixièm.
1.	0.	0.	2
2.	0.	0.	4
3.	0.	0.	7
4.	0.	0.	9
5.	0.	1.	1
6.	0.	1.	3
7.	0.	1.	5
8.	0.	1.	8
9.	0.	2.	0
10.	0.	2.	2
Décalitres.	Boiss.	Picot.	Dixièm.
1.	0.	2.	2
2.	0.	4.	4
3.	0.	6.	6
4.	1.	0.	8
5.	1.	3.	0
6.	1.	5.	2
7.	1.	7.	4
8.	2.	1.	6
9.	2.	3.	8
10.	2.	6.	0
11.	3.	0.	2
12.	3.	2.	4
13.	3.	4.	6
14.	3.	6.	8
15.	4.	1.	0
16.	4.	3.	2
17.	4.	5.	4
18.	4.	7.	6
19.	5.	1.	8
20.	5.	4.	0
21.	5.	6.	2
22.	6.	0.	4
23.	6.	2.	6
24.	6.	4.	8
25.	6.	7.	0
26.	7.	1.	2
27.	7.	3.	4
28.	7.	5.	6
29.	7.	7.	8
30.	8.	2.	0
31.	8.	4.	2
32.	8.	6.	4
33.	9.	0.	6
34.	9.	2.	8

Nouvelles mesures.	Anciennes mesures.		
Décalitres.	Boiss.	Picot.	Dixièm.
35.	9.	5.	0
36.	9.	7.	2
37.	10.	1.	4
38.	10.	3.	6
39.	10.	5.	8
40.	11.	0.	0
41.	11.	2.	2
42.	11.	4.	4
43.	11.	6.	6
44.	12.	0.	8
45.	12.	3.	0
46.	12.	5.	2
47.	12.	7.	4
48.	13.	1.	6
49.	13.	3.	8
50.	13.	6.	0
51.	14.	0.	2
52.	14.	2.	4
53.	14.	4.	6
54.	14.	6.	8
55.	15.	1.	0
56.	15.	3.	2
57.	15.	5.	4
58.	15.	7.	6
59.	16.	1.	8
60.	16.	4.	0
61.	16.	6.	2
62.	17.	0.	4
63.	17.	2.	6
64.	17.	4.	8
65.	17.	7.	0
66.	18.	1.	2
67.	18.	3.	4
68.	18.	5.	6
69.	18.	7.	8
70.	19.	2.	0
71.	19.	4.	2
72.	19.	6.	4
73.	20.	0.	6
74.	20.	2.	8
75.	20.	5.	0
76.	20.	7.	2
77.	21.	1.	4
78.	21.	3.	6
79.	21.	5.	8

Nouvelles mesures.	Anciennes mesures.		
Décalitres.	Boiss.	Picot.	Dixièm.
80.	22.	0.	0
81.	22.	2.	2
82.	22.	4.	4
83.	22.	6.	6
84.	23.	0.	8
85.	23.	3.	0
86.	23.	5.	2
87.	23.	7.	4
88.	24.	1.	6
89.	24.	3.	8
90.	24.	6.	0
91.	25.	0.	2
92.	25.	2.	4
93.	25.	4.	6
94.	25.	6.	8
95.	26.	1.	0
96.	26.	3.	2
97.	26.	5.	4
98.	26.	7.	6
99.	27.	1.	8
100.	27.	3.	6
200.	54.	7.	2
300.	82.	2.	8
400.	109.	6.	4
500.	137.	2.	0
600.	164.	5.	6
700.	192.	1.	2
800.	219.	4.	8
900.	247.	0.	4
1000.	274.	4.	0

MESURES
de capacité
pour les grains
et matières sèches.

N.° 206.

TABLE pour convertir les Picotins et Boisseaux, mesure de St.-Pierre et St.-Jean-de-Côle, en Décalitres, Litres et Décilitres (*).

Anciennes mesures.	Nouvelles mesures.		
Picotins.	Décalit.	Litres.	Décilit.
1.	0.	4.	5
2.	0.	8.	9
3.	1.	3.	4
4.	1.	7.	9
5.	2.	2.	3
6.	2.	6.	8
7.	3.	1.	3
8.	3.	5.	8
Boisseaux.	Décalit.	Litres.	Décilit.
1.	3.	5.	8
2.	7.	1.	5
3.	10.	7.	3
4.	14.	3.	1
5.	17.	8.	8
6.	21.	4.	6
7.	25.	0.	4
8.	28.	6.	2
9.	32.	1.	9
10.	35.	7.	7
11.	39.	3.	5
12.	42.	9.	2
13.	46.	5.	0
14.	50.	0.	8
15.	53.	6.	5
16.	57.	2.	3
17.	60.	8.	1
18.	64.	3.	9
19.	67.	9.	6
20.	71.	5.	4
21.	75.	1.	2
22.	78.	6.	9
23.	82.	2.	7
24.	85.	8.	5
25.	89.	4.	3
26.	93.	0.	0
27.	96.	5.	8
28.	100.	1.	6
29.	103.	7.	3
30.	107.	3.	1
31.	110.	8.	9
32.	114.	4.	6
33.	118.	0.	4
34.	121.	6.	3
35.	125.	1.	9
36.	128.	7.	7

Anciennes mesures.	Nouvelles mesures.		
Boisseaux.	Décalit.	Litres.	Décilit.
37.	132.	3.	6
38.	135.	9.	3
39.	139.	5.	0
40.	143.	0.	8
41.	146.	6.	6
42.	150.	2.	3
43.	153.	8.	1
44.	157.	3.	9
45.	160.	9.	6
46.	164.	5.	4
47.	168.	1.	2
48.	171.	7.	0
49.	175.	2.	7
50.	178.	8.	5
51.	182.	4.	3
52.	186.	0.	0
53.	189.	5.	8
54.	193.	1.	6
55.	196.	7.	3
56.	200.	3.	1
57.	203.	8.	9
58.	207.	4.	7
59.	211.	0.	4
60.	214.	6.	2
61.	218.	2.	0
62.	221.	7.	7
63.	225.	3.	5
64.	228.	9.	3
65.	232.	5.	0
66.	236.	0.	8
67.	239.	6.	6
68.	243.	2.	4
69.	246.	8.	1
70.	250.	3.	9
71.	253.	9.	7
72.	257.	5.	4
73.	261.	1.	2
74.	264.	7.	0
75.	268.	2.	7
76.	271.	8.	5
77.	275.	4.	3
78.	279.	0.	1
79.	282.	5.	8
80.	286.	1.	6
81.	289.	7.	4

Anciennes mesures.	Nouvelles mesures.		
Boisseaux.	Décalit.	Litres.	Décilit.
82.	293.	3.	1
83.	296.	8.	9
84.	300.	4.	7
85.	304.	0.	4
86.	307.	6.	2
87.	311.	2.	0
88.	314.	7.	8
89.	318.	3.	5
90.	321.	9.	3
91.	325.	5.	1
92.	329.	0.	8
93.	332.	6.	6
94.	336.	2.	4
95.	339.	8.	1
96.	343.	3.	9
97.	346.	9.	7
98.	350.	5.	5
99.	354.	1.	2
100.	357.	7.	0
200.	715.	4.	0
300.	1073.	1.	0
400.	1430.	8.	0
500.	1788.	5.	0
600.	2146.	2.	0
700.	2503.	9.	0
800.	2861.	6.	0
900.	3219.	3.	0
1000.	3577.	0.	0

(*) Le Boisseau de St.-Pierre et St.-Jean-de-Côle se divise en 2 Mauduriéres; chaque Maudurière contient 4 Picotins.

MESURES
DE CAPACITÉ
pour les grains
et matières sèches.

N.° 207.

TABLE pour convertir les Litres et Décalitres en Boisseaux et Picotins, mesure de St.-Jean-de-Côle.

Nouvelles mesures.	Anciennes mesures.		
Litres.	Boiss.	Picot.	Dixièm.
1.	0.	0.	2
2.	0.	0.	4
3.	0.	0.	7
4.	0.	0.	9
5.	0.	1.	1
6.	0.	1.	3
7.	0.	1.	5
8.	0.	1.	8
9.	0.	2.	0
10.	0.	2.	2
Décalitres.	Boiss.	Picot.	Dixièm.
1.	0.	2.	2
2.	0.	4.	5
3.	0.	6.	7
4.	1.	0.	9
5.	1.	3.	2
6.	1.	5.	4
7.	1.	7.	7
8.	2.	1.	9
9.	2.	4.	1
10.	2.	6.	4
11.	3.	0.	6
12.	3.	2.	8
13.	3.	5.	1
14.	3.	7.	3
15.	4.	1.	5
16.	4.	3.	8
17.	4.	6.	0
18.	5.	0.	2
19.	5.	2.	5
20.	5.	4.	7
21.	5.	7.	0
22.	6.	1.	2
23.	6.	3.	4
24.	6.	5.	7
25.	6.	7.	9
26.	7.	2.	2
27.	7.	4.	4
28.	7.	6.	6
29.	8.	0.	8
30.	8.	3.	1
31.	8.	5.	3
32.	8.	7.	6
33.	9.	1.	8
34.	9.	4.	0

Nouvelles mesures.	Anciennes mesures.		
Décalitres.	Boiss.	Picot.	Dixièm.
35.	9.	6.	3
36.	10.	0.	5
37.	10.	2.	7
38.	10.	5.	0
39.	10.	7.	2
40.	11.	1.	4
41.	11.	3.	7
42.	11.	5.	9
43.	12.	0.	1
44.	12.	2.	4
45.	12.	4.	6
46.	12.	6.	9
47.	13.	1.	1
48.	13.	3.	3
49.	13.	5.	6
50.	13.	7.	8
51.	14.	2.	0
52.	14.	4.	3
53.	14.	6.	5
54.	15.	0.	7
55.	15.	3.	0
56.	15.	5.	2
57.	15.	7.	5
58.	16.	1.	7
59.	16.	3.	9
60.	16.	6.	2
61.	17.	0.	4
62.	17.	2.	6
63.	17.	4.	9
64.	17.	7.	1
65.	18.	1.	3
66.	18.	3.	6
67.	18.	5.	8
68.	19.	0.	0
69.	19.	2.	3
70.	19.	4.	5
71.	19.	6.	8
72.	20.	1.	0
73.	20.	3.	2
74.	20.	5.	5
75.	20.	7.	7
76.	21.	1.	9
77.	21.	4.	2
78.	21.	6.	4
79.	22.	0.	6

Nouvelles mesures.	Anciennes mesures.		
Décalitres.	Boiss.	Picot.	Dixièm.
80.	22.	2.	9
81.	22.	5.	1
82.	22.	7.	4
83.	23.	1.	6
84.	23.	3.	8
85.	23.	6.	1
86.	24.	0.	3
87.	24.	2.	5
88.	24.	4.	8
89.	24.	7.	0
90.	25.	1.	2
91.	25.	3.	5
92.	25.	5.	7
93.	25.	7.	9
94.	26.	2.	2
95.	26.	4.	4
96.	26.	6.	7
97.	27.	0.	9
98.	27.	3.	1
99.	27.	5.	4
100.	27.	7.	6
200.	55.	7.	2
300.	83.	6.	8
400.	111.	6.	4
500.	139.	6.	0
600.	167.	5.	6
700.	195.	5.	2
800.	223.	4.	8
900.	251.	4.	4
1.000.	279.	4.	0

MESURES de capacité pour les grains et matières sèches.

N.° 208.

TABLE pour convertir les Picotins et Boisseaux, mesure de Savignac-de-Nontron, en Décalitres, Litres et Décilitres (*).

Anciennes mesures.	Nouvelles mesures.		
Picotins.	Décal.	Litres.	Décil.
1.	0.	2.	8
2.	0.	5.	6
3.	0.	8.	4
4.	1.	1.	2
5.	1.	4.	0
6.	1.	6.	8
7.	1.	9.	6
8.	2.	2.	4
Boisseaux.	Décal.	Litres.	Décil.
1.	2.	2.	4
2.	4.	4.	9
3.	6.	7.	3
4.	8.	9.	7
5.	11.	2.	1
6.	13.	4.	6
7.	15.	7.	0
8.	17.	9.	4
9.	20.	1.	9
10.	22.	4.	3
11.	24.	6.	7
12.	26.	9.	2
13.	29.	1.	6
14.	31.	4.	0
15.	33.	6.	5
16.	35.	8.	9
17.	38.	1.	3
18.	40.	3.	7
19.	42.	6.	2
20.	44.	8.	6
21.	47.	1.	0
22.	49.	3.	5
23.	51.	5.	9
24.	53.	8.	3
25.	56.	0.	8
26.	58.	3.	2
27.	60.	5.	6
28.	62.	8.	0
29.	65.	0.	5
30.	67.	2.	9
31.	69.	5.	3
32.	71.	7.	8
33.	74.	0.	2
34.	76.	2.	6
35.	78.	5.	1
36.	80.	7.	5

Anciennes mesures.	Nouvelles mesures.		
Boisseaux.	Décal.	Litres.	Décil.
37.	82.	9.	9
38.	85.	2.	3
39.	87.	4.	8
40.	89.	7.	2
41.	91.	9.	6
42.	94.	2.	1
43.	96.	4.	5
44.	98.	6.	9
45.	100.	9.	4
46.	103.	1.	8
47.	105.	4.	2
48.	107.	6.	6
49.	109.	9.	1
50.	112.	1.	5
51.	114.	3.	9
52.	116.	6.	4
53.	118.	8.	8
54.	121.	1.	2
55.	123.	3.	6
56.	125.	6.	1
57.	127.	8.	5
58.	130.	0.	9
59.	132.	3.	4
60.	134.	5.	8
61.	136.	8.	2
62.	139.	0.	7
63.	141.	3.	1
64.	143.	5.	5
65.	145.	7.	9
66.	148.	0.	4
67.	150.	2.	8
68.	152.	5.	2
69.	154.	7.	7
70.	157.	0.	1
71.	159.	2.	5
72.	161.	5.	0
73.	163.	7.	4
74.	165.	9.	8
75.	168.	2.	2
76.	170.	4.	7
77.	172.	7.	1
78.	174.	9.	5
79.	177.	2.	0
80.	179.	4.	4
81.	181.	6.	8

Anciennes mesures.	Nouvelles mesures.		
Boisseaux.	Décal.	Litres.	Décil.
82.	183.	9.	3
83.	186.	1.	7
84.	188.	4.	1
85.	190.	6.	6
86.	192.	9.	0
87.	195.	1.	4
88.	197.	3.	8
89.	199.	6.	3
90.	201.	8.	7
91.	204.	1.	1
92.	206.	3.	6
93.	208.	6.	0
94.	210.	8.	4
95.	213.	0.	8
96.	215.	3.	3
97.	217.	5.	7
98.	219.	8.	1
99.	222.	0.	6
100.	224.	3.	0
200.	448.	6.	0
300.	672.	9.	0
400.	897.	2.	0
500.	1121.	5.	0
600.	1345.	8.	0
700.	1570.	1.	0
800.	1794.	4.	0
900.	2018.	7.	0
1000.	2243.	0.	0

(*) Le Boisseau de Savignac-de-Nontron se divise en 8 Picotins.

MESURES
DE CAPACITÉ
pour les grains
et matières sèches.

N.° 209.

TABLE pour convertir les Litres et Décalitres en Boisseaux et Picotins, mesure de Savignac-de-Nontron.

Nouvelles mesures.	Anciennes mesures.		
Litres.	Boiss.	Picot.	Dixièm.
1.	0.	0.	4
2.	0.	0.	7
3.	0.	1.	1
4.	0.	1.	4
5.	0.	1.	8
6.	0.	2.	2
7.	0.	2.	5
8.	0.	2.	9
9.	0.	3.	2
10.	0.	3.	6
Décalitres.	Boiss.	Picot.	Dixièm.
1.	0.	3.	6
2.	0.	7.	1
3.	1.	2.	7
4.	1.	6.	3
5.	2.	1.	8
6.	2.	5.	4
7.	3.	1.	0
8.	3.	4.	5
9.	4.	0.	1
10.	4.	3.	7
11.	4.	7.	2
12.	5.	2.	8
13.	5.	6.	4
14.	6.	1.	9
15.	6.	5.	5
16.	7.	1.	1
17.	7.	4.	6
18.	8.	0.	2
19.	8.	3.	8
20.	8.	7.	3
21.	9.	2.	9
22.	9.	6.	5
23.	10.	2.	0
24.	10.	5.	6
25.	11.	1.	2
26.	11.	4.	7
27.	12.	0.	3
28.	12.	3.	8
29.	12.	7.	4
30.	13.	3.	0
31.	13.	6.	5
32.	14.	2.	1
33.	14.	5.	7
34.	15.	1.	2

Nouvelles mesures.	Anciennes mesures.		
Décalitres.	Boiss.	Picot.	Dixièm.
35.	15.	4.	8
36.	16.	0.	4
37.	16.	3.	9
38.	16.	7.	5
39.	17.	3.	1
40.	17.	6.	6
41.	18.	2.	2
42.	18.	5.	8
43.	19.	1.	3
44.	19.	4.	9
45.	20.	0.	4
46.	20.	4.	0
47.	20.	7.	6
48.	21.	3.	2
49.	21.	6.	7
50.	22.	2.	3
51.	22.	5.	9
52.	23.	1.	4
53.	23.	5.	0
54.	24.	0.	6
55.	24.	4.	1
56.	24.	7.	7
57.	25.	3.	3
58.	25.	6.	8
59.	26.	2.	4
60.	26.	6.	0
61.	27.	1.	5
62.	27.	5.	1
63.	28.	0.	7
64.	28.	4.	2
65.	28.	7.	8
66.	29.	3.	4
67.	29.	6.	9
68.	30.	2.	5
69.	30.	6.	1
70.	31.	1.	6
71.	31.	5.	2
72.	32.	0.	8
73.	32.	4.	3
74.	32.	7.	9
75.	33.	3.	5
76.	33.	7.	0
77.	34.	2.	6
78.	34.	6.	2
79.	35.	1.	7

Nouvelles mesures.	Anciennes mesures.		
Décalitres.	Boiss.	Picot.	Dixièm.
80.	35.	5.	3
81.	36.	0.	8
82.	36.	4.	4
83.	37.	0.	0
84.	37.	3.	5
85.	37.	7.	1
86.	38.	2.	7
87.	38.	6.	2
88.	39.	1.	8
89.	39.	5.	4
90.	40.	0.	9
91.	40.	4.	5
92.	41.	0.	1
93.	41.	3.	6
94.	41.	7.	2
95.	42.	2.	8
96.	42.	6.	3
97.	43.	1.	9
98.	43.	5.	5
99.	44.	1.	0
100.	44.	4.	6
200.	89.	1.	2
300.	133.	5.	8
400.	178.	2.	4
500.	222.	7.	0
600.	267.	3.	6
700.	312.	0.	2
800.	356.	4.	8
900.	401.	1.	4
1000.	445.	6.	0

MESURES DE CAPACITÉ pour les grains et matières sèches.

N.° 210.

TABLE pour convertir les Picotins et Boisseaux, mesure de Mialet, en Décalitres, Litres et Décilitres (*).

Anciennes mesures.	Nouvelles mesures.		
Picotins.	Décal.	Litres.	Décil.
1.	0.	3.	3
2.	0.	6.	7
3.	1.	0.	0
4.	1.	3.	4
5.	1.	6.	7
6.	2.	0.	0
7.	2.	3.	4
8.	2.	6.	7
Boisseaux.	Décal.	Litres.	Décil.
1.	2.	6.	7
2.	5.	3.	4
3.	8.	0.	1
4.	10.	6.	8
5.	13.	3.	5
6.	16.	0.	2
7.	18.	6.	9
8.	21.	3.	6
9.	24.	0.	3
10.	26.	7.	0
11.	29.	3.	7
12.	32.	0.	4
13.	34.	7.	1
14.	37.	3.	8
15.	40.	0.	5
16.	42.	7.	2
17.	45.	3.	9
18.	48.	0.	6
19.	50.	7.	3
20.	53.	4.	0
21.	56.	0.	7
22.	58.	7.	4
23.	61.	4.	1
24.	64.	0.	8
25.	66.	7.	5
26.	69.	4.	2
27.	72.	0.	9
28.	74.	7.	6
29.	77.	4.	3
30.	80.	1.	0
31.	82.	7.	7
32.	85.	4.	4
33.	88.	1.	1
34.	90.	7.	8
35.	93.	4.	5
36.	96.	1.	2

Anciennes mesures.	Nouvelles mesures.		
Boisseaux.	Décal.	Litres.	Décil.
37.	98.	7.	9
38.	101.	4.	6
39.	104.	1.	3
40.	106.	8.	0
41.	109.	4.	7
42.	112.	1.	4
43.	114.	8.	1
44.	117.	4.	8
45.	120.	1.	5
46.	122.	8.	2
47.	125.	4.	9
48.	128.	1.	6
49.	130.	8.	3
50.	133.	5.	0
51.	136.	1.	7
52.	138.	8.	4
53.	141.	5.	1
54.	144.	1.	8
55.	146.	8.	5
56.	149.	5.	2
57.	152.	1.	9
58.	154.	8.	6
59.	157.	5.	3
60.	160.	2.	0
61.	162.	8.	7
62.	165.	5.	4
63.	168.	2.	1
64.	170.	8.	8
65.	173.	5.	3
66.	176.	2.	2
67.	178.	8.	9
68.	181.	5.	6
69.	184.	2.	3
70.	186.	9.	0
71.	189.	5.	7
72.	192.	2.	4
73.	194.	9.	1
74.	197.	5.	8
75.	200.	2.	5
76.	202.	9.	2
77.	205.	5.	9
78.	208.	2.	6
79.	210.	9.	3
80.	213.	6.	0
81.	216.	2.	7

Anciennes mesures.	Nouvelles mesures.		
Boisseaux.	Décal.	Litres.	Décil.
82.	218.	9.	4
83.	221.	6.	1
84.	224.	2.	8
85.	226.	9.	5
86.	229.	6.	2
87.	232.	2.	9
88.	234.	9.	6
89.	237.	6.	3
90.	240.	3.	0
91.	242.	9.	7
92.	245.	6.	4
93.	248.	3.	1
94.	250.	9.	8
95.	253.	6.	5
96.	256.	3.	2
97.	258.	9.	9
98.	261.	6.	6
99.	264.	3.	3
100.	267.	0.	0
200.	534.	0.	0
300.	801.	0.	0
400.	1068.	0.	0
500.	1335.	0.	0
600.	1602.	0.	0
700.	1869.	0.	0
800.	2136.	0.	0
900.	2403.	0.	0
1000.	2670.	0.	0

(*) Le Boisseau de Mialet se divise en 8 Picotins.

MESURES de capacité pour les grains et matières sèches.

N.° 211.

TABLE pour convertir les Litres et Décalitres en Boisseaux et Picotins, mesure de Mialet.

Nouvelles mesures.	Anciennes mesures.		
Litres.	Boiss.	Picot.	Dixièm.
1.	0.	0.	3
2.	0.	0.	6
3.	0.	0.	9
4.	0.	1.	2
5.	0.	1.	5
6.	0.	1.	8
7.	0.	2.	1
8.	0.	2.	4
9.	0.	2.	7
10.	0.	3.	0
Décalitres.	Boiss.	Picot.	Dixièm.
1.	0.	3.	0
2.	0.	6.	0
3.	1.	1.	0
4.	1.	4.	0
5.	1.	7.	0
6.	2.	2.	0
7.	2.	5.	0
8.	3.	0.	0
9.	3.	3.	0
10.	3.	6.	0
11.	4.	1.	0
12.	4.	4.	0
13.	4.	7.	0
14.	5.	1.	9
15.	5.	4.	9
16.	5.	7.	9
17.	6.	2.	9
18.	6.	5.	9
19.	7.	0.	8
20.	7.	3.	8
21.	7.	6.	8
22.	8.	1.	8
23.	8.	4.	8
24.	8.	7.	8
25.	9.	2.	8
26.	9.	5.	8
27.	10.	0.	8
28.	10.	3.	8
29.	10.	6.	8
30.	11.	1.	8
31.	11.	4.	8
32.	11.	7.	7
33.	12.	2.	7
34.	12.	5.	7

Nouvelles mesures.	Anciennes mesures.		
Décalitres.	Boiss.	Picot.	Dixièm.
35.	13.	0.	7
36.	13.	3.	7
37.	13.	6.	7
38.	14.	1.	7
39.	14.	4.	7
40.	14.	7.	7
41.	15.	2.	7
42.	15.	7.	7
43.	16.	0.	7
44.	16.	3.	6
45.	16.	6.	6
46.	17.	1.	6
47.	17.	4.	6
48.	17.	7.	6
49.	18.	2.	6
50.	18.	5.	6
51.	19.	0.	6
52.	19.	3.	6
53.	19.	6.	6
54.	20.	1.	6
55.	20.	4.	6
56.	20.	7.	6
57.	21.	2.	5
58.	21.	5.	5
59.	22.	0.	5
60.	22.	3.	5
61.	22.	6.	5
62.	23.	1.	5
63.	23.	4.	5
64.	23.	7.	5
65.	24.	2.	5
66.	24.	5.	5
67.	25.	0.	5
68.	25.	3.	5
69.	25.	6.	5
70.	26.	1.	4
71.	26.	4.	4
72.	26.	7.	4
73.	27.	2.	4
74.	27.	5.	4
75.	28.	0.	4
76.	28.	3.	4
77.	28.	6.	4
78.	29.	1.	4
79.	29.	4.	4

Nouvelles mesures.	Anciennes mesures.		
Décalitres.	Boiss.	Picot.	Dixièm.
80.	29.	7.	4
81.	30.	2.	4
82.	30.	5.	3
83.	31.	0.	3
84.	31.	3.	3
85.	31.	6.	3
86.	32.	1.	3
87.	32.	4.	3
88.	32.	7.	3
89.	33.	2.	3
90.	33.	5.	3
91.	34.	0.	3
92.	34.	3.	3
93.	34.	6.	3
94.	35.	1.	2
95.	35.	4.	2
96.	35.	7.	2
97.	36.	2.	2
98.	36.	5.	2
99.	37.	0.	2
100.	37.	3.	2
200.	74.	6.	4
300.	112.	1.	6
400.	149.	4.	8
500.	187.	0.	0
600.	224.	3.	2
700.	261.	6.	4
800.	299.	1.	6
900.	336.	4.	8
1000.	374.	0.	0

MESURES de capacité pour les grains et matières sèches.

N.° 212.

TABLE pour convertir les Picotins et Boisseaux, mesure de Thiviers, Nantheuil, Corgnac, Eyzerat, Vaunac, Lempzours, St.-Romain, St.-Clément, etc., en Décalitres, Litres et Décilitres (*).

Anciennes mesures.	Nouvelles mesures.		
Picotins.	Décalit.	Litres.	Décilit.
1.	0.	4.	3
2.	0.	8.	7
3.	1.	3.	0
4.	1.	7.	3
5.	2.	1.	6
6.	2.	6.	0
7.	3.	0.	3
8.	3.	4.	6
Boisseaux.	Décalit.	Litres.	Décilit.
1.	3.	4.	6
2.	6.	9.	3
3.	10.	3.	9
4.	13.	8.	6
5.	17.	3.	2
6.	20.	7.	8
7.	24.	2.	5
8.	27.	7.	1
9.	31.	1.	8
10.	34.	6.	4
11.	38.	1.	0
12.	41.	5.	7
13.	45.	0.	3
14.	48.	5.	0
15.	51.	9.	6
16.	55.	4.	2
17.	58.	8.	9
18.	62.	3.	5
19.	65.	8.	2
20.	69.	2.	8
21.	72.	7.	4
22.	76.	2.	1
23.	79.	6.	7
24.	83.	1.	4
25.	86.	6.	0
26.	90.	0.	6
27.	93.	5.	3
28.	96.	9.	9
29.	100.	4.	6
30.	103.	9.	2
31.	107.	3.	8
32.	110.	8.	5
33.	114.	3.	1
34.	117.	7.	8
35.	121.	2.	4
36.	124.	7.	0

Anciennes mesures.	Nouvelles mesures.		
Boisseaux.	Décalit.	Litres.	Décilit.
37.	128.	1.	7
38.	131.	6.	3
39.	135.	1.	0
40.	138.	5.	6
41.	142.	0.	2
42.	145.	4.	9
43.	148.	9.	5
44.	152.	4.	2
45.	155.	8.	8
46.	159.	3.	4
47.	162.	8.	1
48.	166.	2.	7
49.	169.	7.	4
50.	173.	2.	0
51.	176.	6.	6
52.	180.	1.	3
53.	183.	5.	9
54.	187.	0.	6
55.	190.	5.	2
56.	193.	9.	8
57.	197.	4.	5
58.	200.	9.	1
59.	204.	3.	8
60.	207.	8.	4
61.	211.	3.	0
62.	214.	7.	7
63.	218.	2.	3
64.	221.	7.	0
65.	225.	1.	6
66.	228.	6.	2
67.	232.	0.	9
68.	235.	5.	5
69.	239.	0.	2
70.	242.	4.	8
71.	245.	9.	4
72.	249.	4.	1
73.	252.	8.	7
74.	256.	3.	4
75.	259.	8.	0
76.	263.	2.	6
77.	266.	7.	3
78.	270.	1.	9
79.	273.	6.	6
80.	277.	1.	2
81.	280.	5.	8

Anciennes mesures.	Nouvelles mesures.		
Boisseaux.	Décalit.	Litres.	Décilit.
82.	284.	0.	5
83.	287.	5.	1
84.	290.	9.	8
85.	294.	4.	4
86.	297.	9.	0
87.	301.	3.	7
88.	304.	8.	3
89.	308.	3.	0
90.	311.	7.	6
91.	315.	2.	2
92.	318.	6.	9
93.	322.	1.	5
94.	325.	6.	2
95.	329.	0.	8
96.	332.	5.	4
97.	336.	0.	1
98.	339.	4.	7
99.	342.	9.	4
100.	346.	4.	0
200.	692.	8.	0
300.	1039.	2.	0
400.	1385.	6.	0
500.	1732.	0.	0
600.	2078.	4.	0
700.	2424.	8.	0
800.	2771.	2.	0
900.	3117.	6.	0
1000.	3464.	0.	0

(*) Le Boisseau de Thiviers se divise en 2 Maudurières, et la Maudurière en 4 Picotins.

MESURES
DE CAPACITÉ
pour les grains
et matières sèches.

N.° 213.

TABLE pour convertir les Litres et Décalitres en Boisseaux et Picotins, mesure de Thiviers, Nantheuil, Corgnac, Eyzerat, Vaunac, Lempzours, St.-Romain, St.-Clément, etc.

Nouvelles mesures.	Anciennes mesures.		
Litres.	Boiss.	Picot.	Dixièm.
1.	0.	0.	2
2.	0.	0.	5
3.	0.	0.	7
4.	0.	0.	9
5.	0.	1.	2
6.	0.	1.	4
7.	0.	1.	6
8.	0.	1.	8
9.	0.	2.	1
10.	0.	2.	3
Décalitres.	Boiss.	Picot.	Dixièm.
1.	0.	2.	3
2.	0.	4.	6
3.	0.	6.	9
4.	1.	1.	2
5.	1.	3.	5
6.	1.	5.	9
7.	2.	0.	2
8.	2.	2.	5
9.	2.	4.	8
10.	2.	7.	1
11.	3.	1.	4
12.	3.	3.	7
13.	3.	6.	0
14.	4.	0.	3
15.	4.	2.	6
16.	4.	5.	0
17.	4.	7.	3
18.	5.	1.	6
19.	5.	3.	9
20.	5.	6.	2
21.	6.	0.	5
22.	6.	2.	8
23.	6.	5.	1
24.	6.	7.	4
25.	7.	1.	8
26.	7.	4.	1
27.	7.	6.	4
28.	8.	0.	7
29.	8.	3.	0
30.	8.	5.	3
31.	8.	7.	6
32.	9.	1.	9
33.	9.	4.	2
34.	9.	6.	5

Nouvelles mesures.	Anciennes mesures.		
Décalitres.	Boiss.	Picot.	Dixièm.
35.	10.	0.	8
36.	10.	3.	2
37.	10.	5.	5
38.	10.	7.	8
39.	11.	2.	1
40.	11.	4.	4
41.	11.	6.	7
42.	11.	9.	0
43.	12.	3.	3
44.	12.	5.	6
45.	13.	0.	0
46.	13.	2.	3
47.	13.	4.	6
48.	13.	6.	9
49.	14.	1.	2
50.	14.	3.	5
51.	14.	5.	8
52.	15.	0.	1
53.	15.	2.	4
54.	15.	4.	7
55.	15.	7.	0
56.	16.	1.	4
57.	16.	3.	7
58.	16.	6.	0
59.	17.	0.	3
60.	17.	2.	6
61.	17.	4.	9
62.	17.	7.	2
63.	18.	1.	5
64.	18.	3.	8
65.	18.	6.	1
66.	19.	0.	5
67.	19.	2.	8
68.	19.	5.	1
69.	19.	7.	4
70.	20.	1.	7
71.	20.	4.	0
72.	20.	6.	3
73.	21.	0.	6
74.	21.	2.	9
75.	21.	5.	2
76.	21.	7.	6
77.	22.	1.	9
78.	22.	4.	2
79.	22.	6.	5

Nouvelles mesures.	Anciennes mesures.		
Décalitres.	Boiss.	Picot.	Dixièm.
80.	23.	0.	8
81.	23.	3.	1
82.	23.	5.	4
83.	23.	7.	7
84.	24.	2.	0
85.	24.	4.	3
86.	24.	6.	7
87.	25.	1.	0
88.	25.	3.	3
89.	25.	5.	6
90.	25.	7.	9
91.	26.	2.	2
92.	26.	4.	5
93.	26.	6.	8
94.	27.	1.	1
95.	27.	3.	4
96.	27.	5.	8
97.	28.	0.	1
98.	28.	2.	4
99.	28.	4.	7
100.	28.	7.	0
200.	57.	6.	0
300.	86.	5.	0
400.	115.	4.	0
500.	144.	3.	0
600.	173.	2.	0
700.	202.	1.	0
800.	231.	0.	0
900.	259.	7.	0
1000.	288.	6.	0

MESURES DE CAPACITÉ pour les grains et matières sèches.

N.° 214.

TABLE pour convertir les Picotins et Boisseaux, mesure de St.-Front-de-Champniers, St.-Estèphe, etc., en Décalitres, Litres et Décilitres (*).

Anciennes mesures.	Nouvelles mesures.		
Picotins.	Décal.	Litres.	Décil.
1.	0.	2.	8
2.	0.	5.	5
3.	0.	8.	3
4.	1.	1.	0
5.	1.	3.	8
6.	1.	6.	6
7.	1.	9.	3
8.	2.	2.	1
Boisseaux.	Décal.	Litres.	Décil.
1.	2.	2.	1
2.	4.	4.	2
3.	6.	6.	3
4.	8.	8.	4
5.	11.	0.	5
6.	13.	2.	7
7.	15.	4.	8
8.	17.	6.	9
9.	19.	9.	0
10.	22.	1.	1
11.	24.	3.	2
12.	26.	5.	3
13.	28.	7.	4
14.	30.	9.	5
15.	33.	1.	6
16.	35.	3.	8
17.	37.	5.	9
18.	39.	8.	0
19.	42.	0.	1
20.	44.	2.	2
21.	46.	4.	3
22.	48.	6.	4
23.	50.	8.	5
24.	53.	0.	6
25.	55.	2.	7
26.	57.	4.	9
27.	59.	7.	0
28.	61.	9.	1
29.	64.	1.	2
30.	66.	3.	3
31.	68.	5.	4
32.	70.	7.	5
33.	72.	9.	6
34.	75.	1.	7
35.	77.	3.	8
36.	79.	6.	0

Anciennes mesures.	Nouvelles mesures.		
Boisseaux.	Décal.	Litres.	Décil.
37.	81.	8.	1
38.	84.	0.	2
39.	86.	2.	3
40.	88.	4.	4
41.	90.	6.	5
42.	92.	8.	6
43.	95.	0.	7
44.	97.	2.	8
45.	99.	4.	9
46.	101.	7.	1
47.	103.	9.	2
48.	106.	1.	3
49.	108.	3.	4
50.	110.	5.	5
51.	112.	7.	6
52.	114.	9.	7
53.	117.	1.	8
54.	119.	3.	9
55.	121.	6.	0
56.	123.	8.	2
57.	126.	0.	3
58.	128.	2.	4
59.	130.	4.	5
60.	132.	6.	6
61.	134.	8.	7
62.	137.	0.	8
63.	139.	2.	9
64.	141.	5.	0
65.	143.	7.	1
66.	145.	9.	3
67.	148.	1.	4
68.	150.	3.	5
69.	152.	5.	6
70.	154.	7.	7
71.	156.	9.	8
72.	159.	1.	9
73.	161.	4.	0
74.	163.	6.	1
75.	165.	8.	2
76.	168.	0.	4
77.	170.	2.	5
78.	172.	4.	6
79.	174.	6.	7
80.	176.	8.	8
81.	179.	0.	9

Anciennes mesures.	Nouvelles mesures.		
Boisseaux.	Décal.	Litres.	Décil.
82.	181.	3.	0
83.	183.	5.	1
84.	185.	7.	2
85.	187.	9.	3
86.	190.	1.	5
87.	192.	3.	6
88.	194.	5.	7
89.	196.	7.	8
90.	198.	9.	9
91.	201.	2.	0
92.	203.	4.	1
93.	205.	6.	2
94.	207.	8.	3
95.	210.	0.	4
96.	212.	2.	5
97.	214.	4.	7
98.	216.	6.	8
99.	218.	8.	9
100.	221.	1.	0
200.	442.	2.	0
300.	663.	3.	0
400.	884.	4.	0
500.	1105.	5.	0
600.	1326.	6.	0
700.	1547.	7.	0
800.	1768.	8.	0
900.	1989.	9.	0
1000.	2211.	0.	0

(*) Le Boisseau de St.-Front-de-Champniers; St.-Estèphe, etc., se divise en 8 Picotins.

MESURES
DE CAPACITÉ
pour les grains
et matières sèches.

N.° 215.

TABLE pour convertir les Litres et Décalitres en Boisseaux et Picotins, mesure de St.-Front-de-Champniers, St.-Estèphe, etc.

Nouvelles mesures.	Anciennes mesures.		
Litres.	Boiss.	Picot.	Dixièm.
1.	0.	0.	4
2.	0.	0.	7
3.	0.	1.	1
4.	0.	1.	4
5.	0.	1.	8
6.	0.	2.	2
7.	0.	2.	5
8.	0.	2.	9
9.	0.	3.	2
10.	0.	3.	6
Décalitres.	Boiss.	Picot.	Dixièm.
1.	0.	3.	6
2.	0.	7.	2
3.	1.	2.	9
4.	1.	6.	5
5.	2.	2.	1
6.	2.	5.	7
7.	3.	1.	3
8.	3.	4.	9
9.	4.	0.	6
10.	4.	4.	2
11.	4.	7.	8
12.	5.	3.	4
13.	5.	7.	0
14.	6.	2.	7
15.	6.	6.	3
16.	7.	1.	9
17.	7.	5.	5
18.	8.	1.	1
19.	8.	4.	7
20.	9.	0.	4
21.	9.	4.	0
22.	9.	7.	6
23.	10.	3.	2
24.	10.	6.	8
25.	11.	2.	4
26.	11.	6.	1
27.	12.	1.	7
28.	12.	5.	3
29.	13.	0.	9
30.	13.	4.	5
31.	14.	0.	2
32.	14.	3.	8
33.	14.	7.	4
34.	15.	3.	0

Nouvelles mesures.	Anciennes mesures.		
Décalitres.	Boiss.	Picot.	Dixièm.
35.	15.	6.	6
36.	16.	2.	2
37.	16.	5.	9
38.	16.	9.	5
39.	17.	5.	1
40.	18.	0.	7
41.	18.	4.	3
42.	18.	8.	0
43.	19.	3.	6
44.	19.	7.	2
45.	20.	2.	8
46.	20.	6.	4
47.	21.	2.	0
48.	21.	5.	7
49.	22.	1.	3
50.	22.	4.	9
51.	23.	0.	5
52.	23.	4.	1
53.	23.	7.	8
54.	24.	3.	4
55.	24.	7.	0
56.	25.	2.	6
57.	25.	6.	2
58.	26.	1.	8
59.	26.	5.	5
60.	27.	1.	1
61.	27.	4.	7
62.	28.	0.	3
63.	28.	3.	9
64.	28.	7.	6
65.	29.	3.	2
66.	29.	6.	8
67.	30.	2.	4
68.	30.	6.	0
69.	31.	1.	6
70.	31.	5.	3
71.	32.	0.	9
72.	32.	4.	5
73.	33.	0.	1
74.	33.	3.	7
75.	33.	7.	3
76.	34.	3.	0
77.	34.	6.	6
78.	35.	2.	2
79.	35.	5.	8

Nouvelles mesures.	Anciennes mesures.		
Décalitres.	Boiss.	Picot.	Dixièm.
80.	36.	1.	4
81.	36.	5.	1
82.	36.	8.	7
83.	37.	4.	3
84.	37.	7.	9
85.	38.	3.	5
86.	38.	7.	2
87.	39.	2.	8
88.	39.	6.	4
89.	40.	2.	0
90.	40.	5.	6
91.	41.	1.	2
92.	41.	4.	9
93.	42.	0.	5
94.	42.	4.	1
95.	42.	7.	7
96.	43.	3.	3
97.	43.	6.	9
98.	44.	2.	6
99.	44.	6.	2
100.	45.	1.	8
200.	90.	3.	6
300.	135.	5.	4
400.	180.	7.	2
500.	226.	1.	0
600.	271.	2.	8
700.	316.	4.	6
800.	361.	6.	4
900.	407.	0.	2
1000.	452.	2.	0

MESURES
DE CAPACITÉ
pour les liquides.

N.° 216.

TABLE pour convertir les Pintes et Roquilles, mesure de Nontron, en Litres et Décilitres.

Anciennes mesures.	Nouvelles mesures.		Anciennes mesures.	Nouvelles mesures.		Anciennes mesures.	Nouvelles mesures.		Anciennes mesures.	Nouvelles mesures.	
Roquilles.	Litres.	Décil.	Pintes.	Litres.	Décil.	Pintes.	Litres.	Décil.	Pintes.	Litres.	Décil.
1.	0.	4	11.	18.	1	30.	49.	4	110.	181.	0
2.	0.	8	12.	19.	7	35.	57.	7	120.	197.	5
3.	1.	2	13.	21.	4	40.	65.	9	130.	214.	0
4.	1.	6	14.	23.	0	45.	74.	1	140.	230.	5
Pintes.			15.	24.	7	50.	82.	3	150.	247.	0
1.	1.	6	16.	26.	3	55.	90.	5	160.	263.	5
2.	3.	3	17.	28.	0	60.	98.	8	170.	280.	0
3.	4.	9	18.	29.	6	65.	107.	0	180.	296.	5
4.	6.	6	19.	31.	3	70.	115.	2	190.	313.	0
5.	8.	2	20.	32.	9	75.	123.	4	200.	329.	5
6.	9.	9	21.	34.	6	80.	131.	6	210.	346.	0
7.	11.	5	22.	36.	2	85.	139.	9			
8.	13.	2	23.	37.	9	90.	148.	1			
9.	14.	8	24.	39.	5	95.	156.	3			
10.	16.	4	25.	41.	2	100.	164.	5			

N.° 217.

TABLE pour convertir les Litres et Hectolitres en Pintes et Roquilles, mesure de Nontron.

Nouvelles mesures.	Anciennes mesures.		Nouvelles mesures.	Anciennes mesures.		Nouvelles mesures.	Anciennes mesures.	
Décilitres.	Pintes.	Roquill.	Litres.	Pintes.	Roquill.	Litres.	Pintes.	Roquill.
5.	0.	1	18.	11.	0	65.	39.	2
Litres.			19.	11.	2	70.	42.	2
1.	0.	2	20.	12.	1	75.	45.	2
2.	1.	1	21.	12.	3	80.	48.	2
3.	1.	3	22.	13.	1	85.	51.	3
4.	2.	2	23.	14.	0	90.	54.	3
5.	3.	0	24.	14.	2	95.	57.	3
6.	3.	3	25.	15.	1	Hectolitres.		
7.	4.	1	26.	15.	3	1.	60.	3
8.	4.	3	27.	16.	2	2.	121.	2
9.	5.	2	28.	17.	0	3.	182.	1
10.	6.	0	29.	17.	2	4.	243.	0
11.	6.	3	30.	18.	1	5.	303.	3
12.	7.	1	35.	21.	1			
13.	8.	0	40.	24.	1			
14.	8.	2	45.	27.	1			
15.	9.	0	50.	30.	1			
16.	9.	3	55.	33.	2			
17.	10.	1	60.	36.	2			

MESURES DE CAPACITÉ pour les liquides.

N.° 218.

TABLE pour convertir les Pintes et Quarts, mesure de St.-Pardoux-Larivière, en Litres et Décilitres.

Anciennes mesures.	Nouvelles mesures.	
Quarts.	Litres.	Décil.
1.	0.	6
2.	1.	3
3.	1.	9
4.	2.	5
Pintes.		
1.	2.	5
2.	5.	0
3.	7.	5
4.	10.	0
5.	12.	5
6.	15.	1
7.	17.	6
8.	20.	1
9.	22.	6
10.	25.	1

Anciennes mesures.	Nouvelles mesures.	
Pintes.	Litres.	Décil.
11.	27.	6
12.	30.	1
13.	32.	6
14.	35.	1
15.	37.	6
16.	40.	2
17.	42.	7
18.	45.	2
19.	47.	7
20.	50.	2
21.	52.	7
22.	55.	2
23.	57.	7
24.	60.	2
25.	62.	7

Anciennes mesures.	Nouvelles mesures.	
Pintes.	Litres.	Décil.
30.	75.	3
35.	87.	8
40.	100.	4
45.	112.	9
50.	125.	5
55.	138.	0
60.	150.	6
65.	163.	1
70.	175.	7
75.	188.	2
80.	200.	8
85.	213.	3
90.	225.	9
95.	238.	4
100.	251.	0

Anciennes mesures.	Nouvelles mesures.	
Pintes.	Litres.	Décil.
110.	276.	1
120.	301.	2
130.	326.	3
140.	351.	4
150.	376.	5
160.	401.	6
170.	426.	7
180.	451.	8
190.	476.	9
200.	502.	0
210.	527.	1

N.° 219.

TABLE pour convertir les Litres et Hectolitres en Pintes et Quarts, mesure de St.-Pardoux-Larivière.

Nouvelles mesures.	Anciennes mesures.	
Décilitres.	Pintes.	Roquill.
5.	0.	1
Litres.		
1.	0.	2
2.	0.	3
3.	1.	1
4.	1.	2
5.	2.	0
6.	2.	2
7.	2.	3
8.	3.	1
9.	3.	2
10.	4.	0
11.	4.	1
12.	4.	3
13.	5.	1
14.	5.	2
15.	6.	0
16.	6.	1
17.	6.	3

Nouvelles mesures.	Anciennes mesures.	
Litres.	Pintes.	Roquill.
18.	7.	1
19.	7.	2
20.	8.	0
21.	8.	1
22.	8.	3
23.	9.	1
24.	9.	2
25.	10.	0
26.	10.	1
27.	10.	3
28.	11.	1
29.	11.	2
30.	12.	0
35.	14.	0
40.	16.	0
45.	18.	0
50.	19.	3
55.	21.	3
60.	23.	3

Nouvelles mesures.	Anciennes mesures.	
Litres.	Pintes.	Roquill.
65.	25.	3
70.	27.	3
75.	29.	3
80.	31.	3
85.	33.	3
90.	35.	3
95.	37.	3
Hectolitres.		
1.	39.	3
2.	79.	[illegible]
3.	119.	[illegible]
4.	159.	0
5.	198.	[illegible]

N.° 220.

TABLE pour convertir les Pintes et Roquilles, mesure de Larochebeaucourt, en Litres et Décilitres.

ANCIENNES mesures.	NOUVELLES mesures.	ANCIENNES mesures.	NOUVELLES mesures.	ANCIENNES mesures.	NOUVELLES mesures.	ANCIENNES mesures.	NOUVELLES mesures.
Roquilles.	Litres. Décil.	Pintes.	Litres. Décil.	Pintes.	Litres. Décil.	Pintes.	Litres. Décil.
1.	0. 3	11.	14. 5	30.	39. 5	110.	144. 6
2.	0. 7	12.	15. 8	35.	46. 0	120.	157. 8
3.	1. 0	13.	17. 1	40.	52. 6	130.	170. 9
4.	1. 3	14.	18. 4	45.	59. 2	140.	184. 1
Pintes.		15.	19. 7	50.	65. 8	150.	197. 2
1.	1. 3	16.	21. 0	55.	72. 3	160.	210. 4
2.	2. 6	17.	22. 4	60.	78. 9	170.	223. 5
3.	3. 9	18.	23. 7	65.	85. 5	180.	236. 7
4.	5. 3	19.	25. 0	70.	92. 1	190.	249. 8
5.	6. 6	20.	26. 3	75.	98. 6	200.	263. 0
6.	7. 9	21.	27. 6	80.	105. 2	210.	276. 1
7.	9. 2	22.	28. 9	85.	111. 8		
8.	10. 5	23.	30. 2	90.	118. 4		
9.	11. 8	24.	31. 6	95.	124. 9		
10.	13. 2	25.	32. 9	100.	131. 5		

N.° 221.

TABLE pour convertir les Litres et Hectolitres en Pintes et Roquilles, mesure de Larochebeaucourt.

NOUVELLES mesures.	ANCIENNES mesures.	NOUVELLES mesures.	ANCIENNES mesures.	NOUVELLES mesures.	ANCIENNES mesures.
Décilitres.	Pintes. Roquill.	Litres.	Pintes. Roquill.	Litres.	Pintes. Roquill.
5.	0. 1	18.	13. 3	65.	49. 2
Litres.		19.	14. 2	70.	53. 0
1.	0. 3	20.	15. 1	75.	57. 0
2.	1. 2	21.	16. 0	80.	60. 3
3.	2. 1	22.	16. 3	85.	64. 2
4.	3. 0	23.	17. 2	90.	68. 2
5.	3. 3	24.	18. 1	95.	72. 1
6.	4. 2	25.	19. 0	Hectolitres.	
7.	5. 1	26.	19. 3	1.	76. 0
8.	6. 0	27.	20. 2	2.	152. 0
9.	6. 3	28.	21. 1	3.	228. 0
10.	7. 2	29.	22. 0	4.	304. 0
11.	8. 1	30.	22. 3	5.	380. 0
12.	9. 0	35.	26. 2		
13.	10. 0	40.	30. 2		
14.	10. 3	45.	34. 1		
15.	11. 2	50.	38. 0		
16.	12. 1	55.	41. 3		
17.	13. 0	60.	45. 2		

MESURES
DE SOLIDITÉ
pour
les Bois de chauffage.

N.° 222.

TABLE pour convertir les Brasses de Bois de chauffage, mesure de Grand-Jumillac, en Stères et Déci-Stères (*).

Anciennes mesures.	Nouvelles mesures.	Anciennes mesures.	Nouvelles mesures.	Anciennes mesures.	Nouvelles mesures.	Anciennes mesures.	Nouvelles mesures.
Brasses.	Stères. Déci.	Brasses.	Stères. Déci.	Brasses.	Stères. Déci.	Brasses.	Stères. Déci.
¼.	1. 2	12.	57. 6	27.	129. 6	90.	432. 0
½.	2. 4	13.	62. 4	28.	134. 4	100.	480. 0
¾.	3. 6	14.	67. 2	29.	139. 2	110.	528. 0
Brasses.		15.	72. 0	30.	144. 0	120.	576. 0
1.	4. 8	16.	76. 8	35.	168. 0	130.	624. 0
2.	9. 6	17.	81. 6	40.	192. 0	140.	672. 0
3.	14. 4	18.	86. 4	45.	216. 0	150.	720. 0
4.	19. 2	19.	91. 2	50.	240. 0	160.	768. 0
5.	24. 0	20.	96. 0	55.	264. 0	170.	816. 0
6.	28. 8	21.	100. 8	60.	288. 0	180.	864. 0
7.	33. 6	22.	105. 6	65.	312. 0	190.	912. 0
8.	38. 4	23.	110. 4	70.	336. 0	200.	960. 0
9.	43. 2	24.	115. 2	75.	360. 0	300.	1440. 0
10.	48. 0	25.	120. 0	80.	384. 0	400.	1920. 0
11.	52. 8	26.	124. 8	85.	408. 0	500.	2400. 0

N.° 223.

TABLE pour convertir les Stères en Brasses et Dixièmes de Brasse, mesure de Grand-Jumillac.

Nouvelles mesures.	Anciennes mesures.	Nouvelles mesures.	Anciennes mesures.	Nouvelles mesures.	Anciennes mesures.	Nouvelles mesures.	Anciennes mesures.
Déci-Stères.	Brasses. Dixièm.	Stères.	Brasses. Dixièm.	Stères.	Brasses. Dixièm.	Stères.	Brasses. Dixièm.
5.	0. 1	18.	3. 7	65.	13. 5	400.	83. 2
Stères.		19.	4. 0	70.	14. 6	500.	104. 0
1.	0. 2	20.	4. 2	75.	15. 6	1000.	208. 0
2.	0. 4	21.	4. 4	80.	16. 6		
3.	0. 6	22.	4. 6	85.	17. 7		
4.	0. 8	23.	4. 8	90.	18. 7		
5.	1. 0	24.	5. 0	95.	19. 8		
6.	1. 2	25.	5. 2	100.	20. 8		
7.	1. 5	26.	5. 4	110.	22. 9		
8.	1. 7	27.	5. 6	120.	25. 0		
9.	1. 9	28.	5. 8	130.	27. 0		
10.	2. 1	29.	6. 0	140.	29. 0		
11.	2. 3	30.	6. 2	150.	31. 2		
12.	2. 5	35.	7. 3	160.	33. 3		
13.	2. 7	40.	8. 3	170.	35. 4		
14.	2. 9	45.	9. 4	180.	37. 4		
15.	3. 1	50.	10. 4	190.	39. 5		
16.	3. 3	55.	11. 4	200.	41. 6		
17.	3. 5	60.	12. 5	300.	62. 4		

(*) *Dimensions de la Brasse de Grand-Jumillac.*

Longueur......... 8 p. 0 p.
Largeur........... 5 0.
Épaisseur......... 3 6.

TABLES

DES

PRIX COMPARATIFS

DES MESURES ANCIENNES ET NOUVELLES.

TABLES des Prix comparatifs des Mesures anciennes et nouvelles.

ÉTOFFES.				LINÉAIRES.			
PRIX de l'Aune.	PRIX du Mètre.	PRIX du Mètre.	PRIX de l'Aune.	PRIX de la Toise.	PRIX du Mètre.	PRIX du Mètre.	PRIX de la Toise.
fr. cent.	fr. cent.	fr. cent.	fr. cent.	fr. cent.	fr. cent.	fr. cent.	fr. cent.
0. 05	0. 04	0. 05	0. 06	0. 05	0. 03	0. 05	0. 10
0. 10	0. 08	0. 10	0. 12	0. 10	0. 05	0. 10	0. 19
0. 15	0. 12	0. 15	0. 18	0. 15	0. 08	0. 15	0. 29
0. 20	0. 17	0. 20	0. 24	0. 20	0. 10	0. 20	0. 39
0. 25	0. 21	0. 25	0. 30	0. 25	0. 13	0. 25	0. 49
0. 50	0. 42	0. 50	0. 59	0. 50	0. 26	0. 50	0. 97
0. 75	0. 63	0. 75	0. 89	0. 75	0. 39	0. 75	1. 45
1. 00	0. 84	1. 00	1. 19	1. 00	0. 51	1. 00	1. 95
1. 25	1. 05	1. 25	1. 49	1. 25	0. 64	1. 25	2. 44
1. 50	1. 26	1. 50	1. 78	1. 50	0. 77	1. 50	2. 92
1. 75	1. 47	1. 75	2. 08	1. 75	0. 90	1. 75	3. 40
2. 00	1. 68	2. 00	2. 38	2. 00	1. 03	2. 00	3. 90
2. 25	1. 89	2. 25	2. 68	2. 25	1. 16	2. 25	4. 39
2. 50	2. 10	2. 50	2. 97	2. 50	1. 29	2. 50	4. 87
2. 75	2. 31	2. 75	3. 27	2. 75	1. 42	2. 75	5. 35
3. 00	2. 52	3. 00	3. 56	3. 00	1. 54	3. 00	5. 85
3. 25	2. 73	3. 25	3. 86	3. 25	1. 67	3. 25	6. 34
3. 50	2. 94	3. 50	4. 15	3. 50	1. 80	3. 50	6. 82
3. 75	3. 15	3. 75	4. 45	3. 75	1. 93	3. 75	7. 30
4. 00	3. 37	4. 00	4. 75	4. 00	2. 05	4. 00	7. 80
4. 25	3. 58	4. 25	5. 05	4. 25	2. 18	4. 25	8. 29
4. 50	3. 79	4. 50	5. 34	4. 50	2. 31	4. 50	8. 77
4. 75	4. 00	4. 75	5. 64	4. 75	2. 44	4. 75	9. 25
5. 00	4. 21	5. 00	5. 94	5. 00	2. 57	5. 00	9. 75
5. 25	4. 42	5. 25	6. 24	5. 25	2. 70	5. 25	10. 24
5. 50	4. 63	5. 50	6. 53	5. 50	2. 83	5. 50	10. 72
5. 75	4. 84	5. 75	6. 83	5. 75	2. 96	5. 75	11. 20
6. 00	5. 05	6. 00	7. 13	6. 00	3. 08	6. 00	11. 69
6. 25	5. 26	6. 25	7. 43	6. 25	3. 21	6. 25	12. 18
6. 50	5. 47	6. 50	7. 72	6. 50	3. 34	6. 50	12. 66
6. 75	5. 68	6. 75	8. 02	6. 75	3. 47	6. 75	13. 11
7. 00	5. 89	7. 00	8. 32	7. 00	3. 59	7. 00	13. 64
7. 50	6. 31	7. 50	8. 91	7. 50	3. 98	7. 50	14. 61
8. 00	6. 73	8. 00	9. 51	8. 00	4. 10	8. 00	15. 59
8. 50	7. 15	8. 50	10. 10	8. 50	4. 36	8. 50	16. 56
9. 00	7. 57	9. 00	10. 70	9. 00	4. 62	9. 00	17. 54
9. 50	7. 99	9. 50	11. 28	9. 50	4. 88	9. 50	18. 51
10. 00	8. 41	10. 00	11. 88	10. 00	5. 13	10. 00	19. 49
11. 00	9. 25	11. 00	13. 07	11. 00	5. 64	11. 00	21. 44
12. 00	10. 09	12. 00	14. 26	12. 00	6. 16	12. 00	23. 39
15. 00	12. 62	15. 00	17. 82	15. 00	7. 70	15. 00	29. 24
18. 00	15. 14	18. 00	21. 39	18. 00	9. 23	18. 00	35. 08
20. 00	16. 83	20. 00	23. 77	20. 00	10. 26	20. 00	38. 98
25. 00	21. 04	25. 00	29. 71	25. 00	12. 83	25. 00	48. 73
30. 00	25. 24	30. 00	35. 65	30. 00	15. 39	30. 00	58. 47
40. 00	33. 66	40. 00	47. 54	40. 00	20. 52	40. 00	77. 96
50. 00	42. 07	50. 00	59. 42	50. 00	25. 65	50. 00	97. 45

PRIX COMPARATIFS.

TABLES des Prix comparatifs des Mesures anciennes et nouvelles.

SURFACES.				SOLIDITÉ.			
PRIX de la T.se carr.	PRIX du Mèt. carré.	PRIX du Mèt. carré.	PRIX de la T.se carr.	PRIX de la T.se cube	PRIX du Mètre cube.	PRIX du Mètre cube.	PRIX de la T.se cube
fr. cent.	fr. cent.	fr. cent.	fr. cent.	fr. cent.	fr. cent.	fr. cent.	fr. cent.
0. 05	0. 01	0. 05	0. 19	0. 05	0. 01	0. 05	0. 37
0. 10	0. 03	0. 10	0. 38	0. 10	0. 01	0. 10	0. 74
0. 15	0. 04	0. 15	0. 57	0. 15	0. 02	0. 15	1. 11
0. 20	0. 05	0. 20	0. 76	0. 20	0. 03	0. 20	1. 48
0. 25	0. 06	0. 25	0. 95	0. 25	0. 03	0. 25	1. 85
0. 50	0. 13	0. 50	1. 90	0. 50	0. 07	0. 50	3. 70
0. 75	0. 19	0. 75	2. 85	1. 00	0. 14	0. 75	5. 55
1. 00	0. 26	1. 00	3. 80	1. 25	0. 17	1. 00	7. 40
1. 25	0. 32	1. 25	4. 70	1. 50	0. 21	1. 25	9. 25
1. 50	0. 39	1. 50	5. 70	1. 75	0. 24	1. 50	11. 10
1. 75	0. 45	1. 75	6. 65	2. 00	0. 27	1. 75	12. 95
2. 00	0. 53	2. 00	7. 60	2. 25	0. 30	2. 00	14. 81
2. 25	0. 59	2. 25	8. 55	2. 50	0. 34	2. 25	16. 66
2. 50	0. 66	2. 50	9. 50	2. 75	0. 37	2. 50	18. 51
2. 75	0. 72	2. 75	10. 40	3. 00	0. 41	2. 75	20. 36
3. 00	0. 80	3. 00	11. 40	3. 25	0. 44	3. 00	22. 21
3. 25	0. 86	3. 25	12. 35	3. 50	0. 48	3. 25	24. 06
3. 50	0. 93	3. 50	13. 30	3. 75	0. 51	3. 50	25. 91
3. 75	0. 99	3. 75	14. 25	4. 00	0. 54	3. 75	27. 76
4. 00	1. 05	4. 00	15. 19	4. 25	0. 57	4. 00	29. 62
4. 25	1. 11	4. 25	16. 14	4. 50	0. 61	4. 25	31. 47
4. 50	1. 18	4. 50	17. 09	4. 75	0. 64	4. 50	33. 32
4. 75	1. 24	4. 75	18. 04	5. 00	0. 68	4. 75	35. 17
5. 00	1. 32	5. 00	18. 99	5. 25	0. 71	5. 00	37. 02
5. 25	1. 38	5. 25	19. 94	5. 50	0. 75	5. 25	38. 87
5. 50	1. 45	5. 50	20. 99	5. 75	0. 78	5. 50	40. 72
5. 75	1. 51	5. 75	21. 94	6. 00	0. 81	5. 75	42. 57
6. 00	1. 58	6. 00	22. 79	6. 25	0. 84	6. 00	44. 42
6. 25	1. 64	6. 25	23. 74	6. 50	0. 88	6. 25	46. 27
6. 50	1. 71	6. 50	24. 69	6. 75	0. 91	6. 50	48. 12
6. 75	1. 77	6. 75	25. 64	7. 00	0. 95	6. 75	49. 97
7. 00	1. 84	7. 00	26. 59	7. 25	0. 98	7. 00	51. 83
7. 50	1. 97	7. 50	28. 49	7. 50	1. 02	7. 50	55. 53
8. 00	2. 11	8. 00	30. 39	8. 00	1. 08	8. 00	59. 23
8. 50	2. 24	8. 50	32. 29	8. 50	1. 15	8. 50	62. 93
9. 00	2. 37	9. 00	34. 19	9. 00	1. 22	9. 00	66. 63
9. 50	2. 50	9. 50	36. 09	9. 50	1. 29	9. 50	70. 33
10. 00	2. 63	10. 00	37. 99	10. 00	1. 35	10. 00	74. 04
11. 00	2. 89	11. 00	41. 79	11. 00	1. 49	11. 00	81. 44
12. 00	3. 16	12. 00	45. 59	12. 00	1. 62	12. 00	89. 85
15. 00	3. 95	15. 00	56. 98	15. 00	2. 03	15. 00	111. 06
18. 00	4. 74	18. 00	68. 38	18. 00	2. 43	18. 00	133. 27
20. 00	5. 26	20. 00	75. 97	20. 00	2. 70	20. 00	148. 08
25. 00	6. 58	25. 00	94. 96	25. 00	3. 38	25. 00	185. 10
30. 00	7. 90	30. 00	113. 96	30. 00	4. 05	30. 00	222. 12
40. 00	10. 53	40. 00	151. 95	40. 00	5. 40	40. 00	296. 16
50. 00	13. 16	50. 00	189. 94	50. 00	6. 75	50. 00	370. 19

PRIX COMPARATIFS.

TABLES des Prix comparatifs des Mesures anciennes et nouvelles.

POIDS.							
PRIX de la Livre.		PRIX du Kilogram.		PRIX du Kilogram.		PRIX de la Livre.	
fr.	cent.	fr.	cent.	fr.	cent.	fr.	cent.
0.	05	0.	10	0.	05	0.	02
0.	10	0.	20	0.	10	0.	05
0.	15	0.	30	0.	15	0.	07
0.	20	0.	41	0.	20	0.	10
0.	25	0.	51	0.	25	0.	12
0.	50	1.	02	0.	50	0.	24
0.	75	1.	53	0.	75	0.	36
1.	00	2.	04	1.	00	0.	49
1.	25	2.	55	1.	25	0.	57
1.	50	3.	06	1.	50	0.	73
1.	75	3.	57	1.	75	0.	85
2.	00	4.	09	2.	00	0.	98
2.	25	4.	60	2.	25	1.	10
2.	50	5.	11	2.	50	1.	22
2.	75	5.	62	2.	75	1.	46
3.	00	6.	13	3.	00	1.	47
3.	25	6.	64	3.	25	1.	59
3.	50	7.	15	3.	50	1.	71
3.	75	7.	63	3.	75	1.	83
4.	00	8.	17	4.	00	1.	96
4.	25	8.	68	4.	25	2.	08
4.	50	9.	19	4.	50	2.	20
4.	75	9.	70	4.	75	2.	32
5.	00	10.	21	5.	00	2.	48
5.	25	10.	72	5.	25	2.	60
5.	50	11.	23	5.	50	2.	72
5.	75	11.	74	5.	75	2.	84
6.	00	12.	26	6.	00	2.	94
6.	25	12.	77	6.	25	3.	06
6.	50	13.	28	6.	50	3.	18
6.	75	13.	79	6.	75	3.	30
7.	00	14.	30	7.	00	3.	43
7.	50	15.	32	7.	50	3.	67
8.	00	16.	34	8.	00	3.	91
8.	50	17.	36	8.	50	4.	15
9.	00	18.	39	9.	00	4.	41
9.	50	19.	41	9.	50	4.	65
10.	00	20.	43	10.	00	4.	90
11.	00	22.	47	11.	00	5.	39
12.	00	24.	52	12.	00	5.	70
15.	00	30.	64	15.	00	7.	38
18.	00	36.	77	18.	00	8.	82
20.	00	40.	86	20.	00	9.	79
25.	00	51.	07	25.	00	12.	27
30.	00	61.	29	30.	00	14.	68
40.	00	81.	71	40.	00	19.	58
50.	00	102.	14	50.	00	24.	48

MESURES AGRAIRES (*).					
PRIX du Journal.	PRIX de l'Hectare.		PRIX de l'Hectare.	PRIX du Journal.	
fr.	fr.	cent.	fr.	fr.	cent.
1.	2.	51	1.	0.	40
2.	5.	01	2.	0.	80
3.	7.	52	3.	1.	20
4.	10.	03	4.	1.	60
5.	12.	54	5.	2.	01
6.	15.	04	6.	2.	41
7.	17.	55	7.	2.	81
8.	20.	06	8.	3.	21
9.	22.	56	9.	3.	61
10.	25.	07	10.	4.	01
11.	27.	58	11.	4.	41
12.	30.	08	12.	4.	81
13.	32.	59	13.	5.	21
14.	35.	10	14.	5.	61
15.	37.	60	15.	6.	02
20.	50.	14	20.	8.	02
25.	62.	68	25.	10.	03
30.	75.	21	30.	12.	04
35.	87.	75	35.	14.	05
40.	100.	28	40.	16.	05
45.	112.	82	45.	18.	06
50.	125.	35	50.	20.	06
55.	137.	89	55.	22.	07
60.	150.	42	60.	24.	07
65.	162.	96	65.	26.	08
70.	175.	49	70.	28.	09
75.	188.	03	75.	30.	09
80.	200.	56	80.	32.	10
85.	213.	09	85.	34.	11
90.	225.	63	90.	36.	11
95.	238.	17	95.	38.	11
100.	250.	70	100.	40.	12
110.	275.	77	110.	44.	13
125.	313.	38	125.	50.	15
150.	376.	05	150.	60.	18
175.	438.	73	175.	70.	21
200.	501.	40	200.	80.	25
250.	626.	75	250.	100.	31
300.	752.	10	300.	120.	37
350.	877.	45	350.	140.	43
400.	1002.	80	400.	160.	50
450.	1128.	15	450.	180.	56
500.	1253.	50	500.	200.	62
600.	1504.	20	600.	240.	75
700.	1754.	90	700.	280.	87
800.	2005.	60	800.	321.	00
900.	2256.	30	900.	361.	12

(*) Cette Table se rapporte au Journal de Périgueux.

PRIX COMPARATIFS.

TABLES des Prix comparatifs des Mesures de capacité pour les Grains des principaux Minages ou Marchés du Département.

MINAGE DE PÉRIGUEUX. — TAB. N.o 36.

PRIX du Boisseau.	PRIX du Décalitre.	PRIX du Décalitre.	PRIX du Boisseau.
fr. cent.	fr. cent.	fr. cent.	fr. cent.
1. 00	0. 33	0. 50	1. 51
1. 50	0. 49	0. 60	1. 82
2. 00	0. 66	0. 70	2. 12
2. 50	0. 82	0. 80	2. 42
2. 60	0. 86	0. 90	2. 73
2. 70	0. 89	1. 00	3. 03
2. 75	0. 91	1. 10	3. 33
3. 00	0. 99	1. 20	3. 64
3. 25	1. 05	1. 30	3. 94
3. 50	1. 15	1. 40	4. 24
3. 75	1. 23	1. 50	4. 54
4. 00	1. 32	1. 60	4. 85
4. 25	1. 40	1. 70	5. 15
4. 50	1. 48	1. 80	5. 45
4. 75	1. 56	1. 90	5. 76
5. 00	1. 65	2. 00	6. 06
5. 50	1. 81	2. 20	6. 67
6. 00	1. 98	2. 40	7. 27
6. 50	2. 14	2. 75	8. 33
7. 00	2. 31	3. 00	9. 09

MINAGE DE ST.-ASTIER. — TAB. N.o 38.

PRIX du Boisseau.	PRIX du Décalitre.	PRIX du Décalitre.	PRIX du Boisseau.
fr. cent.	fr. cent.	fr. cent.	fr. cent.
1. 00	0. 27	0. 50	1. 85
1. 50	0. 40	0. 60	2. 22
2. 00	0. 54	0. 70	2. 59
2. 50	0. 67	0. 80	2. 97
2. 60	0. 70	0. 90	3. 34
2. 70	0. 72	1. 00	3. 71
2. 75	0. 74	1. 10	4. 08
3. 00	0. 81	1. 20	4. 45
3. 25	0. 88	1. 30	4. 82
3. 50	0. 93	1. 40	5. 19
3. 75	1. 00	1. 50	5. 56
4. 00	1. 08	1. 60	5. 93
4. 25	1. 15	1. 70	6. 31
4. 50	1. 21	1. 80	6. 68
4. 75	1. 28	1. 90	7. 05
5. 00	1. 35	2. 00	7. 41
5. 50	1. 48	2. 20	8. 15
6. 00	1. 62	2. 40	8. 89
6. 50	1. 75	2. 75	10. 18
7. 00	1. 89	3. 00	11. 12

MINAGE DE LISLE. — TAB. N.o 40.

PRIX du Boisseau.	PRIX du Décalitre.	PRIX du Décalitre.	PRIX du Boisseau.
fr. cent.	fr. cent.	fr. cent.	fr. cent.
1. 00	0. 30	0. 50	1. 69
1. 50	0. 45	0. 60	2. 03
2. 00	0. 59	0. 70	2. 37
2. 50	0. 74	0. 80	2. 71
2. 60	0. 77	0. 90	3. 04
2. 70	0. 80	1. 00	3. 38
2. 75	0. 81	1. 10	3. 72
3. 00	0. 89	1. 20	4. 06
3. 25	0. 96	1. 30	4. 40
3. 50	1. 04	1. 40	4. 73
3. 75	1. 11	1. 50	5. 07
4. 00	1. 18	1. 60	5. 41
4. 25	1. 25	1. 70	5. 75
4. 50	1. 33	1. 80	6. 08
4. 75	1. 40	1. 90	6. 42
5. 00	1. 48	2. 00	6. 76
5. 50	1. 63	2. 20	7. 44
6. 00	1. 77	2. 40	8. 11
6. 50	1. 92	2. 75	9. 64
7. 00	2. 07	3. 00	10. 15

MINAGE DE CUBJAC. — TAB. N.o 44.

PRIX du Boisseau.	PRIX du Décalitre.	PRIX du Décalitre.	PRIX du Boisseau.
fr. cent.	fr. cent.	fr. cent.	fr. cent.
1. 00	0. 28	0. 50	1. 76
1. 50	0. 42	0. 60	2. 11
2. 00	0. 57	0. 70	2. 46
2. 50	0. 71	0. 80	2. 81
2. 60	0. 74	0. 90	3. 16
2. 70	0. 77	1. 00	3. 51
2. 75	0. 78	1. 10	3. 86
3. 00	0. 85	1. 20	4. 21
3. 25	0. 92	1. 30	4. 56
3. 50	0. 99	1. 40	4. 92
3. 75	1. 06	1. 50	5. 27
4. 00	1. 14	1. 60	5. 62
4. 25	1. 21	1. 70	5. 97
4. 50	1. 28	1. 80	6. 32
4. 75	1. 35	1. 90	6. 67
5. 00	1. 42	2. 00	7. 02
5. 50	1. 56	2. 20	7. 72
6. 00	1. 71	2. 40	8. 42
6. 50	1. 85	2. 75	9. 66
7. 00	1. 99	3. 00	10. 54

PRIX COMPARATIFS.

TABLES des Prix comparatifs des Mesures de capacité pour les Grains des principaux Minages ou Marchés du Département.

MINAGE DE THENON. — TAB. N.° 48 (*).

PRIX du Quarton.	PRIX du Décalitre.	PRIX du Décalitre.	PRIX du Quarton.
fr. cent.	fr. cent.	fr. cent.	fr. cent.
1. 00	0. 35	0. 50	1. 43
1. 50	0. 52	0. 60	1. 72
2. 00	0. 70	0. 70	2. 00
2. 50	0. 87	0. 80	2. 29
2. 70	0. 94	0. 90	2. 86
2. 75	0. 96	1. 00	3. 15
3. 00	1. 05	1. 10	3. 43
3. 25	1. 13	1. 20	3. 72
3. 50	1. 22	1. 30	4. 00
3. 75	1. 31	1. 40	4. 29
4. 00	1. 40	1. 50	4. 58
4. 25	1. 48	1. 60	4. 86
4. 50	1. 57	1. 70	5. 15
4. 75	1. 65	1. 80	5. 44
5. 00	1. 75	1. 90	5. 72
5. 25	1. 83	2. 00	6. 43
5. 50	1. 92	2. 25	7. 15
5. 75	2. 01	2. 50	7. 86
6. 00	2. 10	2. 75	8. 25
7. 00	2. 45	3. 00	8. 59

MINAGE DE VERGT. — TAB. N.° 52.

PRIX de la Pogner.	PRIX du Décalitre.	PRIX du Décalitre.	PRIX de la Pogner.
fr. cent.	fr. cent.	fr. cent.	fr. cent.
1. 00	0. 40	0. 50	1. 24
1. 50	0. 60	0. 60	1. 48
2. 00	0. 81	0. 70	1. 73
2. 50	1. 01	0. 80	1. 98
2. 70	1. 09	0. 90	2. 22
2. 75	1. 11	1. 00	2. 47
3. 00	1. 21	1. 10	2. 70
3. 25	1. 31	1. 20	2. 96
3. 50	1. 41	1. 30	3. 61
3. 75	1. 51	1. 40	3. 46
4. 00	1. 62	1. 50	3. 71
4. 25	1. 72	1. 60	3. 95
4. 50	1. 82	1. 70	4. 20
4. 75	1. 92	1. 80	4. 45
5. 00	2. 02	1. 90	4. 69
5. 25	2. 12	2. 00	4. 94
5. 50	2. 22	2. 25	5. 56
5. 75	2. 32	2. 50	6. 18
6. 00	2. 43	2. 75	6. 80
7. 00	2. 83	3. 00	7. 42

MINAGE DE GRIGNOLS. — TAB. N.° 54.

PRIX de la Cartonn.	PRIX du Décalitre.	PRIX du Décalitre.	PRIX de la Cartonn.
fr. cent.	fr. cent.	fr. cent.	fr. cent.
1. 00	0. 46	0. 50	1. 08
1. 50	0. 69	0. 60	1. 30
2. 00	0. 92	0. 70	1. 51
2. 50	1. 15	0. 80	1. 73
2. 70	1. 24	0. 90	1. 95
2. 75	1. 26	1. 00	2. 17
3. 00	1. 38	1. 10	2. 39
3. 25	1. 49	1. 20	2. 60
3. 50	1. 61	1. 30	2. 82
3. 75	1. 73	1. 40	3. 04
4. 00	1. 85	1. 50	3. 25
4. 25	1. 97	1. 60	3. 47
4. 50	2. 09	1. 70	3. 69
4. 75	2. 20	1. 80	3. 90
5. 00	2. 31	1. 90	4. 12
5. 25	2. 42	2. 00	4. 33
5. 50	2. 54	2. 25	4. 87
5. 75	2. 66	2. 50	5. 41
6. 00	2. 77	2. 75	5. 95
7. 00	3. 23	3. 00	6. 50

MINAGE DE SARLAT. — TAB. N.° 116.

PRIX du Quarton.	PRIX du Décalitre.	PRIX du Décalitre.	PRIX du Quarton.
fr. cent.	fr. cent.	fr. cent.	fr. cent.
1. 00	0. 37	0. 50	1. 37
1. 50	0. 55	0. 60	1. 64
2. 00	0. 73	0. 70	1. 91
2. 50	0. 91	0. 80	2. 19
2. 70	0. 98	0. 90	2. 46
2. 75	1. 00	1. 00	2. 74
3. 00	1. 10	1. 10	3. 01
3. 25	1. 19	1. 20	3. 29
3. 50	1. 28	1. 30	4. 56
3. 75	1. 37	1. 40	4. 83
4. 00	1. 46	1. 50	5. 11
4. 25	1. 55	1. 60	5. 38
4. 50	1. 64	1. 70	5. 65
4. 75	1. 73	1. 80	5. 93
5. 00	1. 83	1. 90	6. 20
5. 25	1. 92	2. 00	5. 47
5. 50	2. 01	2. 25	6. 15
5. 75	2. 10	2. 50	6. 84
6. 00	2. 19	2. 75	7. 52
7. 00	2. 56	3. 00	8. 21

(*) La Table de Prix comparatifs de Thenon servira pour Beaumont et Ribérac.

PRIX COMPARATIFS.

TABLES des Prix comparatifs des Mesures de capacité pour les Grains des principaux Minages ou Marchés du Département.

MINAGE DE SALIGNAC. — Tab. N.o 120.

PRIX du Quarton.	PRIX du Décalitre.	PRIX du Décalitre.	PRIX du Quarton.
fr. cent.	fr. cent.	fr. cent.	fr. cent.
1. 00	0. 38	0. 50	1. 30
1. 50	0. 57	0. 60	1. 56
2. 00	0. 77	0. 70	1. 82
2. 50	0. 96	0. 80	2. 08
2. 70	1. 04	0. 90	2. 34
2. 75	1. 06	1. 00	2. 60
3. 00	1. 15	1. 10	2. 86
3. 25	1. 24	1. 20	3. 12
3. 50	1. 34	1. 30	3. 39
3. 75	1. 43	1. 40	3. 65
4. 00	1. 54	1. 50	3. 90
4. 25	1. 63	1. 60	4. 16
4. 50	1. 73	1. 70	4. 42
4. 75	1. 82	1. 80	4. 68
5. 00	1. 92	1. 90	4. 94
5. 25	2. 01	2. 00	5. 20
5. 50	2. 11	2. 25	5. 85
5. 75	2. 20	2. 50	6. 50
6. 00	2. 31	2. 75	7. 15
7. 00	2. 69	3. 00	7. 81

MINAGE DE BERGERAC. — Tab. N.o 154.

PRIX du Quarton.	PRIX du Décalitre.	PRIX du Décalitre.	PRIX du Quarton.
fr. cent.	fr. cent.	fr. cent.	fr. cent.
1. 00	0. 43	0. 50	1. 15
1. 50	0. 65	0. 60	1. 39
2. 00	0. 87	0. 70	1. 62
2. 50	1. 09	0. 80	1. 85
2. 70	1. 17	0. 90	2. 08
2. 75	1. 19	1. 00	2. 31
3. 00	1. 30	1. 10	2. 54
3. 25	1. 41	1. 20	2. 77
3. 50	1. 52	1. 30	3. 00
3. 75	1. 63	1. 40	3. 23
4. 00	1. 73	1. 50	3. 47
4. 25	1. 84	1. 60	3. 70
4. 50	1. 95	1. 70	3. 93
4. 75	2. 06	1. 80	4. 16
5. 00	2. 16	1. 90	4. 39
5. 25	2. 27	2. 00	4. 62
5. 50	2. 38	2. 25	5. 20
5. 75	2. 49	2. 50	5. 78
6. 00	2. 60	2. 75	6. 36
7. 00	3. 03	3. 00	6. 93

MINAGE DE Ste.-ALVÈRE. — Tab. N.o 156 (*).

PRIX du Boisseau.	PRIX du Décalitre.	PRIX du Décalitre.	PRIX du Boisseau.
fr. cent.	fr. cent.	fr. cent.	fr. cent.
1. 00	0. 32	0. 50	1. 54
1. 50	0. 48	0. 60	1. 85
2. 00	0. 65	0. 70	2. 16
2. 50	0. 81	0. 80	2. 47
2. 70	0. 88	0. 90	2. 78
2. 75	0. 90	1. 00	3. 09
3. 00	0. 97	1. 10	3. 40
3. 25	1. 05	1. 20	3. 71
3. 50	1. 13	1. 30	4. 02
3. 75	1. 21	1. 40	4. 33
4. 00	1. 29	1. 50	4. 64
4. 25	1. 37	1. 60	4. 94
4. 50	1. 45	1. 70	5. 25
4. 75	1. 53	1. 80	5. 56
5. 00	1. 62	1. 90	5. 87
5. 25	1. 70	2. 00	6. 18
5. 50	1. 78	2. 25	6. 95
5. 75	1. 86	2. 50	7. 72
6. 00	1. 94	2. 75	8. 49
7. 00	2. 26	3. 00	9. 27

MINAGE DE NONTRON. — Tab. N.o 202.

PRIX du Boisseau.	PRIX du Décalitre.	PRIX du Décalitre.	PRIX du Boisseau.
fr. cent.	fr. cent.	fr. cent.	fr. cent.
1. 00	0. 47	0. 50	1. 07
1. 50	0. 70	0. 60	1. 29
2. 00	0. 93	0. 70	1. 50
2. 50	1. 16	0. 80	1. 72
2. 70	1. 26	0. 90	1. 93
2. 75	1. 28	1. 00	2. 14
3. 00	1. 40	1. 10	2. 35
3. 25	1. 51	1. 20	2. 57
3. 50	1. 63	1. 30	2. 78
3. 75	1. 74	1. 40	3. 21
4. 00	1. 87	1. 50	3. 43
4. 25	1. 98	1. 60	3. 64
4. 50	2. 10	1. 70	3. 85
4. 75	2. 21	1. 80	4. 07
5. 00	2. 33	1. 90	4. 29
5. 25	2. 44	2. 00	4. 82
5. 50	2. 56	2. 25	5. 36
5. 75	2. 67	2. 50	5. 89
6. 00	2. 80	2. 75	6. 22
7. 00	3. 26	3. 00	6. 43

(*) La Table de Prix comparatifs de Ste.-Alvère servira pour Belvès.

ERREURS ET OMISSIONS

A relever.

PAGE x, dernière ligne, 97 toises, *lisez :* 97 aunes.

Page 33, Tab. N.° 26, dernière colonne, *ajoutez* à la note :

Le journal de Périgueux contient 30 brasses, la brasse 30 carreaux, le carreau 6 pieds 6 pouces de côté.

Page 35, Tab. N.° 28, dernière colonne, *ajoutez* la note suivante :

Le journal de St.-Astier contient 20 brasses, la brasse contient 7 lattes et demie, et la latte 14 pieds de côté.

Page 36, Tab. N.° 29. Il faut observer dans cette Table que les carreaux et les centièmes des carreaux sont des fractions décimales de la brasse; lorsqu'on aura fait des additions au moyen de cette Table, et que l'on voudra évaluer en lattes les fractions inférieures à la brasse, il faudra multiplier ces fractions décimales par 7 et demi ou par 7, 5, et retrancher au produit cinq décimales; le chiffre qui restera vers la gauche sera des lattes, et les décimales retranchées seront des parties décimales de la latte.

EXEMPLE.

Quelle est en lattes et parties décimales de latte la valeur correspondant aux 98 carreaux 24 centièmes qui suivent 103 journaux 2 brasses dans la valeur de 32 hectares ?

Multipliez 9824 par 75, le produit est 736800; retranchant cinq chiffres à ce produit il reste 7, 36800 : la valeur demandée est donc 7 lattes 37 centièm. Ainsi, 32 hectares équivalent à 103 journaux 2 brasses 7 lattes 37 centièmes de latte.

Page 37, Tab. N.° 30, dernière colonne, *ajoutez* : le journal de L'Isle contient 30 brasses, la brasse contient 30 carreaux, le carreau 5 pieds 3 pouces de côté.

Page 67, Tab. N.° 63, dernière colonne, à la contenance des hectolitres :

	Pintes.	Roq.		Pintes.	Roq.
1 hectolitre........	44.	3	*lisez :*	44.	3
2......................	88.	6	——	89.	2
3......................	132.	9	——	134.	1
4......................	177.	2	——	179.	0
5......................	221.	5	——	223.	3

Page 95, Tab. N.° 106, dernière colonne, *substituez* à la note qui est erronée, celle-ci :

La cartonnée de Borrèze contient 110 pieds de côté ou 12100 pieds carrés; elle se divise en six pognerées.

www.ingramcontent.com/pod-product-compliance
Lightning Source LLC
LaVergne TN
LVHW021655060726
842527LV00003B/911

* 9 7 8 2 3 2 9 0 7 4 3 2 0 *